T. Gruber | R. Ott

Rechnungswesen im Krankenhaus

Medizinisch Wissenschaftliche Verlagsgesellschaft

Health Care Management

Thomas Gruber | Robert Ott

Rechnungswesen im Krankenhaus

Medizinisch Wissenschaftliche Verlagsgesellschaft

Die Autoren

Prof. Dr. Thomas Gruber
Hochschule für Wirtschaft und Recht
Badensche Str. 52
10825 Berlin

Prof. Dr. Robert Ott
Hochschule Rosenheim
Hochschulstr. 1
83024 Rosenheim

MWV Medizinisch Wissenschaftliche Verlagsgesellschaft mbH & Co. KG
Zimmerstraße 11
10969 Berlin
www.mwv-berlin.de

ISBN 978-3-939069-73-7

Bibliografische Information der Deutschen Nationalbibliothek
Die Deutsche Nationalbibliothek verzeichnet diese Publikation in der Deutschen Nationalbibliografie; detaillierte bibliografische Informationen sind im Internet über http://dnb.d-nb.de abrufbar.

© MWV Medizinisch Wissenschaftliche Verlagsgesellschaft Berlin, 2015

Dieses Werk ist einschließlich aller seiner Teile urheberrechtlich geschützt. Die dadurch begründeten Rechte, insbesondere die der Übersetzung, des Nachdrucks, des Vortrags, der Entnahme von Abbildungen und Tabellen, der Funksendung, der Mikroverfilmung oder der Vervielfältigung auf anderen Wegen und der Speicherung in Datenverarbeitungsanlagen, bleiben, auch bei nur auszugsweiser Verwertung, vorbehalten.

Die Wiedergabe von Gebrauchsnamen, Handelsnamen, Warenbezeichnungen usw. in diesem Werk berechtigt auch ohne besondere Kennzeichnung nicht zu der Annahme, dass solche Namen im Sinne der Warenzeichen- und Markenschutz-Gesetzgebung als frei zu betrachten wären und daher von jedermann benutzt werden dürften.

Die Verfasser haben große Mühe darauf verwandt, die fachlichen Inhalte auf den Stand der Wissenschaft bei Drucklegung zu bringen. Dennoch sind Irrtümer oder Druckfehler nie auszuschließen. Daher kann der Verlag für Angaben zum diagnostischen oder therapeutischen Vorgehen (zum Beispiel Dosierungsanweisungen oder Applikationsformen) keine Gewähr übernehmen. Derartige Angaben müssen vom Leser im Einzelfall anhand der Produktinformation der jeweiligen Hersteller und anderer Literaturstellen auf ihre Richtigkeit überprüft werden. Eventuelle Errata zum Download finden Sie jederzeit aktuell auf der Verlags-Website.

Produkt-/Projektmanagement: Barbara Kreuzpointner, Berlin
Lektorat: Monika Laut-Zimmermann, Berlin
Druck: druckhaus köthen GmbH & Co. KG, Köthen

Zuschriften und Kritik an:
MWV Medizinisch Wissenschaftliche Verlagsgesellschaft mbH & Co. KG, Zimmerstr. 11, 10969 Berlin, lektorat@mwv-berlin.de

Vorwort

Das Gesundheitswesen gehört zu den Boombranchen in Deutschland und das wird voraussichtlich auch in den nächsten Jahrzehnten so bleiben. Trotzdem erwirtschafteten in den letzten Jahren weniger als die Hälfte der deutschen Krankenhäuser Jahresüberschüsse. Krankenhäuser, die langfristig überleben wollen, müssen angesichts der Knappheit bei den staatlichen Investitionsmitteln und der starken Wettbewerbssituation jedoch Gewinne erzielen. Das kann im DRG-System nur überdurchschnittlich wirtschaftlich arbeitenden Krankenhäusern gelingen.

Das Rechnungswesen dient der Analyse der Wirtschaftlichkeit und ist insofern ein wesentliches Instrument der erfolgreichen Steuerung eines Krankenhauses. Rechnungswesen ist daher zu Recht Pflichtbestandteil der Studiengänge zum Gesundheitsmanagement. Wir lehren beide Rechnungswesen in Studiengängen zum Gesundheitsmanagement und stehen vor der Aufgabe, die Studierenden in kurzer Zeit mit den Grundzügen der Buchführung und Bilanzierung sowie der Kosten- und Erlösrechnung im Krankenhaus vertraut zu machen. Insbesondere in MBA-Studiengängen finden sich immer mehr Studierende, die kein betriebswirtschaftliches Erststudium haben und die auch nicht im Rechnungswesen eines Krankenhauses arbeiten wollen. Viele haben andere Schwerpunkte und wollen die Kollegen aus dem Rechnungswesen und Controlling einfach nur verstehen. Auch diese Studierenden hatten wir bei der Erstellung dieses Buches im Auge.

Standardlehrbüchern zum Rechnungswesen liegt üblicherweise ein produzierendes Unternehmen zugrunde, ohne dass Besonderheiten im Krankenhaussektor berücksichtigt werden. Sie werden insofern den Studierenden im Gesundheitsmanagement nicht gerecht. Fachbücher zum Rechnungswesen im Krankenhaus richten sich zumeist an Fachleute, die bereits Kenntnisse im Rechnungswesen haben und die auf dieser Grundlage nur die Spezifika des Rechnungswesens im Krankenhaus in allen Details kennenlernen wollen. Auch diese Bücher sind für viele Studierende des Gesundheitsmanagements wenig geeignet.

Das vorliegende Buch soll diese Lücke schließen und richtet sich in erster Linie an Studierende des Gesundheitsmanagements, die keine Vorkenntnisse zum Rechnungswesen haben und die sich einen Überblick über die Rechnungswesensysteme im Krankenhaus verschaffen möchten. Für diese Zielgruppe haben wir uns in die Situation eines leitenden Oberarztes, Herrn Dr. Martin Zipse versetzt, der sich mit dem Rechnungswesen vertraut machen möchte. Stellvertretend für alle Leser mit vergleichbarem Hintergrund haben wir für Dr. Martin Zipse den Kapiteln Leitfragen vorangestellt. Sie sollen helfen, die wesentlichen Punkte der einzelnen Kapitel zu identifizieren und zu verstehen.

Darüber hinaus wenden wir uns auch an Studierende und Praktiker mit Vorkenntnissen im Rechnungswesen, die sich vertiefend mit den Rechnungswesenspezifika von Krankenhäusern beschäftigen wollen. Diesen Lesern empfehlen wir insbesondere die Abschnitte, die sich mit den Besonderheiten des Rechnungswesens in Krankenhäusern auseinandersetzen. Den Ausführungen zur Krankenhausfinanzierung und zum externen Rechnungswesen liegt der im Mai 2015 geltende Rechtsstand zugrunde.

Für die Anregung zu diesem Buch und die kritische und zugleich geduldige Begleitung bei der Erstellung bedanken wir uns beim Herausgeber dieser Buchreihe, Herrn Prof. Dr. Heinz Naegler. Frau Kreuzpointner sind wir dankbar für ihre Professionalität und Geduld bei der Drucksetzung. Unser Dank gilt darüber hinaus Herrn Stefan Brunhuber, Herrn Daniel Negele, Frau Daniela Ott, Frau Liselotte Ott, Herrn Philipp Runge, Frau Valerie Stechl und Frau Franziska Wegemann für ihr engagiertes, kritisches und sorgfältiges Korrekturlesen. Verbleibende Fehler und Unzulänglichkeiten gehen zu Lasten der Autoren. Wir sind dankbar für entsprechende Hinweise und Anregungen an thomas.gruber@hwr-berlin.de oder robert.ott@fh-rosenheim.de.

Berlin und Rosenheim, im September 2015
Thomas Gruber
Robert Ott

Inhalt

I. Der Krankenhausbetrieb und seine Abbildung im Rechnungswesen _____ 1
Thomas Gruber und Robert Ott

    1. Krankenhausleistungen, Krankenhausfinanzierung und -vergütung _____ 3
        1.1. Leistungserstellung und -verwertung im Krankenhaus _____ 3
        1.2. Krankenhausfinanzierung _____ 5
        1.3. Krankenhausleistungen und ihre Vergütung _____ 7

    2. Grundlagen des Rechnungswesens _____ 13
        2.1. Informationsvermittlung im externen und internen Rechnungswesen _____ 13
        2.2. Teilgebiete und Aufgaben des internen und externen Rechnungswesens _____ 14
        2.3. Rechnungsgrößen im internen und externen Rechnungswesen _____ 17

II. Externes Rechnungswesen _____ 23
Thomas Gruber

    1. Finanzbuchführung _____ 25
        1.1. Buchführung als Grundlage des externen Rechnungswesens _____ 26
        1.2. Inventar und Inventur _____ 28
        1.3. Bilanz und Gewinn- und Verlustrechnung _____ 33
        1.4. Verbuchung von Geschäftsvorfällen _____ 37
        1.5. Grundsätze ordnungsmäßiger Buchführung _____ 43

    2. Jahresabschluss nach HGB und KHBV _____ 49
        2.1. Grundlagen des handelsrechtlichen Jahresabschlusses _____ 49
        2.2. Bilanzansatz, -bewertung, -gliederung _____ 56
        2.3. Bilanzierung und Bewertung des Anlagevermögens _____ 76
        2.4. Bilanzierung und Bewertung des Umlaufvermögens _____ 93
        2.5. Bilanzierung von Eigenkapital _____ 100
        2.6. Bilanzielle Behandlung der öffentlichen Investitionsförderung _____ 102
        2.7. Bilanzierung und Bewertung von Fremdkapital _____ 110

2.8.	Bilanzierung von Rechnungsabgrenzungsposten	116
2.9.	Gewinn- und Verlustrechnung	117
2.10.	Ergänzende Berichtsinstrumente	130
3.	**Konzernabschlüsse**	**143**
3.1.	Grundlagen des Konzernabschlusses	144
3.2.	Verpflichtung zur Aufstellung und Bestandteile des Konzernabschlusses	145
3.3.	Einbeziehung von Tochterunternehmen, Gemeinschaftsunternehmen und assoziierten Unternehmen	146
3.4.	Prozess der Konzernabschlusserstellung	147
4.	**Abschlüsse nach IFRS**	**153**
4.1.	Zur Anwendung von IFRS verpflichtete Unternehmen	154
4.2.	Grundkonzeption der IFRS – wesentliche Unterschiede zur HGB-Rechnungslegung	154
4.3.	Bestandteile des IFRS-Abschlusses	155
4.4.	Ergebnis je Aktie	161
4.5.	IFRS Einzelregelungen – wesentliche krankenhausrelevante Unterschiede zum Jahresabschluss nach HGB	161
5.	**Jahresabschlussanalyse auf Basis von Kennzahlen**	**167**
5.1.	Überblick Jahresabschlusskennzahlen	168
5.2.	Erfolgs- und Rentabilitätskennzahlen	170
5.3.	Liquiditätskennzahlen	174
5.4.	Kapitalstrukturkennzahlen	177
5.5.	Vermögensstruktur- und Investitionskennzahlen	178

III. Internes Rechnungswesen _____ 181
Robert Ott

1.	**Grundlagen der Kosten- und Erlösrechnung**	**183**
1.1.	Grundsätzliche Ziele der Kosten- und Erlösrechnung	184
1.2.	Gesetzliche Regelungen zur Kosten- und Erlösrechnung im Krankenhaus	185
1.3.	Teilgebiete und grundsätzlicher Aufbau der Kosten- und Erlösrechnung	188

2.	**Kosten- und Erlösrechnung im Krankenhaus**	**193**
2.1.	Kostenartenrechnung im Krankenhaus auf Grundlage der KHBV	193
2.2.	Kostenstellenrechnung	223
2.3.	Kostenträgerrechnung	241
2.4.	Erlösrechnung	266
2.5.	Kurzfristige Erfolgsrechnung	275
3.	**Instrumente zur Steuerung der Kosten und Erlöse**	**287**
3.1.	Von der Kosten- und Erlösrechnung zur Kosten- und Erlössteuerung	287
3.2.	Instrumente zur operativen Steuerung	289
3.3.	Instrumente des Kostenmanagements	312
	Literaturverzeichnis	329
	Stichwortverzeichnis	333

Abkürzungsverzeichnis

Abb.	Abbildung
AbgrV	Abgrenzungsverordnung
Abs.	Absatz
ÄD	Ärztlicher Dienst
AfA	Absetzung für Abnutzung
AKVD	Aufwandskorrigierte Verweildauer (-Methode)
BAB	Betriebsabrechnungsbogen
BFH	Bundesfinanzhof
BPflV	Bundespflegesatzverordnung
BQS	Institut für Qualität & Patientensicherheit GmbH
BSC	Balanced Scorecard
BStBl.	Bundessteuerblatt
Cbm	Kubikmeter
CIRS	Critical Incident Reporting System
CM	Case Mix
CMI	Case Mix Index
d.h.	das heißt
DBW	Die Betriebswirtschaft
DDMI	Dual-Day-Mix-Index(-Methode)
DKG	Deutsche Krankenhausgesellschaft
DKG-NT	Deutsche Krankenhausgesellschaft Normaltarif
DRG	Diagnosis Related Group
EBITDA	Earnings before interest, taxes, depreciation and amortization
EK	Einzelkosten
EStR	Einkommensteuer-Richtlinien
F	Framework
FD	Funktionsdienst
FEK	Fertigungseinzelkosten
FGK	Fertigungsgemeinkosten
Fifo	First in – first out
FK	Fertigungskosten

Abkürzungsverzeichnis

FN	Fachnachrichten
FuEGK	Forschungs- und Entwicklungsgemeinkosten
ggf.	gegebenenfalls
GK	Gemeinkosten
GKV	Gesetzliche Krankenversicherung
GOÄ	Gebührenordnung für Ärzte
GoB	Grundsätze ordnungsmäßiger Buchführung und Bilanzierung
GuV	Gewinn- und Verlustrechnung
h	Stunde
HGB	Handelsgesetzbuch
Hifo	Highest in – first out
HK	Herstellkosten
HmbKHG	Hamburgisches Krankenhausgesetz
Hrsg.	Herausgeber
IAS	International Accounting Standard
IDW	Institut der Wirtschaftsprüfer
IFRS	International Financial Reporting Standard
InEK	Institut für das Entgeltsystem im Krankenhaus
i.V.m.	in Verbindung mit
Jg.	Jahrgang
KBV	Kassenärztliche Bundesvereinigung
KHBV	Krankenhausbuchführungsverordnung
KHEntG	Krankenhausentgeltgesetz
KHG	Gesetz zur wirtschaftlichen Sicherung der Krankenhäuser und zur Regelung der Krankenhauspflegesätze (Krankenhausfinanzierungsgesetz)
KoAGrp.	Kostenartengruppe
KPI	Key Performance Indicator
KV	Kassenärztliche Vereinigung
LE	Leistungseinheit
Lifo	Last in – first out
LKG	Landeskrankenhausgesetz
lmi	leistungsmengeninduziert
lmn	leistungsmengenneutral
Lofo	Lowest in – first out

Abkürzungsverzeichnis

MDK	Medizinischer Dienst der Krankenkassen
MEK	Materialeinzelkosten
MGK	Materialgemeinkosten
MK	Materialkosten
MRT	Magnetresonanztomographie
MVZ	Medizinisches Versorgungszentrum
NUB	Neue Untersuchungs- und Behandlungsmethoden
OP	Operation(ssaal)
OPS	Operationen- und Prozedurenschlüssel
PAQ	Personalausfallquote
PD	Pflegedienst
PKV	private Krankenversicherungen
PPR	Regelung über Maßstäbe und Grundsätze für den Personalbedarf in der stationären Krankenpflege (Pflege-Personalregelung)
PsychPV	Verordnung über Maßstäbe und Grundsätze für den Personalbedarf in der stationären Psychiatrie
PublG	Publizitätsgesetz
R	Richtlinie
S.	Seite
SEF	Sondereinzelkosten der Fertigung
SEVt	Sondereinzelkosten des Vertriebs
SGB	Sozialgesetzbuch
SK	Selbstkosten
t	Tonne
Tab.	Tabelle
Tz.	Textziffer
VK	Vollkraft
Vt-GK	Vertriebsgemeinkosten
Vw-GK	Verwaltungsgemeinkosten
z.B.	zum Beispiel
ZI	Zielkostenindex

I. Der Krankenhausbetrieb und seine Abbildung im Rechnungswesen

1. Krankenhausleistungen, Krankenhausfinanzierung und -vergütung

Herr Dr. Martin Zipse ist leitender Oberarzt der Klinik für Allgemein-, Viszeral- und Gefäßchirurgie eines Krankenhauses der Maximalversorgung in einer größeren Stadt. Er fühlt sich in erster Linie seinem medizinischen Versorgungsauftrag verpflichtet. Er hat sich bereits widerwillig daran gewöhnt, dass die Abrechnungen über Fallpauschalen eine sehr bürokratische Dokumentation der Krankenhausbehandlung erfordern und die Medizincontroller sowie der Medizinische Dienst der Krankenkassen (MDK) ab und an auch lästig sein können. Doch in letzter Zeit wird er zunehmend mit wirtschaftlichen Anforderungen aus dem Rechnungswesen und Controlling des Krankenhauses konfrontiert, die er terminologisch und inhaltlich nur unzureichend versteht. Einerseits will er den manchmal unverständlichen Anforderungen des Rechnungswesens nicht blind Folge leisten, andererseits ist es ihm peinlich, seine Gesprächspartner aus diesem Bereich dauernd um Erklärung anscheinend grundlegender kaufmännischer Zusammenhänge zu bitten. Er hat sich deshalb vorgenommen, sich mit dem Rechnungswesen vertrauter zu machen. Aus einem Gespräch mit seinem Geschäftsführer hat er noch im Kopf, dass das Rechnungswesen ein Modell der ökonomischen Realität ist. Aus diesem Grund befasst Herr Dr. Zipse sich zunächst mit einigen grundlegenden betriebswirtschaftlichen Fragen eines Krankenhauses:

- Wie lässt sich das Geschehen im Krankenhaus aus betriebswirtschaftlicher Sicht abbilden?
- Wie werden Krankenhäuser finanziert?
- Welche verschiedenen Leistungen erbringt ein Krankenhaus und wie werden die verschiedenen Leistungen vergütet?

1.1. Leistungserstellung und -verwertung im Krankenhaus

Nach § 2 Nr. 1 KHG sind Krankenhäuser „Einrichtungen, in denen durch ärztliche und pflegerische Hilfeleistung Krankheiten, Leiden oder Körperschäden festgestellt, geheilt oder gelindert werden sollen oder Geburtshilfe geleistet wird und in denen die zu versorgenden Personen untergebracht und verpflegt werden können". Krankenhäuser werden in Deutschland von öffentlichen, freigemeinnützigen und privaten Trägern betrieben, die als Betreiber Eigenkapital zur Verfügung stellen. Zum 31.12.2013 gab es in Deutschland insgesamt 1.996 Krankenhäuser, davon 596 öffentliche Krankenhäuser (30%), 706 freigemeinnützige Krankenhäuser (35%) und 694 private Krankenhäuser (35%). Im Zeitablauf sank seit 1991 die Gesamtzahl der Krankenhäuser kontinuierlich. Ebenso sank die Anzahl der öffentlichen und freigemeinnützigen Krankenhäuser, während die Zahl der privaten Krankenhäuser anstieg (Statistisches Bundesamt 2014, S. 13).

Auch wenn ein Krankenhaus gegenüber anderen Industrie- oder Dienstleistungsunternehmen etliche Besonderheiten aufweist, ist das Krankenhaus aus ökonomischer Sicht ein Betrieb. Die Betriebswirtschaftslehre definiert den Betrieb als „eine planvoll organisierte Wirtschaftseinheit, in der Produktionsfaktoren kombiniert werden, um Güter und Dienstleistungen herzustellen und abzusetzen" (Wöhe u. Döring 2013, S. 27). Auch im Krankenhaus erfolgt die Leistungserstellung durch eine Kombination der betriebswirtschaftlichen Produktionsfaktoren von Arbeit, Betriebsmitteln und Werkstoffen. So wird die Krankenhausleistung dadurch erbracht, dass z.B. Ärzte mit Hilfe medizinischer Einrichtungen Diagnosen stellen und therapieren. Am Beschaffungsmarkt treten Krankenhäuser als Nachfrager nach medizinischen Einrichtungen, nach Personal und Medikamenten auf. Der behandelte Patient ist gleichzeitig Kunde und Objekt des Leistungserstellungsprozesses. Im Hinblick auf die Finanzierung ist als Besonderheit zu berücksichtigen, dass die Finanzierung der Investitionen von Krankenhäusern grundsätzlich durch die Bundesländer erfolgt und im Hinblick auf die Vergütung der Leistungen ist zu berücksichtigen, dass die Abrechnung zum großen Teil mit Krankenkassen auf der Basis regulierter Preise erfolgt. Abbildung 1 soll den Leistungserstellungs- und -verwertungsprozess im Krankenhaus schematisch veranschaulichen:

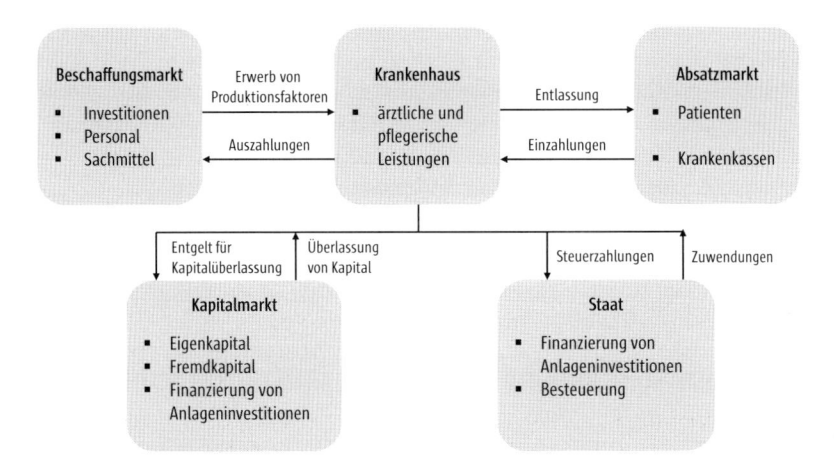

Abb. 1 Leistungserstellungs- und -verwertungsprozess im Krankenhaus

1.2. Krankenhausfinanzierung

Während Betriebe in nicht regulierten Märkten dem allgemeinen unternehmerischen Risiko unterliegen, hat der Gesetzgeber die Existenzsicherung von Krankenhäusern als öffentliche Aufgabe anerkannt. Die wirtschaftliche Sicherung der Krankenhäuser soll grundsätzlich durch die sog. **duale Krankenhausfinanzierung** erreicht werden. Dieser in § 4 KHG kodifizierte Grundsatz sieht vor, dass

- Investitionskosten im Wege der öffentlichen Förderung übernommen werden und
- leistungsgerechte Erlöse aus Pflegesätzen sowie Vergütungen für vor- und nachstationäre Behandlung und für ambulantes Operieren erhoben werden.

Grundlage der Investitionsförderung durch die Bundesländer ist die **länderspezifische Krankenhausplanung**. Im Rahmen der Krankenhausplanung wird entschieden, welches Krankenhaus in den Krankenhausplan aufgenommen wird (sog. „Plankrankenhäuser"). Die Aufnahme des Krankenhauses in den Krankenhausplan eines Landes (§ 8 Abs. 1 KHG) ist Voraussetzung für die Investitionsförderung. Ferner ist Voraussetzung einer öffentlichen Förderung, dass die betreffende Investition des Krankenhauses in den Investitionsplan aufgenommen wird (Graumann u. Schmidt-Graumann 2011, S. 52ff.).

Das Prinzip der dualen Krankenhausfinanzierung wird in der Praxis dadurch „aufgeweicht", dass die Bundesländer aufgrund begrenzter Ressourcen und insgesamt bestehender Überkapazitäten die öffentliche Förderung der Finanzierung von Krankenhausinvestitionen in Deutschland deutlich reduziert haben. Während die KHG-Fördermittel 1991 noch rd. 3,6 Mrd. € betrugen, wurden sie bis 2005 kontinuierlich zurückgefahren. Sie wurden seitdem auf einem Niveau von rd. 2,7–2,8 Mrd. € gehalten (Deutsche Krankenhausgesellschaft 2014, S. 98). Krankenhäuser sind daher gezwungen, Investitionen zumindest teilweise auch aus anderen Quellen, insbesondere aus einbehaltenen Gewinnen zu finanzieren (Thomas et al. 2013, S. 245).

Die im KHG beschriebenen Grundsätze der Krankenhausfinanzierung gelten grundsätzlich für alle Krankenhäuser, unabhängig davon ob sie von einem öffentlichen, einem frei-gemeinnützigen oder von einem privaten Träger betrieben werden. Ausgenommen von den grundsätzlichen Regeln der Krankenhausfinanzierung sind nach § 3 KHG:

- Krankenhäuser im Straf- oder Maßregelvollzug,
- Krankenhäuser der Träger der allgemeinen Rentenversicherung und Krankenhäuser der gesetzlichen Unfallversicherung, soweit die gesetzliche Unfallversicherung die Kosten trägt (außer Fachkliniken zur Behandlung von Atmungsorganen, die der allgemeinen Versorgung der Bevölkerung dienen).

Darüber hinaus werden in § 5 KHG weitere Einrichtungen genannt, die von der öffentlichen Förderung nach dem KHG ausgenommen sind. Dies sind insbesondere:

- Hochschul- und Universitätskliniken, die nach landesrechtlichen Vorschriften für den Hochschulbau gefördert werden,

- Krankenhäuser, die nicht die Voraussetzungen für Zweckbetriebe nach § 67 AO erfüllen,
- Einrichtungen in Krankenhäusern für Personen, die als Pflegefälle gelten,
- Tuberkulosekrankenhäuser und
- Krankenhäuser von Sozialleistungsträgern.

Die öffentliche Investitionsförderung kommt nach § 2 Nr. 2 KHG für Kosten der Errichtung von Krankenhäusern sowie für Kosten der Erstanschaffung und der Ersatzbeschaffung der zum Krankenhaus gehörenden Wirtschaftsgüter in Betracht. Nicht zu den förderfähigen Investitionskosten zählen Verbrauchsgüter, die durch ihre bestimmungsgemäße Verwendung aufgezehrt oder unverwendbar werden oder die ausschließlich von einem Patienten genutzt werden und üblicherweise bei ihm verbleiben (§ 2 AbgrV). Auch die Kosten eines Grundstückserwerbs und die damit zusammenhängenden Kosten werden nicht gefördert, sie sind vom jeweiligen Krankenhausträger zu übernehmen. Abbildung 2 stellt die nach dem KHG geförderten Investitionskosten zusammenfassend dar.

```
                    Investitionsförderung nach KHG
           ┌──────────────────────┼──────────────────────┐
  Kosten der Errichtung und   Kosten der Anschaffung und   Kosten der Wiederbeschaffung und
  Finanzierung oder der Nutzung  Finanzierung der zum Krankenhaus  Finanzierung der zum Krankenhaus
  von Krankenhäusern          gehörenden Wirtschaftsgüter   gehörenden Anlagegüter

  (ohne Kosten von Grundstücken
  und Grundstückserwerbskosten)   (ohne Verbrauchsgüter)
```

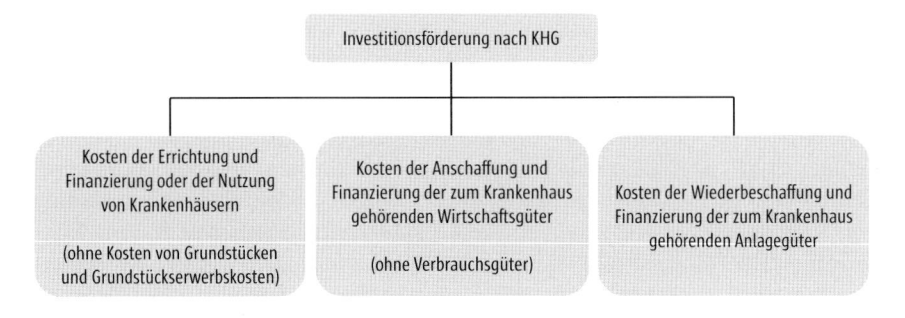

Abb. 2 Investitionskosten nach § 2 Nr. 2 KHG (in Anlehnung an Graumann u. Schmidt-Graumann 2011, S. 39)

Nach § 2 Abs. 3 KHG werden für Zwecke der öffentlichen Förderung folgende Kosten den Investitionskosten gleichgesetzt:
- Kosten für die Miete oder für Leasing entsprechender Anlagegüter,
- Zinsen, Tilgung und Verwaltungskosten für Darlehen, soweit sie zur Finanzierung der Anschaffung oder Herstellung von Anlagegütern aufgewandt worden sind,
- Abschreibungen und Zinsen auf angeschaffte oder hergestellte Anlagegüter und
- Investitionskosten für Ausbildungsstätten.

Das KHG unterscheidet zwischen Einzelförderung und Pauschalförderung von Investitionen. Die **Einzelförderung** (§ 9 Abs. 1 KHG) wird auf Antrag gewährt für
- die Errichtung von Krankenhäusern,
- die Erstausstattung mit den für den Krankenhausbetrieb notwendigen Anlagegütern und
- die Wiederbeschaffung von Anlagegütern mit einer durchschnittlichen Nutzungsdauer von mehr als drei Jahren.

Demgegenüber erfolgt die Finanzierung folgender Maßnahmen durch Pauschalförderung (§ 9 Abs. 3 KHG):
- Wiederbeschaffung kurzfristiger Anlagegüter und
- kleine bauliche Maßnahmen.

Die Pauschalförderung orientiert sich primär – aber nicht ausschließlich – an der Anzahl der in den Krankenhausplan aufgenommenen Betten und wird ohne Antrag gewährt. Die Krankenhäuser können über die Verwendung der Pauschalförderung im Rahmen der Zweckbindung frei entscheiden.

Als Alternative zur Einzelförderung von Krankenhausinvestitionen besteht nach § 10 Abs. 1 KHG für die Bundesländer die Möglichkeit, leistungsorientierte Investitionspauschalen zu gewähren. Die Bundesländer können danach entscheiden, ob sie beim bisherigen System der Einzel- und Pauschalförderung bleiben oder ob sie eine leistungsorientierte Investitionspauschale anbieten. Die Pauschalförderung wurde zunächst 2008 in Nordrhein-Westfalen mit der sog. „Baupauschale" eingeführt. Mit leistungsorientierten Investitionspauschalen können seit 2012 generell in den Krankenhausplan aufgenommene Krankenhäuser im DRG-Vergütungssystem gefördert werden und seit 2014 auch psychiatrische und psychosomatische Einrichtungen.

1.3. Krankenhausleistungen und ihre Vergütung

1.3.1. Überblick

Nach § 27 SGB V haben gesetzlich Versicherte Anspruch auf Krankenbehandlung, wenn sie notwendig ist, um eine Krankheit zu erkennen, zu heilen, ihre Verschlimmerung zu verhüten oder Krankheitsbeschwerden zu lindern. Die Krankenbehandlung umfasst auch die Krankenhausbehandlung. Dabei werden nach § 39 SGB V voll- und teilstationäre Leistungen, vor- und nachstationäre Leistungen sowie das ambulante Operieren unterschieden (s. Abb. 3).

Durch § 115b SGB V sind Krankenhäuser zur **Durchführung von ambulanten Operationen** grundsätzlich zugelassen; dabei versteht man unter ambulanten Operationen alle operativen Behandlungen, bei denen der Patient die Nacht vor und nach dem Eingriff zu Hause verbringt. Der GKV-Spitzenverband, die Deutsche Krankenhausgesellschaft (DKG) und die Kassenärztliche Bundesvereinigung (KBV) vereinbaren einen Katalog ambulant durchführbarer Operationen und sonstiger stationsersetzender Eingriffe sowie einheitliche Vergütungen für Krankenhäuser und Vertragsärzte. Der Vertrag nach § 115b Abs. 1 SGB V – Ambulantes Operieren und stationsersetzende Eingriffe im Krankenhaus – (AOP-Vertrag) regelt die Grundsätze der Abrechnung. Zusätzlich müssen die Krankenhäuser ihre Teilnahme am ambulanten Operieren gegenüber der Krankenkasse anzeigen. Die Vergütung erfolgt auf der Grundlage des vereinbarten Katalogs und der geltenden vertragsärztlichen Vergütungssätze mit der Kassenärztlichen Vereinigung (KV). Für GKV-Patienten stellt dies der Einheitliche Bewertungsmaßstab (EBM) dar, für PKV-Patienten bzw. Selbstzahler die Gebührenordnung

```
                        Krankenhausleistungen
          ┌───────────────────────┼───────────────────────┐
  voll- und teilstationäre    vor- und nachstationäre    ambulantes Operieren
       Behandlung                  Behandlung

  = ärztliche Behandlung,    vorstationär (= Klärung der    ambulante Operationen
  Krankenpflege, Versorgung  Erforderlichkeit oder          können durch das
  mit Arznei-, Heil- und     Vorbereitung einer             Krankenhaus
  Hilfsmitteln, Unterkunft   stationären Behandlung)        vorgenommen werden
  und Verpflegung
                             nachstationär (= Sicherung
                             oder Festigung des
                             Behandlungserfolgs einer
                             vollstationären Behandlung)
```

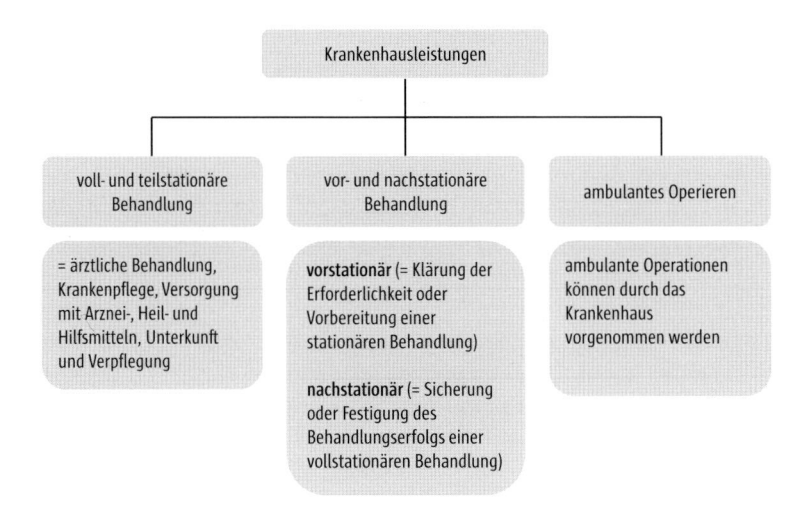

Abb. 3 Formen der Krankenhausleistungen (in Anlehnung an Graumann u. Schmidt-Graumann 2011, S. 27)

für Ärzte (GOÄ). Sowohl EBM als auch GOÄ basieren auf einer Einzelleistungsvergütung. Häufig rechnet sich das ambulante Operieren für Krankenhäuser mit der vorhandenen Infrastruktur nicht, sodass oft ein eigener ambulanter OP-Bereich angegliedert oder in vielen Fällen auf ein benachbartes und von niedergelassenen Ärzten betriebenes ambulantes OP-Zentrum ausgelagert wird.Krankenhäuser wurden durch das Gesundheitsstrukturgesetz in 1993 auch berechtigt, **vor- und nachstationäre Behandlungen** nach § 115b SGB V durchzuführen und abzurechnen. Hierunter versteht man nach § 115a Abs. 1 SGB V eine medizinische Behandlung ohne Unterkunft und Verpflegung, welche die Erforderlichkeit einer vollstationären Krankenhausbehandlung klären oder die vollstationäre Krankenhausbehandlung vorbereiten (vorstationäre Behandlung) bzw. im Anschluss an eine vollstationäre Krankenhausbehandlung den Behandlungserfolg sichern oder festigen soll (nachstationäre Behandlung). Dabei umfasst eine vorstationäre Behandlung längstens drei Behandlungstage innerhalb von fünf Tagen vor der stationären Behandlung und eine nachstationäre Behandlung sieben Behandlungstage innerhalb von 14 Tagen nach der stationären Behandlung.

Vergütet werden diese vor- und nachstationären Behandlungen aufgrund einer Gemeinsamen Empfehlung der DKG und der GKV-Spitzenverbände im Benehmen mit der KBV, welche eine leistungsorientierte, fachabteilungsbezogene Vergütung in pauschalierter Form auf Bundesebene vorsieht. Dabei werden die vorstationären Behandlungen pro Fall und die nachstationären Behandlungen pro Behandlungstag jeweils mit einem abteilungsbezogen Pauschalbetrag abgerechnet.

Zu beachten ist, dass Vergütungen für vor- und nachstationäre Behandlungen nur dann abrechenbar sind, wenn die Leistungen nicht über andere Vergütungsformen wie z.B. Fallpauschalen oder ambulante Operationen abgegolten werden. Für den DRG-Bereich bestimmt § 8 Abs. 2 Satz 3 Nr. 3 KHEntgG, dass eine nach-

1 Krankenhausleistungen, Krankenhausfinanzierung und -vergütung

stationäre Behandlung, soweit die Summe aus den stationären Belegungstagen und den vor- und nachstationären Behandlungstagen die Grenzverweildauer der Fallpauschale übersteigt, zusätzlich zur Fallpauschale abgerechnet werden darf. Eine vorstationäre Behandlung ist neben der Fallpauschale nicht gesondert berechenbar.

Die **Vergütung der stationären Leistungen**, die i.d.R. das Kerngeschäft der Krankenhäuser darstellen, ist im Krankenhausentgeltgesetz (KHEntG) geregelt. Dort wird zwischen allgemeinen Krankenhausleistungen und Wahlleistungen unterschieden (s. Abb. 4).

```
                    stationäre Krankenhausleistungen
                       (§ 2 BPflV, § 2 KHEntgG)
                    ┌──────────────┴──────────────┐
              allgemeine                      Wahlleistungen
          Krankenhausleistungen
                    │                              │
        = Krankenhausleistungen, die für   = ärztliche und nichtärztliche
        die medizinisch zweckmäßige und    Behandlungsformen, die das
        ausreichende Versorgung des        medizinisch Notwendige
        Patienten notwendig sind           überschreiten
        (§ 2 Abs. 2 BPflV)
                    │                              │
        ┌───────────┴───────────┐                  │
 Vergütung nach KHEntG   Vergütung nach BPflV   Vergütung auf der Grundlage
                                                einer vertraglichen Vereinbarung
 Fallpauschalen         Abteilungspflegesätze,  zwischen dem Krankenhausträger
 Zusatzentgelte         Basispflegesätze,       und dem Patienten
                        teilstationäre Pflegesätze
```

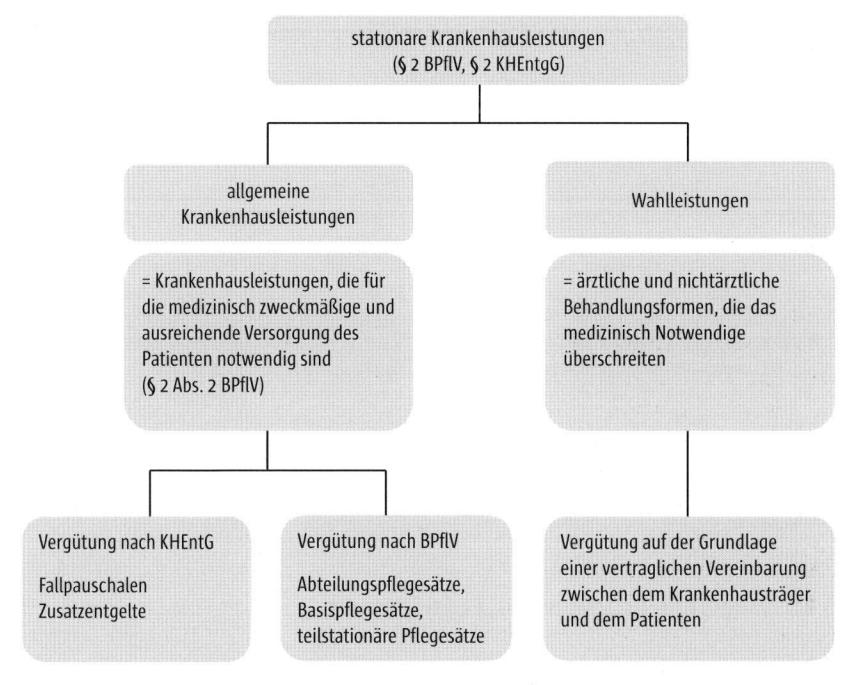

Abb. 4 Vergütung von voll- und teilstationären Leistungen

Allgemeine Krankenhausleistungen stellen die Leistungen eines Krankenhauses dar, die für eine medizinisch zweckmäßige und ausreichende Patientenversorgung notwendig sind (§ 2 Abs. 1 KHEntG). Ein Großteil der allgemeinen Krankenhausleistungen wird seit 2003 durch Fallpauschalen auf der Grundlage von Diagnosis Related Groups (DRG) vergütet, die in Kapitel I.1.3.2 ausführlich erörtert werden. Hiervon ausgenommen waren zunächst psychiatrische und psychosomatische Einrichtungen, bei denen aufgrund der hohen Variabilität der Behandlungen der Einsatz von Fallpauschalen besonders schwierig erschien. In Zukunft wird jedoch auch die Vergütung von psychiatrischen und psychosomatischen Leistungen auf der Grundlage leistungsbezogener Fallpauschalen erfolgen (s.u. Pauschalisierendes Entgeltsystem Psychiatrie und Psychosomatik – PEPP).

Wahlleistungen sind über das notwendige Maß hinausgehende, gesondert abrechenbare ärztliche oder nicht-ärztliche Leistungen. Hierzu gehört z.B. die Chefarztbehandlung oder die Unterbringung in Ein- oder Zweibettzimmern (Penter u. Siefert 2010, S. 64). Die Vergütung der Wahlleistungen erfolgt auf der Grundlage einer gesonderten schriftlichen Vereinbarung zwischen dem Patienten und dem Krankenhaus. Da Wahlleistungen über das medizinisch Notwendige hinausgehen, werden sie nicht von der gesetzlichen Krankenversicherung getragen. Sie sind entweder vom Patienten selbst oder von einer privaten Krankenversicherung zu bezahlen. Der Patient ist vor Abschluss der Vereinbarung über den Inhalt der Wahlleistung und das dafür zu entrichtende Entgelt vor Abschluss der Vereinbarung zu unterrichten (§ 17 Abs. 2 KHEntG).

Pauschalierendes Entgeltsystem Psychiatrie und Psychosomatik – PEPP

Die Vergütung in psychiatrischen und psychosomatischen Einrichtungen erfolgt bis heute grundsätzlich auf der Grundlage von Tagessätzen. Allerdings wurde mit dem Krankenhausfinanzierungsreformgesetz in 2009 beschlossen, auch für die stationäre Psychiatrie und Psychosomatik ein leistungsorientiertes und pauschalierendes Entgeltsystem (**Pauschalierendes Entgeltsystem Psychiatrie und Psychosomatik – PEPP**) einzuführen. Der Gesetzgeber hat den Rahmen hierfür in § 17d KHG vorgegeben. Mit der Umsetzung des neuen Vergütungssystems wurden der Bund der Krankenkassen, der Verband der privaten Krankenversicherung und die deutsche Krankenhausgesellschaft beauftragt. Zwischenzeitlich hat das Institut für das Entgeltsystem im Krankenhaus (InEK) ein Patientenklassifikationssystem entwickelt, „das auf der Grundlage einer tagesbezogenen Kostenkalkulation in einer klinisch relevanten und nachvollziehbaren Weise, Art und Anzahl der behandelten Krankenhausfälle in Bezug zum Ressourcenverbrauch setzt." (InEK 2014b, S. 7). Psychiatrische und psychosomatische Einrichtungen können das neue System auf freiwilliger Basis ab 2013 einführen. Ursprünglich sollte es ab 2015 verpflichtend anzuwenden sein, jedoch wurde die Frist zur Einführung auf 2017 verlängert. Ab 2017 bis 2019 ist die Umstellung budgetneutral. 2019 beginnt die Konvergenzphase zur Anpassung des bis dahin krankenhausindividuellen Werts an den Landesbasisentgeltwert bis 2022 (Behrends 2013, S. 247ff.).

1.3.2. Vergütung im Rahmen des DRG-Systems

Die Vergütung von vollstationären und teilstationären allgemeinen Krankenhausleistungen soll auf der Grundlage eines durchgängigen, leistungsorientierten und pauschalierenden Vergütungssystems nach dem KHEntgG erfolgen. Seine Grundzüge sind in § 17b KHG beschrieben. Der Vergütung liegen jährlich zu treffende Vereinbarungen zwischen dem Krankenhausträger und den Sozialleistungsträgern zugrunde (§ 11 KHEntgG). Danach setzt sich die Vergütung für die allgemeinen Krankenhausleistungen aus folgenden Positionen zusammen:

- Erlösbudget nach § 4 KHEntgG (Fallpauschalen und Zusatzentgelte nach § 7 Abs. 1 Satz 1 Nr. 1 und 2),
- Zu- und Abschläge nach § 5 KHEntgG,
- Krankenhausindividuelle sonstige Entgelte für Leistungen, die nicht mit den DRG-Fallpauschalen und Zusatzentgelten vergütet werden (§ 6 KHEntgG) und
- Zu- oder Abschläge für Mehr- oder Mindererlösausgleich nach § 4 Abs. 3 KHEntgG.

Die Fallpauschalenvergütung basiert auf sog. **Diagnosis Related Groups (DRG)** und wurde in Deutschland im Jahr 2003 eingeführt. Sie beruht auf einem **Fallpauschalenkatalog**, der zwischen dem Spitzenverband Bund der Krankenkassen und dem Verband der privaten Krankenversicherung mit der Deutschen Krankenhausgesellschaft auf Bundesebene vereinbart wird (InEK, 2014a). In dem Katalog werden z.B. in 2014 rd. 1.200 verschiedenen **DRGs** unter Berücksichtigung des patientenbezogenen Schweregrads Bewertungsrelationen (Relativgewichte) zugeordnet. Die Bewertungsrelation gibt das Verhältnis des Erlöses einer Leistung zum Durchschnittserlös aller Leistungen wieder.

Grundlage der Vergütung von Krankenhäusern ist der **Landesbasisfallwert**, der jährlich auf Bundesländerebene zwischen den Vertragsparteien für das folgende Kalenderjahr neu vereinbart wird (§ 10 Abs. 1 KHEntgG). Da die Basisfallwerte in den einzelnen Bundesländern unterschiedlich sind und es dafür keine plausible Erklärung gibt, wurde in den letzten Jahren eine Angleichung der unterschiedlichen Landesbasisfallwerte vorgenommen. Hierfür ist in § 10 Abs. 8 KHEntgG ein Basisfallwertkorridor vorgesehen. Ab 2014 werden Landesbasisfallwerte nur noch innerhalb des Basisfallwertkorridors vergütet. Übersteigen Landesbasisfallwerte den oberen Grenzwert des Korridors, so wird der übersteigende Betrag seit 2014 in voller Höhe abgezogen (Graumann u. Schmidt-Graumann 2011, S. 178; Penter u. Siefert 2010, S. 66). Mittelfristiges Ziel dieser Vorgehensweise ist die Vergütung der Krankenhäuser über einen einheitlichen Bundesbasisfallwert.

Der Erlös für die Fallpauschalenleistung wird dann durch Multiplikation der Bewertungsrelation mit dem Landesbasisfallwert ermittelt. Dadurch erhalten Krankenhäuser unabhängig von den krankenhausindividuellen Kosten landesweit die gleiche Vergütung für die jeweiligen Fallgruppen.

Erlös für eine Fallpauschalenleistung = Bewertungsrelation x Landesbasisfallwert

Die Zuordnung von Patienten zu den Fallpauschalen erfolgt durch zertifizierte „Grouper". Die Einstufung basiert auf der Hauptdiagnose, den zu kodierenden Behandlungsmaßnahmen, sowie ggf. Nebendiagnosen, erschwerenden Faktoren und ggf. weiteren Behandlungsmaßnahmen, die nicht durch die Hauptprozedur beschrieben sind. Die Fallpauschale bezieht sich auf eine innerhalb einer Regelverweildauer erbrachte Behandlung, die nach unten durch die untere Grenzverweildauer und nach oben durch die obere Grenzverweildauer begrenzt wird. Je nach tatsächlicher Verweildauer des Patienten werden Zu- oder Abschläge berücksichtigt, die die Höhe der Bewertungsrelation beeinflussen.

Die Summe der Vergütung eines Krankenhauses für die allgemeinen Krankenhausleistungen beruht auf der Anzahl der Fälle und der Relativgewichte. Die Summe der Relativgewichte aller erbrachten DRGs wird als **Case Mix** bezeichnet. Die vorläufigen Erlöse eines Krankenhauses ergeben sich aus dem Case Mix multipliziert mit dem Landesbasisfallwert.

vorläufiger Erlös = Case Mix x Landesbasisfallwert

Durch Division des Case Mix durch die Fallzahl lässt sich der Case Mix Index ermitteln. Er gibt den durchschnittlichen Fallschweregrad eines Krankenhauses wieder (Thomas et al. 2013, S. 239).

Die Vergütung des Krankenhauses erfolgt nach der Leistungserbringung zunächst mit den tatsächlich erbrachten Fallzahlen. Zusätzlich zum Case Mix ist bei der Ermittlung des endgültigen Erlöses eines Krankenhauses das für den Abrechnungszeitraum vereinbarte **Erlösbudget** zu berücksichtigen. Krankenhäuser sind nach § 11 KHEntgG verpflichtet mit den Sozialleistungsträgern das Erlösbudget, die Summe der Bewertungsrelationen, die sonstigen Entgelte nach § 6, die Erlössumme für krankenhausindividuelle Entgelte sowie Mehr- und Mindererlösausgleiche zu vereinbaren. Das Erlösbudget umfasst die Fallpauschalen und Zusatzentgelte. Für seine Ermittlung werden die voraussichtlich zu erbringenden Leistungen (Bewertungsrelationen) mit dem entsprechenden Landesbasisfallwert nach § 10 KHEntgG multipliziert. Erforderlich ist eine Vorauskalkulation, bei der die voraussichtlich anfallenden Leistungen und die voraussichtlich entstehenden Kosten zu ermitteln sind. Basis hierfür sind die Ergebnisse des laufenden und des abgelaufenen Vereinbarungszeitraums (Graumann u. Schmidt-Graumann 2011, S. 164).

Weicht der vorläufige Erlös vom Erlösbudget ab, so ist ein **Erlösausgleich** durchzuführen (§ 4 Abs. 3 Satz 2 KHEntgG). Sind die vorläufigen Erlöse niedriger als das vereinbarte Budget, so werden zusätzlich zum vorläufigen Budget 20% des Differenzbetrages ausgeglichen (Gesamtmindererlösausgleich). Ist der Gesamtbetrag der vorläufigen Erlöse höher als vereinbart, ist ein Gesamtmehrerlösausgleich durchzuführen (§ 4 Abs. 3 KHEntgG). Der vom Krankenhaus auszugleichende Mehrerlös beträgt für sehr kostenintensive Behandlungen 25% und für sonstige Mehrerlöse 65% des Differenzbetrags. Der Mehr oder Mindererlösausgleich wird nicht in einem Einmalbetrag gezahlt, sondern über Zuschläge (Mindererlösausgleich) oder Abschläge (Mehrerlösausgleich) mit den künftig zu erhebenden Entgelten verrechnet (§ 5 Abs. 4 KHEntgG).

2. Grundlagen des Rechnungswesens

Das fängt ja gut an, denkt sich der leitende Oberarzt Dr. Zipse. Eigentlich ist für ihn das Krankenhaus der Ort, an dem ärztliche und pflegerische Leistungen erbracht werden. Nach der Lektüre der ersten Seiten wird ihm nochmals bewusst, dass die Leistungen eines Krankenhauses sowie ihre Finanzierung und Vergütung in hohem Maße rechtlich reguliert sind. Doch diese Zusammenhänge waren ihm auch bisher schon in groben Zügen vertraut. Sein eigentliches Problem sind die Begriffe und Zusammenhänge des Rechnungswesens. So ist die Rede von internem und externem Rechnungswesen, von Kosten, von Aufwendungen oder Auszahlungen, ohne dass dem Oberarzt die Bedeutung dieser Begriffe klar ist. Um sich einen Überblick über das Rechnungswesen zu verschaffen stellt er folgende Fragen:

- Welche Informationen liefert das Rechnungswesen für welche Adressaten?
- Worin unterscheiden sich externes und internes Rechnungswesen?
- Welche Teilgebiete und Aufgaben hat das externe Rechnungswesen?
- Welche Teilgebiete und Aufgaben hat das interne Rechnungswesen?
- Was bedeuten die Begriffe Aufwendungen, Kosten, Auszahlungen?
- Was bedeuten die Begriffe Erträge, Erlöse, Einzahlungen?

2.1. Informationsvermittlung im externen und internen Rechnungswesen

Aufgabe des betrieblichen Rechnungswesens ist die in Geldeinheiten ausgedrückte Abbildung der betrieblichen Prozesse, also der im Betrieb auftretenden Geld- und Leistungsströme. Aufgabe des Rechnungswesens im Krankenhaus ist es, die spezifischen Leistungsprozesse im Krankenhaus und die mit ihnen zusammenhängenden Geldströme abzubilden. Das Rechnungswesen stellt Informationen sowohl für externe als auch für interne Adressaten mit jeweils unterschiedlichen Informationsbedürfnissen zur Verfügung. Externe Adressaten sind z.B. die Anteilseigner, die Gläubiger und die Finanzbehörden. Interner Adressat des Rechnungswesens ist das Management. Entsprechend der Adressatenorientierung wird zwischen externem und internem Rechnungswesen unterschieden. Während die im externen Rechnungswesen erstellten Informationen überwiegend das Unternehmen als Ganzes betreffen, geht es im internen Rechnungswesen darum, auch die Erlöse und die Kosten z.B. einzelner Produkte oder Unternehmensbereiche zu ermitteln. Die typisierten Informationsbedürfnisse der Adressaten des Rechnungswesens lassen sich wie in Tabelle 1 schematisieren:

Tab. 1 Adressaten des Rechnungswesens und ihre Informationsbedürfnisse

Adressaten	Informationsbedürfnisse
Derzeitige und potenzielle Anteilseigner	Wie hat sich der Wert des Eigenkapitals entwickelt?
	Wie werden zukünftige Erfolgspotenziale eingeschätzt?
Gläubiger	Wie sicher ist die Rückzahlung des Kredits?
	Wie hoch ist das zur Deckung der Schulden einsetzbare Vermögen?
Fiskus	Wie hoch sind die Steuerbemessungsgrundlagen (insbesondere Ertragsteuern)?
Management	Wie ist die Ergebnissituation? Welche Kosten werden durch die betrieblichen Leistungen verursacht? Welche Leistungen und welche Unternehmensbereiche sind rentabel?

2.2. Teilgebiete und Aufgaben des internen und externen Rechnungswesens

Grundlage des **externen Rechnungswesens** ist die **Finanzbuchhaltung**, durch die sämtliche Geschäftsvorfälle dokumentiert werden (§ 238 Abs. 1 HGB). Aus der Finanzbuchhaltung wird der **Jahresabschluss** entwickelt, der mindestens aus der Bilanz und der Gewinn- und Verlustrechnung besteht (§ 242 Abs. 3 HGB). Für Kapitalgesellschaften und kapitalmarktorientierte Unternehmen wird der Jahresabschluss durch weitere zusätzliche Informationsinstrumente ergänzt (z.B. Anhang, Kapitalflussrechnung, Eigenkapitalspiegel). Der Jahresabschluss von Krankenhäusern besteht aus der Bilanz, der Gewinn- und Verlustrechnung und dem Anhang einschließlich des Anlagennachweises (§ 4 KHBV).

Der handelsrechtliche Jahresabschluss hat die Aufgabe, die Bilanzadressaten über die Vermögens-, Finanz- und Ertragslage des Unternehmens zu informieren (= **Informationsfunktion**). Darüber hinaus knüpfen rechtliche Vorschriften zur Verteilung von Gewinn und Verlust an den handelsrechtlichen Jahresüberschuss an. Neben der Informationsfunktion hat der handelsrechtliche Jahresabschluss daher auch eine **Ausschüttungsbemessungsfunktion**.

Zusätzlich zur Verpflichtung, einen Jahresabschlusses für das einzelne Unternehmen aufzustellen, sind Mutterunternehmen von Konzernen zur **Aufstellung eines Konzernabschlusses** verpflichtet, der aus den Jahresabschlüssen der in den

Konzernabschluss einbezogenen Unternehmen entwickelt wird (§ 290 Abs. 1 HGB). Der Konzernabschluss dient ausschließlich der Information der Jahresabschlussadressaten über die Vermögens-, Finanz- und Ertragslage des Konzerns; Zahlungsansprüche sind an den Konzernabschluss nicht geknüpft.

Schließlich basiert auch die Ermittlung der Ertragsteuerbemessungsgrundlagen (Einkommensteuer, Körperschaftsteuer, Gewerbesteuer) auf der Finanzbuchhaltung und dem handelsrechtlichen Jahresabschluss. Unter zusätzlicher Berücksichtigung spezieller steuerlicher Vorschriften ist im externen Rechnungswesen auf der Grundlage einer **Steuerbilanz** der steuerpflichtige Gewinn zu ermitteln.

Um sicherzustellen, dass die rechtlichen Aufgaben des externen Rechnungswesens erfüllt werden, hat der Gesetzgeber gesetzliche Vorschriften zum externen Rechnungswesen im Handelsgesetzbuch und in Steuergesetzen (Einkommensteuer-, Körperschaftsteuer-, Gewerbesteuer- und Umsatzsteuergesetz) erlassen. Speziell für die Buchführung und Bilanzierung in Krankenhäusern gilt die Krankenhaus-Buchführungsverordnung (KHBV). Pflegeeinrichtungen unterliegen der Pflege-Buchführungsverordnung (PBV). Sowohl KHBV als auch PBV sehen einen besonderen branchenspezifischen Kontenrahmen für die Finanzbuchhaltung sowie branchenspezifische Gliederungsvorschriften für den Jahresabschluss vor. Darüber hinaus verweisen KHBV und PBV in weitem Maße auf die Bilanzierungs- und Bewertungsvorschriften des HGB. Die nachfolgende Tabelle 2 zeigt zusammenfassend Teilgebiete und Aufgaben des externen Rechnungswesens:

Tab. 2 Teilgebiete des externen Rechnungswesens und ihre Aufgaben

Teilgebiete des externen Rechnungswesens	Aufgaben
Finanzbuchhaltung	Dokumentation aller Geschäftsvorfälle
handelsrechtlicher Jahresabschluss	Information über Vermögens-, Finanz- und Ertragslage, Ermittlung der Ausschüttungsbemessungsgrundlage
handelsrechtlicher Konzernabschluss	Information über Vermögens-, Finanz- und Ertragslage des Konzerns
Steuerbilanz	Ermittlung der Steuerbemessungsgrundlagen für Gewinnsteuern

Das **interne Rechnungswesen** umfasst in seiner engen Definition die Kosten- und Erlösrechnung. In einer weiteren Interpretation sind auch die Investitionsrechnung und die Finanzrechnung Teil des internen Rechnungswesens. Aufgabe des internen Rechnungswesens im Allgemeinen ist die Generierung und Bereitstellung von Informationen zur Steuerung eines Unternehmens. Aufgabe der Kosten- und Erlösrechnung im Speziellen ist die **Planung und Kontrolle der Wirtschaftlichkeit** des Betriebsprozesses. Die Kosten- und Erlösrechnung wird daher als Planungsrechnung auf der Grundlage geplanter Daten und als Kontrollrechnung auf der Grundlage von Ist-Daten durchgeführt. Dabei erfolgt die Ermittlung der Wirtschaftlichkeit nicht nur auf der Ebene des Gesamtunternehmens sondern auch auf der Ebene einzelner Unternehmensbereiche bzw. einzelner Produktgruppen und einzelner Kostenstellen.

Im Gegensatz zum externen Rechnungswesen ist das **interne Rechnungswesen** grundsätzlich nicht gesetzlich normiert, da es dem Management selbst obliegt, das interne Rechnungswesen entsprechend seinen Bedürfnissen zu gestalten. Krankenhäuser und Pflegeeinrichtungen bilden hier jedoch insofern eine Ausnahme, als in § 8 KHBV bzw. § 7 PBV eine Kosten- und Leistungsrechnung vorgeschrieben ist. Danach haben Krankenhäuser eine Kosten- und Leistungsrechnung zu führen, die eine betriebsinterne Steuerung und die Beurteilung der Wirtschaftlichkeit und Leistungsfähigkeit sicherstellt (zu den einzelnen Begriffen s.u. Kostenrechnung, Kosten- und Leistungsrechnung oder Kosten- und Erlösrechnung?).

Kostenrechnung, Kosten- und Leistungsrechnung oder Kosten- und Erlösrechnung?

Die Begriffe „Kosten- und Leistungsrechnung", „Kosten- und Erlösrechnung" oder kurz „Kostenrechnung" werden vielfach synonym verwandt. Man versteht darunter unternehmensinterne Rechenwerke für Planungs- und Kontrollzwecke, die auf einer Gegenüberstellung von Erlösen und Kosten basieren. Dementsprechend werden auch die Begriffe „Erlöse" und „Leistungen" synonym verwandt. Sie stehen beide für den im betrieblichen Leistungserstellungsprozess erwirtschafteten Wertzuwachs. Während in der neueren Literatur vermehrt die Begriffe Erlös- bzw. Kosten- und Erlösrechnung verwandt werden, findet man z.B. in der KHBV und der PBV den Begriff „Kosten- und Leistungsrechnung". In diesem Buch wird im Weiteren der Begriff „Kosten- und Erlösrechnung" gebraucht.

Die Kosten- und Erlösrechnung besteht aus vier Teilrechnungen. Grundlage ist die **Kostenartenrechnung**, in der die angefallenen Kosten nach der Art der verbrauchten Produktionsfaktoren ermittelt werden (z.B. Personalkosten, Sachkosten, Abschreibungen, Zinsen). Für eine Kostenkontrolle ist im Rahmen der **Kostenstellenrechnung** die Aufteilung eines Unternehmens in einzelne Verantwortungsbereiche (= Kostenstellen) und die Zuordnung der Kosten zu den Kostenstellen erforderlich. Darauf aufbauend wird im Rahmen der **Kostenträgerrechnung** die Höhe der für die einzelnen betrieblichen Leistungen angefallenen Kosten ermittelt. Schließlich werden im Rahmen der **Betriebsergebnisrechnung** die angefallenen Kosten den Erlösen gegenübergestellt und dadurch das Betriebsergebnis einer Periode ermittelt. Dabei wird im Gegensatz zu der Gewinn- und Verlustrechnung des externen Rechnungswesens im Rahmen der internen Betriebsergebnisrechnung ein Periodenergebnis nicht nur jährlich sondern in der Regel monatlich ermittelt. Die Betriebsergebnisrechnung wird deshalb auch als kurzfristige Ergebnisrechnung bezeichnet.

Aufgabe der **Investitionsrechnung** ist die Ermittlung der Wirtschaftlichkeit von Investitionen im Rahmen von Plan- und Kontrollrechnungen (vgl. hierzu ausführlich Wolke 2010). Im Rahmen der **Finanzierungsrechnung** wird die Liquidität eines Unternehmens gesteuert. Zusammenfassend werden die Teilgebiete des internen Rechnungswesens und ihre Aufgaben schematisch in Tabelle 3 dargestellt:

Tab. 3 Aufgaben des internen Rechnungswesens

Teilgebiete des internen Rechnungswesens	Aufgaben
Kosten- und Erlösrechnung	Ermittlung der Wirtschaftlichkeit des Betriebsprozesses im Rahmen von Planungs- und Kontrollrechnungen
Kostenartenrechnung	Welche Kosten sind angefallen?
Kostenstellenrechnung	Wo sind Kosten angefallen?
Kostenträgerrechnung	Wofür sind Kosten angefallen?
Betriebsergebnisrechnung	Ermittlung der Betriebsergebnisses einer Periode
Investitionsrechnung	Ermittlung der Wirtschaftlichkeit von Investitionen
Finanzierungsrechnung	Sicherstellung der jederzeitigen Zahlungsbereitschaft

Im Rahmen dieses Buches wird das interne Rechnungswesen mit der Kosten- und Erlösrechnung gleichgesetzt. Dabei wird neben der rein instrumentellen Darstellung der Kosten- und Erlösrechnung auch der Verwendungszusammenhang im Rahmen des Kosten- und Erlöscontrollings erörtert.

2.3. Rechnungsgrößen im internen und externen Rechnungswesen

Die unterschiedlichen Aufgaben der Teilgebiete des Rechnungswesens werden auf der Grundlage unterschiedlicher Rechnungsgrößen erfüllt. Während sowohl in der Finanzbuchhaltung als auch in der Kosten- und Erlösrechnung die **Ermittlung eines Periodenerfolgs** verfolgt wird, zielt die Finanzierungsrechnung auf die **Ermittlung der Liquidität** ab. Die Ermittlung des Periodenerfolgs ist damit das Rechnungsziel sowohl der Finanzbuchhaltung als auch der Kosten- und Erlösrechnung, während die Liquidität das Rechnungsziel der Finanzierungsrechnung ist.

Die Ermittlung der Liquidität erfolgt auf der Basis der Gegenüberstellung von **Einzahlungen** und **Auszahlungen**. Einzahlungen und Auszahlungen sind unmittelbare Veränderungen des Zahlungsmittelbestands, wozu Barmittel und jederzeit verfügbare Bankguthaben (Girokonto) gehören. Der Verkauf von Lebensmitteln an der Kasse eines Supermarkts führt zu einer unmittelbaren Erhöhung des Zahlungsmittelbestands, es liegt eine Einzahlung vor. Umgekehrt handelt es sich um eine Auszahlung, wenn ein Krankenhaus Blutkonserven gegen Barzahlung erwirbt.

Einzahlungen sind Erhöhungen des Zahlungsmittelbestands.

> **Auszahlungen** sind Minderungen des Zahlungsmittelbestands.

Einzahlungen und Auszahlungen stellen die rechnerischen Grundlagen der Investitionsrechnung dar, bei der die Wirtschaftlichkeit einer Investition beurteilt wird. Die Beurteilung der Wirtschaftlichkeit einer Investition erfolgt auf der Basis abgezinster („diskontierter") zukünftiger Einzahlungen, z.B. anhand des Kapitalwerts.

In der Finanzierungsrechnung, mit der die Liquidität eines Unternehmens gesteuert wird, werden sowohl Einzahlungen/Auszahlungen als auch Einnahmen/Ausgaben betrachtet (Coenenberg et al. 2012b, S. 17).

Wird auch die Möglichkeit von Kreditgeschäften berücksichtigt, misst man das Geldvermögen bzw. seine Veränderungen, die als **Einnahmen** und **Ausgaben** bezeichnet werden. Das Geldvermögen bezeichnet die Summe aus Zahlungsmittelbestand und Forderungen abzüglich der Verbindlichkeiten. Einnahmen erhöhen, Ausgaben mindern das Geldvermögen.

Ein Krankenhaus, das nach Behandlung und Entlassung eines Patienten eine Rechnung ausstellt, hat eine Forderung, also einen rechtlichen Anspruch auf Zahlung der Rechnung gegenüber der Krankenkasse oder dem Patienten. Es liegt damit eine Einnahme vor. Der Zahlungsmittelbestand erhöht sich erst, wenn der Patient die Rechnung beglichen hat, Einnahmen und Einzahlungen liegen gleichzeitig nur bei Barverkäufen vor. Soweit Rechnungsstellung und Zahlungszeitpunkt auseinanderfallen, fallen auch Einnahmen und Einzahlungen zeitlich auseinander. Das gleiche gilt analog für Ausgaben und Auszahlungen. Erhält das Krankenhaus eine Handwerkerrechnung, so liegt eine rechtliche Verpflichtung zur Zahlung (= Verbindlichkeit), also eine Ausgabe vor. Eine Auszahlung liegt demgegenüber erst dann vor, wenn die Handwerkerrechnung bezahlt wird.

Geldvermögen = Zahlungsmittelbestand + Forderungen − Verbindlichkeiten

> **Einnahmen** sind Erhöhungen des Geldvermögens.

> **Ausgaben** sind Minderungen des Geldvermögens.

Die Ermittlung des Periodenerfolges erfolgt im externen Rechnungswesen auf der Basis der handelsrechtlichen Gewinn- und Verlustrechnung, im internen Rechnungswesen auf der Basis der Kosten- und Erlösrechnung. Die **Gewinn- und Verlustrechnung** basiert auf einer Gegenüberstellung von **Erträgen** und **Aufwendungen**. Der Saldo entspricht dem handelsrechtlichen Jahresergebnis (= Jahresüberschuss oder Jahresfehlbetrag). Dabei stellen die Erträge den Wertzuwachs einer Periode dar, die Aufwendungen den Werteverzehr. Höhe und Zeitpunkt der Erfassung von Aufwendungen und Erträgen sind durch die Vorschriften des Handelsgesetzbuchs normiert. Erträge werden dann realisiert, wenn ein Unternehmen seine Leistung erbracht hat und die Rechnung erstellt. Im Krankenhaus ist das dann der Fall, wenn der Patient entlassen wird. Aufwendungen werden dann berücksichtigt, wenn der Werteverzehr eintritt. Wenn im Krankenhaus Blutkonserven beschafft werden, liegt eine Ausgabe vor. Aufwand entsteht, wenn die Blutkonserven verbraucht werden. Auch wenn medizinisches Gerät angeschafft wird, liegt eine Ausgabe vor, Aufwand entsteht erst, wenn sich der Wert des Geräts durch Gebrauch mindert.

> Die **Gewinn- und Verlustrechnung** ist eine Gegenüberstellung von Erträgen und Aufwendungen.

> **Erträge** sind der nach handelsrechtlichen Vorschriften bewertete Wertzuwachs einer Periode.

> **Aufwendungen** sind der nach handelsrechtlichen Vorschriften bewertete Werteverzehr einer Periode.

Auch in der Kosten- und Erlösrechnung werden der Wertzuwachs und der Wertverschleiß einer Periode gegenübergestellt. Betrieblich erwirtschafteter Wertzuwachs wird als „**Erlös**", betrieblich verursachter Wertverschleiß wird als „**Kosten**" bezeichnet. Die Gegenüberstellung von Erlösen und Kosten für eine Periode wird auch als **Betriebsergebnisrechnung** oder **kurzfristige Erfolgsrechnung** bezeichnet.

Die Kosten- und Erlösrechnung berücksichtigt ausschließlich Wertezuwachs und Werteverschleiß, die durch die Erfüllung der spezifischen Aufgaben des Betriebes entstanden sind, während die Finanzbuchhaltung alle Aktivitäten eines Betriebes erfasst. Betriebsfremde, periodenfremde und außerordentliche Erträge und Aufwendungen werden in der Kosten- und Erlösrechnung nicht erfasst. Veräußert ein Krankenhaus ein Grundstück und erzielt dabei einen Gewinn, so ist dieser Wertzuwachs in der Finanzbuchhaltung als Ertrag zu erfassen, wohingegen der Vorgang in der Kosten- und Erlösrechnung nicht berücksichtigt wird, da die Grundstückstransaktion nicht zu den spezifischen betrieblichen Aktivitäten eines Krankenhauses gehört.

Andererseits werden in der Kosten- und Erlösrechnung zusätzliche Kosten, sog. „**kalkulatorische Kosten**" erfasst, die in der Finanzbuchhaltung entweder gar nicht oder in anderer Höhe berücksichtigt werden. Dabei können auch Opportunitätskosten (z.B. kalkulatorische Zinsen auf das Eigenkapital) oder Periodisierungen von aperiodischen Vorgängen (z.B. kalkulatorische Wagnisse) berücksichtigt werden. Außerdem unterliegt die Kosten- und Erlösrechnung keinen gesetzlichen Normierungen. Die Bewertung von Kosten und Erlösen sollte den tatsächlichen Wertzuwachs und Werteverzehr berücksichtigen ohne Beachtung gesetzlicher Bewertungsvorschriften.

> Die **Kosten- und Erlösrechnung** ist eine Gegenüberstellung von Erlösen und Kosten:
>
> - **Erlöse** sind der Wertezuwachs, der innerhalb einer Periode aus der spezifischen betrieblichen Tätigkeit entstanden ist.
> - **Kosten** sind der Werteverschleiß, der innerhalb einer Periode aufgrund der spezifischen betrieblichen Tätigkeit entstanden ist.
> - Die **Bewertung** von Kosten und Erlösen ist gesetzlich nicht vorgeschrieben; sie richtet sich nach betriebswirtschaftlichen Gesichtspunkten

Zusammenfassend werden auf der nachfolgenden Tabelle 4 Rechnungsziele und Rechnungsgrößen der Teilgebiete des Rechnungswesens gegenübergestellt:

Tab. 4 Rechnungsziele und Rechnungsgrößen des Rechnungswesens

Teilgebiet des Rechnungswesens	Rechnungsziel	Rechnungsgrößen
Finanzbuchhaltung, handelsrechtlicher Jahresabschluss	Handelsrechtliches Periodenergebnis	Erträge, Aufwendungen
Kosten- und Erlösrechnung	Periodenergebnis (Betriebsergebnis)	Erlöse, Kosten
Finanzierungsrechnung	Liquidität	Einzahlungen, Auszahlungen, Einnahmen, Ausgaben
Investitionsrechnung	Wirtschaftlichkeit einer Investition (z.B. „Kapitalwert")	Einzahlungen, Auszahlungen

Die Verwendung von traditionell unterschiedlichen Rechnungsgrößen in der Kosten- und Erlösrechnung und im handelsrechtlichen Jahresabschluss in Deutschland wird mit den jeweils unterschiedlichen Zwecken dieser Teilbereiche des Rechnungswesens begründet. Auf der Basis unterschiedlicher Rechnungsgrößen werden unterschiedliche Ergebnisse in der handelsrechtlichen Gewinn- und Verlustrechnung und in der Betriebsergebnisrechnung ermittelt. Nachteile dieser „zweigleisigen" Ergebnisermittlung sind der damit verbundene personelle und systemtechnische Aufwand sowie die Erklärungsbedürftigkeit unterschiedlicher Ergebnisse bei den Informationsempfängern (z.B. dem Aufsichtsrat). Hinzu kommt, dass durch die Kapitalmarktorientierung des externen Rechnungswesens von Großunternehmen heute nicht nur der Jahresabschluss zu veröffentlichen ist, sondern im Lagebericht anhand finanzieller und nicht-finanzieller Leistungsindikatoren auch über die interne Steuerung berichtet werden muss (§§ 289, 315 HGB).

Daher wurden die **Kosten- und Erlösrechnung und das externe Rechnungswesen** zumindest teilweise **harmonisiert**. Diese Entwicklung wurde insbesondere von den Großunternehmen, wie Siemens, EON oder Daimler angestoßen, die schon sehr früh nach amerikanischen Rechnungslegungsstandards (US-GAAP) oder nach internationalen Standards (IFRS) bilanziert haben. Das Maß der Integration des Rechnungswesens ist jedoch in der Praxis sehr unterschiedlich und in der Wissenschaft umstritten (Coenenberg et al. 2012b, S. 27ff., Simons u. Weißenberger 2010, S. 271–280).

II. Externes Rechnungswesen

1. Finanzbuchführung

Da Dr. Zipse als langjähriger Arzt generell terminologisch sehr geübt ist, hat es ihm keinerlei Probleme bereitet, sich einen Überblick über das Rechnungswesen, seine grundsätzlichen Aufgaben und Teilgebiete zu verschaffen. Im Rahmen seiner Tätigkeit als leitender Oberarzt hatte er auch schon sporadisch meist leidigen Kontakt mit der Buchhaltung, etwa bei der Abrechnung privatärztlicher Liquidationen, bei Reisekostenabrechnungen oder bei der Anschaffung medizinischer Geräte. Aber nie hat er sich wirklich für die Tätigkeit der Kolleginnen und Kollegen in der Finanzbuchhaltung interessiert. Doch immer wieder wird er in Gesprächen mit Kollegen aus der Verwaltung darauf hingewiesen, dass die meisten Informationen des Rechnungswesens in der Buchhaltung generiert werden. Da er einerseits die Zusammenhänge des Rechnungswesens grundlegend verstehen möchte, andererseits möglichst wenig Zeit darauf verwenden möchte, fragt er seinen alten Kollegen Herrn Huber, den Leiter des Rechnungswesens, welche buchhalterischen Zusammenhänge auch Nichtfachleute verstehen sollten. Herr Huber gibt ihm eine Liste mit folgenden Fragen:

- Welche Aufgabe hat die Finanzbuchführung?
- Aus welcher rechtlichen Vorschrift ergibt sich die Verpflichtung zur Buchführung in Krankenhäusern?
- Was ist ein Inventar, was eine Inventur?
- Welche zeitlichen Inventurverfahren lassen sich unterscheiden?
- Welche Möglichkeiten bestehen zur Vereinfachung der Inventur?
- Wie ist der grundsätzliche Aufbau einer Bilanz?
- Wie ist der Zusammenhang zwischen Gewinn- und Verlustrechnung und Bilanz?
- Wie wirken sich Gewinn oder Verlust auf das Eigenkapital aus?
- Was ist ein Buchungssatz?
- Was meinen Buchhalter, wenn sie von einem Konto reden?
- Was ist ein Bestandskonto, was ein Erfolgskonto?
- Wie hängen Konten einerseits und Bilanz und Gewinn- und Verlustrechnung andererseits miteinander zusammen?

- Wie lassen sich für ein Geschäftsjahr mit einfachen Transaktionen Bilanz und Gewinn- und Verlustrechnung aufstellen?
- Welche Anforderungen ergeben sich aus der materiellen Ordnungsmäßigkeit der Buchführung?
- Welche Anforderungen ergeben sich aus der formellen Ordnungsmäßigkeit der Buchführung?

In diesem Kapitel zur Finanzbuchführung soll basierend auf den Fragen von Dr. Zipse ein möglichst komprimierter Überblick über den Zusammenhang zwischen der laufenden Buchführung und dem Jahresabschluss gegeben werden. Ausführliche Abhandlungen zur Finanzbuchhaltung finden sich in speziellen Lehrbüchern, z.B. bei Bieg 2013, Coenenberg et al. 2012b, Döring u. Buchholz 2013 oder Wöhe u. Kußmaul 2012.

1.1. Buchführung als Grundlage des externen Rechnungswesens

Im Jahresabschluss schlagen sich alle Transaktionen nieder, die sich auf die Höhe und die Zusammensetzung des Erfolgs, des Vermögens und der Schulden eines Unternehmens auswirken. Solche Transaktionen werden als **Geschäftsvorfälle** bezeichnet. Geschäftsvorfälle sind z.B. der Wareneinkauf, die Erstellung von Ausgangsrechnungen nach der Entlassung von Patienten oder die Aufnahme eines Bankkredits. Durch die Buchführung ist eine laufende und lückenlose Erfassung aller während des Jahres stattfindenden Geschäftsvorfälle sicherzustellen. Die Verbuchung der Geschäftsvorfälle im Rahmen der Buchhaltung ist somit Voraussetzung für die Erstellung eines Jahresabschlusses.

> **Geschäftsvorfälle** sind alle Transaktionen, die die Höhe und/oder Zusammensetzung des Vermögens, der Schulden oder des Periodenerfolgs beeinflussen.

Allgemein üblich und für Krankenhäuser gesetzlich gefordert ist das System der **doppelten Buchführung**, bei dem alle Geschäftsvorfälle sowohl in zeitlicher als auch in sachlicher Ordnung erfasst werden (Coenenberg et al. 2012b, S. 122). Dabei werden Geschäftsvorfälle in zwei Büchern erfasst, in zeitlicher Reihenfolge im Grundbuch (oder Journal) und sachlich geordnet auf Sachkonten im Hauptbuch. Außerdem wird in der doppelten Buchführung jeder Geschäftsvorfall auf mindestens zwei Konten verbucht (Soll- und Habenbuchung).

> Die **Buchführung** ist eine laufende, lückenlose, sachlich und zeitlich geordnete Aufzeichnung aller Geschäftsvorfälle.

Die **Verpflichtung zur Buchführung** resultiert aus Vorschriften im Handelsrecht, im Steuerrecht und speziell für öffentlich geförderte Krankenhäuser aus der Krankenhaus-Buchführungsverordnung (KHBV). Nach § 238 Abs. 1 HGB ist jeder Kaufmann verpflichtet Bücher zu führen und dadurch seine Handelsgeschäfte und die Lage seines Vermögens ersichtlich zu machen. Von der grundsätzlichen Verpflichtung zur Buchführung sind lediglich Einzelkaufleute befreit, die an zwei aufeinanderfolgenden Abschlussstichtagen nicht mehr als 500.000 € Umsatz und 50.000 € Jahresüberschuss erzielt haben (§ 241a HGB).

Als **Kaufmann** gilt jeder, der eine gewerbliche Tätigkeit (Handelsgewerbe) betreibt, die einen kaufmännisch eingerichteten Geschäftsbetrieb erfordert. Wann eine gewerbliche Tätigkeit vorliegt, ist im HGB nicht definiert. Hier hilft der Rückgriff auf das Einkommensteuergesetz. Danach liegt eine gewerbliche Tätigkeit dann vor, wenn sie selbstständig, nachhaltig und mit Gewinnerzielungsabsicht betrieben wird und eine Beteiligung am allgemeinen wirtschaftlichen Verkehr darstellt (§ 15 Abs. 2 EStG). Freiberufliche Tätigkeiten (z.B. Ärzte, Rechtsanwälte, Berater) sind keine gewerblichen Tätigkeiten. Als Kaufmann gelten darüber hinaus nach § 6 HGB alle Handelsgesellschaften (Personenhandelsgesellschaften, Kapitalgesellschaften und eingetragene Genossenschaften). Daher sind z.B. Ärzte grundsätzlich nicht zur Buchführung verpflichtet, während Medizinische Versorgungszentren (MVZ), die in der Rechtsform einer GmbH betrieben werden, buchführungspflichtig sind.

Im Hinblick auf die **steuerrechtliche Buchführungspflicht** bestimmt § 140 AO, dass wer nach anderen Gesetzen als den Steuergesetzen zur Buchführung verpflichtet ist, die Verpflichtungen, die ihm nach den anderen Gesetzen obliegen, auch für die Besteuerung erfüllen muss (sog. derivative steuerrechtliche Buchführungspflicht). Darüber hinaus besteht nach § 141 AO eine originäre steuerrechtliche Buchführungspflicht für Gewerbetreibende, wenn der Umsatz über 500.000 € und der Gewinn über 50.000 € liegt.

Für Krankenhäuser nach dem Krankenhausfinanzierungsgesetz (§ 2 KHG) gelten unabhängig davon, ob das Krankenhaus Kaufmann i.S.d. Handelsgesetzbuchs ist und unabhängig von der Rechtsform die Vorschriften der **Krankenhaus-Buchführungsverordnung (KHBV)**. § 3 KHBV bestimmt, dass Krankenhäuser buchführungspflichtig sind, wobei auf die Regeln der handelsrechtlichen Buchführungspflicht entsprechend den §§ 238, 239 HGB verwiesen wird. Eine Ausnahme besteht z.B. für Bundeswehrkrankenhäuser und Krankenhäuser der Träger der gesetzlichen Unfallversicherung, die nicht der KHBV unterliegen (§ 1 Abs. 2 KHBV).

Pflegeeinrichtungen nach dem SGB XI unterliegen den Regeln der **Pflege-Buchführungsverordnung (PBV)** und zwar unabhängig davon, ob die Pflegeeinrichtung Kaufmann im Sinne des HGB ist und unabhängig davon, in welcher Rechtsform die Pflegeeinrichtung betrieben wird. Wie die KHBV verweist auch die PBV auf die Regeln der kaufmännischen doppelten Buchführung und die entsprechenden Vorschriften des HGB. Kleinere Pflegedienste mit bis zu sechs Vollzeitkräften und kleinere Pflegeeinrichtungen sind nach § 9 PBV von der Buchführung befreit.

> Krankenhäuser sind nach der KHBV buchführungspflichtig und Pflegeeinrichtungen nach der PBV. Danach sind von Krankenhäusern und Pflegeeinrichtungen die Regeln der kaufmännischen doppelten Buchführung und die entsprechenden Vorschriften des HGB zu befolgen. Die Buchführungspflicht besteht für Krankenhäuser und Pflegeeinrichtungen unabhängig von ihrer Rechtsform und unabhängig davon, ob sie Kaufmann im Sinne des HGB sind.

Die Buchführungspflicht beginnt mit der Aufnahme des Geschäftsbetriebs. Ausgangspunkt ist die Eröffnungsbilanz. Danach ist zum Schluss eines jeden Geschäftsjahres ein Jahresabschluss zu erstellen. Insofern ist die Bilanz sowohl Ausgangspunkt als auch Ziel der Buchführung. Die Dauer eines Geschäftsjahres darf nach § 240 Abs. 2 HGB 12 Monate nicht überschreiten. Bei den meisten Unternehmen entspricht das Geschäftsjahr dem Kalenderjahr und beginnt zum 01.01. und endet am 31.12.

Heute wird die Buchführung nicht mehr manuell sondern mit Unterstützung von IT-Systemen durchgeführt. Häufig sind Buchhaltungssysteme auch Bestandteil ganzheitlicher Planungs- und Berichtssysteme (sog. Enterprise Resource Planning [ERP]-Systeme). Die Buchungen werden dann nicht in physischen Büchern sondern auf Eingabemasken vorgenommen. Gleichwohl liegt auch den IT-gestützten Buchhaltungssystemen die hier dargestellte Buchungslogik zugrunde. Ebenso sind die Anforderungen an die Ordnungsmäßigkeit der Buchführung auch bei den IT-gestützten Buchhaltungssystemen zu gewährleisten (Wöhe u. Kußmaul 2012, S. 44f.).

1.2. Inventar und Inventur

Die Bilanz zum Abschlussstichtag eines Geschäftsjahres könnte theoretisch ausschließlich auf der Grundlage der Eröffnungsbilanz und der während des Geschäftsjahres verbuchten Geschäftsvorfälle erstellt werden. Doch dann wäre nicht sichergestellt, dass das bilanzierte Vermögen auch tatsächlich vorhanden ist. Zur Kontrolle, ob die in der Buchführung aufgezeichneten Vermögenswerte und Schulden auch tatsächlich vorhanden sind, ist für jeden Abschlussstichtag zusätzlich zur Bilanz ein Inventar zu erstellen (§ 240 Abs. 2 HGB). Sofern sich Differenzen zwischen den tatsächlich vorhandenen Beständen und den buchmäßigen Beständen ergeben, sind die Buchbestände an die tatsächlichen Bestände anzupassen.

Das **Inventar** ist ein art-, mengen- und wertmäßiges Verzeichnis der Vermögensgegenstände und Schulden. Mit der Aufnahme des Geschäftsbetriebs besteht die Verpflichtung, Grundstücke, Forderungen und Schulden, Barbeträge und sonstige Vermögensgegenstände einzeln zu verzeichnen und ihren Wert anzugeben (§ 240 Abs. 1 HGB).

> Das **Inventar** ist ein art-, mengen- und wertmäßiges Verzeichnis der Vermögensgegenstände und Schulden zum Abschlussstichtag.

Das Inventar umfasst die Vermögensgegenstände und die Schulden des Betriebs. Als Saldo kann daraus das Reinvermögen (Eigenkapital) ermittelt werden. Das Vermögen wird unterteilt in Anlagevermögen und Umlaufvermögen. Zum **Anlagevermögen** zählen alle Vermögensgegenstände, die dazu bestimmt sind, dauerhaft dem Geschäftsbetrieb zu dienen, während im **Umlaufvermögen** Vermögensgegenstände ausgewiesen werden, die durch den Betriebsprozess umgewan-

1 Finanzbuchführung

delt (z.B. Zahlungsmittel, Forderungen, Roh-, Hilfs- und Betriebsstoffe) oder umgesetzt (zum Verkauf bestimmte Fertigfabrikate) werden. Das Inventar eines Krankenhauses könnte wie in Tabelle 5 dargestellt aussehen.

Die Erstellung des Inventars basiert auf einer Bestandsaufnahme der Vermögensgegenstände und Schulden, der **Inventur**. Die Inventur umfasst eine körperliche Bestandsaufnahme für alle materiellen Vermögensgegenstände (= **körperliche Inventur**). Die Bestandsaufnahme erfolgt hier durch Messen, Wiegen, Zählen und ggf. auch Schätzen der vorhandenen Bestände. Nicht körperliche Vermögensgegenstände (z.B. Bankguthaben, Patente, Forderungen) und Schulden sind demgegenüber auf der Basis von buchhalterischen Unterlagen (z.B. Kontoauszüge, Saldenbestätigungen, Patente, Verträge) nachzuweisen (= **Buchinventur**).

> Die **Inventur** ist die art-, mengen- und wertmäßige Bestandsaufnahme aller Vermögensgegenstände und Schulden. Sie erfolgt als körperliche Inventur für materielle Vermögensgegenstände und als Buchinventur für finanzielle und immaterielle Vermögensgegenstände und für Schulden.

Im Hinblick auf die zeitliche Durchführung lassen sich die Stichtagsinventur, die vor- oder nachverlagerte Inventur und die permanente Inventur unterscheiden (s. Abb. 5).

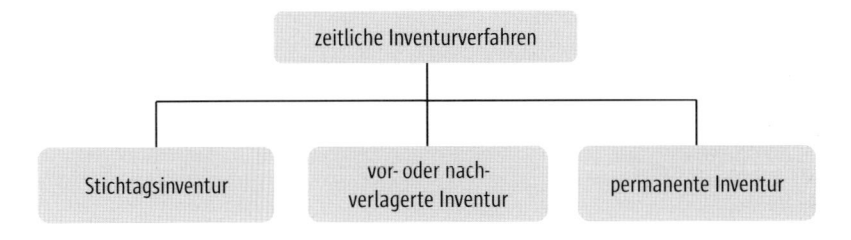

Abb. 5 Zeitliche Inventurverfahren

Grundsätzlich ist die Inventur aller Vermögensgegenstände und Schulden zum Abschlussstichtag vorgesehen (**Stichtagsinventur**). Dabei ist die Aufstellung des Inventars innerhalb der einem ordnungsmäßigen Geschäftsgang entsprechenden Zeit zu bewirken (§ 240 Abs. 2 Satz 2 HGB). Diese Anforderung ist dann erfüllt, wenn die Inventur zeitnah innerhalb von zehn Tagen vor oder nach dem Abschlussstichtag durchgeführt wird. Zu- und Abgänge zwischen dem Aufnahmetag und dem Abschlussstichtag werden anhand von Belegen fortgeschrieben oder zurückgerechnet.

Tab. 5 Inventar

Inventar zum 31.12.01 der XYZ-Klinik		€	Gesamtwert €
A. Vermögensgegenstände			
I. Anlagevermögen			
	1. Betriebsgrundstück	1.500.000	
	2. Betriebsbauten lt. Anlage	350.000	
	3. Technische Anlagen lt. Anlage	120.000	
	4. Einrichtungen und Ausstattungen lt. Anlage	170.000	
	5. Gebrauchsgüter lt. Anlage	40.000	
	6. Konzessionen und Schutzrechte lt. Anlage	120.000	
	7. Beteiligungen lt. Anlage	1.200.000	3.500.000
II. Umlaufvermögen			
Vorräte			
	1. Lebensmittel lt. Einzelaufstellung	36.000	
	2. Medizinischer Bedarf lt. Einzelaufstellung	48.000	
	3. Wirtschaftsbedarf lt. Einzelaufstellung	38.000	
	4. Verwaltungsbedarf lt. Einzelaufstellung	13.000	135.000
Forderungen aus Lieferungen und Leistungen lt. Anlage			120.000
Kassenbestand/Guthaben bei Kreditinstituten			
	1. Kontokorrentkonto	67.000	
	2. Kassenbestand	133.000	200.000
Gesamtvermögen			3.955.000
B. Schulden			
I. Darlehensschulden			
	1. Bank A	600.000	
	2. Bank B	450.000	1.050.000
II. Lieferantenverbindlichkeiten			
	1. Lieferant A	45.000	
	2. Lieferant B	23.000	68.000
Gesamtschulden			1.118.000
C. Errechnung des Reinvermögens/Eigenkapitals			
Gesamtvermögen			3.995.000
– Gesamtschulden			1.118.000
= Reinvermögen/Eigenkapital			2.837.000

Berlin, den 10. Januar 02

1 Finanzbuchführung

> Die **Stichtagsinventur** ist die zeitnahe Inventur innerhalb von zehn Tagen vor oder nach dem Abschlussstichtag.

Beim beweglichen Anlagevermögen kann das Bestandsverzeichnis auch als **Anlagekartei** geführt werden. Dabei kann auf eine jährliche körperliche Bestandsaufnahme verzichtet werden, wenn jeder Zugang und jeder Abgang laufend in das Bestandverzeichnis eingetragen werden. Die Anlagekartei muss außer den geringwertigen Wirtschaftsgütern (s. Kap. II.2.3.1) alle Vermögensgegenstände enthalten, auch wenn sie bereits voll abgeschrieben sind. Dabei wird für jeden Vermögensgegenstand eine Anlagekarte mit dem Tag der Anschaffung, dem Anschaffungswert, der Nutzungsdauer und der jährlichen Abschreibung und dem Tag des Abgangs geführt (R 5.4 Abs. 4 EStR).

Die Stichtagsinventur verursacht einen hohen Verwaltungsaufwand, der oft nur mit einer Betriebsunterbrechung wahrgenommen werden kann. Um dies zu vermeiden, sind aus Praktikabilitätsgründen deshalb sowohl **zeitliche Vereinfachungsverfahren** als auch **Vereinfachungen der Inventarerstellung** erlaubt.

Bei einer **vor- oder nachverlagerten Inventur** besteht die Möglichkeit, ein besonderes Inventar für einen beliebigen Tag innerhalb der letzten drei Monate vor oder innerhalb von zwei Monaten nach dem Abschlussstichtag aufzustellen (§ 241 Abs. 3 Nr. 1 HGB). Bei diesem Verfahren kann die Inventur einzelner Artikel innerhalb des vorgegebenen Zeitraums zu unterschiedlichen Zeitpunkten durchgeführt werden. Voraussetzung einer vor- oder nachverlagerten Inventur ist, dass durch Fortschreibungs- und/oder Rückrechnungsverfahren der am Abschlussstichtag vorhandene Bestand ordnungsgemäß bewertet werden kann.

> Die **vor- oder nachverlagerte Inventur** ist die Bestandsaufnahme innerhalb von drei Monaten vor oder zwei Monaten nach dem Abschlussstichtag

Noch flexibler kann die Bestandsaufnahme bei einer **permanenten Inventur** gestaltet werden. Dabei kann zu einem beliebigen Zeitpunkt im Laufe des Geschäftsjahrs die Bestandsaufnahme erfolgen. Darauf aufbauend werden alle Zu- und Abgänge in der Lagerkartei laufend buchmäßig erfasst, sodass der mengen- und wertmäßige Bestand zum Abschlussstichtag der Lagerkartei entnommen werden kann. Voraussetzung ist auch für die Anwendung der permanenten Inventur, dass durch Vor- oder Rückrechnungen der Bestand der Vermögensgegenstände nach Art, Menge und Wert auch ohne körperliche Bestandsaufnahme am Abschlussstichtag sichergestellt werden kann (§ 241 Abs. 2 HGB).

> Bei der **permanenten Inventur** erfolgt die körperliche Bestandsaufnahme an beliebigen und für einzelne Vermögensgegenstände unterschiedlichen Zeitpunkten.

Die Anwendung der zeitverschobenen und der permanenten Inventur ist steuerrechtlich nicht zulässig für besonders wertvolle Vermögensgegenstände und für

Bestände an Vermögensgegenständen, bei denen unkontrollierbare Abgänge z.B. durch Schwund, Verderben oder Ähnliches auftreten (R 5.3 EStR).

Zusätzlich zur zeitlichen Vereinfachung der Inventur hat der Gesetzgeber Möglichkeiten der sachlichen **Vereinfachung der Inventur** vorgesehen (s. Abb. 6). Hierzu zählen die Stichprobeninventur, das Festwertverfahren und die Gruppenbewertung. Während durch die Stichprobeninventur die mengenmäßige Erfassung der Vermögensgegenstände vereinfacht wird, zielen Festbewertung und Gruppenbewertung auf die Vereinfachung der Bewertung.

```
                    Verfahren zur
                 Inventurvereinfachung
         ┌──────────────┼──────────────┐
  Stichprobeninventur  Festbewertung  Gruppenbewertung
```

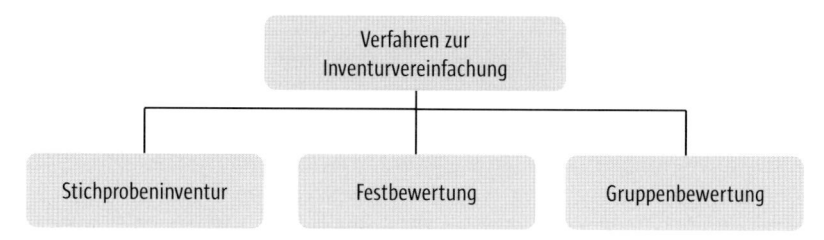

Abb. 6 Inventurvereinfachungen

Bei der **Stichprobeninventur** wird auf eine vollständige Erfassung aller Vermögensgegenstände verzichtet und anstatt dessen eine Hochrechnung auf der Grundlage von Stichproben vorgenommen (§ 241 Abs. 1 HGB). Dabei müssen folgende Anforderungen erfüllt sein:
- die Hochrechnung der Stichprobe muss mit Hilfe anerkannter mathematisch-statistischer Modelle erfolgen,
- das Verfahren muss den Grundsätzen ordnungsmäßiger Buchführung entsprechen und
- der Aussagewert des auf Basis von Stichproben aufgestellten Inventars muss dem Aussagewert eines aufgrund einer körperlichen Bestandsaufnahme aufgestellten Inventars gleichkommen.

> Bei der **Stichprobeninventur** wird auf eine vollständige körperliche Bestandsaufnahme verzichtet und eine Hochrechnung auf der Grundlage von Stichproben vorgenommen.

Bei der **Festbewertung** können Vermögensgegenstände mit einer gleichbleibenden Menge und einem gleichbleibenden Wert angesetzt werden (§ 240 Abs. 3 HGB). Die Anwendung des Festwertverfahrens ist auf Vermögensgegenstände des Sachanlagevermögens sowie Roh-, Hilfs- und Betriebsstoffe, die regelmäßig ersetzt werden und deren Gesamtwert für das Unternehmen von untergeordneter Bedeutung ist, beschränkt. Darüber hinaus müssen bei Anwendung des Festwertverfahrens folgende Voraussetzungen erfüllt sein:
- In der Regel ist alle drei Jahre, spätestens alle fünf Jahre eine körperliche Bestandsaufnahme durchzuführen.
- Der Bestand der jeweiligen Vermögensgegenstände darf in seiner Größe, seinem Wert und seiner Zusammensetzung nur geringfügigen Veränderungen

unterliegen. Nach Auffassung der Finanzverwaltung ist dies dann der Fall, wenn der bei einer körperlichen Bestandsaufnahme ermittelte Wert vom Festwert um nicht mehr als 10% abweicht. Übersteigt der ermittelte Wert den bisherigen Festwert um mehr als 10% ist der neue Wert maßgebend. Ist der ermittelte Wert um mehr als 10% niedriger, kann der niedrigere Wert angesetzt werden (R 5.4 Abs. 3 EStR).

In der Praxis wird die Festbewertung bei gleichartigen Vermögensgegenständen wie z.B. Geschirr, Brennstoffvorräte, Bettwäsche oder Büroeinrichtungen angewandt (Quick u. Wolz 2012, S. 31, IDW Tz. E 478; Vivantes 2014, S. 55).

> Bei der **Festbewertung** wird auf eine jährliche Inventur verzichtet. Vermögensgegenstände werden unter bestimmten Voraussetzungen mit einem gleichbleibenden Wert und einer gleichbleibenden Menge angesetzt. Eine körperliche Bestandsaufnahme erfolgt i.d.R. alle drei Jahre.

Ein weiteres Inventurvereinfachungsverfahren stellt die **Gruppenbewertung** dar. Danach werden Vermögensgegenstände und Schulden zu einer Gruppe zusammengefasst und mit dem gewogenen Durchschnittswert bewertet. Das Verfahren zielt auf eine vereinfachte Ermittlung der Anschaffungs- oder Herstellungskosten, wenn es aufgrund der Gleichartigkeit von Vermögensgegenständen schwer oder unmöglich ist, die Anschaffungs- oder Herstellungskosten für die einzelnen auf Lager befindlichen Vermögensgegenstände zu ermitteln. Die Gruppenbewertung ist zulässig für gleichartige Vermögensgegenstände des Vorratsvermögens sowie andere gleichartige und annähernd gleichwertige bewegliche Vermögensgegenstände und Schulden (§ 240 Abs. 4 HGB). Gleichartig sind Vermögensgegenstände dann, wenn sie zu einer Warengattung gehören oder in der gleichen Funktion verwendet werden (Quick u. Wolz 2012, S. 32; Adler et al. 1995, Tz. 120 zu § 240 HGB). Annähernd gleichwertig sind Vermögensgegenstände dann, wenn der Preisunterschied zwischen dem höchsten und dem niedrigsten Einzelwert der zu einer Gruppe zusammengefassten Vermögensgegenstände höchstens 20% beträgt (Quick u. Wolz 2012, S. 32; Adler et al. 1995, Tz. 128 zu § 240 HGB).

> Bei der **Gruppenbewertung** werden gleichartige oder annähernd gleichwertige Vermögensgegenstände zu einer Gruppe zusammengefasst und mit dem gewogenen Durchschnittswert angesetzt.

1.3. Bilanz und Gewinn- und Verlustrechnung

1.3.1. Bilanz

Das Inventar, in dem alle Vermögensgegenstände und Schulden mengen- und wertmäßig aufgeführt sind, ist als Informationsinstrument für externe Adressaten zu detailliert und unübersichtlich. Deshalb werden die einzelnen Vermögensgegenstände und Schulden in der Bilanz wertmäßig zu Posten verdichtet, wobei die Mengenangaben weggelassen werden. Die Bilanz ist ebenso wie das

Inventar erstmals zu Beginn der Tätigkeit eines Unternehmens aufzustellen (Eröffnungsbilanz) und daran anschließend zum Schluss eines jeden Geschäftsjahrs. Sie ist eine stichtagsbezogene Gegenüberstellung von Vermögensgegenständen und Schulden.

Die Bilanz ist eine Gegenüberstellung von **Vermögensgegenständen auf der linken Seite** und von **Schulden und Eigenkapital auf der rechten Seite**. Vermögensgegenstände werden auch als Aktiva bezeichnet, Eigenkapital und Schulden auch als Passiva. Auf der Aktivseite wird somit die Verwendung des Kapitals dargestellt, auf der Passivseite seine Herkunft.

> Die **Bilanz** ist eine Gegenüberstellung des Vermögens (= Mittelverwendung) auf der linken Seite (Aktivseite) und der Schulden und des Eigenkapitals (= Mittelherkunft) auf der rechten Seite (Passivseite).

Die Summe der Aktiva (= Bilanzsumme) entspricht notwendigerweise der Summe der Passiva. Dies kommt durch folgende grundlegende Bilanzgleichung zum Ausdruck:

Vermögen = Eigenkapital + Schulden

Eine Bilanz weist folgende Grundstruktur auf:

Aktiva	Passiva
Vermögensgegenstände	Eigenkapital
	Schulden
Bilanzsumme (= Summe Aktiva)	Bilanzsumme (= Summe Passiva)

Wie aber schlagen sich reale wirtschaftliche Sachverhalte in der Bilanz nieder? Anhand des folgenden einfachen Beispiels sollen die Zusammenhänge verdeutlicht werden:

> **Beispiel zur Eröffnungsbilanz:**
>
> Ein Unternehmen (Betrieb eines Pflegedienstes) wurde durch Einzahlung von Eigenkapital auf das Firmenkonto in Höhe von 50 T€ gegründet. Außerdem wurde ein Bankkredit in Höhe von 20 T€ aufgenommen. Mit dem Kapital von insgesamt 70 T€ wurden zwei Firmenfahrzeuge für insgesamt 50 T€ sowie zwei PC für insgesamt 6 T€ erworben. Der Einfachheit halber werden sowohl die Firmenfahrzeuge als auch die PC als Betriebs- und Geschäftsausstattung ausgewiesen. Es verbleiben liquide Mittel von 14 T€ zur Begleichung laufender Kosten. Damit verfügt das Unternehmen am Abschlussstichtag über Vermögensgegenstände und Kapital von jeweils 70 T€.

Die Eröffnungsbilanz hat für das Beispiel folgendes Bild:

Aktiva	in T€		in T€
Anlagevermögen			
Betriebs- und Geschäftsausstattung	56	Eigenkapital	50
Umlaufvermögen			
Zahlungsmittel	14	Bankdarlehen	20
Bilanzsumme (= Summe der Aktiva)	70	Bilanzsumme (= Summe der Passiva)	70

Das Beispiel zeigt, dass die **Passivseite** über die **Kapitalherkunft**, das eingezahlte Eigenkapital und den Bankkredit informiert. Auf der **Aktivseite** schlägt sich die **Kapitalverwendung** nieder, die Anschaffung der Betriebs- und Geschäftsausstattung sowie der verbliebene Zahlungsmittelbestand. Dabei wird auf der Aktivseite – wie schon beim Inventar – zwischen Anlagevermögen und Umlaufvermögen unterschieden.

Auf der Passivseite wird primär zwischen **Eigen- und Fremdkapital** unterschieden. Als Eigenkapital wird das Kapital bezeichnet, das dem Unternehmen von seinen Eigentümern ohne zeitliche Begrenzung zur Verfügung gestellt wird. Demgegenüber steht Fremdkapital dem Unternehmen zeitlich begrenzt zur Verfügung. Fremdkapitalgeber haben immer einen Anspruch auf Rückzahlung des dem Unternehmen zur Verfügung gestellten Kapitals.

Auf der Grundlage zweier aufeinanderfolgender Bilanzen kann das Ergebnis eines Geschäftsjahres in seiner Höhe durch Vergleich des Eigenkapitals am Abschlussstichtag mit dem Eigenkapital am vorangegangenen Abschlussstichtag ermittelt werden. Sofern Eigenkapital weder von außen zugeführt noch ausgeschüttet wurde, entspricht eine Erhöhung des Eigenkapitals dem **Gewinn** des Geschäftsjahrs, während eine Minderung des Eigenkapitals einen **Verlust** im Geschäftsjahr bedeutet.

Unter Fortführung des einfachen Beispiels soll die Erstellung der Bilanz zum darauffolgenden Stichtag gezeigt werden.

Beispiel zur Bilanz am Abschlussstichtag:
Im ersten Geschäftsjahr 01 haben sich durch den laufenden Geschäftsbetrieb die liquiden Mittel um 20 T€ auf 34 T€ erhöht (Saldo aus Einzahlungen und Auszahlungen). Das Anlagevermögen hat sich nicht verändert, Kapital wurde weder von außen zugeführt noch zurückbezahlt. Dadurch hat sich auch das Eigenkapital als Residualgröße um 20 T€ erhöht.

Die Bilanz zum Abschlussstichtag 31.12.01 ergibt danach folgendes Bild:

Aktiva	in T€		in T€
Anlagevermögen			
Betriebs- und Geschäftsausstattung	56	Eigenkapital	70
Umlaufvermögen			
Zahlungsmittel	34	Bankdarlehen	20
Bilanzsumme (= Summe der Aktiva)	90	Bilanzsumme (= Summe der Passiva)	90

Der Erfolg der Periode lässt sich somit durch Vergleich des Eigenkapitals am Ende der Periode mit dem Eigenkapital am Ende der Vorperiode ermitteln:

	Eigenkapital (t = 1)	70 T€
−	Eigenkapital (t = 0)	50 T€
=	Gewinn	20 T€

Durch Eigenkapitalvergleich kann zwar die Höhe des Periodenergebnisses ermittelt werden, über das Zustandekommen des Ergebnisses aber gibt der Eigenkapitalvergleich keinen Aufschluss. Hierzu dient die Gewinn- und Verlustrechnung, oder kurz GuV, deren Grundstruktur im nächsten Kapitel beschrieben wird.

1.3.2. Gewinn- und Verlustrechnung

Auskunft über das Zustandekommen des Periodenergebnisses gibt die **Gewinn- und Verlustrechnung**, in der die Summe der Erträge einer Periode der Summe der Aufwendungen der Periode gegenübergestellt wird. Als **Erträge** werden alle Vorgänge bezeichnet, die während des Geschäftsjahres eine Erhöhung des Eigenkapitals (außer durch Eigenkapitaleinlagen und -ausschüttungen) bewirken. Das sind entweder wertmäßige Erhöhungen von Vermögensgegenständen oder wertmäßige Verminderungen von Schulden. Analog dazu sind **Aufwendungen** alle Vorgänge, die eine Eigenkapitalminderung zur Folge haben. Das wiederum sind wertmäßige Minderungen von Vermögensgegenständen oder wertmäßige Erhöhungen von Schulden.

Wichtig ist, dass wir uns an dieser Stelle nochmals die bereits in Kapitel I.2.3 beschriebene Unterscheidung von Einzahlungen – Einnahmen – Erträgen sowie von Auszahlungen – Ausgaben – Aufwendungen bewusst machen. Nicht alle Einzahlungen und Auszahlungen sind Erträge bzw. Aufwendungen. Einzahlungen und Auszahlungen werden daher nur dann in der Gewinn- und Verlustrechnung abgebildet, wenn sie auch Erträge bzw. Aufwendungen darstellen. Einzahlungen, die infolge einer Kreditaufnahme bei einer Bank zugeflossen sind, sind keine Erträge, da sie zwar die liquiden Mittel erhöhen, nicht aber das Eigenkapital. Analog dazu sind Auszahlungen für die Tilgung eines Darlehens keine Aufwendungen. Demgegenüber sind die Einzahlungen, die ein Supermarkt beim

1 Finanzbuchführung

Verkauf von Waren erzielt auch Erträge. Dementsprechend sind Löhne- und Gehälter, die ein Unternehmen an seine Beschäftigten bezahlt, Auszahlungen und zugleich Aufwendungen.

Ein **Periodengewinn** entsteht dann, wenn die Erträge in einer Periode höher als die Aufwendungen sind, während ein **Periodenverlust** dann entstanden ist, wenn die Aufwendungen höher als die Erträge sind.

> Die **Gewinn- und Verlustrechnung** ist eine Gegenüberstellung von Erträgen und Aufwendungen in einer bestimmten Periode. Sind die Erträge höher als die Aufwendungen, ist ein Gewinn entstanden, sind die Aufwendungen höher als die Erträge, ergibt sich ein Verlust.

Durch Fortführung des Beispiels im letzten Kapitel soll die Struktur einer Gewinn- und Verlustrechnung verdeutlicht werden:

Beispiel zur vereinfachten Gewinn- und Verlustrechnung:

Der Periodengewinn von 20 T€ wurde dadurch erzielt, dass Umsatzerlöse von 100 T€ (Barzahlung durch Kunden) erzielt wurden, wobei zur Erzielung des Umsatzes Mietaufwendungen von 30 T€ und Personalaufwendungen von 50 T€ erforderlich waren, die ebenfalls in bar bezahlt wurden. Damit zeigt die Gewinn- und Verlustrechnung für das Geschäftsjahr 01 folgendes Bild:

	Umsatzerlöse	100 T€
−	Mietaufwendungen	30 T€
−	Personalaufwendungen	50 T€
=	Gewinn	20 T€

Damit wird ansatzweise deutlich, dass die Gewinn- und Verlustrechnung durch die Darstellung der wesentlichen Ertrags- und Aufwandsposten dem Leser eines Jahresabschlusses weitergehende Analysemöglichkeiten im Hinblick auf das Zustandekommen des Periodenergebnisses eröffnet als die Bilanz.

1.4. Verbuchung von Geschäftsvorfällen

1.4.1. Erfolgsneutrale Geschäftsvorfälle

In einem Unternehmen ereignen sich während eines Jahres oft Tausende von Geschäftsvorfällen mit Auswirkungen auf Bilanz und Gewinn- und Verlustrechnung. Dadurch ergeben sich vielfältige Veränderungen an Vermögensgegenständen und Schulden. Da nicht nach jedem Geschäftsvorfall eine neue Bilanz und/oder Gewinn- und Verlustrechnung erstellt werden kann, werden die Geschäftsvorfälle während eines Geschäftsjahres auf **Konten verbucht und dokumentiert**.

> Ein **Konto** ist eine zweiseitige Rechnung, in der auf der einen Seite alle Zugänge bzw. Mehrungen und auf der anderen Seite alle Abgänge bzw. Minderungen erfasst werden.

Da Buchführungskonten die Form eines großen „T" aufweisen, werden sie auch als „**T-Konten**" bezeichnet. Die linke Seite eines T-Kontos wird mit „**Soll**", die rechte mit „**Haben**" bezeichnet. In den heute IT-gestützten Buchhaltungen existieren T-Konten nicht mehr real. Die Logik der T-Konten ist gleichwohl auch in den heutigen Buchhaltungssystemen noch hinterlegt und als didaktisches Mittel sind sie bis heute unverzichtbar.

Soll	T-Konto	Haben

Die Erfassung von Geschäftsvorfällen auf Konten erfolgt über Buchungen. Eine Buchung stellt eine in Geldeinheiten ausgedrückte Veränderung von Konten dar. Dabei gilt im System der doppelten Buchhaltung, dass jeder Geschäftsvorfall auf mindestens zwei Konten erfasst werden muss. Einer Buchung im „Soll" eines Kontos steht eine Buchung im „Haben" eines anderen Kontos gegenüber, um die Bilanz im Gleichgewicht zu halten. Es gilt: „Keine Buchung ohne Gegenbuchung".

> Die **Verbuchung** eines Geschäftsvorfalls wird als Buchungssatz bezeichnet, der grundsätzlich folgende Struktur aufweist:
>
> *Soll*   an   *Haben*

Bei einfachen Buchungssätzen wird jeweils ein Konto auf der Soll- und ein Konto auf der Habenseite mit dem gleichen Betrag angesprochen. Bei zusammengesetzten Buchungen werden zwei oder mehr Konten auf einer Seite angesprochen. Dabei gilt, dass der Gesamtbetrag der Buchungen auf der Sollseite dem Gesamtbetrag auf der Habenseite entsprechen muss.

Die Verbuchung von Geschäftsvorfällen setzt voraus, dass für jeden Bilanzposten jeweils mindestens ein Konto eingerichtet wird. Der in der Eröffnungsbilanz enthaltene Bilanzstand wird dabei als Anfangsbestand des jeweiligen Kontos übernommen. Im Laufe des Geschäftsjahres werden dann Erhöhungen und Minderungen auf dem jeweiligen Konto erfasst. Dabei gilt die Gleichung:

Anfangsbestand + Erhöhungen = Endbestand + Minderungen

Diese Gleichung gilt für alle Bilanzkonten, für Aktivkonten, die für Bilanzposten auf der Aktivseite und für Passivkonten, die für Bilanzposten auf der Passivseite gebildet werden. Die Erfassung von Beständen und Bewegungen erfolgt auf Aktiv- und Passivkonten seitenverkehrt. Für Aktivkonten werden der Anfangsbestand und Erhöhungen im Soll erfasst, Minderungen und der Endbestand stehen auf der Haben-Seite. Bei Passivkonten werden der Anfangsbestand und die Zugänge auf der Passivseite erfasst, während die Abgänge und der Endbestand auf der Soll-Seite stehen (s. Abb. 7).

Soll	Aktivkonto	Haben		Soll	Passivkonto	Haben
Anfangsbestand		Minderungen		Minderungen		Anfangsbestand
Erhöhungen						Erhöhungen
		Endbestand		Endbestand		

Abb. 7 Aktiv- und Passivkonto (Wöhe u. Kußmaul 2012, S. 68)

In einem ersten Schritt soll zunächst die Verbuchung von Geschäftsvorfällen erörtert werden, die nur in der Bilanz zu erfassen sind und die keine Auswirkungen auf die Gewinn- und Verlustrechnung haben. Geschäftsvorfälle, die sich nicht auf den Erfolg einer Periode auswirken, nennt man **erfolgsneutrale Geschäftsvorfälle**. Bei einem erfolgsneutralen Geschäftsvorfall wird daher eine Sollbuchung auf einem Bilanzkonto durch eine Habenbuchung auf einem anderen Bilanzkonto ausgeglichen.

> **Beispiel zur Verbuchung erfolgsneutraler Geschäftsvorfälle:**
> Der Betrieb des Pflegedienstes expandiert und erfordert im zweiten Geschäftsjahr die Anschaffung eines dritten Fahrzeugs für 20 T€, die aus dem Zahlungsmittelbestand (Girokonto) beglichen werden. Außerdem ist die Anschaffung einer Büroeinrichtung erforderlich, die 10 T€ kostet und die durch die Aufnahme eines Bankdarlehens in gleicher Höhe finanziert wird. Sowohl die Fahrzeuge als auch die Büroeinrichtung werden als Betriebs- und Geschäftsausstattung ausgewiesen. Wie sind auf der Grundlage der Bilanz zum 31.12.01 die Geschäftsvorfälle des zweiten Geschäftsjahres zu verbuchen?

Die Anschaffung des Fahrzeugs betrifft zwei Aktivkonten, die Betriebs- und Geschäftsausstattung und den Zahlungsmittelbestand. Es liegt daher ein **Aktivtausch** vor. Zugänge auf Aktivkonten sind im Soll und Abgänge im Haben zu verbuchen. Der Buchungssatz lautet daher:

Geschäftsfahrzeug (Betriebs- und   an   *Zahlungsmittel 20.000 €*
Geschäftsausstattung) 20.000 €

Die Anschaffung der Büroeinrichtung durch Kreditaufnahme besteht streng genommen aus zwei Geschäftsvorfällen. Zunächst erfolgt die Kreditaufnahme, die auf das Girokonto (= Zahlungsmittelbestand) überwiesen wird. Dabei wird ein Aktivkonto (= Zahlungsmittel) und ein Passivkonto (Bankdarlehen) berührt. Der Mehrung auf dem Aktivkonto steht eine Mehrung auf dem Passivkonto gegenüber, wodurch sich die Bilanzsumme erhöht. Man spricht von einer **Bilanzverlängerung**. Der Buchungssatz hierfür lautet:

Zahlungsmittel 10.000 €   an   *Bankdarlehen 10.000 €*

Die Bezahlung der Büroeinrichtung ist dann wieder ein Aktivtausch mit folgendem Buchungssatz:

Büroeinrichtung (Betriebs- und   an   *Zahlungsmittel 10.000 €*
Geschäftsausstattung) 10.000 €

Unter Berücksichtigung der Anfangsbestände und der beiden Buchungssätze haben die betroffenen Bilanzkonten folgendes Aussehen:

Soll	Zahlungsmittel		Haben
Anfangsbestand	34	Abgänge (Auszahlungen)	30
Zugänge (Einzahlungen)	10	Endbestand	14
	44		44

Soll	Betriebs- und Geschäftsausstattung		Haben
Anfangsbestand	56	Abgänge	0
Zugänge	30	Endbestand	86
	86		86

Soll	Bankdarlehen		Haben
Abgänge	0	Anfangsbestand	0
Endbestand	10	Zugänge	10
	10		10

Die Bestandskonten und die Bilanz zum Abschlussstichtag werden dadurch miteinander verbunden, dass am Ende einer Periode der Endbestand eines Kontos in die Bilanz übernommen wird. Auf der Basis der Bilanz zum 31.12.01 und der vorläufigen Endbestände der Konten zum 31.12.02 ergäbe sich folgende vorläufige Bilanz zum 31.12.02 wie in Abbildung 8 dargestellt.

1.4.2. Erfolgswirksame Geschäftsvorfälle

Neben den erfolgsneutralen Geschäftsvorfällen gibt es erfolgswirksame Geschäftsvorfälle, die zu einer Veränderung des Eigenkapitals führen und durch die nicht nur die Bilanz in ihrer Struktur berührt wird, sondern auch der Erfolg. **Erfolgswirksame Geschäftsvorfälle** werden nicht direkt über das Eigenkapital verbucht, sondern über Aufwands- und Ertragskonten (Erfolgskonten), die aus den Posten der Gewinn- und Verlustrechnung abgeleitet werden. Auf **Aufwandskonten** werden **Eigenkapitalminderungen** erfasst, auf **Ertragskonten Eigenkapitalerhöhungen**. Z.B. führt die monatliche Zahlung von Gehältern zu einem Aufwand auf dem Aufwandskonto „Löhne und Gehälter" und der Verkauf von Waren zu einem Ertrag auf dem Ertragskonto „Umsatzerlöse".

1 Finanzbuchführung

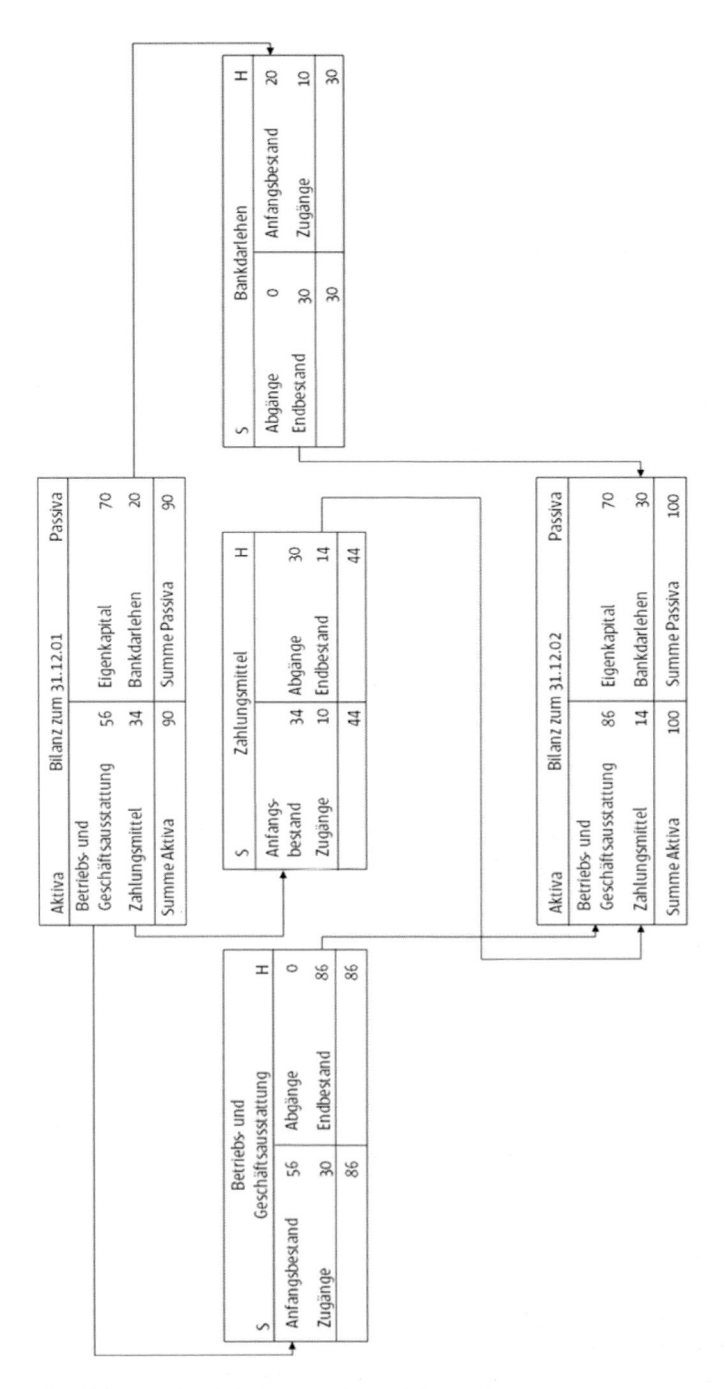

Aktiva	Bilanz zum 31.12.01		Passiva
Betriebs- und Geschäftsausstattung	56	Eigenkapital	70
Zahlungsmittel	34	Bankdarlehen	20
Summe Aktiva	90	Summe Passiva	90

S	Bankdarlehen		H
Abgänge	0	Anfangsbestand	20
Endbestand	30	Zugänge	10
	30		30

S	Zahlungsmittel		H
Anfangsbestand	34	Abgänge	30
Zugänge	10	Endbestand	14
	44		44

S	Betriebs- und Geschäftsausstattung		H
Anfangsbestand	56	Abgänge	0
Zugänge	30	Endbestand	86
	86		86

Aktiva	Bilanz zum 31.12.02		Passiva
Betriebs- und Geschäftsausstattung	86	Eigenkapital	70
Zahlungsmittel	14	Bankdarlehen	30
Summe Aktiva	100	Summe Passiva	100

Abb. 8 Bilanzerstellung bei erfolgsneutralen Geschäftsvorfällen

II Externes Rechnungswesen

Dabei gilt grundsätzlich, dass Aufwendungen auf der Sollseite und Erträge auf der Habenseite erfasst werden. Die Erfolgskonten haben daher folgende Struktur:

Soll	Ertragskonto	Haben
Saldo = Wertzuwachs	Summe der jeweiligen Erträge	

Soll	Aufwandskonto	Haben
Summe der jeweiligen Aufwendungen	Saldo = Wertzuwachs	

Aus Gründen der Übersichtlichkeit werden Erträge und Aufwendungen nicht unmittelbar im Eigenkapital verbucht, sondern im **Gewinn- und Verlustkonto** (kurz: GuV-Konto), das der Gewinn- und Verlustrechnung entspricht. Ertragskonten werden dadurch ausgeglichen, dass am Periodenende der Saldo als Ertrag auf dem GuV-Konto erfasst wird. Aufwandskonten werden ausgeglichen, indem der Saldo als Aufwand auf dem GuV-Konto erfasst wird. Soweit die Summe der Erträge einer Periode höher ist als die Summe der Aufwendungen, wurde ein Gewinn erwirtschaftet. Ist die Summe der Aufwendungen höher als die Summe der Erträge, so ist ein Verlust entstanden. Der Zusammenhang zwischen Eigenkapital und GuV-konto wird durch Abbildung 9 verdeutlicht:

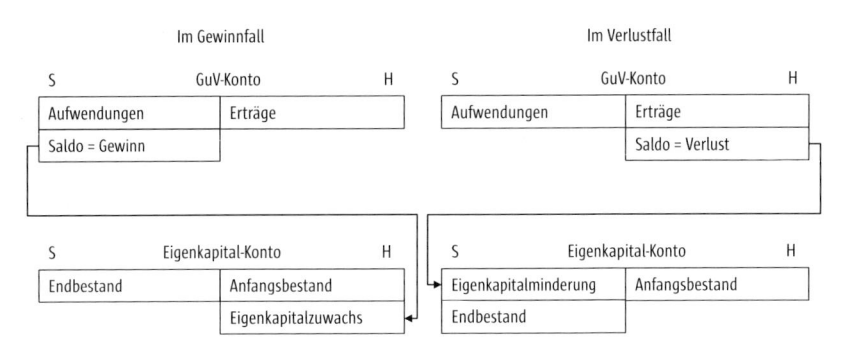

Im Gewinnfall			Im Verlustfall		
S	GuV-Konto	H	S	GuV-Konto	H
Aufwendungen	Erträge		Aufwendungen	Erträge	
Saldo = Gewinn				Saldo = Verlust	
S	Eigenkapital-Konto	H	S	Eigenkapital-Konto	H
Endbestand	Anfangsbestand		Eigenkapitalminderung	Anfangsbestand	
	Eigenkapitalzuwachs		Endbestand		

Abb. 9 Zusammenhang GuV-Konto und Eigenkapitalkonto

Um den Zusammenhang zwischen Erfolgskonten und dem Eigenkapitalkonto zu verdeutlichen und anschließend aus allen Buchungssätzen für die Periode 02 Bilanz und Gewinn- und Verlustrechnung zu erstellen, wird das Beispiel des Pflegedienstunternehmens weitergeführt:

Beispiel zur Verbuchung erfolgswirksamer Geschäftsvorfälle

Der Pflegedienst verzeichnet im zweiten Geschäftsjahr Umsatzerlöse in Höhe von 150 T€, die vollständig in bar beglichen wurden. Mietaufwendungen in Höhe von 30 T€ und Löhne und Gehälter in Höhe von 70 T€ wurden vom Girokonto überwiesen.

Die Buchungssätze für die Geschäftsvorfälle lauten wie folgt:

1 Finanzbuchführung

Zahlungsmittel 150.000 €   an   *Umsatzerlöse 150.000 €*

Mietaufwendungen 30.000 €   an   *Zahlungsmittel 30.000 €*

Löhne und Gehälter 70.000 €   an   *Zahlungsmittel 70.000 €*

Die Buchungssätze schlagen sich wie folgt auf den Erfolgskonten nieder:

Soll	Umsatzerlöse		Haben
Saldo = Wertzuwachs	150	Umsatzerlöse	150

Soll	Mietaufwendungen		Haben
Mietaufwendungen	30	Saldo - Wertminderung	30

Soll	Löhne und Gehälter		Haben
Löhne und Gehälter	70	Saldo = Wertminderung	70

Am Ende eines Geschäftsjahres stehen die Summe der Aufwendungen auf den Aufwandskonten im Soll und die Summe der Erträge auf den Ertragskonten im Haben. Die Übertragung der Salden in die Gewinn- und Verlustrechnung erfolgt durch das Gewinn- und Verlustkonto über die folgenden Buchungssätze:

Umsatzerlöse 150.000 €   an   *Gewinn- und Verlustkonto 150.000 €*

Gewinn- und Verlustkonto 30.000 €   an   *Mietaufwendungen 30.000 €*

Gewinn- und Verlustkonto 70.000 €   an   *Löhne und Gehälter 70.000 €*

Das Gewinn- und Verlustkonto weist somit im Beispiel für die Periode 02 einen Gewinn von 50 T€ aus:

Soll	Gewinn- und Verlustkonto		Haben
Mietaufwendungen	30	Umsatzerlöse	150
Löhne und Gehälter	70		
Gewinn	50		
	150		150

Der im Gewinn- und Verlustkonto ermittelte Gewinn führt zu einer entsprechenden Erhöhung im Eigenkapitalkonto. Unter Berücksichtigung der erfolgsneutralen und der erfolgswirksamen Geschäftsvorfälle ergibt sich dann folgende Bilanz zum 31.12.02 wie in Abbildung 10 dargestellt.

1.5. Grundsätze ordnungsmäßiger Buchführung

Dr. Zipse weiß nun, wie sich Bilanz und Gewinn- und Verlustrechnung grundsätzlich aus der Verbuchung von Geschäftsvorfällen auf Konten entwickeln lassen. Allerdings beruht eine professionelle Buchführung nicht nur auf der Beherrschung der Buchhaltungstechnik, sondern auch auf der Kenntnis des zugrundeliegenden Systems an Regeln und Vorschriften. Buchhalter haben schließlich nicht von ungefähr den Ruf, sich penibel an Regeln zu halten. Im folgenden Kapitel soll daher ein Überblick über die Struktur der Regeln gegeben werden, die bei der Buchführung und der Erstellung des Jahresabschlusses zu befolgen sind.

II Externes Rechnungswesen

S	GuV-Konto		H
Mietaufwendungen	30	Umsatzerlöse	150
Löhne und Gehälter	70		
Gewinn	50		

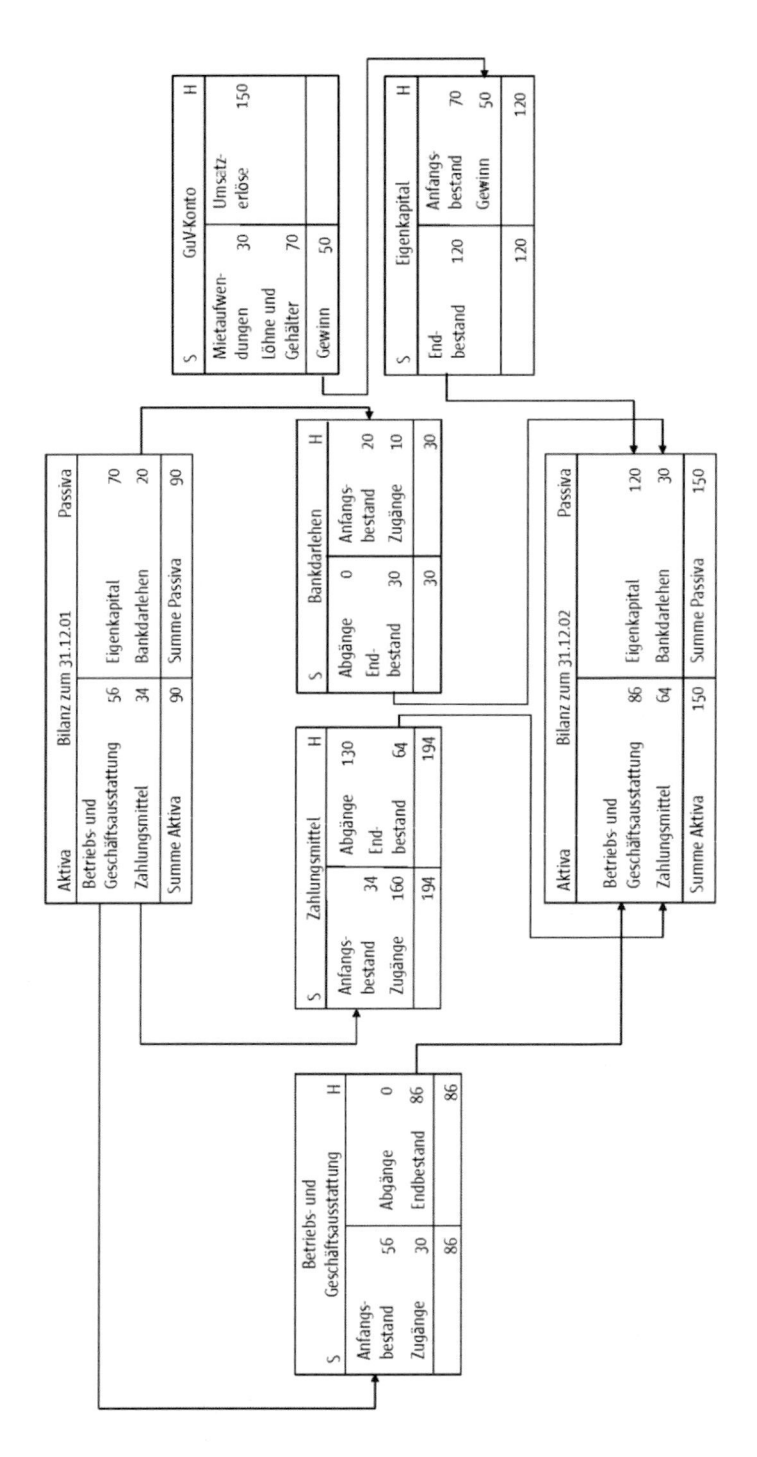

S	Eigenkapital		H
		Anfangsbestand	70
Endbestand	120	Gewinn	50
	120		120

Aktiva	Bilanz zum 31.12.01		Passiva
Betriebs- und Geschäftsausstattung	56	Eigenkapital	70
Zahlungsmittel	34	Bankdarlehen	20
Summe Aktiva	90	Summe Passiva	90

S	Bankdarlehen		H
Abgänge	0	Anfangsbestand	20
Endbestand	30	Zugänge	10
	30		30

S	Zahlungsmittel		H
Anfangsbestand	34	Abgänge	130
Zugänge	160	Endbestand	64
	194		194

Aktiva	Bilanz zum 31.12.02		Passiva
Betriebs- und Geschäftsausstattung	86	Eigenkapital	120
Zahlungsmittel	64	Bankdarlehen	30
Summe Aktiva	150	Summe Passiva	150

S	Betriebs- und Geschäftsausstattung		H
Anfangsbestand	56	Abgänge	0
Zugänge	30	Endbestand	86
	86		86

Abb. 10 Bilanzerstellung bei erfolgsneutralen und erfolgswirksamen Geschäftsvorfällen

1.5.1. Überblick

Krankenhäuser müssen nach § 3 KHBV ihre Bücher „nach den Regeln der kaufmännischen doppelten Buchführung" führen. Im Übrigen wird auf die in den §§ 238, 239 HGB grundsätzlich für alle Kaufleute geltenden Anforderungen verwiesen. Danach muss die Buchführung den Grundsätzen ordnungsmäßiger Buchführung entsprechen (§ 238 Abs. 1 HGB).

> Die Buchführung bei Krankenhäusern und grundsätzlich bei Kaufleuten muss den handelsrechtlichen Grundsätzen ordnungsmäßiger Buchführung (GoB) entsprechen.

Im Gesetz ist allgemein beschrieben, wann eine Buchführung ordnungsmäßig ist, nämlich wenn sich ein sachverständiger Dritter in angemessener Zeit einen Überblick über die Geschäftsvorfälle und über die Lage des Unternehmens verschaffen kann (§ 238 Abs. 1 Satz 2 HGB). Der Gesetzgeber konkretisiert aber nicht, was die Grundsätze ordnungsmäßiger Buchführung sind. Die Grundsätze ordnungsmäßiger Buchführung sind daher ein unbestimmter Rechtsbegriff, der durch die Rechtsprechung, die Wissenschaft und die Unternehmenspraxis zu konkretisieren ist.

> Die Grundsätze ordnungsmäßiger Buchführung, kurz GoB, sind „allgemein anerkannte Regeln über die Führung der Handelsbücher sowie die Erstellung des Jahresabschlusses, die von allen Kaufleuten zu beachten sind" (Coenenberg et al. 2012b, S. 36)

Durch die Novellierungen des HGB im Rahmen des Bilanzrichtlinien-Gesetzes von 1985 und des Bilanzrechtsmodernisierungsgesetzes von 2009 wurden einige spezifische GoB, wie z.B. das Vollständigkeitsprinzip oder das Realisationsprinzip gesetzlich kodifiziert. Dennoch gilt weiterhin der Verweis auf die GoB, die umfassender sind als die gesetzlich kodifizierten GoB. Es sind daher bei der Frage, ob eine Methode oder ein Verfahren den GoB entspricht, nicht nur die kodifizierten Regeln zu berücksichtigen, sondern auch die Auslegung durch Rechtsprechung, Wissenschaft und Praxis.

Die Grundsätze gelten sowohl für die laufende Buchführung als auch für die Erstellung des Jahresabschlusses (s. Abb. 11). Man spricht auch von Grundsätzen ordnungsmäßiger Buchführung im engeren Sinne, soweit die Regeln der Buchführung gemeint sind.

Für die Aufstellung des Jahresabschlusses gelten allgemeine formelle und materielle Grundsätze, sowie Grundsätze für die Bilanzierung dem Grunde nach (welche Sachverhalte sind als Vermögensgegenstände zu aktivieren bzw. als Schulden zu passivieren?) und Grundsätze für die Bilanzierung der Höhe nach (wie sind Vermögensgegenstände und Schulden zu bewerten?). Dazu mehr in Kapitel II.2.2. Für die Buchführung im engeren Sinne gelten Grundsätze, die die materielle und formelle Ordnungsmäßigkeit der Buchführung sicherstellen sollen.

II Externes Rechnungswesen

```
           Grundsätze ordnungsmäßiger
               Buchführung i.w.S.
              /              \
Grundsätze ordnungs-    Grundsätze ordnungsmäßiger
mäßiger Buchführung i.e.S.   Buchführung für die Aufstellung
                             des Jahresabschlusses
```

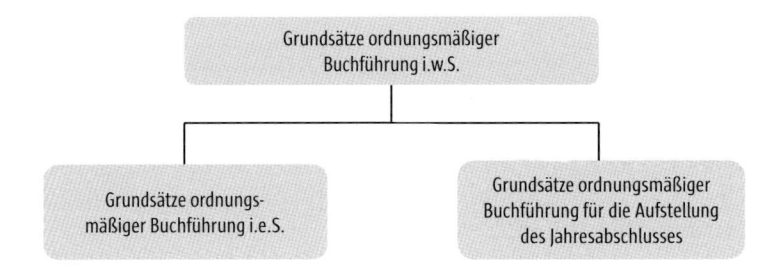

Abb. 11 Grundsätze ordnungsmäßiger Buchführung

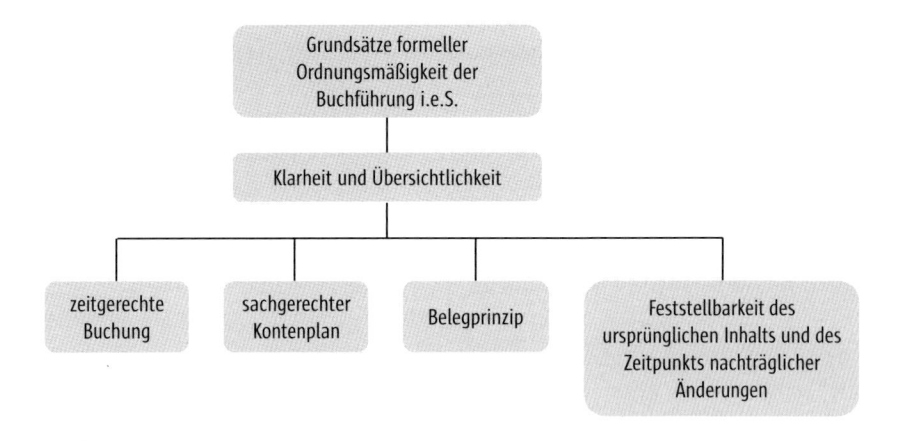

1.5.2. Materielle und formelle Ordnungsmäßigkeit der Buchführung i.e. S.

Die Aufzeichnungen in der Buchführung müssen sowohl vollständig und richtig (materielle Ordnungsmäßigkeit) als auch übersichtlich und klar (formelle Ordnungsmäßigkeit) sein. Vollständigkeit bedeutet, dass alle Geschäftsvorfälle gebucht werden müssen. Richtig ist die Buchführung dann, wenn der Geschäftsvorfall zutreffend abgebildet wird und die Buchung technisch richtig vorgenommen wurde. Darüber hinaus erfordert die Richtigkeit auch, dass keine Geschäftsvorfälle gebucht werden, die nicht stattgefunden haben.

> Die Grundsätze materieller Ordnungsmäßigkeit erfordern die richtige und vollständige Verbuchung aller Geschäftsvorfälle.

Hinsichtlich der formellen Ordnungsmäßigkeit der Buchführung wird im Allgemeinen Klarheit und Übersichtlichkeit gefordert, worunter sich aber eine ganze Reihe von Anforderungen subsumieren lassen. Die wesentlichen Anforderungen sind in Abbildung 12 dargestellt.

```
         Grundsätze formeller
       Ordnungsmäßigkeit der
          Buchführung i.e.S.
                 |
      Klarheit und Übersichtlichkeit
     /         |         |          \
zeitgerechte  sachgerechter  Belegprinzip  Feststellbarkeit des
Buchung       Kontenplan                   ursprünglichen Inhalts und des
                                           Zeitpunkts nachträglicher
                                           Änderungen
```

Abb. 12 Formelle Ordnungsmäßigkeit der Buchführung

Im Hinblick auf die formelle Ordnungsmäßigkeit der Buchführung wird in § 239 Abs. 2 HGB gefordert, dass die Eintragungen zeitgerecht und geordnet vorgenommen werden. Die **zeitgerechte Erfassung** erfordert die tägliche Verbuchung von Kassenvorgängen. Bei den sonstigen Geschäftsvorfällen ist das Erfordernis der „Zeitgerechtigkeit" auslegungsbedürftig. Die Finanzverwaltung fordert hierzu, dass die Erfassung von Kreditgeschäften (Forderungen und Verbindlichkeiten) spätestens bis zum Ablauf des folgenden Monats erfolgt (R 5.1 Satz 4 EStR).

Die formelle Ordnungsmäßigkeit der Buchführung erfordert ferner die Verwendung eines **sachgerechten Kontenplans**. Ein Kontenplan ist das Ordnungsschema, nach dem ein Unternehmen seine Konten führt. Nach HGB wird kein bestimmter Kontenplan vorgeschrieben. Es besteht daher die Notwendigkeit unternehmensindividuelle Kontenpläne zu entwickeln, die der Organisation des jeweiligen Unternehmens am besten entsprechen. Eine Orientierung können branchenindividuelle Kontenrahmen, wie z.B. Kontenrahmen des Einzelhandels, des Großhandels, der Industrie oder auch der DATEV-Kontenrahmen geben. Für Krankenhäuser fordert § 3 KHBV, dass der in Anlage 4 der KHBV enthaltene Kontenrahmen zu verwenden ist. Eine andere Kontengliederung ist für Krankenhäuser zwar möglich, allerdings muss durch ein ordnungsmäßiges Überleitungsverfahren die Umschlüsselung auf den Kontenrahmen der KHBV sichergestellt sein.

Das **Belegprinzip erfordert**, dass sämtliche Buchungen auf der Grundlage eines Belegs für den jeweiligen Geschäftsvorfall vorgenommen werden.

> Es gilt der Grundsatz: Keine Buchung ohne Beleg!

Belege können Rechnungen, Quittungen, Lieferscheine, Bankauszüge etc. sein und müssen jeweils mit einer Belegnummer versehen sein. Belege sind systematisch abzulegen und ebenso wie Handelsbücher und Abschlüsse 10 Jahre aufzubewahren (vgl. § 257 Abs. 4 HGB). Dadurch soll ermöglicht werden, dass ein sachverständiger Dritter ausgehend von einer Buchung jederzeit den zugehörigen Beleg und ausgehend vom Beleg die zugehörige Buchung überprüfen kann.

Darüber hinaus müssen **Veränderungen oder Berichtigungen ursprünglicher Eintragungen** oder Aufzeichnungen so vorgenommen werden, dass der ursprüngliche Inhalt feststellbar bleibt (vgl. § 239 Abs. 3 HGB). Außerdem muss der Zeitpunkt der Veränderung einer Eintragung erkennbar sein. Für manuelle Buchhaltungen bedeutet dies, dass unbeschriebene Zwischenräume sowie die Verwendung von Bleistiften nicht zulässig sind. IT-basierte Buchhaltungssysteme müssen Sperren oder Sicherungen enthalten, die eine Änderung von einmal eingegebenen Daten unmöglich machen (Wöhe u. Kußmaul 2012, S. 42f.).

2. Jahresabschluss nach HGB und KHBV

2.1. Grundlagen des handelsrechtlichen Jahresabschlusses

Dr. Zipse hat erst mal genug von Buchungssätzen und Buchhalterregeln, schließlich möchte er die Kollegen in der Finanzbuchhaltung nur verstehen. Er selbst aber möchte Mediziner bleiben und sich nicht zum Buchhalter umschulen lassen. Nur das „Endprodukt" der Finanzbuchhaltung, der Jahresabschluss interessiert ihn näher. Erst kürzlich hat der Geschäftsführer seines Krankenhauses auf einer Führungskräftetagung die Bilanz und Gewinn- und Verlustrechnung für das letzte Jahr präsentiert und das erschien ihm doch deutlich komplexer als die bisher erörterten vereinfachten Rechenwerke. So war von Gewinnausschüttungen, der Veröffentlichung und Prüfung des Jahresabschlusses, von speziellen Vorschriften der Krankenhaus-Buchführungsverordnung und von der Steuerbilanz die Rede. Dr. Zipse möchte wissen, wie hängt das alles zusammen? Wieder nimmt Dr. Zipse den Rechnungswesenleiter, Herrn Huber ins Vertrauen und fragt ihn, welche grundlegenden Fragen zum Jahresabschluss er denn beantworten müssen könne. Nach einiger Überlegung schreibt ihm Herr Huber folgende Fragen auf:

- Welche Aufgaben hat der handelsrechtliche Jahresabschluss?
- Welcher Zusammenhang besteht zwischen dem handelsrechtlichen Jahresabschluss und der Steuerbilanz?
- Welche rechtlichen Vorschriften sind bei der Aufstellung des handelsrechtlichen Jahresabschlusses zu beachten?
- Welche Bestandteile hat ein Jahresabschluss?
- Innerhalb welcher Frist ist der Jahresabschluss zu erstellen?
- Welche Unternehmen und welche Krankenhäuser sind zur Veröffentlichung des Jahresabschlusses verpflichtet und innerhalb welcher Frist muss die Veröffentlichung erfolgen?
- Welche Unternehmen und speziell welche Krankenhäuser sind dazu verpflichtet, ihren Jahresabschluss prüfen zu lassen?

2.1.1. Aufgaben des handelsrechtlichen Jahresabschlusses

An den Jahresabschluss werden vielfältige rechtliche Konsequenzen geknüpft. Deshalb sind die Regeln für seine Aufstellung gesetzlich vorgegeben. Für das Verständnis des Jahresabschlusses ist daher zunächst einmal wichtig herauszufinden, welche rechtlichen Zwecke der Gesetzgeber mit dem Jahresabschluss verfolgt und welche Aufgaben der Jahresabschluss aus der Sicht des Gesetzgebers hat. Da dies nicht explizit gesetzlich festgeschrieben ist, können die Aufgaben des handelsrechtlichen Jahresabschlusses nur durch Interpretation der bilanzrechtlichen Regelungen ermittelt werden. Die Aufgaben des Jahresabschlusses von Krankenhäusern unterscheiden sich nicht von den Aufgaben des Jahresabschlusses nach HGB, sodass hierzu auf die allgemeine handelsrechtliche Interpretation Bezug genommen wird.

Als Aufgaben des Jahresabschlusses lassen sich die Dokumentation, die Information und die Zahlungsbemessung unterscheiden (s. Abb. 13):

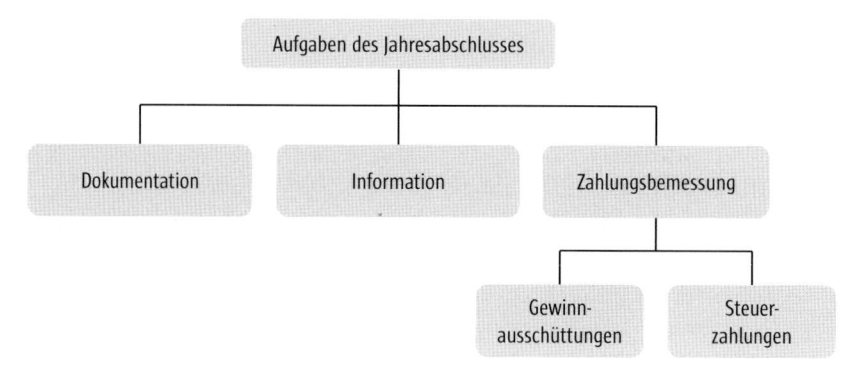

```
                    Aufgaben des Jahresabschlusses
                    ┌───────────┬───────────────┐
                Dokumentation  Information  Zahlungsbemessung
                                              ┌──────┴──────┐
                                          Gewinn-        Steuer-
                                       ausschüttungen   zahlungen
```

Abb. 13 Aufgaben des Jahresabschlusses

Die Grundlage der **Dokumentation** wird mit der laufenden Erfassung der Geschäftsvorfälle in der Buchhaltung gelegt. Der Jahresabschluss erweitert die Dokumentation durch die stichtagsbezogene Erfassung von Vermögensgegenständen und Schulden sowie die Ermittlung des Periodenerfolgs. Die Dokumentation dient damit der Beweissicherung, z.B. im Rahmen von Rechtsstreitigkeiten und von Vermögensauseinandersetzungen.

> Die **Dokumentationsfunktion des Jahresabschlusses** besteht in der Erfassung von Vermögensgegenständen und Schulden zum Abschlussstichtag sowie der Ermittlung des Periodenerfolgs.

Die Dokumentation ist auch die Grundlage zur Erfüllung der **Informationsfunktion** im Hinblick auf die Vermögens-, Finanz- und Ertragslage des Unternehmens. Für Kapitalgesellschaften wird die Informationsfunktion in § 264 Abs. 2 HGB dahingehend umschrieben, dass der Jahresabschluss unter Beachtung der Grundsätze ordnungsmäßiger Buchführung ein den tatsächlichen Verhältnissen entsprechendes Bild zu Vermögens-, Finanz- und Ertragslage vermitteln soll. Auch wenn diese Generalnorm unmittelbar nur Kapitalgesellschaften betrifft, ist die Information über die Vermögens-, Finanz- und Ertragslage rechtsformunabhängig als wesentliche Aufgabe des Jahresabschlusses anzusehen. Die Informationsaufgabe des handelsrechtlichen Jahresabschlusses ist aus den schutzbedürftigen Bedürfnissen der **Jahresabschlussadressaten zu interpretieren**. Dies sind (Coenenberg et al. 2014, S. 16):

- Derzeitige Anteilseigner, soweit sie nicht an der Geschäftsführung beteiligt sind und potenzielle Anteilseigner,
- derzeitige und potenzielle Gläubiger,
- Arbeitnehmer, Lieferanten und
- in Abhängigkeit von der Rechtsform und Größe des Unternehmens die allgemeine Öffentlichkeit.

Darüber hinaus wird der Jahresabschluss selbstverständlich auch unternehmensintern als Informationsinstrument für Managementzwecke benutzt. Allerdings hat das Management eines Unternehmens kein schutzbedürftiges Interesse, das es durch gesetzliche Regelungen zu schützen gilt.

> Der **Jahresabschluss** informiert über die Vermögens-, Finanz- und Ertragslage des Unternehmens.

Nach deutschem Handelsrecht sind Gewinnentnahmen und Ausschüttungen an Anteilseigner vom handelsrechtlichen Jahresergebnis abhängig. Darüber hinaus können auch erfolgsabhängige Vergütungen für Arbeitnehmer an das handelsrechtliche Jahresergebnis geknüpft sein. Damit kommt dem Jahresabschluss die Aufgabe der **Zahlungsbemessung** zu, wobei die verschiedenen Adressatengruppen unterschiedliche Interessen im Hinblick auf die Ausschüttungsbemessung haben können. So sind Gläubiger bei Kapitalgesellschaften mit Haftungsbeschränkung an einer niedrigen Ausschüttung interessiert, damit ein hohes Eigenkapital als „Risikopuffer" Zins- und Tilgungszahlungen absichert. Demgegenüber sind Anteilseigner ggf. an einer hohen Ausschüttung als Vergütung für das eingesetzte Kapital interessiert. Schließlich sind geringe Ausschüttungen im Interesse der Unternehmensleitung, zumal die Thesaurierung (= Einbehaltung) von Gewinnen eine Möglichkeit der Unternehmensfinanzierung darstellt.

Neben der Bemessung von Ausschüttungen ist die Handelsbilanz aufgrund des Maßgeblichkeitsprinzips auch für die Bemessung von Gewinnsteuern von Bedeutung. Das **Maßgeblichkeitsprinzip** besagt, dass sofern nicht steuerliche Vorschriften zwingend etwas anderes vorschreiben, Bilanzansatz und Bewertung in der Handelsbilanz auch für die Steuerbilanz maßgeblich sind (§ 5 Abs. 1 EStG). Daher sind die Höhe des steuerlichen Gewinns und damit auch die Höhe der Gewinnsteuerzahlungen von der Handelsbilanz abhängig. Das Maßgeblichkeitsprinzip hat außerdem zur Folge, dass die handelsrechtlichen Grundsätze ordnungsmäßiger Bilanzierung wesentlich durch die Rechtsprechung der Finanzgerichte, insbesondere des Bundesfinanzhofs geprägt werden.

> Der im Rahmen des handelsrechtlichen Jahresabschlusses ermittelte Gewinn stellt die Grundlage für Ausschüttungen an Anteilseigner und gewinnabhängige Steuerzahlungen dar.

Die unterschiedlichen schutzbedürftigen Informations- und Ausschüttungsinteressen schlagen sich in den handelsrechtlichen Vorschriften zum Jahresabschluss nieder.

2.1.2. Rechtliche Vorschriften zur Aufstellung, Prüfung und Veröffentlichung des Jahresabschlusses

Verpflichtung zur Aufstellung des Jahresabschlusses und Bestandteile des Jahresabschlusses

Kaufleute werden nach § 242 Abs. 1 und 2 HGB zur Aufstellung eines Jahresabschlusses verpflichtet. Ausgenommen hiervon sind nach § 241a HGB lediglich Einzelkaufleute, die an zwei aufeinanderfolgenden Abschlussstichtagen nicht mehr als 500.000 € Umsatz und 50.000 € Jahresüberschuss erzielt haben. Öffentlich geförderte Krankenhäuser werden nach § 4 KHBV unabhängig von ihrer Rechtsform und ihrer Kaufmannseigenschaft zur Aufstellung eines Jahresabschlusses verpflichtet.

> Öffentlich geförderte Krankenhäuser sind rechtsformunabhängig zur Aufstellung von Jahresabschlüssen verpflichtet.

Der **Umfang des Jahresabschlusses nach HGB** unterscheidet sich je nachdem, ob ein Unternehmen ein Einzelunternehmen bzw. eine Personengesellschaft, eine Kapitalgesellschaft, oder eine kapitalmarktorientierte Kapitalgesellschaft ist. Der Mindestumfang für Einzelkaufleute und Personengesellschaften umfasst eine Bilanz und eine Gewinn- und Verlustrechnung. Bei Kapitalgesellschaften kommt zusätzlich der Anhang mit umfangreichen Informations- und Erläuterungspflichten hinzu. Nur Kleinstkapitalgesellschaften (§ 267a HGB) können auf die Erstellung eines Anhangs verzichten, wenn sie bestimmte Informationen unter der Bilanz angeben. Personengesellschaften, bei denen keine natürliche Person vollhaftender Gesellschafter ist, und die daher im Hinblick auf die Haftungsbeschränkung den Kapitalgesellschaften gleichgestellt sind, werden auch hinsichtlich der Erstellung des Jahresabschlusses wie Kapitalgesellschaften behandelt (§ 264a HGB).

Kapitalmarktorientierte Kapitalgesellschaften, die nicht zur Aufstellung eines Konzernabschlusses verpflichtet sind, müssen den Jahresabschluss um eine Kapitalflussrechnung und einen Eigenkapitalspiegel erweitern. Sie können freiwillig den Jahresabschluss um einen Segmentbericht erweitern (§ 264 Abs. 1 HGB).

Bei **Krankenhäusern** besteht der Jahresabschluss aus der Bilanz, der Gewinn- und Verlustrechnung und dem Anhang einschließlich des Anlagennachweises, der dem Anlagespiegel entspricht (§ 4 Abs. 1 KHBV). Krankenhäuser, die in der Rechtsform einer Kapitalgesellschaft oder als kapitalmarktorientierte Kapitalgesellschaft betrieben werden, müssen darüber hinaus die zusätzlichen Jahresabschlussbestandteile erstellen. Der unterschiedliche Umfang des Jahresabschlusses in Abhängigkeit von der Rechtsform, der Unternehmensgröße und der Krankenhauseigenschaft wird in Tabelle 6 verdeutlicht:

Tab. 6 Bestandteile des Jahresabschlusses

Bestandteile des Jahresabschlusses	Unternehmen			
	Einzelkaufleute, Personengesellschaften	Kapitalgesellschaften (außer Kleinstkapitalgesellschaften, die u.U. auf die Erstellung eines Anhangs verzichten können)	Krankenhäuser	kapitalmarktorientierte Kapitalgesellschaften
Bilanz	X	X	X	X
GuV	X	X	X	X
Anhang		X	X	X
Anlagespiegel/ Anlagennachweis		X	X	X
Kapitalflussrechnung				X
Eigenkapitalspiegel				X
Segmentbericht (freiwillig)				X

Für die **Abschlusserstellung von Krankenhäusern** verweist § 4 Abs. 3 KHBV zwar grundsätzlich auf die Vorschriften zum Jahresabschluss nach HGB, allerdings gelten für Krankenhäuser besondere Gliederungsvorschriften zur Bilanz, der Gewinn- und Verlustrechnung und den Anlagennachweis (vgl. Anlage 1–3 KHBV). Das bedeutet, dass Krankenhäuser, die z.B. in der Rechtsform einer GmbH betrieben werden, die die Gliederungsvorschriften für Kapitalgesellschaften nach HGB anwenden müssen, grundsätzlich zwei Jahresabschlüsse aufstellen müssten: einen Jahresabschluss entsprechend den Gliederungsvorschriften nach HGB und einen Jahresabschluss entsprechend den Gliederungsvorschriften der KHBV. Um diesen unverhältnismäßigen Verwaltungsaufwand zu vermeiden, ist es nach § 1 Abs. 3 KHBV möglich, dass Krankenhäuser in der Rechtsform einer Kapitalgesellschaft in ihrem handelsrechtlichen Jahresabschluss die Gliederungsvorschriften der KHBV anwenden können und damit nur einen Jahresabschluss erstellen müssen.

> Krankenhäuser, die in der Rechtsform einer Kapitalgesellschaft betrieben werden, haben ein Wahlrecht, entweder zwei Jahresabschlüsse (gegliedert nach HGB und nach KHBV) oder einen Jahresabschluss nach HGB entsprechend den Gliederungsvorschriften der KHBV aufzustellen.

Größenklassen von Kapitalgesellschaften

Für die Erstellung, Prüfung und Veröffentlichung des Jahresabschlusses von Kapitalgesellschaften bestehen größenabhängig unterschiedliche Verpflichtungen, je nachdem ob es sich um große, mittelgroße oder kleine Kapitalgesellschaften oder um Kleinstkapitalgesellschaften handelt. Kriterien zur Bestimmung der Unternehmensgröße sind nach HGB Bilanzsumme, Umsatz und die Anzahl der Beschäftigten. In Tabelle 7 werden die Definitionen kleiner, großer und mittelgroßer Unternehmen (§ 267 HGB) dargestellt:

Tab. 7 Größenklassen von Kapitalgesellschaften

Unternehmen	Ober-/Untergrenze	Kriterien		
		Bilanzsumme	Umsatz	Beschäftigte
Kleinstkapitalgesellschaften	**Obergrenze:** kein Überschreiten von mindestens zwei Kriterien	350.000 €	700.000 €	10
kleine Kapitalgesellschaften	**Obergrenze:** Unterschreiten von mindestens zwei Kriterien	4.840.000 €	9.680.000 €	50
mittelgroße Kapitalgesellschaften	**Untergrenze:** Überschreiten von mindestens zwei Kriterien	4.480.000 €	9.680.000 €	50
	Obergrenze: Unterschreiten von mindestens zwei Kriterien	19.250.000 €	38.500.000 €	250
große Kapitalgesellschaften	**Untergrenze:** Überschreiten von mindestens zwei Kriterien außerdem alle kapitalmarktorientierten Kapitalgesellschaften	19.250.000 €	38.500.000 €	250

Die Rechtsfolgen für große, mittelgroße bzw. kleine Kapitalgesellschaften treten ein, wenn an den Abschlussstichtagen von zwei aufeinanderfolgenden Geschäftsjahren zwei von drei Kriterien über- bzw. unterschritten werden.

Fristen zur Aufstellung des Jahresabschlusses

Ebenso wie zu den Bestandteilen des Jahresabschlusses gibt es auch zu den Fristen, innerhalb derer der Jahresabschluss aufzustellen ist, unterschiedliche Vorschriften. Für alle Kaufleute gilt nach § 243 Abs. 3 HGB, dass der Jahresabschluss innerhalb der einem ordnungsmäßigen Geschäftsgang entsprechenden Zeit aufzustellen ist. Dafür gilt im Allgemeinen ein Zeitraum von sechs bis neun Monaten nach dem Abschlussstichtag als angemessen (Wöhe u. Kußmaul 2012, S. 28). Mittelgroße und große Kapitalgesellschaften müssen nach § 264 Abs. 1 Satz 3 HGB den Jahresabschluss innerhalb von drei Monaten aufstellen, kleine Kapitalgesellschaften haben sechs Monate Zeit. Für Krankenhäuser sieht § 4 Abs. 2 KHBV eine Aufstellung des Jahresabschlusses innerhalb von vier Monaten nach Ablauf des Geschäftsjahrs vor (s. Tab. 8).

2 Jahresabschluss nach HGB und KHBV

Tab. 8 Fristen zur Aufstellung des Jahresabschlusses

Unternehmen	Frist zur Aufstellung des Jahresabschlusses
Einzelunternehmen, Personengesellschaften	innerhalb der einem ordnungsmäßigen Geschäftsgang entsprechenden Zeit (6–9 Monate)
Kleinstkapitalgesellschaften, kleine Kapitalgesellschaften	innerhalb von 6 Monaten nach Ablauf des Geschäftsjahres
Mittelgroße und große Kapitalgesellschaften	innerhalb von 3 Monaten nach Ablauf des Geschäftsjahres
Krankenhäuser	innerhalb von 4 Monaten nach Ablauf des Geschäftsjahres

Prüfung des Jahresabschlusses

Mittelgroße und große Kapitalgesellschaften sowie Personenhandelsgesellschaften, bei denen kein persönlich haftender Gesellschafter eine natürliche Person ist (z.B. eine GmbH & Co. KG) sind nach HGB verpflichtet, ihren Jahresabschluss von einem unabhängigen Wirtschaftsprüfer prüfen zu lassen. Eine **Prüfungspflicht** besteht auch rechtsformunabhängig nach dem Publizitätsgesetz, wenn das Unternehmen bestimmte Größenmerkmale überschreitet (§ 6 PublG). Die **Abschlussprüfung** erstreckt sich auf folgende Punkte (§ 317 HGB):

- Der Jahresabschluss und ggf. der Konzernabschluss sind im Hinblick auf die Einhaltung gesetzlicher Vorschriften und die Einhaltung von Satzungsbestimmungen zu prüfen
- Der Lagebericht und ggf. der Konzernlagebericht sind daraufhin zu prüfen, ob sie mit dem Einzelabschluss bzw. dem Konzernabschluss und den bei der Abschlussprüfung gewonnenen Erkenntnissen in Einklang stehen. Zu prüfen ist außerdem, ob der Lagebericht bzw. der Konzernlagebericht eine zutreffende Vorstellung von der Lage des Unternehmens bzw. des Konzerns vermitteln und ob die Chancen und Risiken der künftigen Entwicklung zutreffend dargestellt wurden.
- Bei börsennotierten Aktiengesellschaften ist darüber hinaus zu prüfen, ob Maßnahmen getroffen wurden, um den Fortbestand des Unternehmens gefährdende Entwicklungen frühzeitig zu erkennen, insbesondere ob ein entsprechendes funktionsfähiges Überwachungssystem eingerichtet wurde.

Der Abschlussprüfer hat in einem an die gesetzlichen Vertreter bzw. den Aufsichtsrat gerichteten **Prüfungsbericht** über das Ergebnis seiner Prüfung detailliert zu berichten. Das Ergebnis der Prüfung ist in einem **Bestätigungsvermerk** zusammenzufassen, der zusammen mit dem Jahresabschluss veröffentlicht wird.

In der KHBV ist keine Pflichtprüfung für Jahresabschlüsse von **Krankenhäusern** vorgesehen. Der Jahresabschluss von Krankenhäusern ist daher dann verpflichtend der Abschlussprüfung zu unterziehen, wenn das Krankenhaus in der Rechtsform einer mittelgroßen oder großen Kapitalgesellschaft geführt wird oder das Krankenhaus aufgrund seiner Größe der Verpflichtung zu Abschlussprüfung nach dem Publizitätsgesetz unterliegt. Darüber hinaus kann eine Abschlussprüfung von Krankenhäusern durch Landesrecht gefordert werden, Dies ist z.B. in Hamburg, Hessen, Nordrhein-Westfalen oder Sachsen der Fall (Graumann u. Schmidt-Graumann 2011, S. 571f.). Dabei kann ggf. der Umfang der Prüfung über die Jahresabschlussprüfung hinausgehen und z.B. auch die Ordnungsmäßigkeit der Geschäftsführung oder die sparsame und wirtschaftliche Verwendung der öffentlichen Fördermittel Gegenstand der Prüfung sein (z.B. § 29 HmbKHG).

> Mittelgroße und große Kapitalgesellschaften sind nach HGB verpflichtet, ihren Jahresabschluss durch einen unabhängigen Wirtschaftsprüfer prüfen zu lassen.
>
> Bei Überschreiten bestimmter Größenkriterien ist eine Jahresabschlussprüfung nach dem Publizitätsgesetz rechtsformunabhängig erforderlich.
>
> Für Krankenhäuser kann darüber hinaus eine Prüfung des Jahresabschlusses durch länderspezifische Krankenhausgesetze erforderlich werden.

Veröffentlichung des Jahresabschlusses

Kapitalgesellschaften, Großunternehmen und Personengesellschaften ohne persönlich haftenden Gesellschafter müssen ihren Jahresabschluss und ihren Lagebericht im elektronischen Bundesanzeiger veröffentlichen (§ 325 HGB). Die **Einreichung des Jahresabschlusses zum elektronischen Bundesanzeiger** muss unverzüglich nach seiner Vorlage an die Gesellschafter, spätestens jedoch zwölf Monate nach Ablauf des Geschäftsjahres erfolgen. Für kleine und mittelgroße Kapitalgesellschaften bestehen im Hinblick auf den Umfang der zu veröffentlichenden Unterlagen Erleichterungen (§§ 326, 327 HGB). Einzelunternehmen und Personengesellschaften sind nicht zur Offenlegung des Jahresabschlusses verpflichtet, sofern sie nicht aufgrund ihrer Größe nach dem PublG zur Veröffentlichung des Jahresabschlusses verpflichtet sind (§ 9 PublG).

Krankenhäuser unterliegen keinen spezifischen Regelungen zur Offenlegung des Jahresabschlusses und des Lageberichts. Sie sind daher entsprechend den Vorschriften des HGB für Kapitalgesellschaften offenlegungspflichtig.

2.2. Bilanzansatz, -bewertung, -gliederung

Dr. Zipse ist jetzt zwar froh, einen Überblick über den rechtlichen Rahmen zur Erstellung, Prüfung und Veröffentlichung des Jahresabschlusses zu haben, aber der Jahresabschluss interessiert ihn auch inhaltlich. So wies der Geschäftsführer bei der Präsentation des Jahresabschlusses darauf hin, dass Mitarbeiterschulungen zwar aus seiner Sicht eine wichtige Investition darstellen, die Ausgaben dafür aber in der Bilanz nicht aktiviert werden könnten. Demgegenüber könnten neuerdings Ausgaben für die Entwicklung neuer Medikamente aktiviert werden. Außerdem seien bei der Bewertung von Rückstellungen bilanzpolitische Spielräume genutzt worden. Die Ausführungen des Geschäftsführers haben ihn neugierig gemacht. Er wendet sich wieder vertraulich an seinen alten Freund Herrn Huber, den Rechnungswesenleiter und fragt ihn, was er als Arzt denn mindestens zu den Inhalten der Bilanz wissen müsse. Herr Huber gibt ihm wieder eine Liste mit folgenden Fragen auf den Weg:

2 Jahresabschluss nach HGB und KHBV

- Wann liegt ein Vermögensgegenstand vor?
- Welche Kriterien müssen erfüllt sein, damit eine Schuld vorliegt?
- Wie ist zu bilanzieren, wenn ein Vermögensgegenstand wirtschaftlich nicht dem Eigentümer zuzurechnen ist?
- Welche Bilanzierungswahlrechte gibt es?
- Welche Bilanzierungsverbote gibt es?
- Welche allgemeine Bewertungsgrundsätze haben Unternehmen nach HGB zu berücksichtigen?
- Wann sind nach dem Realisationsprinzip Umsätze und Gewinne zu berücksichtigen?
- Wann sind Verluste bilanziell zu berücksichtigen?
- Mit welchen Werten sind Vermögensgegenstände im Zugangszeitpunkt anzusetzen?
- Wie setzen sich die Anschaffungskosten zusammen?
- Wie setzen sich die Herstellungskosten zusammen?
- Welche Wertminderung berücksichtigen planmäßige Abschreibungen?
- Welche Wertminderung berücksichtigen außerplanmäßige Abschreibungen?
- Wie werden Wertsteigerungen bilanziell berücksichtigt?
- Nach welchem Prinzip ist die Aktivseite der Bilanz gegliedert?
- Wie ist die Passivseite der Bilanz gegliedert?

Aus den Ausführungen zur Finanzbuchführung ist bekannt, dass auf der Aktivseite der Bilanz Vermögensgegenstände unterteilt in Anlagevermögen und Umlaufvermögen zu bilanzieren sind. Auf der Passivseite stehen Eigenkapital und Schulden (= Verbindlichkeiten). Die Fragen von Dr. Zipse zum Inhalt der Bilanz lassen sich in Abbildung 14 zusammenfassen.

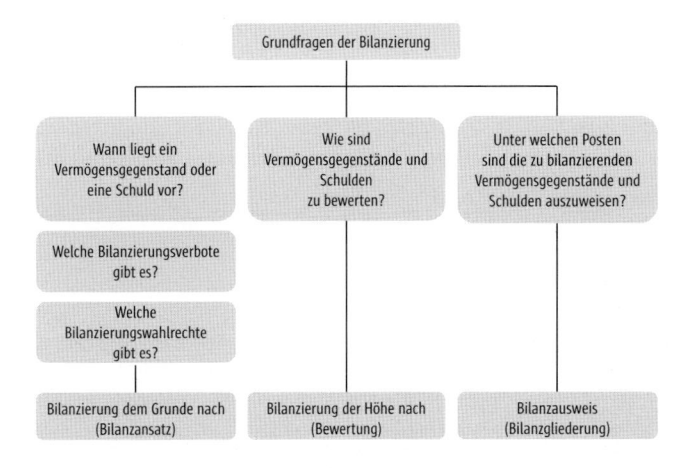

Abb. 14 Grundfragen der Bilanzierung

Beim Bilanzansatz und bei der Bewertung von Vermögen und Schulden verweist die KHBV auf das HGB, es sind daher auch bei der Bilanzierung und Bewertung in

Krankenhäusern die allgemeinen Regeln des HGB zu befolgen. Insofern wird nachfolgend überwiegend auf die HGB-Regeln Bezug genommen. Demgegenüber sind bei der Gliederung von Bilanz und GuV von Krankenhäusern die spezifischen Vorschriften der KHBV zu beachten (s. Kap. II.2.2.3).

2.2.1. Bilanzansatz

Vorliegen eines Vermögensgegenstands

In vielen Fällen ist es intuitiv einleuchtend, dass z.B. mit der Anschaffung von Grundstücken, Maschinen oder PCs Vermögen erworben wird, das in der Bilanz auf der Aktivseite entsprechend auszuweisen ist. Allerdings gibt es auch Zweifelsfälle, die weniger eindeutig beantwortet werden können: führt z.B. eine Werbekampagne, mit der viele Neukunden geworben werden konnten, zu einer Erhöhung des Vermögens?

In § 246 Abs. 1 HGB wird gefordert, dass in die Bilanz sämtliche Vermögensgegenstände aufzunehmen sind, es wird jedoch nicht näher beschrieben, wann ein Vermögensgegenstand vorliegt. Der Vermögensgegenstandsbegriff wird daher unter Rückgriff auf die GoB definiert (Coenenberg et al. 2014, S. 78).

Ein **Vermögensgegenstand** liegt nach den GoB vor, wenn folgende Kriterien erfüllt sind:

- Der Sachverhalt muss für den Betrieb einen wirtschaftlichen Wert darstellen (zukünftiger Nutzen).
- Der Wert muss selbstständig bewertbar sein (Vorliegen von Aufwendungen).
- Der Wert muss einzeln verwertbar sein (Einzelveräußerbarkeit).

Während materielle Werte diese Definition meist unzweifelhaft erfüllen, ist sie bei immateriellen Werten oft zweifelhaft. Liegt ein Vermögensgegenstand vor, kann bzw. muss er in der Bilanz aktiviert werden. Sind die Kriterien nicht erfüllt, sind die entsprechenden Ausgaben als Aufwand der Periode zu erfassen. Beispiele für Vermögensgegenstände sind erworbene Lizenzen, aber auch selbsterstellte Patente. Demgegenüber erfüllen eine Werbekampagne oder eine Mitarbeiterschulung nicht die Kriterien des Vermögensgegenstands, da sie ganz offensichtlich nicht einzeln veräußerbar sind. Die Aufwendungen für die Werbekampagne und die Schulungsmaßnahme sind daher nicht in der Bilanz zu aktivieren, sondern Aufwand in der jeweiligen Periode.

Vermögensgegenstände und Wirtschaftsgüter – was ist der Unterschied?

Die Terminologie des Rechnungswesens hat sich historisch unter dem Einfluss verschiedener Quellen entwickelt. Leider werden dadurch im Handels- und Steuerrecht zum Teil unterschiedliche Begriffe verwandt. Während im Handelsrecht die Begriffe Vermögensgegenstände und Schulden verwandt werden, spricht das Steuerrecht von positiven Wirtschaftsgütern (im Gegensatz zu Vermögensgegenständen) und negativen Wirtschaftsgütern (im Gegensatz zu Schulden). Während Schulden und negative Wirtschaftsgüter grundsätzlich identisch interpretiert werden, unterscheidet sich der steuerliche Begriff des Wirtschaftsguts vom handelsrechtlichen Vermögensgegenstandsbegriff. Nach der Rechtsprechung des

Bundesfinanzhofs liegt ein Wirtschaftsgut vor, wenn folgende Kriterien erfüllt sind (Schmidt 2014, Tz. 94 zu § 5 EStG):

- es sind Aufwendungen entstanden,
- die einen zukünftigen Nutzen versprechen,
- der selbstständig bewertbar ist.

Da das Kriterium der Einzelveräußerbarkeit für den Vermögensgegenstand enger zu interpretieren ist als das Kriterium der selbstständigen Bewertbarkeit für das Wirtschaftsgut, ist es in seltenen Fällen denkbar, dass in der Steuerbilanz Wirtschaftsgüter angesetzt werden, die in der Handelsbilanz nicht als Vermögensgegenstände bilanziert werden. Als Beispiel werden UMTS-Lizenzen genannt, die an ein Unternehmen gebunden sind und nicht einzeln weiterveräußert werden dürfen (Weber u. Weißenberger 2010, S. 52f.).

Wirtschaftliches Eigentum

In den meisten Fällen sind Vermögensgegenstände bei ihrem zivilrechtlichen Eigentümer zu bilanzieren. Bilanzierungsfragen treten dann auf, wenn Vermögensgegenstände nicht durch den Eigentümer sondern durch Dritte genutzt werden. Für diese Fälle schreibt § 246 Abs. 2 Satz 2 HGB vor, dass die Bilanzierung beim wirtschaftlichen Eigentümer erfolgt. **Wirtschaftlicher Eigentümer** ist, wem die wirtschaftlichen Chancen und Risiken aus einem Vermögensgegenstand überwiegend zuzurechnen sind. Ein durch befristeten oder kündbaren Mietvertrag vermietetes Gebäude ist z.B. beim zivilrechtlichen Eigentümer, nicht beim Mieter zu bilanzieren, da die Risiken und Chancen beim zivilrechtlichen Eigentümer verbleiben.

Anders sind ggf. **Leasingverträge** zu beurteilen, bei denen durch Zusatzvereinbarungen, wie z.B. Kauf- oder Mietverlängerungsoptionen oder Restwertgarantien Chancen und Risiken ganz oder teilweise auf den Leasingnehmer übertragen werden. Je nachdem ob aufgrund der Leasingvereinbarung die wirtschaftlichen Chancen und Risiken des Leasinggegenstands überwiegend beim Leasingnehmer oder beim Leasinggeber liegen, erfolgt die bilanzielle Zurechnung. Vorwiegend werden in Deutschland sog. Operate Lease-Vereinbarungen getroffen, bei denen die wirtschaftlichen Chancen und Risiken beim Leasinggeber verbleiben und der Leasinggeber nicht nur zivilrechtlicher, sondern auch wirtschaftlicher Eigentümer des Leasinggegenstands ist. Demgegenüber gehen beim Finanzierungsleasing die wirtschaftlichen Chancen und Risiken aus dem Leasinggegenstand auf den Leasingnehmer über, der dann auch den Leasinggegenstand in seiner Bilanz auszuweisen hat.

Weitere Beispiele für die Bilanzierung beim wirtschaftlichen Eigentümer sind Eigentumsvorbehalte und Sicherungsübereignungen. Ein **Eigentumsvorbehalt** wird bei den meisten Anschaffungsgeschäften mit Einräumung einer Zahlungsfrist vereinbart. Erwirbt ein Krankenhaus ein neues MRT-Gerät, für dessen Bezahlung eine Frist von 6 Wochen vereinbart wurde, behält sich der Verkäufer üblicherweise bis zur vollständigen Bezahlung des Kaufpreises das Eigentum am MRT-Gerät vor. Bis dahin bleibt also der Verkäufer zivilrechtlicher Eigentümer des MRT-Geräts. Gleichwohl wird das Gerät bereits vom Erwerber eingesetzt und auch das Risiko des Einsatzes (z.B. durch Beschädigung) ist vom Erwerber zu tragen. Das MRT-Gerät ist daher bereits nach Lieferung durch den Veräußerer in der Bilanz des erwerbenden Krankenhauses auszuweisen, obwohl der Veräußerer noch zivilrechtlicher Eigentümer des MRT-Geräts ist.

Ein vergleichbarer Sachverhalt liegt bei der **Sicherungsübereignung** vor. Sicherungsübereignungen werden häufig im Zusammenhang mit Kreditaufnahmen vereinbart. Wird z.B. das MRT-Gerät durch Aufnahme eines Bankkredits finanziert, so könnte die Bank unter Umständen die Vereinbarung einer Sicherungsübereignung verlangen. Dabei überträgt der Kreditnehmer (das Krankenhaus) das Eigentum am MRT-Gerät zur Kreditsicherung der Bank. Besitzer und Nutzer des MRT-Geräts bleibt das Krankenhaus. Nur im Sicherungsfall kann die Bank vom Krankenhaus die Herausgabe verlangen. Auch bei der Sicherungsübereignung ist das MRT-Gerät in der Bilanz des Krankenhauses (= wirtschaftlicher Eigentümer) auszuweisen, da das Krankenhaus im Normalfall wirtschaftlich die Chancen und Risiken aus dem MRT-Gerät trägt.

> Fallen zivilrechtliches und wirtschaftliches Eigentum an einem Vermögensgegenstand auseinander, so ist der Vermögensgegenstand bilanziell dem wirtschaftlichen Eigentümer zuzurechnen.

Vorliegen einer Schuld

Fremdkapital ist dann passivierungspflichtig, wenn die Kriterien des Schuldbegriffs erfüllt sind. Ebenso wie der Vermögensgegenstandsbegriff ist auch der Begriff der „Schuld" nicht gesetzlich bestimmt, sodass auch die Definition der Schuld durch Rückgriff auf die GoB erfolgt (Coenenberg et al. 2014, S. 78).

> Danach liegt eine **Schuld** vor, wenn folgende Voraussetzungen erfüllt sind:
> - bestehende oder hinreichend sicher erwartete Belastung des Vermögens
> - rechtliche oder wirtschaftliche Leistungsverpflichtung
> - selbstständige Bewertbarkeit

Schulden umfassen damit sowohl feststehende Verpflichtungen (= Verbindlichkeiten) als auch Verpflichtungen, deren Bestehen oder Höhe unsicher ist (= Rückstellungen).

Bilanzierungsgebote, Bilanzierungswahlrechte und Bilanzierungsverbote

In der Bilanz sind alle Vermögensgegenstände, Schulden und Rechnungsabgrenzungsposten (s. Kap. II.2.8) anzusetzen, soweit gesetzlich nichts anderes bestimmt ist (§ 246 Abs. 1 HGB). Es gilt grundsätzlich das **Vollständigkeitsgebot.** Neben der Bilanzierung von Vermögensgegenständen, Schulden und Rechnungsabgrenzungsposten sieht das HGB in Ausnahmefällen den Ansatz sog. **Bilanzierungshilfen** vor. Bilanzierungshilfen sind gesetzlich im Einzelnen bestimmte Bilanzposten, die der Periodenabgrenzung dienen, ohne dass ein Vermögensgegenstand oder eine Schuld vorliegt. Hierzu zählen aktive latente Steuern (§ 274 Abs. 2 HGB) oder die Passivierung von Rückstellungen für unterlassene Aufwendungen für Instandhaltung (§ 249 Abs. 1 Nr. 1 HGB).

Was sind „latente Steuern"?

Es ist intuitiv einleuchtend, dass die auf der Grundlage der Steuerbilanz eines Jahres ermittelten Ertragsteuerzahlungen (bei Kapitalgesellschaften Körperschaftsteuer und Gewerbeertragsteuer) als tatsächlicher Ertragsteueraufwand der jeweiligen Periode in der handelsrechtlichen GuV zu erfassen sind. Trotz der grundsätzlichen Maßgeblichkeit der Handelsbilanz für die Steuerbilanz existieren einige abweichende Bilanzierungs- und Bewertungsvorschriften in der Steuerbilanz, die dazu führen können, dass der tatsächliche Ertragsteueraufwand nicht zum handelsrechtlichen Ergebnis vor Steuern passt. Z.B. könnte bei einem handelsrechtlichen Ergebnis vor Steuern von 2 Mio. € und einem Ertragsteuersatz von 30% ein tatsächlicher Ertragsteueraufwand von 400.000 € ausgewiesen werden, obwohl 600.000 € zu erwarten wären. Hier setzt das Konzept der latenten Steuern an, das nur von Kapitalgesellschaften anzuwenden ist (§ 274 Abs. 1 HGB).

Ist der niedrigere tatsächliche Ertragsteueraufwand auf abweichende Wertansätze in der Steuerbilanz zurückzuführen und bauen sich die Wertunterschiede in späteren Geschäftsjahren wieder ab, dann ist für künftige Geschäftsjahre im Verhältnis zum handelsrechtlichen Ergebnis ein höherer tatsächlicher Ertragsteueraufwand zu erwarten. Die erwartete Steuermehrbelastung ist dann als passive latente Steuern anzusetzen. Im Beispiel wären 200.000 € zu passivieren und als latenter Ertragsteueraufwand in der GuV zu verrechnen.

Führen abweichende Wertansätze in der Steuerbilanz zu einem im Verhältnis zum handelsrechtlichen Vorsteuerergebnis zu hohen Ertragsteueraufwand, dann können aktive latente Steuern für die erwartete künftige Steuerentlastung angesetzt werden, wenn sich die Wertunterschiede in künftigen Geschäftsjahren wieder abbauen. Aktive latente Steuern können darüber hinaus auch angesetzt werden, wenn steuerliche Verluste entstanden sind, die auf künftige Geschäftsjahre vorgetragen werden und voraussichtlich mit künftigen Gewinnen verrechnet werden können.

Gesetzliche Bestimmungen, die das Vollständigkeitsgebot durchbrechen, sind explizit vorgesehene Bilanzierungswahlrechte und Bilanzierungsverbote. Bei Bilanzierungswahlrechten kann das bilanzierende Unternehmen entscheiden, ob der Vorgang als Vermögensgegenstand oder Schuld bilanziert wird oder ob der Vorgang „nur" in der GuV abgebildet wird. Das HGB enthält im Wesentlichen folgende **Bilanzierungswahlrechte**:

- Aktivierungswahlrecht für selbsterstellte immaterielle Vermögensgegenstände des Anlagevermögens (§ 248 Abs. 2 Satz 1 HGB)
- Aktivierungswahlrecht für aktive latente Steuern (§ 274 Abs. 1 Satz 2 HGB)
- Aktivierungswahlrecht für den unter den Rechnungsabgrenzungsposten auszuweisenden Unterschiedsbetrag zwischen dem Rückzahlungsbetrag und dem Auszahlungsbetrag einer Verbindlichkeit (§ 250 Abs. 3 HGB).

Das HGB enthält **Bilanzierungsverbote** für folgende Sachverhalte (§§ 248, 249 Abs. 2 HGB):

- Aktivierungsverbot für selbst geschaffene Marken, Drucktitel, Verlagsrechte, Kundenlisten oder vergleichbare immaterielle Vermögensgegenstände des Anlagevermögens
- Aktivierungsverbot für Aufwendungen für die Gründung eines Unternehmens
- Aktivierungsverbot für Aufwendungen zur Beschaffung des Eigenkapitals

- Aktivierungsverbot für Aufwendungen für den Abschluss von Versicherungsverträgen
- Passivierungsverbot für andere als die in § 249 Abs. 1 Nr. 1 und 2 HGB explizit bezeichneten Rückstellungen.

Während vom Aktivierungsverbot für bestimmte selbsterstellte Vermögensgegenstände tatsächlich eine einschränkende Wirkung auf die Bilanzierung von Vermögensgegenständen ausgeht, haben die übrigen Bilanzierungsverbote nur klarstellenden Charakter, da sie sich nicht auf Vermögensgegenstände oder Schulden beziehen, eine Aktivierung oder Passivierung daher auch ohne explizite Verbote nicht zulässig wäre (Coenenberg et al. 2014, S. 84).

2.2.2. Bewertung

Allgemeine Bewertungsgrundsätze

Das deutsche Bilanzrecht ist historisch bedingt in hohem Maße prinzipienorientiert. Vergleichsweise wenige grundsätzliche Regeln sind gesetzlich kodifiziert. Einzelfälle der praktischen Bilanzierung sind durch Auslegung allgemeiner Grundsätze von der Bilanzierungspraxis, der wissenschaftlichen Diskussion und der Rechtsprechung zu lösen. In Abbildung 15 werden die allgemeinen Bewertungsgrundsätze dargestellt, die in § 252 HGB gesetzlich kodifiziert sind.

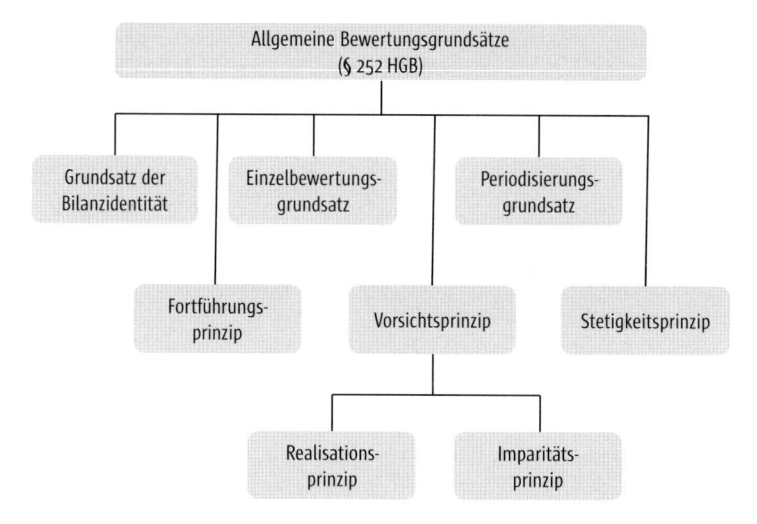

Abb. 15 Allgemeine Bewertungsgrundsätze

Von diesen Grundsätzen darf nur in begründeten Ausnahmefällen abgewichen werden (§ 252 Abs. 2 HGB).

Grundsatz der Bilanzidentität

Der Grundsatz der Bilanzidentität fordert, dass die Wertansätze in der Eröffnungsbilanz des Geschäftsjahrs mit denen der Schlussbilanz des vorhergehenden Geschäftsjahrs übereinstimmen (§ 252 Abs. 1 Nr. 1 HGB). Durch den Grundsatz der Bilanzidentität wird sichergestellt, dass die Summe der Periodenergebnisse eines Unternehmens mit dem Gesamtergebnis eines Unternehmens über seine Lebensdauer (= Totalgewinn) übereinstimmt.

Fortführungsprinzip

Die Wertansätze der Vermögensgegenstände, insbesondere des Sachanlagevermögens und des immateriellen Anlagevermögens unterscheiden sich, je nachdem, ob der Bewertung die Fiktion der Unternehmensfortführung oder der Unternehmensbeendigung (= Zerschlagung) zugrunde liegt. Die Bewertung der Vermögensgegenstände zu Einzelveräußerungspreisen unter der Prämisse der Unternehmensbeendigung führt zu anderen Ergebnissen als die Bewertung zu fortgeführten Anschaffungskosten unter der Prämisse der Unternehmensfortführung. Nach § 252 Abs. 1 Nr. 2 HGB ist bei der Bewertung von der Fortführung der Unternehmenstätigkeit auszugehen, sofern dem nicht tatsächliche oder rechtliche Gegebenheiten entgegenstehen. Die bilanzierenden Unternehmen können daher die Bewertung nicht unter der Prämisse der Unternehmensbeendigung vornehmen, ohne dass eine Liquidation des Unternehmens geplant oder aus rechtlichen Gründen notwendig ist.

Einzelbewertungsgrundsatz

Nach dem Einzelbewertungsgrundsatz sind Vermögensgegenstände und Schulden zum Abschlussstichtag einzeln zu bewerten (§ 252 Abs. 1 Nr. 3 HGB). Durch das Prinzip der Einzelbewertung soll sichergestellt werden, dass Wertminderungen an einzelnen Vermögensgegenständen mit Werterhöhungen an anderen Vermögensgegenständen verrechnet und dadurch einer bilanziellen Berücksichtigung entzogen werden.

Das Bilanzrecht nach HGB sieht einige **Ausnahmen vom Einzelbewertungsgrundsatz** vor. Hierzu zählen der Ansatz eines Festwerts für bestimmte Vermögensgegenstände des Sachanlagevermögens und für Roh-, Hilfs- und Betriebsstoffe sowie die Anwendung des Durchschnittsverfahrens oder eines Verbrauchsfolgeverfahrens für gleichartige Vermögensgegenstände des Vorratsvermögens. Darüber hinaus ist unter bestimmten Voraussetzungen nach § 254 HGB die Bildung von Bewertungseinheiten vorgesehen, wenn Risiken aus einzelnen Vermögensgegenständen durch Finanzinstrumente abgesichert werden. Dies ist z.B. dann anzuwenden, wenn Währungsrisiken aus Forderungen in ausländischer Währung durch Devisentermingeschäfte abgesichert werden.

Vorsichtsprinzip

Das Vorsichtsprinzip (§ 252 Abs. 1 Nr. 4 HGB) ist eines der tragenden Prinzipien des deutschen Bilanzrechts und hat drei verschiedene Anwendungsbereiche. Als Bewertungsprinzip bei Schätzungen und Ermessensspielräumen fordert das Vorsichtsprinzip eine tendenziell niedrige Bewertung von Vermögensgegenständen und eine tendenziell hohe Bewertung von Schulden. Darüber hinaus wirkt das Vorsichtsprinzip durch zwei weitere Prinzipien, die die zeitliche Erfassung von Gewinnen und Verlusten regeln: das Realisationsprinzip und das Imparitätsprinzip.

Nach dem **Realisationsprinzip** sind Umsätze und Gewinne zu berücksichtigen, wenn sie am Abschlussstichtag realisiert sind. Was „realisiert" heißt, steht nicht im Gesetz, sondern ist Ausdruck der GoB. Danach ist der Umsatz aus einem Geschäft dann zu erfassen, wenn das Unternehmen seine Hauptleistung erbracht hat und einen unbedingten Anspruch auf den Kaufpreis hat.

Beispiel zum Realisationsprinzip:

Zum 30.11. eines Jahres schließt ein Patient mit einem Krankenhaus vor einem operativen Eingriff eine Vereinbarung über eine Chefarztbehandlung und die Unterbringung im Einzelzimmer (Wahlleistung). Die Vereinbarung verpflichtet das Krankenhaus zur Erbringung der entsprechenden Leistungen, den Patienten zur Zahlung eines bestimmten Betrags. Der Eingriff wird am 27.12. des Jahres vorgenommen, der Patient verlässt am 5.01. des Folgejahres das Krankenhaus. Mit der Entlassung stellt das Krankenhaus die Rechnung für die Wahlleistung. Der Patient bezahlt die Rechnung (5.500 €) vereinbarungsgemäß zum 15.01. des Folgejahres. Wann ist der Umsatz für das Krankenhaus realisiert?

Lösung: Theoretisch kommen drei Zeitpunkte für die Erfassung des Umsatzes in Betracht: der Zeitpunkt des Vertragsabschlusses, der Zeitpunkt der Entlassung des Patienten aus dem Krankenhaus oder der Zeitpunkt des Geldeingangs.

Nach dem Realisationsprinzip erfolgt die Umsatzrealisierung zum Zeitpunkt der Entlassung des Patienten, ab dem das Krankenhaus auch die Rechnungstellung vornehmen kann. Zu diesem Zeitpunkt hat das Krankenhaus seine Leistung erbracht und es kann eine Forderung gegenüber dem Patienten bilanzieren. Der Buchungssatz bei Rechnungstellung lautet:

Forderungen 5.500 €   an   *Umsatzerlöse 5.500 €*

Vor der Entlassung des Patienten bestehen zwar Rechte und Verpflichtungen aus einem schwebenden Vertragsverhältnis, diese sind aber nicht zu bilanzieren.

Während das Realisationsprinzip den Zeitpunkt der Erfassung von Umsätzen und von Gewinnen regelt, sind nach dem **Imparitätsprinzip** vorhersehbare Risiken und Verluste, die bis zum Abschlussstichtag entstanden sind, zu berücksichtigen. Das bedeutet eine zeitlich ungleiche Erfassung von Gewinnen und Verlusten: Gewinne sind zu erfassen, wenn das Unternehmen im Wesentlichen seine Leistung erbracht hat, Verluste sind bereits dann zu berücksichtigen, wenn sie wirtschaftlich entstanden und erkennbar sind. Das Imparitätsprinzip wird durch zwei Einzelregelungen konkretisiert, die Bildung von Rückstellungen für drohende Verluste aus schwebenden Geschäften (§ 249 Abs. 1 HGB) und die Erfassung von Wertminderungen an Vermögensgegenständen des Anlage- und Umlaufvermögens, wenn der tatsächliche Wert eines Vermögensgegenstands unter seinen Buchwert sinkt (§ 253 Abs. 3 und 4 HGB). Zu Einzelheiten zum Imparitätsprinzip siehe Kapitel II.2.3.1 und Kapitel II.2.7.2.

Periodisierungsgrundsatz

Nach dem Periodisierungsgrundsatz oder Grundsatz der Periodenabgrenzung (§ 252 Abs. 1 Nr. 5 HGB) sind Aufwendungen und Erträge des Geschäftsjahrs unabhängig von den Zeitpunkten der entsprechenden Zahlungen im Jahresabschluss zu berücksichtigen. Erträge und Aufwendungen sind zu berücksichtigen, wenn ein Wertzuwachs oder Werteverzehr wirtschaftlich verursacht wurde.

Stetigkeitsprinzip

Das Handelsbilanzrecht enthält einige Ansatz- und Bewertungswahlrechte, wie z.B. das Aktivierungswahlrecht für selbsterstellte immaterielle Vermögensgegenstände des Anlagevermögens, die Wahl der Abschreibungsmethode, die Einbeziehung bestimmter Kostenbestandteile bei den Herstellungskosten oder die Wahl der Bewertungsmethode für gleichartige Vermögensgegenstände des Vorratsvermögens. Durch eine jährliche Neuausübung der Wahlrechte könnte eine den tatsächlichen Verhältnissen entsprechende Darstellung der Erfolgslage und die Vergleichbarkeit der Periodenergebnisse beeinträchtigt werden. Um dies zu verhindern, erfordert das Stetigkeitsprinzip, dass die auf den vorhergehenden Jahresabschluss angewandten Ansatz- und Bewertungsmethoden beibehalten werden (§§ 246 Abs. 3, 252 Abs. 1 Nr. 6 HGB).

Dass in begründeten Ausnahmefällen von den allgemeinen Bewertungsgrundsätzen abgewichen werden kann, eröffnet die Möglichkeit trotz des Stetigkeitsprinzips Ansatz- und Bewertungsmethoden zu ändern. Kapitalgesellschaften müssen Änderungen von Bilanzierungs- und Bewertungsmethoden im Anhang angeben, begründen und deren Einfluss auf die Vermögens-, Finanz- und Ertragslage des Unternehmens gesondert darstellen (§ 284 Abs. 2 Nr. 3 HGB).

Zugangsbewertung

Bei der konkreten Bewertung von Vermögensgegenständen und Schulden wird zwischen der Bewertung im Zeitpunkt des Zugangs (= Zugangsbewertung) und der Bewertung in der Folgezeit (= Folgebewertung) unterschieden. Für die **Zugangsbewertung** sieht das Handelsrecht die Bewertung mit Anschaffungskosten vor, wenn ein Vermögensgegenstand von Dritten erworben wird und die Bewertung zu Herstellungskosten, wenn Vermögensgegenstände im Unternehmen selbsterstellt werden.

Die Bewertung zu Anschaffungs- oder Herstellungskosten bewirkt, dass Anschaffungs- oder Herstellungsvorgänge keine Auswirkung auf die Gewinn- und Verlustrechnung haben, sie sind erfolgsneutral. Im Anlagevermögen entsteht z.B. ein Werteverzehr erst durch die Nutzung von abnutzbarem Anlagevermögen, der sich durch die Verrechnung von Abschreibungen in der Gewinn- und Verlustrechnung niederschlägt.

Anschaffungskosten

Der Begriff der Anschaffungskosten erscheint auf den ersten Blick trivial. Man denkt in erster Linie an den Anschaffungspreis, der an den Veräußerer zu zahlen ist. Darüber hinaus gibt es aber auch Zweifelsfragen: Gehört die die im Kaufpreis enthaltene Mehrwertsteuer zu den Anschaffungskosten? Wie sind Rabatte, Boni und Skonti zu behandeln? Wie werden bilanziell die Grunderwerbsteuer und Notargebühren behandelt, die bei der Anschaffung von Immobilien anfallen? Und was ist mit den Speditionskosten, die für den Transport eines Geräts anfallen, sofern sie nicht vom Veräußerer getragen werden? Und – sehr relevant für Krankenhäuser – wie werden öffentliche oder private Zuschüsse zur Finanzierung der Anschaffung oder Herstellung von Vermögensgegenständen behandelt?

Grundlage der Beantwortung dieser Fragen ist die Definition der Anschaffungskosten in § 255 HGB. Danach sind Anschaffungskosten, „Aufwendungen, die geleistet werden, um einen Vermögensgegenstand zu erwerben und ihn in einen betriebsbereiten Zustand zu versetzen, soweit sie dem Vermögensgegenstand einzeln zugerechnet werden können. Zu den Anschaffungskosten gehören auch die Nebenkosten, sowie die nachträglichen Anschaffungskosten. Anschaffungspreisminderungen sind abzusetzen." Die Zusammensetzung der Anschaffungskosten wird anhand des nachfolgenden Schemas verdeutlicht:

	Anschaffungspreis
+	Anschaffungsnebenkosten
+	nachträgliche Anschaffungsnebenkosten
−	Anschaffungspreisminderungen
=	Anschaffungskosten

Beim **Anschaffungspreis** ist bei Krankenhäusern zu prüfen, ob die Anschaffung im Zusammenhang mit umsatzsteuerpflichtigen Leistungen oder im Zusammenhang mit Leistungen steht, die nach § 4 Nr. 14 UStG nicht der Umsatzsteuer unterliegen. Soweit eine Anschaffung im Zusammenhang mit umsatzsteuerpflichtigen Leistungen steht, gehört die gezahlte Mehrwertsteuer nicht zu den Anschaffungskosten, da sie im Wege des Vorsteuerabzugs rückerstattet wird. Erfolgt die Anschaffung dagegen zur Ausführung steuerbefreiter Umsätze, wie z.B. die Krankenhausbehandlung, dann ist die Mehrwertsteuer als Teil der Anschaffungskosten zu aktivieren, da kein Anspruch auf Vorsteuerabzug besteht (s.u. Exkurs: Umsatzsteuer in Krankenhäusern).

> **Exkurs: Umsatzsteuer in Krankenhäusern**
>
> Umsatzsteuer fällt in Deutschland grundsätzlich dann an, wenn ein Unternehmen eine Dienstleistung erbringt oder Waren gegen Entgelt liefert. Das Unternehmen stellt dem Abnehmer eine Rechnung, die auf das Entgelt auch eine gesondert ausgewiesene Umsatzsteuer in Höhe von derzeit 19% (= Regelsteuersatz) enthält. Das Unternehmen führt dann die im Rechnungsbetrag enthaltene Umsatzsteuer an das Finanzamt ab. Gleichzeitig hat das Unternehmen einen Anspruch auf Erstattung der Umsatzsteuer, die es seinerseits auf erhaltene Lieferungen oder Leistungen von Lieferanten bezahlt (= Vorsteuer). Die Umsatzsteuerzahllast eines Unternehmens ermittelt sich dann als Saldo zwischen seiner Steuerschuld und seinem Vorsteuererstattungsanspruch.
>
> Bei Krankenhäusern ist die Besonderheit zu berücksichtigen, dass Umsätze aus Krankenhausbehandlungen und ärztlichen Heilberufen von der Umsatzsteuer befreit sind (§ 4 Nr. 14b UStG). Für Lieferungen und Leistungen, die ein Krankenhaus zur Ausführung umsatzsteuerbefreiter Leistungen bezieht, ist der Vorsteuerabzug ausgeschlossen (§ 15 Abs. 2 Nr. 1 UStG). Krankenhäuser erbringen darüber hinaus aber auch Leistungen, die nicht von der Umsatzsteuer befreit sind, wie bspw. Lieferungen von Speisen und Getränken an Besucher, Lieferungen von Arzneimitteln an Besucher, klinische Studien für die Pharmaindustrie, Wellnessbehandlungen. Für diese Umsätze gilt grundsätzlich der Regelsteuersatz von 19% oder in Ausnahmefällen ein ermäßigter Steuersatz von 7%. Soweit Krankenhäuser Güter oder Dienstleistungen für umsatzsteuerpflichtige Lieferungen oder Leistungen beziehen, können sie die entsprechende Vorsteuer bei der Abführung der Umsatzsteuer auf erbrachte Lieferungen und Leistungen zum Abzug bringen.

Anschaffungsnebenkosten sind Kosten, die notwendig sind um den erworbenen Vermögensgegenstand in einen betriebsbereiten Zustand zu versetzen und an seinen Einsatzort zu bringen (Coenenberg et al. 2012b, S. 344). Sie müssen dem Vermögensgegenstand einzeln zugerechnet werden können, d.h. eine anteilige Einbeziehung von Gemeinkosten (= nicht direkt zurechenbare Kosten, s. Kap. III.2.1.1) in Anschaffungsnebenkosten ist nicht möglich. Typische Beispiele für Anschaffungsnebenkosten sind Transportkosten, Zölle und Aufwendungen für das Aufstellen und die Inbetriebnahme einer Anlage. Beim Erwerb von Immobilien zählen auch Maklerkosten, Notargebühren und die Grunderwerbsteuer zu den aktivierungspflichtigen Anschaffungsnebenkosten. Nachträgliche Anschaffungsnebenkosten liegen dann vor, wenn Aufwendungen, die den Erwerb oder die Inbetriebnahme eines Vermögensgegenstands betreffen, nach dem Erwerb anfallen. Typische Beispiele hierfür sind Straßenanlieger- und Erschließungsbeiträge (Weber u. Weißenberger 2010, S. 61).

Anschaffungspreisminderungen können entweder unmittelbar den Rechnungsbetrag mindern (Rabatte) oder an bestimmte Bedingungen geknüpft sein (z.B. Skonto bei Zahlung innerhalb von 14 Tagen). Häufig werden umsatz- oder mengenabhängige Boni nach Ablauf des Geschäftsjahres gewährt. Diese Boni sind dann als Anschaffungspreisminderungen zu behandeln, wenn die angeschafften Vermögensgegenstände zum Abschlussstichtag noch im Bestand sind (Beck'scher Bilanz-Kommentar 2014, Tz. 61 zu § 255 HGB).

Zur bilanziellen Behandlung von **Zuschüssen** zum Erwerb oder zur Herstellung von Vermögensgegenständen bestehen nach HGB zwei Möglichkeiten (R 6.5 EStR): Die erste Möglichkeit besteht darin, den Zuschuss bei Erhalt als Ertrag zu berücksichtigen und als Anschaffungskosten den vollen für den Erwerb zu leistenden Betrag anzusetzen. Alternativ besteht die Möglichkeit, den Zuschuss als

Anschaffungskostenminderung zu behandeln und als Anschaffungskosten den um den Zuschuss reduzierten Anschaffungspreis anzusetzen. Erhält z.B. ein Unternehmen zum Erwerb einer Anlage mit Anschaffungskosten von 100.000 € einen Zuschuss von 20.000 €, so hat das Unternehmen das Wahlrecht, entweder 20.000 € als Ertrag zu verbuchen und 100.000 als Anschaffungskosten oder es werden nur 80.000 € als Anschaffungskosten angesetzt.

Auch für öffentliche Zuschüsse zur Finanzierung von Krankenhäusern besteht bei einer Bilanzierung nur nach HGB dieses Wahlrecht. Bei der Bilanzierung nach der KHBV ist jedoch die Behandlung öffentlicher Zuschüsse als Anschaffungspreisminderung ausgeschlossen. Die KHBV schreibt zwingend die Bilanzierung der vollen Anschaffungskosten und die ertragswirksame Vereinnahmung des Zuschusses bei gleichzeitiger Bildung eines passiven Sonderpostens vor (s. Kap. II.2.6.1 und II.2.6.4).

Beispiel zu Anschaffungskosten:

Ein Krankenhaus bezieht ein MRT-Gerät zum Preis von 1.785.000 € (incl. 19% Umsatzsteuer). Das Gerät wurde durch einen Spediteur für 17.255 € (incl. Umsatzsteuer) ausgeliefert. Als Zahlungsbedingungen wurden mit dem Hersteller ein Zahlungsziel von 30 Tagen und 2% Skonto bei Zahlung innerhalb von 14 Tagen vereinbart. Das Krankenhaus überweist den Kaufpreis unter Abzug des Skontos innerhalb von 10 Tagen. Am Ende des Jahres gewährt der MRT-Hersteller dem Krankenhaus für alle Umsätze während des Geschäftsjahres einen Bonus von 5% auf den Anschaffungspreis. Wie hoch sind die Anschaffungskosten des MRT-Geräts?

Lösung:

Anschaffungspreis	1.785.000 €
Speditionskosten	17.255 €
Skonto	− 35.700 €
Bonus	− 89.250 €
Anschaffungskosten	1.677.305 €

Hinweis: Da das MRT-Gerät zur Erzielung steuerbefreiter Umsätze (Krankenhausbehandlung) angeschafft wurde, kann für die bezahlte Mehrwertsteuer kein Vorsteuerabzug geltend gemacht werden. Die Mehrwertsteuer auf den Anschaffungspreis und die Speditionskosten ist daher Bestandteil der Anschaffungskosten. Bei den Anschaffungspreisminderungen sind das Skonto und der nachträgliche Bonus zu berücksichtigen.

Herstellungskosten

Selbsterstellte Vermögensgegenstände werden im Rahmen der Zugangsbewertung mit ihren Herstellungskosten bewertet. Dies sind nach § 255 Abs. 2 HGB „Aufwendungen, die durch den Verbrauch von Gütern und die Inanspruchnahme von Diensten für die Herstellung eines Vermögensgegenstands, seine Erweiterung oder für seine über seinen ursprünglichen Zustand hinausgehende wesentliche Verbesserung entstehen." Diese allgemeine Definition lässt einige Zweifelsfragen offen. Wie sind Gemeinkosten, also Kosten, die einem Vermögensgegenstand nicht einzeln zurechenbar sind, zu berücksichtigen? Gehören Finanzierungskosten (z.B. beim Bau eines Gebäudes) zu den Herstellungskosten? Welche Kapazitätsauslastung ist bei der Ermittlung der Herstellungskosten zugrunde zu legen? Zu den kostenrechnerischen Grundlagen der Ermittlung der Herstellungskosten siehe Kapitel III.2.3.1.

§ 255 Abs. 2 HGB gibt Hinweise zu einigen Zweifelsfragen bei der Ermittlung der Herstellungskosten für die bilanzielle Bestandsbewertung, (siehe das Kalkulationsschema in Tabelle 9):

Tab. 9 Bestandteile der Herstellungskosten

Pflichtbestandteil der Herstellungskosten	Materialeinzelkosten
	+ Materialgemeinkosten
	+ Fertigungseinzelkosten
	+ Sondereinzelkosten der Fertigung
	+ Fertigungsgemeinkosten
	+ Fertigungsbedingte Abschreibungen des Anlagevermögens
	= Herstellungskosten (Wertuntergrenze)
Wahlbestandteile der Herstellungskosten	+ angemessene Kosten der allgemeinen Verwaltung
	+ angemessene Aufwendungen für soziale Einrichtungen, für freiwillige Sozialleistungen und für betriebliche Altersversorgung
	+ Fremdkapitalzinsen zur Finanzierung der Herstellung eines Vermögensgegenstands
	= Herstellungskosten (Wertobergrenze)
Verbot der Einbeziehung	Forschungskosten
	Vertriebskosten

Materialeinzelkosten umfassen die Kosten der in die Vermögensgegenstände eingehenden Materialien, Teile und Hilfsstoffe. Demgegenüber beinhalten die Materialgemeinkosten die nicht direkt zurechenbaren Aufwendungen des Beschaffungsbereichs, wie z.B. Lagerkosten. **Fertigungseinzelkosten** sind die unmittelbar der Produktion eines Vermögensgegenstands zurechenbaren Fertigungslöhne. **Fertigungsgemeinkosten** sind die nicht einzeln zurechenbaren Produktionskosten, wie z.B. Löhne und Gehälter für Arbeitsvorbereitung und Servicefunktionen und Energiekosten (zur Unterscheidung von Einzel- und Gemeinkosten s. Kap. III.2.1.1). Zu den Fertigungsgemeinkosten gehören insbesondere auch die Abschreibungen von Anlagen des Fertigungsbereichs, die in § 255 Abs. 2 HGB als „Werteverzehr des Anlagevermögens" gesondert einbezogen werden. **Sondereinzelkosten der Fertigung** liegen beispielsweise dann vor, wenn vor Beginn des eigentlichen Herstellungsprozesses Kosten für Vorleistungen wie Kosten für Modelle, Entwürfe, Spezialwerkzeug anfallen (Coenenberg et al. 2014, S. 98). Die bis hier aufgeführten Kosten sind zwingend beim Ansatz zu Herstellungskosten zu berücksichtigen. Die Summe dieser Kostenpositionen stellt damit die Wertuntergrenze der Herstellungskosten dar.

Es besteht aber darüber hinaus die Möglichkeit weitere Kosten bei der Bewertung zu Herstellungskosten einzubeziehen (Wahlbestandteile). Als **Kosten der allgemeinen Verwaltung** sind z.B. Löhne und Gehälter des Verwaltungsbereichs und die Abschreibung von Verwaltungsgebäuden aktivierungsfähig. **Aufwendungen für soziale Einrichtungen** sind z.B. Zuschüsse zu einem Betriebskindergarten, zum Betriebssport oder zur Kantine. Freiwillige soziale Leistungen sind z.B. Jubiläumsgeschenke. Kosten der **betrieblichen Altersversorgung** sind Zuführungen zu Pensionsrückstellungen oder Beiträge zu Direktversicherungen. Die Einbeziehung von **Fremdkapitalzinsen** kommt bei Finanzierungskosten z.B. für längerfristige Baumaßnahmen in Betracht. Die Summe aus den Pflichtbestandteilen der Herstellungskosten und den Wahlbestandteilen ergibt die Wertobergrenze für die Bewertung zu Herstellungskosten.

Während Entwicklungskosten als Herstellungskosten für selbsterstellte immaterielle Vermögensgegenstände des Anlagevermögens aktiviert werden können, besteht für **Forschungskosten** ein Aktivierungsverbot. Die unterschiedliche bilanzielle Behandlung von Forschungs- und Entwicklungskosten macht daher eine Abgrenzung erforderlich (s. Kap. II.2.3.1). Darüber hinaus besteht auch ein explizites Verbot zur Einbeziehung von **Vertriebskosten** in die Herstellungskosten.

Das **Wahlrecht** zur Einbeziehung der o.g. Wahlbestandteile in die Herstellungskosten eröffnet Möglichkeiten zur bewussten Bilanzgestaltung. Je mehr Kosten in die Herstellungskosten einbezogen werden, desto höher wird das bilanzielle Eigenkapital ausgewiesen. Allerdings können die Herstellungskosten nicht jährlich unterschiedlich angesetzt werden, da das Wahlrecht dem Stetigkeitsgebot unterliegt und die auf den vorhergehenden Jahresabschluss angewandten Bewertungsmethoden beizubehalten sind.

Herstellungskosten sind auch Kosten für die Erweiterung oder für eine über den ursprünglichen Zustand hinausgehende wesentliche Verbesserung eines Vermögensgegenstands. In diesem Zusammenhang stellt sich in der Bilanzierungspraxis insbesondere bei Baumaßnahmen an bestehenden Gebäuden die Frage nach der Abgrenzung zwischen **Erhaltungsaufwand** (= Aufwand der laufenden Periode) und **Herstellungsaufwand** (= Aktivierungspflicht). Modernisierungsmaßnahmen sind dann Herstellungsaufwand, wenn dadurch eine deutliche Erhöhung des Gebrauchswerts entsteht. Herstellungsaufwand ist auch dann anzunehmen, wenn eine Erweiterung der Nutzungsmöglichkeit geschaffen wird, z.B. ein Gebäude aufgestockt wird oder ein Anbau errichtet wird, der die nutzbare Fläche vergrößert (R 21.1 EStR). Erhaltungsaufwand liegt demgegenüber vor, wenn durch die Maßnahmen das Anlagegut

- in seiner Substanz nicht wesentlich vermehrt wurde,
- in seinem Wesen nicht wesentlich verändert wurde,
- seine Nutzungsdauer nicht wesentlich verlängert wurde und
- über seinen bisherigen Zustand hinaus nicht wesentlich verbessert wurde (Adler et al. 1995, Tz. 122ff. zu § 255 HGB).

Instandsetzungs- oder Modernisierungsmaßnahmen, die über eine substanzerhaltende Erneuerung nicht hinausgehen, sind daher als Erhaltungsaufwand zu bewerten.

Die Abgrenzung zwischen Erhaltungsaufwand und Herstellungsaufwand hat vor allem auch ertragsteuerliche Konsequenzen. Während Instandhaltungsaufwendungen (Erhaltungsaufwand) unmittelbar als Periodenaufwand zu berücksichtigen sind und damit den Ertragsteueraufwand der Periode mindern, sind Herstellungsaufwendungen als nachträgliche Herstellungskosten zu aktivieren. Sie mindern den Ertragsteueraufwand daher erst durch Abschreibungen in späteren Perioden.

Herstellungskosten oder Herstellungsaufwendungen?

In der einführenden Kapitel I.2.3 wurde zwischen den Begriffen Aufwendungen und Kosten unterschieden. Zur Erinnerung: „Aufwand" ist ein Begriff des externen Rechnungswesens und beschreibt den Werteverzehr eines Unternehmens bewertet auf Basis der Vorschriften des externen Rechnungswesens. Demgegenüber stammt der Begriff „Kosten" aus dem internen Rechnungswesen und beschreibt den betrieblich veranlassten Werteverzehr bewertet nach betriebswirtschaftlichen Maßstäben. Der Gesetzgeber hat diese Unterscheidung nicht konsequent übernommen. So wird der Begriff „Herstellungskosten" definiert als „Aufwendungen ..., die für die Herstellung eines Vermögensgegenstands ... entstehen". Bei der Ermittlung der Herstellungskosten werden einerseits z.B. Material- und Fertigungskosten einbezogen, andererseits „Aufwendungen" für soziale Einrichtungen. Kosten und Aufwendungen werden daher in der gesetzgeberischen Terminologie synonym verwendet.

Zu Herstellungskosten werden bei Krankenhäusern z.B. selbst errichtete Gebäude oder klinische Studien bewertet, die als immaterielle Vermögensgegenstände des Anlagevermögens angesetzt werden können. Darüber hinaus gehören Patienten, die am Abschlussstichtag noch in Behandlung sind, bilanztechnisch zu den unfertigen Erzeugnissen, die zu Herstellungskosten bewertet werden (s. Kap. II.2.4.1).

Folgebewertung

Ausgangspunkt der Folgebewertung sind die bei der Zugangsbewertung angesetzten Anschaffungs- oder Herstellungskosten. Ausgehend davon wird im Rahmen der Folgebewertung bilanzrechtlich geregelt, wie Wertminderungen oder Werterhöhungen zu berücksichtigen sind. Wertminderungen werden bilanziell durch planmäßige oder außerplanmäßige Abschreibungen erfasst. Werterhöhungen werden nur nach einer vorangegangenen außerplanmäßigen Abschreibung bilanziell durch Zuschreibungen bis maximal zu den (fortgeführten) Anschaffungs- oder Herstellungskosten berücksichtigt. Abbildung 16 zeigt die unterschiedliche bilanzielle Behandlung von Wertminderungen und Werterhöhungen bei der Folgebewertung.

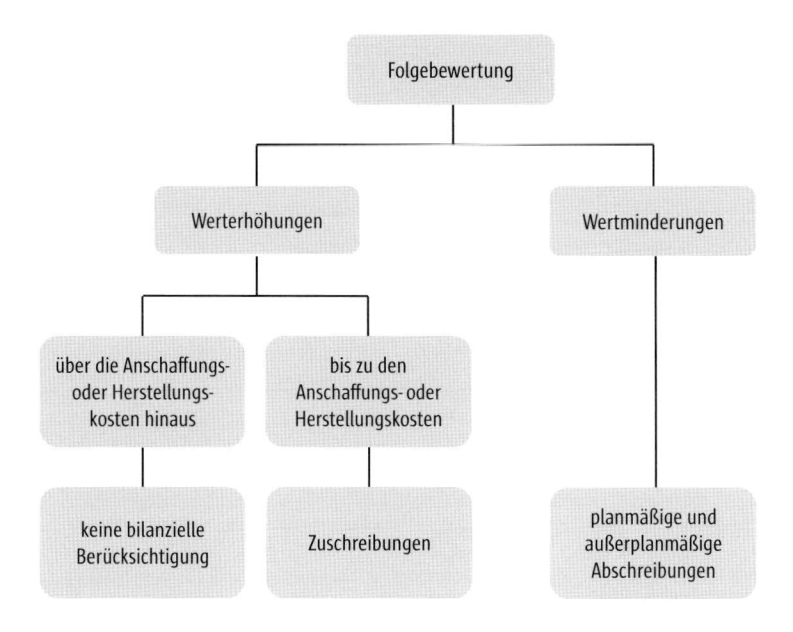

Abb. 16 Folgebewertung

Abschreibungen

Planmäßige Abschreibungen berücksichtigen den normalen nutzungsbedingten Verschleiß und sind daher nur bei abnutzbaren Vermögensgegenständen des Anlagevermögens vorzunehmen. Durch planmäßige Abschreibungen werden die Anschaffungs- oder Herstellungskosten für einen Vermögensgegenstand als Aufwand über seine Nutzungsdauer verteilt. Demgegenüber kommen **außerplanmäßige Abschreibungen** bei unvorhergesehenen Wertminderungen für alle Vermögensgegenstände in Betracht, für abnutzbare und nicht-abnutzbare, für Vermögensgegenstände des Anlagevermögens und des Umlaufvermögens. Solche unvorhergesehenen Wertminderungen können z.B. durch technische Defekte, durch Nachfragerückgänge oder durch Preisrückgänge am Absatz- oder Beschaffungsmarkt verursacht werden. Abbildung 17 zeigt die Unterschiede zwischen planmäßigen und außerplanmäßigen Abschreibungen.

2 Jahresabschluss nach HGB und KHBV

```
                    Abschreibungen
                    /            \
          planmäßige            außerplanmäßige
         Abschreibungen          Abschreibungen
              |                        |
          berücksichtigt           berücksichtigt
         „normalen" Werteverschleiß   unvorhergesehene
                                     Wertminderungen
              |                        |
          auf abnutzbares          auf abnutzbares und nicht
          Anlagevermögen           abnutzbares Anlagevermögen
                                   und auf Umlaufvermögen
```

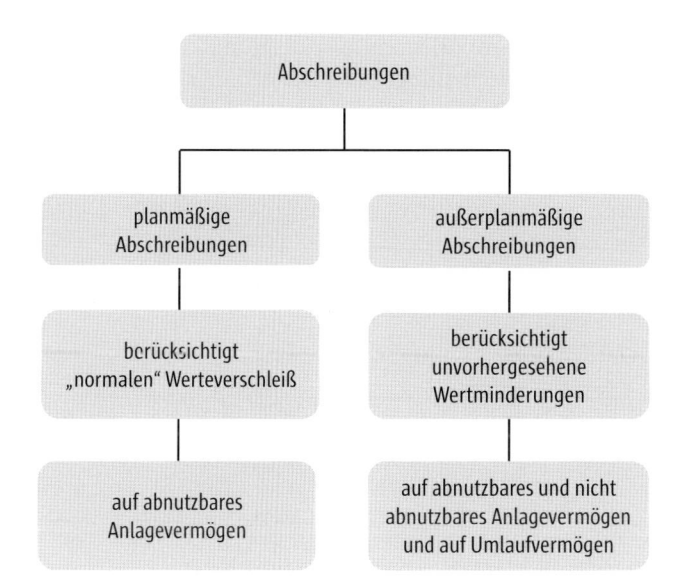

Abb. 17 Planmäßige und außerplanmäßige Abschreibungen

Im Hinblick auf den Verpflichtungsgrad zur Vornahme außerplanmäßiger Abschreibungen unterscheidet das HGB zwischen Vermögensgegenständen des Anlagevermögens und des Umlaufvermögens sowie zwischen Sachanlagevermögen und Finanzanlagevermögen. Während im Anlagevermögen außerplanmäßige Abschreibungen nur bei voraussichtlich dauernder Wertminderung vorzunehmen sind, sind im Umlaufvermögen außerplanmäßige Abschreibungen auch bei vorübergehender Wertminderung vorzunehmen. In diesem Zusammenhang spricht man auch vom **strengen Niederstwertprinzip im Umlaufvermögen** und vom **gemilderten Niederstwertprinzip im Anlagevermögen**. Im Anlagevermögen ist zudem zwischen Sach- und Finanzanlagen zu unterscheiden. Während bei Vermögensgegenständen des Sachanlagevermögens vorübergehende Wertminderungen nicht berücksichtigt werden dürfen (Abschreibungsverbot), können bei voraussichtlich nicht dauernden Wertminderungen im Finanzanlagevermögen außerplanmäßige Abschreibungen vorgenommen werden (§ 253 Abs. 3 Satz 3 HGB). Einen Überblick hierzu gibt Abbildung 18.

Zuschreibungen

Zuschreibungen sind vorzunehmen, wenn bei einer vorangegangenen außerplanmäßigen Abschreibung die Gründe für den niedrigeren Wertansatz nicht mehr bestehen (§ 253 Abs. 5 HGB). Die Obergrenze der Zuschreibung bilden im nicht-abnutzbaren Anlagevermögen und im Umlaufvermögen die Anschaffungs- oder Herstellungskosten. Daher werden z.B. Kurssteigerungen bei Wertpapieren oder Marktwerterhöhungen bei Immobilien über die Anschaffungs- oder Herstellungskosten hinaus bilanziell nach deutschem Handels- und Steuerrecht nicht berücksichtigt. Beim abnutzbaren Anlagevermögen ist höchstens auf den Betrag zuzuschreiben, der sich unter Zugrundelegung des ursprünglichen Abschreibungsplans ergibt (= fortgeführte Anschaffungs- oder Herstellungskosten).

Zuschreibungen sind grundsätzlich verpflichtend vorzunehmen, wenn nach einer außerplanmäßigen Abschreibung wieder eine Werterhöhung eingetreten ist (Wertaufholungsgebot). Eine Ausnahmeregelung besteht lediglich für den Geschäfts- oder Firmenwert, auf den keine Zuschreibung vorgenommen werden darf (§ 253 Abs. 5 HGB).

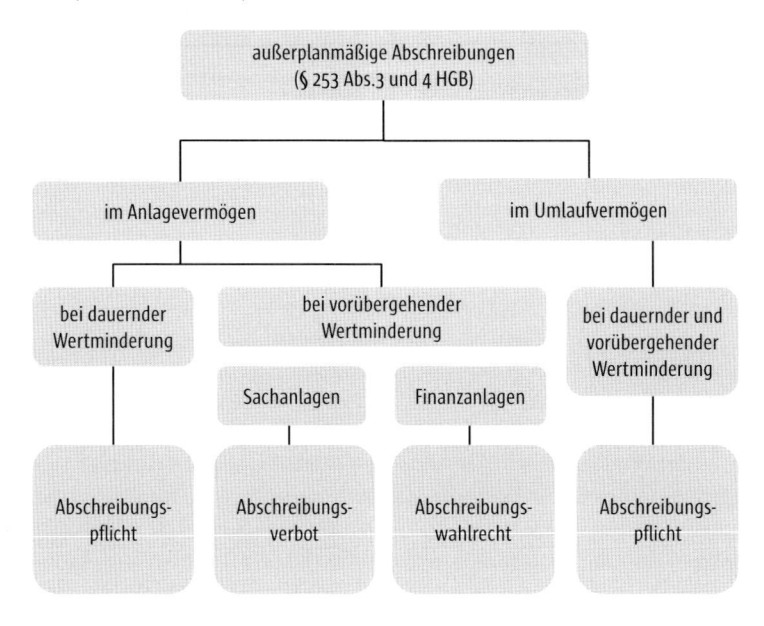

Abb. 18 Außerplanmäßige Abschreibungen

2.2.3. Bilanzgliederung

Die Bilanz ist als Teil des Jahresabschlusses klar und übersichtlich aufzustellen (§ 243 Abs. 2 HGB). Anlage- und Umlaufvermögen, Eigenkapital und Schulden sowie die Rechnungsabgrenzungsposten sind gesondert auszuweisen und hinreichend aufzugliedern (§ 247 Abs. 1 HGB). Dabei gilt im deutschen Bilanzrecht als Grundsatz ordnungsmäßiger Buchführung für alle Unternehmen unabhängig von der Rechtsform, dass auf der Aktivseite der Bilanz das Vermögen nach dem Grad der Liquidierbarkeit aufgeführt wird: oben das dauerhaft dem Geschäftsbetrieb dienende Anlagevermögen, darunter das Umlaufvermögen, wo wiederum zunächst die vergleichsweise schwer liquidierbaren Vorräte oben stehen und die liquiden Mittel unten. Auf der Passivseite werden die Posten grundsätzlich nach dem Grad der Fristigkeit aufgeführt: oben das dauerhaft verfügbare Eigenkapital, dann Rückstellungen und Verbindlichkeiten. Durch gesonderte Vermerke in der Bilanz oder durch Information im Anhang werden Informationen über die Fristigkeit der Verbindlichkeiten gegeben.

2 Jahresabschluss nach HGB und KHBV

Spezielle Gliederungsvorschriften gibt es einerseits für Kapitalgesellschaften in § 266 HGB und andererseits für öffentlich geförderte Krankenhäuser (Anlage 1 zur KHBV, abrufbar unter http://www.gesetze-im-internet.de/khbv/anlage_1.html). In zusammengefasster Form wird das Bilanzgliederungsschema der KHBV in Tabelle 10 dargestellt.

Tab. 10 Verkürztes Bilanzgliederungsschema nach Anlage 1 KHBV

Aktivseite	Passivseite
A. Anlagevermögen	A. Eigenkapital
I. Immaterielle Vermögensgegenstände	B. Sonderposten aus Zuwendungen zur Finanzierung des Sachanlagevermögens
II. Sachanlagen	C. Rückstellungen
III. Finanzanlagen	D. Verbindlichkeiten
B. Umlaufvermögen	E. Ausgleichsposten aus Darlehensförderung
I. Vorräte	F. Rechnungsabgrenzungsposten
II. Forderungen und sonstige Vermögensgegenstände	
III. Wertpapiere des Umlaufvermögens	
IV. Schecks, Kassenbestand, Bundesbank- und Postgiroguthaben, Guthaben bei Kreditinstituten	
C. Ausgleichsposten nach dem KHG	
D. Rechnungsabgrenzungsposten:	
E. Aktive latente Steuern*	
F. Aktiver Unterschiedsbetrag aus der Vermögensrechnung nicht durch Eigenkapital gedeckter Fehlbetrag	

* nur bei Kapitalgesellschaften

Die KHBV-Bilanzgliederung sieht sowohl auf der Aktiv- als auch auf der Passivseite eine Reihe von spezifischen Posten vor, die im Zusammenhang mit der Krankenhausfinanzierung durch die öffentliche Hand stehen. Dazu gehören auf der Aktivseite z.B. der Ausgleichsposten nach dem KHG (C.) und auf der Passivseite der Sonderposten aus Zuwendungen zur Finanzierung des Sachanlagevermögens (B.). Insofern weicht die Gliederung nach der KHBV von der von Kapitalgesellschaften einzuhaltenden Gliederung nach HGB ab. Krankenhäuser in der Rechtsform von Kapitalgesellschaften müssten demnach zwei verschiedene Jahresabschlüsse erstellen, einen nach den Gliederungsvorschriften für Kapitalgesellschaften und einen, der den Gliederungsvorschriften der KHBV entspricht. Um die Erstellung von zwei Jahresabschlüssen zu vermeiden, haben Krankenhäuser nach § 1 Abs. 3 KHBV die Möglichkeit, auch für handelsrechtliche Zwecke einen nach der KHBV gegliederten Jahresabschluss aufzustellen (s. Kap. II.2.1.2).

2.3. Bilanzierung und Bewertung des Anlagevermögens

Entgegen jeglicher Erwartung findet Dr. Zipse die Grundlagen der Bilanzierung spannend und aufschlussreich. Er vermutet allerdings, dass ihn die Kenntnis der Grundlagen der Bilanzierung noch nicht befähigt, mit dem Management über Fragen des Jahresabschlusses zu diskutieren. Dieses Ziel hat er sich jetzt gesetzt. Die dafür geeigneten Leitfragen finden sich jeweils zu Beginn der nachfolgenden Kapitel. Zur Bilanzierung und Bewertung des Anlagevermögens sind folgende Fragen von Bedeutung:

- Wie ist das Anlagevermögen nach der KHBV zu gliedern?
- Welche immateriellen Vermögensgegenstände müssen in der Bilanz aktiviert werden? Welche immateriellen Vermögensgegenstände können aktiviert werden?
- Warum ist die Unterscheidung zwischen Forschungs- und Entwicklungskosten von Bedeutung?
- Inwieweit unterscheiden sich die steuerlichen und die handelsrechtlichen Regelungen zur Aktivierung von selbsterstellten immateriellen Vermögensgegenständen des Anlagevermögens?
- Was versteht man unter einem „asset deal", was unter einem „share deal"?
- Wann ist ein Geschäfts- oder Firmenwert zu bilanzieren?
- Was versteht man unter einem originären Geschäfts- oder Firmenwert und wie ist er bilanziell zu behandeln?
- Welche Faktoren bestimmen die planmäßige Abschreibung?
- Welche Abschreibungsverfahren stehen handels- und steuerrechtlich zur Verfügung?
- Welche Posten sind im Finanzanlagevermögen auszuweisen?
- Wie ist das Finanzanlagevermögen zu bewerten?
- Welche Informationen werden durch einen Anlagespiegel gegeben?
- Welche Unternehmen sind dazu verpflichtet, einen Anlagespiegel zur erstellen?

2.3.1. Sachanlagevermögen und immaterielles Anlagevermögen

Bestandteile des Sachanlagevermögens und des immateriellen Anlagevermögens

Nach Anlage 1 der KHBV sind folgende Posten der immateriellen Vermögensgegenstände des Anlagevermögens und des Sachanlagevermögens gesondert auszuweisen:

I. **Immaterielle Vermögensgegenstände**
1. Selbst geschaffene gewerbliche Schutzrechte und ähnliche Rechte und Werte
2. Entgeltlich erworbene Konzessionen, gewerbliche Schutzrechte und ähnliche Rechte und Werte sowie Lizenzen an solchen Rechten und Werten
3. Geschäfts- oder Firmenwert
4. Geleistete Anzahlungen

II. **Sachanlagen**
1. Grundstücke und grundstücksgleiche Rechte mit Betriebsbauten einschließlich der Betriebsbauten auf fremden Grundstücken

2. Grundstücke und grundstücksgleiche Rechte mit Wohnbauten einschließlich der Wohnbauten auf fremden Grundstücken soweit nicht unter 1.)
3. Grundstücke und grundstücksgleiche Rechte ohne Bauten
4. Technische Anlagen
5. Einrichtungen und Ausstattungen
6. Geleistete Anzahlungen und Anlagen im Bau

Für Zwecke der Bewertung ist zwischen abnutzbarem Anlagevermögen und nicht-abnutzbarem Anlagevermögen zu unterscheiden. Während nicht-abnutzbare Vermögensgegenstände des Anlagevermögens, wie z.B. Grundstücke, unbegrenzt nutzbar sind und keinem planmäßigen Wertverschleiß unterliegen, ist bei abnutzbaren Vermögensgegenständen des Anlagevermögens ein planmäßiger Werteverschleiß zu berücksichtigen. Die Anschaffungskosten von Immobilien sind daher auf Grundstück und Gebäude aufzuteilen, auch wenn sie in der Bilanz unter einem Posten auszuweisen sind.

Für Krankenhäuser ist im Anlagevermögen die gesonderte Erfassung von **Gebrauchsgütern** in der Buchhaltung von Bedeutung. Gebrauchsgüter sind Anlagegüter mit einer durchschnittlichen Nutzungsdauer von bis zu drei Jahren, wie z.B. Wäsche, Dienst- und Schutzkleidung, Geschirr sowie Gebrauchsgüter des medizinischen Bedarfs, wie z.B. Atembeutel oder Heizdecken und -kissen (§ 2 AbgrV und Verzeichnis I der Anlage). Die gesonderte Erfassung der Gebrauchsgüter ist deshalb von Bedeutung, weil die Finanzierung der Erstanschaffung von Gebrauchsgütern durch öffentliche Förderung erfolgt, während die Kosten der Wiederbeschaffung von Verbrauchsgütern in den Pflegesätzen und DRGs vergütet werden (§ 17 Abs. 4 Nr. 1 KHG; Graumann u. Schmidt-Graumann 2011, S. 106).

Selbsterstellte immaterielle Vermögensgegenstände des Anlagevermögens

Die Bilanzierung des immateriellen Vermögens gehört seit jeher zu den umstrittensten Bereichen des Bilanzrechts. Einerseits bilden immaterielle Werte, wie Marken, Humankapital, Know How etc. einen erheblichen Teil des Wertes von Unternehmen. Andererseits unterliegen ihr Nachweis und ihre Bewertbarkeit erheblichen Unsicherheiten. Ein wesentlicher Teil des immateriellen Vermögens erscheint deshalb nicht in einer Bilanz, weil die Kriterien für das Vorliegen eines Vermögensgegenstands „selbstständige Bewertbarkeit" und „Einzelveräußerbarkeit" nicht gegeben sind (s. Kap. II.2.2.1).

Liegen die Kriterien für einen Vermögensgegenstand vor, so sind grundsätzlich aufgrund des Vollständigkeitsgebots (§ 246 Abs. 1 HGB) alle Vermögensgegenstände zu bilanzieren. Das gilt auch für entgeltlich erworbene immaterielle Vermögensgegenstände wie z.B. Patente und Softwareprogramme. Demgegenüber besteht für selbsterstellte Vermögensgegenstände des Anlagevermögens ein Wahlrecht, sie in der Bilanz zu aktivieren (§ 248 Abs. 2 HGB). Eingeschränkt wird dieses Wahlrecht für selbst geschaffene Marken, Drucktitel, Verlagsrechte, Kundenlisten oder vergleichbare immaterielle Vermögensgegenstände des Anlagevermögens, für die ein Aktivierungsverbot gilt. Das Aktivierungsverbot gilt auch z.B. für selbsterstellte Patientenlisten von Krankenhäusern (Burkhart et al. 2010, S. 25).

Aktivierungsfähige selbsterstellte immaterielle Vermögensgegenstände sind mit ihren Herstellungskosten zu bewerten, die ihren Entwicklungskosten entsprechen (§ 255 Abs. 2a HGB). Für Zwecke der Bilanzierung und Bewertung selbsterstellter immaterieller Vermögensgegenstände ist daher zwischen **aktivierungsfähigen Entwicklungskosten** und **nicht aktivierungsfähigen Forschungskosten** zu unterscheiden. Ist eine Unterscheidung von Entwicklungskosten und Forschungskosten nicht verlässlich möglich, ist eine Aktivierung ausgeschlossen.

Zur Unterscheidung zwischen Entwicklungs- und Forschungskosten gibt § 255 Abs. 2a HGB folgende Hinweise: „Entwicklung ist die Anwendung von Forschungsergebnissen oder von anderem Wissen für die Neuentwicklung von Gütern oder Verfahren mittels wesentlicher Änderungen. Forschung ist die eigenständige und planmäßige Suche nach neuen wissenschaftlichen oder technischen Erkenntnissen oder Erfahrungen allgemeiner Art, über deren technische Verwertbarkeit und wirtschaftliche Erfolgsaussichten grundsätzlich keine Aussagen gemacht werden können."

> Für selbsterstellte immaterielle Vermögensgegenstände des Anlagevermögens besteht grundsätzlich ein Aktivierungswahlrecht. Sie sind mit ihren Entwicklungskosten zu bewerten (§ 255 Abs. 2a HGB).

Bei Krankenhäusern ist die Unterscheidung zwischen Forschungs- und Entwicklungsaufwendungen vor allem für Universitätskliniken von Bedeutung. Die Frage, ob nicht aktivierungsfähige Aufwendungen für Anwendungsforschung oder aktivierungsfähige Entwicklungsaufwendungen vorliegen, stellt sich vor allem bei klinischen Studien, die in eigener Verantwortung der Kliniken und nicht im Auftrag von Pharmaunternehmen durchgeführt werden. Dabei werden häufig vor Aufnahme der Arzneimittelproduktion Arzneimittel und Wirkstoffe in Form von Prototypen getestet. In diesem Fall gehören die entsprechenden Aufwendungen i.d.R. zu den Entwicklungskosten (Penter u. Siefert 2010, S. 135ff.). Aufwendungen für Studien, die im Auftrag von Pharmaunternehmen betrieben werden (Auftragsforschung), sind bei Kliniken nicht aktivierbar, da sie nicht durch die Klinik verwertbar sind. Die entsprechenden Aufwendungen der Kliniken sind ergebniswirksam zu erfassen.

Für selbsterstellte immaterielle Vermögensgegenstände des Anlagevermögens bestand nach deutschem Bilanzrecht lange Zeit ein Aktivierungsverbot. Dies entsprach dem Vorsichtsgedanken, Vermögensgegenstände nur dann zu bilanzieren, wenn sie gut nachweisbar und bewertbar sind. Erst mit dem **Bilanzrechtsmodernisierungsgesetz** wurde 2009 für immaterielle Vermögensgegenstände des Anlagevermögens ein Aktivierungswahlrecht eingeführt. Durch das Aktivierungswahlrecht soll eine Annäherung an internationales Bilanzrecht erreicht werden. Dem Vorsichtsgedanken wird nun dadurch entsprochen, dass in Höhe des für selbsterstellte immaterielle Vermögensgegenstände des Anlagevermögens aktivierten Betrags eine Ausschüttungssperre eingeführt wurde (§ 268 Abs. 8 HGB). Bei Aktivierung von selbsterstellten immateriellen Vermögensgegenständen ist danach eine Gewinnausschüttung nur möglich, soweit der zur Ausschüttung verfügbare Betrag den aktivierten Betrag (abzüglich darauf entfallender latenter Steuereffekte) übersteigt.

In der **Steuerbilanz** gilt unverändert, dass immaterielle Wirtschaftsgüter des Anlagevermögens nur aktiviert werden dürfen, wenn sie entgeltlich erworben wurden (§ 5 Abs. 2 EStG). Daher weicht bei selbsterstellten immateriellen Wirtschaftsgütern des Anlagevermögens die Steuerbilanz von der Handelsbilanz ab, wenn Unternehmen vom Aktivierungswahlrecht für selbsterstellte Vermögensgegenstände des Anlagevermögens Gebrauch machen.

Unternehmenszusammenschlüsse, Geschäfts- oder Firmenwert

Der Wert eines gesamten Unternehmens, wie er sich z.B. aufgrund der Börsenkapitalisierung oder auf der Basis von Transaktionspreisen bei Unternehmensübernahmen ergibt, ist i.d.R. höher als die Summe der Werte der einzelnen Vermögensgegenstände abzüglich der Schulden eines Unternehmens. Dies liegt zum einen daran, dass selbst geschaffene immaterielle Vermögensgegenstände nicht vollständig bilanziert werden (Aktivierungswahlrecht und verbliebene Aktivierungsverbote). Zum anderen werden im Kaufpreis die künftigen Gewinnchancen aus dem Gesamtunternehmen vergütet und nicht der Wert der einzelnen Vermögensgegenstände.

Unternehmen können entweder durch Anteilserwerb (= **share deal**) gekauft werden oder durch Übernahme der einzelnen Vermögensgegenstände und Schulden (= **asset deal**). Werden die Anteile am erworbenen Unternehmen gekauft, dann werden die Anteile am erworbenen Unternehmen in der Bilanz des Erwerbers im Finanzanlagevermögen bilanziert und zu Anschaffungskosten bewertet. Demgegenüber werden bei einem „asset deal" die Vermögensgegenstände und Schulden des erworbenen Unternehmens durch Einzelrechtsnachfolge auf den Käufer übertragen. In diesem Fall sind im Einzelabschluss alle Vermögensgegenstände des erworbenen Unternehmens zu bilanzieren (auch bisher nicht bilanzierte selbsterstellte immaterielle Vermögensgegenstände des Anlagevermögens) und neu zu bewerten. Der verbleibende Unterschiedsbetrag, um den der Kaufpreis für ein Unternehmen den Wert der übernommenen Vermögensgegenstände abzüglich der Schulden übersteigt, ist dann im Jahresabschluss des Erwerbers als **Geschäfts- oder Firmenwert** auszuweisen (§ 246 Abs. 2 Satz 3 HGB). Abbildung 19 zeigt die Bilanzierung von share deals und asset deals im Jahresabschluss.

Da der Geschäfts- oder Firmenwert nicht einzelveräußerbar ist und insofern die Kriterien des Vermögensgegenstandsbegriffs nicht erfüllt, wird in § 246 Abs. 1 Satz 4 HGB besonders klargestellt, dass der Geschäfts- oder Firmenwert als zeitlich begrenzt nutzbarer Vermögensgegenstand gilt. Der Geschäfts- oder Firmenwert ist daher aktivierungspflichtig und über seine Nutzungsdauer planmäßig abzuschreiben. Handelsrechtlich wird als wirtschaftliche Nutzungsdauer für den Geschäfts- oder Firmenwert kein bestimmter Zeitraum festgelegt; üblich ist eine **Abschreibungsdauer** von bis zu fünf Jahren. Eine darüber hinausgehende Abschreibungsdauer ist von Kapitalgesellschaften nach § 285 Nr. 13 HGB im Anhang zu begründen. Das Steuerrecht schreibt demgegenüber in § 7 Abs. 1 Satz 3 für den Geschäfts- oder Firmenwert eine Nutzungsdauer von 15 Jahren vor. Möchte ein Unternehmen Abweichungen zwischen Handels- und Steuerbilanz bei der Bilanzierung des Geschäfts- oder Firmenwerts vermeiden, so ist auch in der Handelsbilanz eine Abschreibung über 15 Jahre vorzunehmen, was sachlich begründet werden muss und in vielen Fällen schwer zu begründen sein dürfte.

```
                    Bilanzierung von
                  Unternehmenserwerben
           ┌──────────────┴──────────────┐
     Erwerb von                       Erwerb von
     Anteilen             Vermögensgegenständen und Schulden
    („share deal")        durch Einzelrechtsnachfolge
                                  („asset deal")
           │                           │
  im Jahresabschluss des Erwerbers   im Jahresabschluss des Erwerbers
  Bilanzierung der Anteile           Bilanzierung aller erworbenen
  im Finanzanlagevermögen            Vermögensgegenstände und Schulden

                                    Geschäfts- oder Firmenwert, wenn der
                                    Kaufpreis den Wert der
                                    Vermögensgegenstände abzüglich der
                                    Schulden übersteigt
```

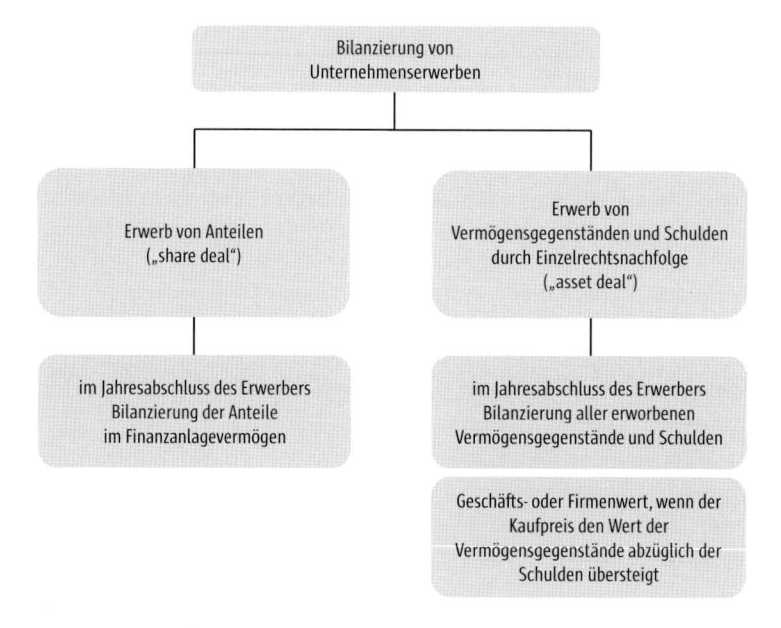

Abb. 19 Bilanzierung von Unternehmenszusammenschlüssen

Der im Rahmen eines Unternehmenserwerbs entstandene Geschäfts- oder Firmenwert wird auch als derivativer Geschäfts- oder Firmenwert bezeichnet. Er steht dem selbst geschaffenen, originären Geschäfts- oder Firmenwert gegenüber. Der **originäre Geschäfts- oder Firmenwert** stellt den Differenzbetrag zwischen dem Unternehmensgesamtwert und der Summe der Werte der einzelnen Vermögensgegenstände abzüglich der Schulden dar, ohne dass er durch eine Unternehmensveräußerung tatsächlich bezahlt wurde. Für den originären Geschäfts- oder Firmenwert besteht handels- und steuerrechtlich ein Aktivierungsverbot.

Beispiel zur Bilanzierung eines asset deals:

Unternehmen A erwirbt Unternehmen B zum Preis von 10 Mio. € im Wege der Einzelrechtsnachfolge. Die Bezahlung des Kaufpreises erfolgt aus liquiden Mitteln. In der Bilanz von B werden Vermögensgegenstände von 8 Mio. € und Schulden von 2 Mio. € ausgewiesen, das bilanzielle Eigenkapital beträgt demnach 6 Mio. €. Bei der Neubewertung des Vermögens von B werden zusätzliche bisher nicht bilanzierte Vermögensgegenstände (selbsterstellte Patente, Marken) im Wert von 3 Mio. € berücksichtigt.

2 Jahresabschluss nach HGB und KHBV

Man nennt dies in der Fachsprache auch Aufdeckung stiller Reserven. Der durch den Unternehmenserwerb entstandene Geschäfts- oder Firmenwert wird dann wie folgt ermittelt:

Kaufpreis		10 Mio. €
− (Vermögensgegenstände B − Schulden B)	(11 Mio. € − 2 Mio. €) =	9 Mio. €
= Geschäfts- oder Firmenwert		1 Mio. €

Zum Erwerbszeitpunkt bzw. vor dem Erwerb weisen das erworbene Unternehmen B und der Erwerber A folgende Bilanzen auf:

- Unternehmen B Bilanz zum Erwerbszeitpunkt:

Aktiva	in T€	Passiva	in T€
Vermögensgegenstände B (Anlage- und Umlaufvermögen)	8.000	Eigenkapital B	6.000
		Schulden B	2.000
Bilanzsumme	8.000	Bilanzsumme	8.000

- Unternehmen A (Erwerber) Bilanz vor dem Erwerb:

Aktiva	in T€	Passiva	in T€
Vermögensgegenstände (Anlage- und Umlaufvermögen)	12.000	Eigenkapital	10.000
liquide Mittel	12.000	Schulden	14.000
Bilanzsumme	24.000	Bilanzsumme	24.000

Beim erwerbenden Unternehmen A wird der Unternehmenserwerb durch folgenden zusammengesetzten Buchungssatz abgebildet:

Vermögensgegenstände B 11.000 T€   an   liquide Mittel 10.000 T€

Geschäfts- oder Firmenwert 1.000 T€   an   Schulden B 2.000 T€

Die Bilanz von Unternehmen A nach Erwerb von B weist danach folgendes Bild auf:

Aktiva	in T€	Passiva	in T€
Vermögensgegenstände (A und B)	23.000	Eigenkapital	10.000
Geschäfts- oder Firmenwert	1.000	Schulden (A und B)	16.000
liquide Mittel	2.000		
Bilanzsumme	26.000	Bilanzsumme	26.000

Im Krankenhausbereich entstehen zum einen Geschäfts- oder Firmenwerte beim Erwerb von Kliniken, zum anderen beim Erwerb von kassenärztlichen Zulassungen im Zusammenhang mit der Übernahme von Arztpraxen oder MVZ. Nach der steuerlichen Rechtsprechung sind beim Erwerb von Arztpraxen Kaufpreisbestandteile die über den Verkehrswert der erworbenen Vermögensgegenstände (abzüglich der Schulden) hinausgehen, als **Praxiswert** zu behandeln. Der Praxiswert unterscheidet sich vom Geschäfts- oder Firmenwert dadurch, dass er auf Gewinnaussichten beruht, die im Wesentlichen auf das persönliche Vertrauensverhältnis zum bisherigen Praxisinhaber zurückzuführen sind. Demgegenüber beruht der Geschäftswert auf Gewinnerwartungen aus dem Unternehmen, die losgelöst von der Person des Unternehmers bestehen (Schmidt 2014, Tz. 200 zu § 18 EStG).

Die Unterscheidung zwischen dem Geschäfts- oder Firmenwert und dem Praxiswert ist vor allem steuerlich von Bedeutung. Während der Geschäfts- oder Firmenwert in der Steuerbilanz über 15 Jahre abzuschreiben ist, wird beim Praxiswert von einer Nutzungsdauer von drei bis fünf Jahren ausgegangen. Handelsrechtlich ist sowohl der Geschäfts- oder Firmenwert als auch der Praxiswert über die wirtschaftliche Nutzungsdauer abzuschreiben, sodass hier die Unterscheidung zwischen Geschäfts- oder Firmenwert einerseits und Praxiswert andererseits nicht so sehr ins Gewicht fällt.

Im Zusammenhang mit der Übernahme von Arztpraxen ist festzulegen, ob die mit der **kassenärztlichen Zulassung** verbundenen wirtschaftlichen Vorteile als selbstständiger Vermögensgegenstand zu bilanzieren sind, oder ob sie Teil des Praxiswerts sind. Auch diese Frage ist steuerlich von erheblicher Bedeutung, da die kassenärztliche Zulassung ggf. ein nicht-abnutzbares Wirtschaftsgut ist, auf das keine Abschreibung vorgenommen werden kann. Der BFH hat hierzu entschieden, dass die kassenärztliche Zulassung grundsätzlich kein selbstständiges Wirtschaftsgut darstellt, solange sich der Kaufpreis am Verkehrswert der fortgeführten Praxis orientiert (BStBl. II 2011, S. 875). Der BFH begründet diese Entscheidung mit dem auch handelsrechtlich relevanten Argument, dass der die Praxis übergebende Vertragsarzt auf der Basis des kassenärztlichen Zulassungsverfahrens die Zulassung nicht selbstständig verwerten kann. In Analogie dazu wird auch die Zulassung zum Betrieb eines Krankenhauses nicht als selbstständiges Wirtschaftsgut bzw. als selbstständiger Vermögensgegenstand angesehen (Penter u. Siefert 2010, S. 133, Kohler u. Siefert 2009, S. 648).

Nach Auffassung des BFH kann die kassenärztliche Zulassung allenfalls dann ein selbstständiges Wirtschaftsgut darstellen, wenn eine Zahlung im Zusammenhang mit der kassenärztlichen Zulassung geleistet wird, ohne dass die Praxis des abgebenden Arztes übernommen wird, weil der Vertragsarztsitz an einen anderen Ort verlegt wird. In einem Urteil des Finanzgerichts Nürnberg vom 12.12.2013 wurde diese Auffassung für den Fall bestätigt, dass die Praxis des Veräußerers nicht weitergeführt wird und der Kaufpreis erheblich über dem Wert der Praxis liegt. In diesem Fall wurde angenommen, dass der gesamte Kaufpreis für die kassenärztliche Zulassung bezahlt wurde. Da die kassenärztliche Zulassung ein nicht abnutzbares Wirtschaftsgut/Vermögensgegenstand darstellt, kann der Erwerber keine steuermindernden Abschreibungen auf die Kassenarztzulassung vornehmen.

Planmäßige Abschreibungen auf abnutzbare Vermögensgegenstände des Anlagevermögens

Durch die Verrechnung planmäßiger Abschreibungen werden die Anschaffungs- oder Herstellungskosten abnutzbarer Vermögensgegenstände des Anlagevermögens in der Gewinn- und Verlustrechnung auf die Jahre der voraussichtlichen Nutzung verteilt. „Bei Vermögensgegenständen des Anlagevermögens, deren Nutzung zeitlich begrenzt ist, sind die Anschaffungs- oder Herstellungskosten um planmäßige Abschreibungen zu vermindern. Der Plan muss die Anschaffungs- oder Herstellungskosten auf die Geschäftsjahre verteilen, in denen der Vermögensgegenstand voraussichtlich genutzt werden kann." (§ 253 Abs. 3 HGB).

Planmäßige Abschreibungen berücksichtigen den geplanten Werteverschleiß, der durch Zeitablauf, durch Nutzung und/oder durch technische oder wirtschaftliche Alterung während der Dauer der Nutzung entsteht. Dabei ist die wirtschaftliche Nutzungsdauer anzusetzen, die i.d.R. kürzer ist als die technische Nutzungsdauer. Die **wirtschaftliche Nutzungsdauer** des abnutzbaren Anlagevermögens ist handelsrechtlich nicht vorgegeben; sie ist auf der Grundlage von Erfahrungswerten zu schätzen. Allerdings veröffentlicht die Finanzverwaltung in sog. „AfA-Tabellen" die für Abschreibungen in der Steuerbilanz maßgeblichen „betriebsgewöhnlichen Nutzungsdauern". Um unterschiedliche Abschreibungsbeträge in Handels- und Steuerbilanz zu vermeiden, legt die Praxis auch für die handelsrechtliche Abschreibung zumeist die in den AfA-Tabellen aufgezeigten Nutzungsdauern zugrunde.

Sofern ein Vermögensgegenstand am Ende der wirtschaftlichen Nutzungsdauer voraussichtlich noch einen **Restwert** hat, ist der geschätzte Restwert am Ende der Nutzungsdauer bei der Ermittlung des abzuschreibenden Betrags zu berücksichtigen. Der abzuschreibende Betrag ermittelt sich dann als Anschaffungs- oder Herstellungskosten abzüglich des geschätzten Restwerts.

In der Betriebswirtschaftslehre wurden verschiedene Methoden zur zeitlichen Verteilung des Abschreibungsbetrags über die wirtschaftliche Nutzungsdauer entwickelt. Unter einer **Abschreibungsmethode** versteht man arithmetische Berechnungsverfahren, nach denen der abzuschreibende Betrag auf die Nutzungsdauer verteilt wird (Weber u. Weißenberger 2010, S. 87). Die Verteilung der Abschreibungen auf die Jahre der Nutzung ergibt sich somit auf der Grundlage von drei Bestimmungsfaktoren: dem Abschreibungsbetrag, der wirtschaftlichen Nutzungsdauer bzw. der Gesamtleistung und der Abschreibungsmethode (s. Abb. 20).

Das Handelsrecht schreibt keine bestimmte Methode zur planmäßigen Abschreibung vor. In der handelsrechtlichen Praxis werden überwiegend die lineare Abschreibung, die geometrisch-degressive Abschreibung und die Abschreibung nach Maßgabe der Inanspruchnahme („Leistungsabschreibung") gewählt. Wird ein Vermögensgegenstand unterjährig angeschafft, so ist die Abschreibung im Zugangs- und im Abgangsjahr zeitanteilig vorzunehmen. Abbildung 21 zeigt die handelsrechtlich gebräuchlichen Verfahren der planmäßigen Abschreibung.

II Externes Rechnungswesen

```
                    Determinanten der
                    planmäßigen Abschreibung
         ┌──────────────────┼──────────────────┐
   Abschreibungssumme   wirtschaftliche    Abschreibungsmethode
                        Nutzungsdauer
         │                  │                  │
   Anschaffungs- oder   Zeitraum, in dem der   arithmetisches
   Herstellungskosten ggf. Vermögensgegenstand Berechnungsverfahren
   vermindert um Restwerte voraussichtlich genutzt zur Verteilung des Ab-
   am Ende der          werden soll           schreibungsbetrages über
   Nutzungsdauer                              die wirtschaftliche
                                              Nutzungsdauer
```

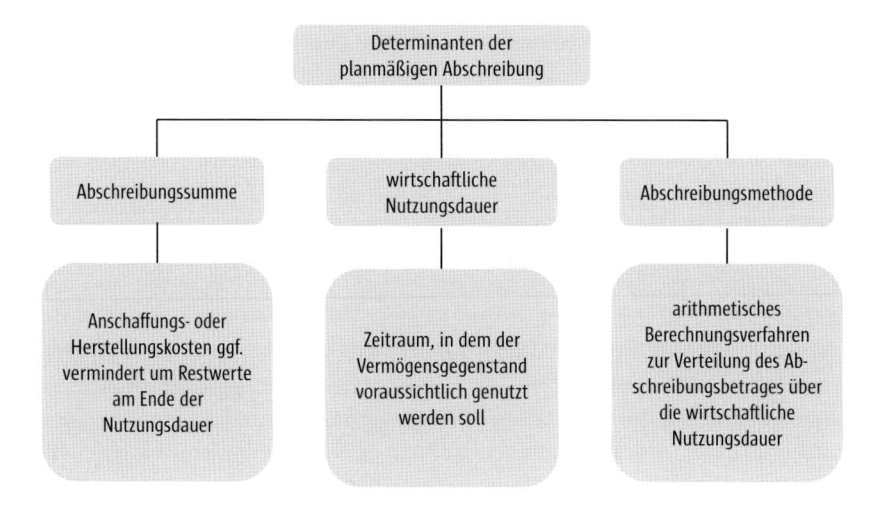

Abb. 20 Determinanten der planmäßigen Abschreibung

```
                planmäßige Abschreibung
         ┌──────────────┼──────────────┐
   Abschreibung nach   lineare       geometrisch-
   Maßgabe der         Abschreibung  degressive
   Inanspruchnahme                   Abschreibung
```

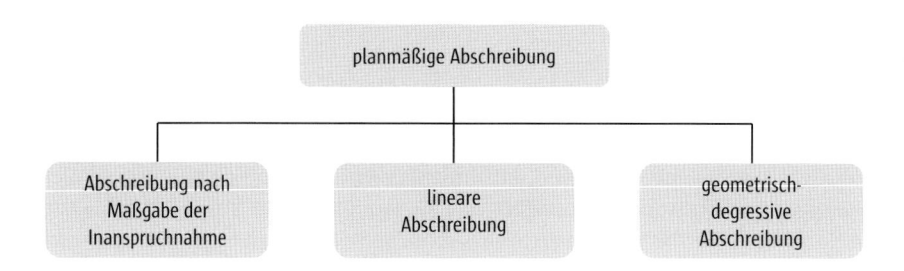

Abb. 21 Verfahren der planmäßigen Abschreibung

Diese drei Abschreibungsmethoden werden mit ihren unterschiedlichen Auswirkungen auf die GuV und Bilanz während der Nutzungsdauer im Folgenden auf der Basis eines Beispiels zur Abschreibung eines MRT-Geräts erläutert.

Beispiel zu Abschreibungsmethoden:

Der Abschreibung eines medizinischen Geräts liegen folgende Annahmen zugrunde:

- Anschaffungskosten 800.000 €
- Wirtschaftliche Nutzungsdauer: 8 Jahre
- Geschätzter Restwert am Ende der Nutzungsdauer: 40.000 €

2 Jahresabschluss nach HGB und KHBV

- Anzahl der Fälle (untersuchte Patienten) über die wirtschaftliche Nutzungsdauer:

Jahr 1: 4.000	Jahr 5: 8.000
Jahr 2: 5.000	Jahr 6: 6.000
Jahr 3: 6.000	Jahr 7: 6.000
Jahr 4: 8.000	Jahr 8: 5.000

Lineare Abschreibung

Bei der linearen Abschreibung wird der abzuschreibende Betrag in jährlich gleichbleibenden Beträgen über die wirtschaftliche Nutzungsdauer verrechnet. Der abzuschreibende Betrag ergibt sich aus den Anschaffungskosten abzüglich des voraussichtlichen Restwerts am Ende der wirtschaftlichen Nutzungsdauer. Die jährliche Abschreibung kann dann wie folgt ermittelt werden:

$$\begin{aligned} \text{Abschreibung}_{t=1-8} &= \text{abzuschreibender Betrag / Nutzungsdauer} \\ &= (800.000\,€ - 40.000\,€) / 8 \\ &= 95.000\,€ \end{aligned}$$

Über die Nutzungsdauer ergeben sich daher die folgenden in Tabelle 11 dargestellten Abschreibungen und Restbuchwerte:

Tab. 11 Lineare Abschreibung

Jahr	Abschreibung in €	Restbuchwert in €
1	95.000	705.000
2	95.000	610.000
3	95.000	515.000
4	95.000	420.000
5	95.000	325.000
6	95.000	230.000
7	95.000	135.000
8	95.000	40.000
Summe	760.000	

Abschreibung nach Maßgabe der Inanspruchnahme (Leistungsabschreibung)

Bei der Leistungsabschreibung wird der jährliche Abschreibungsbetrag auf der Grundlage der jährlichen Inanspruchnahme im Verhältnis zur erwarteten Gesamtleistung des Gerätes ermittelt. Im Beispiel wird erwartet, dass mit dem Gerät insgesamt 48.000 Untersuchungen erbracht werden können. Die jährliche Abschreibung wird wie folgt ermittelt:

Abschreibung$_t$ = abzuschreibender Betrag / erwartete Gesamtleistung x Leistung im Jahr$_t$

Für das erste Jahr ergibt sich folgender Abschreibungsbetrag:

Abschreibung$_{t=1}$ = 760.000 € / 48.000 Fälle x 4.000 Fälle
= 63.333 €

Über die wirtschaftliche Nutzungsdauer ergibt sich dann die in Tabelle 12 dargestellte Verteilung der Abschreibungsbeträge:

Tab. 12 Leistungsabschreibung

Jahr	Leistungsabgabe (Anzahl der Untersuchungen)	Abschreibung in €	Restbuchwert in €
1	4.000	63.333	736.667
2	5.000	79.167	657.500
3	6.000	95.000	562.500
4	8.000	126.667	435.833
5	8.000	126.667	309.167
6	6.000	95.000	214.167
7	6.000	95.000	119.167
8	5.000	79.167	40.000
Summe	48.000	760.000	

Geometrisch-degressive Abschreibung

Bei der geometrisch-degressiven Abschreibung ermittelt man die jährliche Abschreibung durch Anwendung eines gleichbleibenden Prozentsatzes (p) auf den jeweiligen Restbuchwert (RBW$_{t-1}$):

Abschreibung$_t$ = p x RBW$_{t-1}$

Bei einem durchgängig angewandten Abschreibungssatz von 25% ergeben sich über die Nutzungsdauer die in Tabelle 13 dargestellten Abschreibungsbeträge.

Man erkennt, dass bei einer durchgängig geometrisch-degressiven Abschreibung nicht der angepeilte Restbuchwert am Ende der Nutzungsdauer (= 40.000 €) erreicht wird. Deshalb wird in der Praxis die geometrisch-degressive Abschreibung nur solange angewandt, als sie im Vergleich zur linearen Abschreibung zu höheren Abschreibungsbeträgen führt. Sobald die lineare Abschreibung des Restbuchwerts über die Restnutzungsdauer einen höheren Abschreibungsbetrag ergibt, wird zur linearen Abschreibung übergegangen. Daraus resultiert der in Tabelle 14 dargestellte Verlauf der Abschreibungsbeträge und Restbuchwerte.

Tab. 13 Rein geometrisch-degressive Abschreibung

Jahr	Abschreibung in €	Restbuchwert in €
1	200.000	600.000
2	150.000	450.000
3	112.500	337.500
4	84.375	253.125
5	63.281	189.844
6	47.461	142.383
7	35.596	106.787
8	26.697	80.090
Summe	719.910	

Tab. 14 Geometrisch-degressive Abschreibung mit Übergang zur linearen Abschreibung (in Euro)

Jahr	degressive Abschreibung	Restbuchwert bei degressiver Abschreibung	lineare Abschreibung des Restbuchwertes	verrechneter Abschreibungsbetrag	Restbuchwert
1	200.000	600.000	95.000	200.000	600.000
2	150.000	450.000	80.000	150.000	450.000
3	112.500	337.500	68.333	112.500	337.500
4	84.375	253.125	59.500	84.375	253.125
5	63.281	189.844	53.500	63.281	189.844
6	47.461	142.383	49.948	49.948	139.896
7	35.596	106.787	49.948	49.948	89.948
8	26.697	80.090	49.948	49.948	40.000
Summe	719.910			760.000	

Die Wahl der Abschreibungsmethode ist ein bilanzpolitisches Instrument, mit dem der zeitliche Verlauf der verrechneten Abschreibungsbeträge beeinflusst werden kann. Zwar ist die Summe aller Abschreibungsbeträge bei allen Methoden gleich, doch resultieren aus den Methoden unterschiedliche Abschreibungsverläufe und damit unterschiedliche Verläufe der handelsrechtlichen und steuerlichen Ergebnisse. Allerdings kann die Abschreibungsmethode nicht jährlich neu gewählt werden. Hier ist der Grundsatz der Bewertungsstetigkeit zu beachten, wonach zum einen eine einmal gewählte Abschreibungsmethode im Zeitablauf beizubehalten ist (zeitliche Stetigkeit) und zum anderen gleichartige Vermögensgegenstände nach der gleichen Methode abzuschreiben sind (sachliche Stetigkeit).

Für die **Steuerbilanz** ist grundsätzlich die lineare Abschreibung vorgesehen; die Leistungsabschreibung ist für bewegliche Wirtschaftsgüter des Anlagevermögens ebenso wie in der Handelsbilanz dann zulässig, wenn die auf das einzelne Jahr entfallende Leistung nachgewiesen werden kann (§ 7 Abs. 1 EStG). Die steuerliche Zulässigkeit der degressiven Abschreibung unterliegt sich regelmäßig ändernden wirtschafts- und finanzpolitischen Erwägungen. Sie wurde zunächst für nach dem 01.01.2008 angeschaffte oder hergestellte Vermögensgegenstände abgeschafft, danach für Wirtschaftsgüter, die nach dem 31.12.2008 und vor dem 01.01.2011 angeschafft oder hergestellt wurden, wieder zugelassen. Der maximale Abschreibungssatz beträgt das 2,5-fache der linearen Abschreibung, jedoch maximal 25%. Für seit dem 01.01.2011 angeschaffte oder hergestellte Vermögensgegenstände ist die degressive Methode steuerrechtlich nicht mehr zugelassen. Für die planmäßige Abschreibung besteht in der Steuerbilanz daher derzeit ein Wahlrecht zwischen der linearen Abschreibung und der Leistungsabschreibung. Dieses Wahlrecht kann unabhängig von dem handelsrechtlich gewählten Verfahren ausgeübt werden. Gleichwohl sind viele Unternehmen bestrebt, aus Vereinfachungsgründen handels- und steuerlich die gleiche Abschreibungsmethode anzuwenden

Aus steuerlicher Sicht ist es bei gleichbleibenden Steuersätzen i.d.R. vorteilhaft, wenn Abschreibungsbeträge möglichst früh verrechnet werden. Daraus resultieren am Anfang der Nutzungsdauer relative niedrige steuerliche Gewinne und vergleichsweise niedrige Ertragsteuerzahlungen. Zwar fallen bei gleichbleibendem Steuersatz dann in späteren Perioden entsprechend höhere Ertragsteuerzahlungen an, doch können durch alternative Anlage der gestundeten Steuern positive Zins- und Liquiditätseffekte erzielt werden.

Außerplanmäßige Abschreibungen des Anlagevermögens

Nicht vorhersehbare Wertminderungen, z.B. Preisrückgänge bei Grundstücken, Feuerschäden an Gebäuden, Unfallschäden an Fahrzeugen werden durch außerplanmäßige Abschreibungen berücksichtigt. Im abnutzbaren Anlagevermögen tritt die außerplanmäßige Abschreibung dann neben die planmäßige Abschreibung. Nach einer außerplanmäßigen Abschreibung ist der verbleibende Restbuchwert auf die Restnutzungsdauer zu verteilen und die planmäßige Abschreibung neu zu berechnen. Dabei ist bei außerordentlichen Wertminderungen zu prüfen, ob die Wertminderung auch zu einer Verkürzung der wirtschaftlichen Nutzungsdauer führt, oder ob die Wertminderung, wie z.B. bei einem Rückgang der Beschaffungspreise für Anlagegüter, nicht zu einer Verkürzung der Restnutzungsdauer führt. Anhand eines Beispiels soll die Vorgehensweise bei einer außerordentlichen Wertminderung infolge einer technischen Weiterentwicklung mit der Folge einer verkürzten Restnutzungsdauer aufgezeigt werden.

2 Jahresabschluss nach HGB und KHBV

> **Beispiel zur außerplanmäßigen Abschreibung:**
>
> Das medizinische Gerät wird linear abgeschrieben (vgl. Beispiel zur planmäßigen Abschreibung). Im zweiten Jahr der Nutzung kommt ein technisch weiterentwickeltes Gerät auf den Markt, das zunächst zu einer erheblichen Wertminderung der alten Geräte führt. Der Wert des Geräts am Ende des zweiten Jahres wird nunmehr auf 450.000 € geschätzt. In diesem Zusammenhang beschließt die Klinikleitung das alte Gerät nicht wie geplant 8 Jahre zu nutzen, sondern nach 6 Jahren ein neues Gerät anzuschaffen. Der danach zu erwartende Restwert wird auf 25.000 € geschätzt. Daher ist im zweiten Jahr der Nutzung neben der planmäßigen Abschreibung von 95.000 € eine außerplanmäßige Abschreibung von 160.000 € vorzunehmen und der verbleibende Abschreibungsbetrag (= Restbuchwert abzgl. des Restwerts nach 6 Jahren) wird auf die Restnutzungsdauer verteilt.

Zu Tabelle 15 sind die planmäßigen Abschreibungen sowie die außerplanmäßige Abschreibung dargestellt.

Tab. 15 Außerplanmäßige Abschreibung und Verkürzung der Nutzungsdauer

Jahr	ursprüngliche planmäßige Abschreibung	Restbuchwert	außerplanmäßige Abschreibung	planmäßige Abschreibung über verkürzte Nutzungsdauer	Restbuchwert
1	95.000	705.000			600.000
2	95.000	610.000	160.000		450.000
3				106.250	343.750
4				106.250	237.500
5				106.250	131.250
6				106.250	25.000
7					
8					
Summe	190.000		160.000	425.000	

Zuschreibungen auf abnutzbare Vermögensgegenstände des Anlagevermögens

Wie bereits in Kapitel II.2.2.2 erläutert, sind Zuschreibungen vorzunehmen, wenn bei einer vorangegangenen außerplanmäßigen Abschreibung die Gründe für den niedrigeren Wertansatz nicht mehr bestehen (§ 253 Abs. 5 HGB). Eine Ausnahme vom Grundsatz der Wertaufholung besteht für den Geschäfts- oder Firmenwert, auf den keine Zuschreibung vorgenommen werden darf.

Die Obergrenze der Zuschreibung sind die Anschaffungs- oder Herstellungskosten abzüglich der planmäßigen Abschreibungen, die bis zu diesem Zeitpunkt bei der ursprünglichen planmäßigen Abschreibung vorzunehmen gewesen wären. Unter Fortführung des Beispiels zur außerplanmäßigen Abschreibung wird die Ermittlung des Zuschreibungsbetrags aufgezeigt.

Beispiel zur Zuschreibung:

Die Vorteilhaftigkeit der neuen medizinischen Geräte, die im Jahr 2 Ursache für die außerplanmäßige Abschreibung des alten Geräts war, ist aufgrund einer unerwartet hohen Reparaturanfälligkeit längst nicht so groß als im Jahr 2 noch erwartet. Der Marktwert der alten Geräte steigt dadurch wieder und das Krankenhaus ist froh, noch das alte Gerät im Einsatz zu haben. Am Ende des 4. Jahres beträgt der Marktwert des Geräts dadurch immer noch 450.000 €. Der Buchwert zu diesem Zeitpunkt beträgt 237.500 €, nach dem ursprünglichen Abschreibungsplan betrüge der Buchwert bei linearer Abschreibung 420.000 €. Wie ist das medizinische Gerät am Abschlussstichtag von Jahr 4 zu bewerten?

Lösung: Die Gründe für die Abschreibung im Jahr 2 liegen im Jahr 4 nicht mehr vor. Es ist daher eine Zuschreibung vorzunehmen. Die Obergrenze der Zuschreibung liegt beim Restbuchwert, der sich auf der Grundlage der ursprünglichen Abschreibung der Anschaffungskosten und einer Nutzungsdauer von 8 Jahren ergeben hätte. Das sind 420.000 €. Der Zuschreibungsbetrag beträgt daher 182.500 €.

Geringwertige Wirtschaftsgüter

Für Vermögensgegenstände von geringem Wert (= geringwertige Wirtschaftsgüter) sieht das Steuerrecht Vereinfachungen der buchhalterischen Behandlung und Bilanzierung vor, die auch in der Handelsbilanz angewandt werden können. Nach § 6 Abs. 2 EStG können abnutzbare bewegliche Wirtschaftsgüter des Anlagevermögens, die einer selbstständigen Nutzung fähig sind und deren Wert 410 € nicht übersteigt, im Jahr ihrer Anschaffung oder Herstellung sofort abgeschrieben werden. Alternativ zur Sofortabschreibung kann nach § 6 Abs. 2a EStG für Wirtschaftsgüter mit einem Wert von mehr als 150 € und höchstens 1.000 € ein Sammelposten gebildet werden, der über fünf Jahre abgeschrieben wird.

2.3.2. Finanzanlagevermögen

Unter den Finanzanlagen werden Vermögensgegenstände dargestellt, bei denen das bilanzierende Unternehmen als Eigen- oder Fremdkapitalgeber in andere Unternehmen (durch Vergabe von Darlehen oder Erwerb von Anteilen) oder Institutionen (z.B. Staatsanleihen) investiert hat. Damit finanzielle Vermögensgegenstände im Anlagevermögen auszuweisen sind, ist es erforderlich, dass sie dazu bestimmt sind, dauerhaft dem Unternehmen zu dienen. Kurzfristige Finanzinvestitionen sind demgegenüber im Umlaufvermögen auszuweisen.

Die Gliederung des Finanzanlagevermögens sieht einen gesonderten Ausweis von Eigenkapitalpapieren und Fremdkapitalpapieren vor. Außerdem ist durch den gesonderten Ausweis der Investments in Beteiligungen und verbundene Unternehmen der Grad der finanziellen Verflechtung bzw. die mit dem Investment verbundene unternehmerische Einflussnahme ersichtlich (Coenenberg et al. 2014, S. 243). Unter den Finanzanlagen sind nach Anlage 1 der KHBV folgende Posten gesondert auszuweisen:

1. Anteile an verbundenen Unternehmen
2. Ausleihungen an verbundene Unternehmen
3. Beteiligungen

4. Ausleihungen an Unternehmen, mit denen ein Beteiligungsverhältnis besteht
5. Wertpapiere des Anlagevermögens
6. sonstige Finanzanlagen

Unter den Eigenkapitalpapieren wird zwischen Wertpapieren, Beteiligungen und verbundenen Unternehmen unterschieden. Als **Anteile an verbundenen Unternehmen** sind Anteile an Unternehmen, mit denen ein Verbundverhältnis durch Einbeziehung in den gleichen Konzernabschluss besteht. Ist das bilanzierende Unternehmen das Mutterunternehmen eines Konzerns, so handelt es sich um Anteile an Tochterunternehmen. Ist das bilanzierende Unternehmen als Tochterunternehmen in einen Konzernabschluss einzubeziehen, so handelt es sich um Anteile am Mutterunternehmen oder an anderen Tochterunternehmen. Mutterunternehmen sind Kapitalgesellschaften, die auf Tochterunternehmen unmittelbar oder mittelbar einen beherrschenden Einfluss ausüben. Ein beherrschender Einfluss wird dann angenommen, wenn dem Mutterunternehmen die Mehrheit der Stimmrechte der Gesellschafter zusteht oder es aufgrund anderer Regelungen die Geschäftspolitik des Tochterunternehmens bestimmen kann.

Als **Beteiligung** gelten Anteile an einem anderen Unternehmen, „die bestimmt sind, dem eigenen Geschäftsbetrieb durch Herstellung einer dauernden Verbindung zu jenem Unternehmen zu dienen" (§ 271 Abs. 1 HGB). Abgesehen von Mitgliedsrechten an einer eingetragenen Genossenschaft, die nicht als Beteiligung gelten, können Anteile an Unternehmen aller Rechtsformen Beteiligungen sein. Voraussetzung für den Ausweis als Beteiligung ist die Beteiligungsabsicht. Danach darf mit dem Halten der Anteile nicht nur eine angemessene Verzinsung verfolgt werden sondern eine unternehmerische Verflechtung (Beck'scher Bilanz-Kommentar 2014, Tz. 16 zu § 271 HGB). Bei Anteilen an Kapitalgesellschaften liegt im Zweifel eine Beteiligung vor, wenn der Anteil mehr als 20% des Nennkapitals beträgt (§ 271 Abs. 1 Satz 3 HGB).

Als **Wertpapiere** sind Wertpapiere auszuweisen, die zwar auf Dauer gehalten werden sollen, bei denen aber keine Beteiligungsabsicht vorliegt. Hierzu zählen z.B. Aktien oder auch festverzinsliche Wertpapiere wie Bundesanleihen.

Ausleihungen sind langfristige Finanzforderungen, die dazu bestimmt sind, dauerhaft dem Geschäftsbetrieb zu dienen. Im Zweifelsfall liegen Ausleihungen dann vor, wenn die Gesamtlaufzeit der Finanzforderung mehr als ein Jahr beträgt. Grundsätzlich nicht zu den Ausleihungen zählen Forderungen aus Lieferungen und Leistungen.

Finanzanlagen sind **nicht abnutzbare Vermögensgegenstände** des Anlagevermögens. Es ist daher keine planmäßige Abschreibung auf Finanzanlagen vorzunehmen. **Außerplanmäßige Abschreibungen** sind zwingend nur bei voraussichtlich dauerhafter Wertminderung vorzunehmen. Bei voraussichtlich nicht dauerhafter Wertminderung haben die bilanzierenden Unternehmen ein Wahlrecht zur Vornahme einer außerplanmäßigen Abschreibung (§ 253 Abs. 3 HGB). Wurden außerplanmäßige Abschreibungen gebucht und ist in der Folge eine

Werterholung eingetreten, so muss eine Zuschreibung bis maximal zu den Anschaffungskosten vorgenommen werden.

2.3.3. Anlagespiegel, Anlagennachweis

Beim Anlagevermögen interessiert den Bilanzleser nicht nur der Buchwert. Auch die Investitionstätigkeit und die Altersstruktur des Anlagevermögens sind von Interesse. Deshalb wird von mittelgroßen und großen Kapitalgesellschaften und auch von allen Krankenhäusern die Darstellung der Entwicklung des Anlagevermögens gefordert. Nach § 268 Abs. 2 HGB sind in der Bilanz oder im Anhang neben den Buchwerten der einzelnen Posten des Anlagevermögens auch deren Entwicklung darstellen. Diese Darstellung wird Anlagespiegel, Anlagegitter oder Anlagennachweis genannt. Dabei sind die ursprünglichen Anschaffungs- oder Herstellungskosten, Zugänge, Abgänge und Umbuchungen des Geschäftsjahres sowie die kumulierten Abschreibungen und die Geschäftsjahresabschreibungen für jeden Posten des Anlagevermögens gesondert auszuweisen. Der Anlagespiegel nach HGB umfasst dabei das gesamte Anlagevermögen, also immaterielle Anlagevermögen, Sachanlagevermögen und Finanzanlagen. Die geforderten Informationen für die einzelnen Posten können z.B. wie in Tabelle 16 dargestellt werden:

Tab. 16 Anlagespiegel

Bilanzposten	Anschaffungs- oder Herstellungskosten				
	Stand 01.01.	Zugänge	Abgänge	Umbuchungen	Stand 31.12.
	Abschreibungen						Buchwert 31.12.
	Stand 01.01.	Abschreibungen	Zuschreibungen	Abgänge	Umbuchungen	Stand 31.12.	

Nach § 4 Abs. 1 KHBV wird der Anlagespiegel als Anlagennachweis bezeichnet, er ist bei Krankenhäusern im Anhang darzustellen. In Anlage 3 zur KHBV wird die Struktur des Anlagennachweises vorgegeben; sie entspricht dem in Tabelle 16 dargestellten Aufbau. Im Gegensatz zum Anlagespiegel nach HGB umfasst der nach der KHBV geforderte Anlagennachweis nicht das gesamte Anlagevermögen sondern nur Sachanlagen, dagegen nicht das immaterielle Anlagevermögen und das Finanzanlagevermögen. Daher ist die Entwicklung der folgenden Posten im Anlagennachweis aufzuzeigen:

1. Grundstücke und grundstücksgleiche Rechte mit Betriebsbauten einschließlich der Betriebsbauten auf fremden Grundstücken
2. Grundstücke und grundstücksgleiche Rechte mit Wohnbauten einschließlich der Wohnbauten auf fremden Grundstücken soweit nicht unter 1.)
3. Grundstücke und grundstücksgleiche Rechte ohne Bauten
4. technische Anlagen

5. Einrichtungen und Ausstattungen
6. geleistete Anzahlungen und Anlagen im Bau.

2.4. Bilanzierung und Bewertung des Umlaufvermögens

Zur Bilanzierung und Bewertung des Umlaufvermögens werden Dr. Zipse die folgenden Leitfragen empfohlen:

- Welche Vereinfachungsverfahren sind handelsrechtlich für die Ermittlung der Anschaffungs- oder Herstellungskosten des Vorratsvermögens zulässig?
- Unter welchen Voraussetzungen sind Vereinfachungsverfahren steuerlich zulässig?
- Was versteht man unter Überliegern und wie sind sie im Jahresabschluss zu bilanzieren?
- Wann sind im Vorratsvermögen Abschreibungen und Zuschreibungen vorzunehmen?
- Welche Posten werden im Einzelnen unter den Forderungen ausgewiesen?
- Wie sind Forderungen zu bewerten?

2.4.1. Vorratsvermögen

Vorräte sind Vermögensgegenstände, die zum Einsatz in der Produktion, bei der Erbringung von Dienstleistungen oder zur Weiterveräußerung gehalten werden (Coenenberg et al. 2014, S. 211). Von Kapitalgesellschaften und von Krankenhäusern sind folgende Posten des Vorratsvermögens gesondert auszuweisen (§ 266 Abs. 2 HGB, Anlage 1 KHBV):

1. Roh-, Hilfs- und Betriebsstoffe
2. unfertige Erzeugnisse, unfertige Leistungen
3. fertige Erzeugnisse und Waren
4. geleistete Anzahlungen

Rohstoffe sind Vermögensgegenstände, die als Hauptbestandteile in das Fertigprodukt eingehen. Hilfsstoffe gehen ebenfalls in das Fertigprodukt ein, sind aber im Hinblick auf ihren Kostenanteil von untergeordneter Bedeutung. Betriebsstoffe sind Materialien, die im Produktionsprozess verbraucht werden und daher nicht in das Endprodukt eingehen. Unter den **Roh-, Hilfs- und Betriebsstoffen** sind im Krankenhaus insbesondere Vermögensgegenstände des medizinischen Bedarfs, wie z.B. Arzneimittel, Blutkonserven, Transplantate sowie Lebensmittel aber auch Heizöl auszuweisen.

Unter die **unfertigen Erzeugnissen und unfertigen Leistungen** fallen im Krankenhaus vor allem Patienten, die vor dem Abschlussstichtag aufgenommen werden, deren Behandlung begonnen wurde, die aber erst nach dem Abschlussstichtag entlassen und nach DRG-Fallpauschalen abgerechnet werden. Diese Patienten werden als „Überlieger" bezeichnet.

Insgesamt sind bei der Bewertung des Vorratsvermögens im Krankenhaus vor allem drei relevante Themen zu erörtern:

- Vereinfachungsverfahren für die Ermittlung der Anschaffungs- oder Herstellungskosten.
- Die Bewertung von Leistungen an Patienten, die zum Abschlussstichtag noch in Behandlung sind („Überlieger").
- Die außerplanmäßige Abschreibung auf den niedrigeren Wert, der sich aus dem Börsen- oder Marktpreis am Abschlussstichtag ergibt.

Vereinfachungsverfahren für die Ermittlung der Anschaffungs- oder Herstellungskosten

Grundsätzlich gilt im Bilanzrecht der Grundsatz der Einzelbewertung (§ 252 Abs. 1 Nr. 3 HGB). Der Gesetzgeber lässt jedoch in Ausnahmefällen Abweichungen von Einzelbewertungsgrundsatz zu, wenn die Einzelbewertung zu nicht sachgerechten Ergebnissen führt oder wenn sie unangemessen aufwändig ist. Bereits im Rahmen der Inventur wurde die Gruppenbewertung des Vorratsvermögens sowie der Ansatz eines Festwerts erörtert (s. Kap. II.1.2). Diese Vereinfachungsverfahren sind auch auf den Jahresabschluss anwendbar (§ 256 Satz 2 HGB).

Bei der Bewertung des Vorratsvermögens im Jahresabschluss kommen zusätzlich **Verbrauchsfolgeverfahren** in Betracht (§ 256 Satz 1 HGB). Danach kann bei der Bewertung gleichartiger Vermögensgegenstände des Vorratsvermögens unterstellt werden, dass die zuerst oder zuletzt angeschafften oder hergestellten Vermögensgegenstände zuerst verbraucht oder veräußert worden sind. Wird unterstellt, dass die zuerst angeschafften oder hergestellten Vermögensgegenstände zuerst verbraucht werden, so spricht man vom **First in-first out (Fifo)-Verfahren.** Wird unterstellt, dass die zuletzt angeschafften oder hergestellten Vorräte zuerst verbraucht oder veräußert werden, handelt es sich um das **Last in-first out (Lifo)-Verfahren.** Bei der Anwendung beider Verfahren ist grundsätzlich das Niederstwertprinzip zu beachten, d.h. es ist eine Abschreibung vorzunehmen, wenn der Börsen- oder Marktwert am Abschlussstichtag unter den hilfsweise durch ein Verbrauchsfolgeverfahren ermittelten Anschaffungs- oder Herstellungskosten liegt.

Steuerrechtlich ist von den Verbrauchsfolgeverfahren nur das Lifo-Verfahren grundsätzlich zulässig, es sei denn, dass die unterstellte Verbrauchsfolge nachweislich der Realität nicht entspricht (R 6.9 EStR). Demgegenüber ist das Fifo-Verfahren steuerrechtlich nicht zulässig. In der Literatur wird es allerdings dann für zulässig erachtet, wenn nachgewiesen wird, dass die unterstellte Verbrauchsfolge dem tatsächlichen Verbrauch entspricht (Coenenberg et al. 2014, S. 221). Zu Beispielen und weiteren Einzelheiten zu den Verbrauchsfolgeverfahren siehe Kapitel III.2.1.3.

Bilanzierung und Bewertung von Patienten, die zum Abschlussstichtag in Behandlung sind („Überlieger")

Bis zum Abschlussstichtag erbrachte Fallpauschalenleistungen an Patienten, die über dem Abschlussstichtag im Krankenhaus stationär behandelt werden (sog. „Überlieger"), sind als unfertige Leistungen zu aktivieren und zu Herstellungskosten zu bewerten. Grundsätzlich sind die Herstellungskosten auf der Grundlage einer Kostenstellen- und Kostenträgerrechnung zu ermitteln (IDW Tz. 55).

Bei Patienten, die mit tagesgleichen Pflegesätzen (§ 13 Abs. 1 BPflV) abgerechnet werden, werden die bis zum Abschlussstichtag erbrachten Leistungen nicht als unfertige Leistungen, sondern als Forderungen aus Lieferungen und Leistungen bilanziert. Dabei wird von einer ratierlichen (= zeitanteiligen) Realisierung der Vergütung ausgegangen, sodass die Forderung der zeitanteiligen Vergütung bis zum Abschlussstichtag entspricht (IDW Tz. 57).

Aufgrund der bei Krankenhäusern häufig unzureichend ausgestatteten Kostenträgerrechnung stellt die Bewertung der unfertigen Fallpauschalenleistungen zu Herstellungskosten oft ein erhebliches Problem dar. Am Beispiel einer Hüftoperation („Revision oder Ersatz des Hüftgelenks") werden daher hier zwei Näherungsverfahren vorgestellt, die auch ohne ausgefeilte Kostenträgerrechnung eine pauschalierte Ermittlung der Herstellungskosten von Überliegern erlauben. Während dem ersten Näherungsverfahren krankenhausspezifische Daten zugrunde liegen (Burkhart et al. 2010, S. 40), basiert das zweite Näherungsverfahren auf Durchschnittskosten des InEK und einem krankenhausspezifischen durchschnittlichen Gewinn (Penter u. Siefert 2010, S. 170ff.).

Die beiden Näherungsverfahren werden anhand eines Beispiels auf der Grundlage der Daten in Tabelle 17 erläutert.

Tab. 17 Beispiel: Daten einer Hüftoperation

Für die Hüft-OP gelten folgende Annahmen:	
Krankenhausspezifische Daten (fiktiv):	InEK-Daten (vereinfacht aus InEK 2014a):
Verweildauer bis zum Abschlussstichtag: 10 Tage	Bewertungsrelation 3,066
direkte operationsbezogene Sachkosten (Implantat etc.): 1.000 €	Landesbasisfallwert: 3.117 €
sonstige Operationskosten je Minute: 10 €	Erlös Fallpauschale: 9.556 €
Dauer der Operation: 150 Minuten	mittlere Verweildauer: 16 Tage
sonstige Kosten pro Belegungstag: 380 €	durchschnittliche Gesamtkosten: 8.473 €
alternativ: durchschnittlicher Gewinn: 5% des Umsatzes	Operationsanteil: 2.237 € (= 26,4%)

Näherungsverfahren auf Basis krankenhausspezifischer Daten

Voraussetzung der Ermittlung der Herstellungskosten ist eine Ermittlung operationsbezogener Kosten und der sonstigen Krankenhauskosten pro Belegungstag. Wurde der Patient 10 Tage vor dem Abschlussstichtag eingeliefert und zwischenzeitlich operiert, so lassen sich die Herstellungskosten im Beispiel wie folgt ermitteln:

direkte operationsbezogene Sachkosten		1.000 €
sonstige Operationskosten	(10 €/Minute x 150 Minuten)	1.500 €
sonstige Kosten	(380 €/Tag x 10 Belegungstage)	3.800 €
gesamte Herstellungskosten zum Abschlussstichtag		6.300 €

Näherungsverfahren auf Basis der Durchschnittskosten des InEK und des durchschnittlichen krankenhausspezifischen Gewinns

Ausgangspunkt dieses Näherungsverfahrens sind die vom InEK ermittelten durchschnittlichen Kosten einer DRG und der durchschnittliche Gewinn eines Krankenhauses im Verhältnis zum Umsatz (im Beispiel 5%). Aus den Durchschnittskosten des InEK werden auf Basis des krankenhausspezifischen durchschnittlichen Gewinns pauschaliert die krankenhausspezifischen Durchschnittskosten der Behandlung abgeleitet. Unter Anwendung des prozentualen Operationsanteils lt. InEK werden dann die krankenhausindividuellen Kosten auf die Operationskosten und die restlichen Kosten aufgeteilt. Die Herstellungskosten ermitteln sich dann aus der Summe von Operationskosten und den zeitanteilig abgegrenzten restlichen Kosten.

Ermittlung der krankenhausindividuellen Durchschnittskosten für die gesamte Behandlung:	
voraussichtlicher Gesamterlös (Basisfallwert x Bewertungsrelation)	9.556 €
krankenhausindividuelle Durchschnittskosten (95%)	9.078 €
Aufteilung der krankenhausindividuellen Durchschnittskosten:	
Operationskosten (26,4% der Kosten)	2.397 €
restliche Kosten	6.681 €
Herstellungskosten zum Abschlussstichtag:	
Operationskosten (26,4% der Kosten)	2.397 €
+ anteilige restliche Kosten (10/16)	4.175 €
= Herstellungskosten der Überlieger zum Abschlussstichtag	6.572 €

In der Praxis werden die Herstellungskosten der Überlieger z.T. auch pauschalierend ohne Aufteilung in Operationskosten und restliche Kosten aus der Fallpauschale und einem durchschnittlichen Gewinnabschlag ermittelt (Penter u. Siefert 2010, S. 170).

> **Praxisbeispiel: Bewertung der unfertigen Leistungen bei der Paul Gerhardt Diakonie e.V. Berlin und Wittenberg (2013, S. 104)**
>
> Unfertige Leistungen sind „Leistungen für am 31.12.2013 noch nicht entlassene Patienten. Diese werden retrograd auf Basis der abzurechnenden Basisfallwerte und der zugrunde liegenden Bewertungsrelationen ermittelt. Abgerechnet wird der Anteil der Berechnungstage, der auf das Geschäftsjahr entfällt. Es wird ein Gewinnabschlag in Höhe von 5% vorgenommen, bei ausländischen Patienten in Höhe von 25%."

Verlustfreie Bewertung

Ausgehend von der Bewertung zu Herstellungskosten ist unter Beachtung des Niederstwertprinzips eine niedrigere Bewertung der Überlieger dann vorzunehmen, wenn die voraussichtlichen Erlöse abzüglich der noch anfallenden Kosten die Herstellungskosten nicht decken (IDW Tz. 55). Unter Fortführung des vorangegangenen Beispiels (Näherungsverfahren auf der Grundlage krankenhausspezifischer Daten) wird angenommen, dass die noch anfallenden Kosten aufgrund der Schwere des Falles auf 3.500 € geschätzt werden. Danach ergibt sich bei der verlustfreien Bewertung folgender Wert:

voraussichtlicher Gesamterlös	(Basisfallwert x Bewertungsrelation)	9.556 €
abzüglich noch anfallende Kosten		− 3.500 €
Wert bei verlustfreier Bewertung		6.056 €

Da der Wert aus der verlustfreien Bewertung unter den Herstellungskosten (= 6.300 €) liegt, ist eine Abschreibung auf den niedrigen Wert von 6.056 € erforderlich.

Führen besondere Umstände bei einer noch nicht abgeschlossenen Fallpauschalenleistung dazu, dass die voraussichtliche Vergütung niedriger ist als die voraussichtlichen Gesamtaufwendungen der Behandlung (= aktivierte Herstellungskosten zuzüglich der noch anfallenden Aufwendungen), dann ist für den über eine ggf. erfolgte Abschreibung auf den niedrigeren beizulegenden Wert hinausgehenden Verlust eine Rückstellung für drohende Verluste aus schwebenden Geschäften zu bilden (IDW Tz. 56).

Abschreibungen und Zuschreibungen im Vorratsvermögen

Auch bei der Bewertung der übrigen Vorräte ist das strenge Niederstwertprinzip zu beachten. Fällt der Börsen- oder Marktpreis unter die Anschaffungs- oder Herstellungskosten, so ist auf den niedrigeren Börsen- oder Marktpreis abzuschreiben. Erhöht sich der Börsen- oder Marktpreis in der Folgezeit wieder, so ist eine Wertaufholung bis maximal zu den ursprünglichen Anschaffungs- oder Herstellungskosten vorzunehmen.

> **Beispiel zu Abschreibungen und Zuschreibungen im Vorratsvermögen:**
>
> Ein Krankenhaus hat im Jahr 01 1.000 Packungen des Medikaments MNO zum durchschnittlichen Preis von je 45 € erworben. Im Jahr 02 sinkt der Marktpreis von MNO in der Folge des Markteintritts eines Konkurrenzprodukts auf 30 €. Im Jahr 03 stellt sich heraus, dass das Konkurrenzprodukt bisher nicht bekannte Nebenwirkungen verursacht. Außerdem führt eine Krankheitswelle zu einer erhöhten Nachfrage nach MNO. Der Marktpreis von MNO steigt zum 31.12.03 daher auf 60 € an. Zum 31.12.02 befinden sich noch 600 Packungen MNO und zum 31.12.03 300 Packungen auf Lager. Wie sind die Lagerbestände zum 31.12.02 und zum 31.12.03 zu bewerten?

Lösung:

31.12.02:	Anschaffungskosten	600 x 45 €	= 27.000 €
	Marktwert	600 x 30 €	= 18.000 €

Es ist eine Abschreibung von 9.000 € auf den niedrigeren Marktwert vorzunehmen.

31.12.03:	Buchwert	300 x 30 €	= 9.000 €
	Marktwert	300 x 60 €	= 18.000 €

Die ursprünglichen Anschaffungskosten für den Bestand betragen 300 x 45 € = 13.500 €. Es ist daher eine Zuschreibung um 300 x 15 = 4.500 € vorzunehmen.

2.4.2. Forderungen und sonstige Vermögensgegenstände

Forderungen sind Ansprüche des bilanzierenden Unternehmens aus einem Vertragsverhältnis gegenüber einem Schuldner. Unter den sonstigen Vermögensgegenständen sind alle Vermögensgegenstände des Umlaufvermögens auszuweisen, die keinem anderen Posten zugeordnet werden können. Nach Anlage 1 der KHBV sind folgende Posten gesondert auszuweisen:

1. Forderungen aus Lieferungen und Leistungen
2. Forderungen an Gesellschafter bzw. den Krankenhausträger
3. Forderungen nach dem Krankenhausfinanzierungsrecht
4. Forderungen gegen verbundene Unternehmen
5. Forderungen gegen Unternehmen, mit denen ein Beteiligungsverhältnis besteht
6. Eingefordertes, noch nicht eingezahltes Kapital
7. Sonstige Vermögensgegenstände

Die Aufgliederung der Forderungen entspricht im Hinblick auf die Positionen 1, 4, 5 und 7 den von Kapitalgesellschaften nach HGB gesondert auszuweisenden Posten. Die Posten 2, 3 und 6 sind demgegenüber spezifische Posten nach der KHBV. Unter den aufgeführten Posten ist der Betrag mit einer Restlaufzeit von mehr als einem Jahr jeweils gesondert auszuweisen (§ 268 Abs. 4 HGB und Anlage 1 KHBV).

Forderungen aus Lieferungen und Leistungen resultieren aus den Umsatzerlösen eines Unternehmens. Forderungen entstehen, sobald ein Unternehmen aus einem gegenseitigen Vertrag seine Leistungspflicht durch Lieferung oder Leistung erfüllt hat. Bei Krankenhäusern entstehen Forderungen überwiegend aus der Abrechnung von Krankenhausleistungen (allgemeine Krankenhausleistungen und Wahlleistungen) aber auch aus Nutzungsentgelten, die Krankenhäuser

Ärzten für die Kapazitätsnutzung bei privatärztlichen Behandlungen in Rechnung stellen (Graumann u. Schmidt-Graumann 2011, S. 287f.).

Forderungen an Gesellschafter bzw. den Krankenhausträger sind nach der KHBV gesondert auszuweisen. Diese Forderungen entstehen z.B. dann, wenn Liefer-, Leistungs- oder Darlehensbeziehungen zwischen dem Krankenhausträger und dem Krankenhaus bestehen (Penter u. Siefert 2010, S. 176).

Forderungen nach dem Krankenhausfinanzierungsrecht bestehen aus Forderungen auf Fördermitteln aus der Einzel- und Pauschalförderung von Investitionen nach dem KHG sowie Forderungen auf Budgetausgleichsbeträge nach der BPflV und dem KHEntgG. Forderungen nach der BPflV und dem KHEntgG entstehen, wenn im Hinblick auf das mit dem Krankenhausträger vereinbarte Budget Abweichungen zwischen den geplanten und den tatsächlich erbrachten Leistungen bestehen (Graumann u. Schmidt-Graumann 2011, S. 289). Forderungen auf Fördermittel nach dem KHG entstehen, wenn Krankenhäuser einen Bewilligungsbescheid über Fördermittel für Investitionen erhalten.

Ein gesonderter Ausweis von **Forderungen gegenüber verbundenen Unternehmen** und **Forderungen gegenüber Unternehmen mit denen ein Beteiligungsverhältnis besteht**, ist sowohl nach HGB als auch nach der KHBV erforderlich. Verbundene Unternehmen sind Unternehmen, mit denen ein Verbundverhältnis durch Einbeziehung in den gleichen Konzernabschluss besteht (s. Kap. II.2.3.2).

Forderungen aus eingefordertem, noch nicht eingezahltem Kapital ergeben sich dann, wenn das gezeichnete Kapital von den Gesellschaftern noch nicht eingezahlt, von der Gesellschaft aber eingefordert wurde. Das eingeforderte Kapital ist auf der Passivseite der Bilanz in voller Höhe auszuweisen (s. Kap. II.2.5), während die noch nicht eingezahlten Teile des eingeforderten Kapitals als Forderungen zu aktivieren sind.

I.d.R. handelt es sich bei den **sonstigen Vermögensgegenständen** um Forderungen, die nicht aus Lieferungen und Leistungen stammen und nicht gegenüber einem gesondert auszuweisenden Partner bestehen. Hierzu zählen z.B. Forderungen aus Gehaltsvorschüssen, kurzfristige Darlehensforderungen, Mietforderungen oder Kautionen.

Forderungen sind im Rahmen der **Zugangsbewertung** zu Anschaffungskosten zu bilanzieren (§ 253 Abs. 1 HGB). Als Anschaffungskosten einer Forderung gilt der Nennbetrag. Sofern es sich um umsatzsteuerpflichtige Lieferungen oder Leistungen handelt, ist die Umsatzsteuer auch Teil der Forderung.

Im Rahmen der **Folgebewertung** sind Forderungen als Teil des Umlaufvermögens zwingend abzuschreiben, wenn ihnen am Abschlussstichtag ein niedrigerer Wert beizulegen ist. Zweifelhafte Forderungen sind mit ihrem wahrscheinlichen Wert anzusetzen, uneinbringliche Forderungen sind vollständig abzuschreiben. Grundsätzlich sind auch Forderungen einzeln zu bewerten. Bei großen Forderungsbeständen mit zahlreichen kleineren Forderungen (gegen vergleichbare Parteien) und mit vergleichbaren Risiken, ist es möglich für Ausfallrisiken einen bestimmten, auf der Basis von Erfahrungswerten pauschal ermittelten Prozentsatz als Wertberichtigung anzusetzen (pauschalierte Einzelwertberichtigung). Darüber hinaus kann auch eine Pauschalwertberichtigung für das allgemeine Kreditrisiko vorgenommen werden (Coenenberg et al. 2014, S. 258).

In der Bilanzierungspraxis von Krankenhäusern werden Forderungen in unterschiedliche Risikoklassen eingeteilt und darauf auf der Basis von Erfahrungswerten prozentuale Wertberichtigungen vorgenommen.

Wertberichtigungen von Forderungen in der Krankenhauspraxis

„Forderungen, die älter als ein Jahr sind, werden im Wesentlichen zu 100% wertberichtigt. Im Krankenhausbereich werden Forderungen gegen Selbstzahler im ersten Jahr aufgrund von Erfahrungswerten zu 25% und im Folgejahr vollständig einzelwertberichtigt. Forderungen gegen insolvente Krankenkassen werden grundsätzlich zu 100% wertberichtigt." (Vivantes 2014, S. 53).

2.5. Bilanzierung von Eigenkapital

Für Dr. Zipse werden zum Studium der Bilanzierung des Eigenkapitals die folgenden Fragen empfohlen:

- Aus welchen Bestandteilen besteht das bilanzielle Eigenkapital?
- Welche Unternehmen sind zur Erstellung eines Eigenkapitalspiegels verpflichtet?
- Welche Informationen liefert der Eigenkapitalspiegel?

Das Eigenkapital umfasst die dem Unternehmen von ihren Eigentümern ohne zeitliche Begrenzung und ohne besondere Zweckbindung zur Verfügung gestellten Mittel. Es wird dem Unternehmen entweder durch Kapitaleinlagen von außen zugeführt oder es steht dem Unternehmen durch Verzicht auf Gewinnausschüttung zur Verfügung (Coenenberg et al. 2014, S. 325). Nach der KHBV sind unter dem Eigenkapital folgende Posten gesondert auszuweisen:

1. Gezeichnetes/Festgesetztes Kapital
2. Kapitalrücklagen
3. Gewinnrücklagen
4. Gewinnvortrag/Verlustvortrag
5. Jahresüberschuss/Jahresfehlbetrag

Für Kapitalgesellschaften wird nach § 266 Abs. 3 HGB eine weitergehende Aufgliederung der Gewinnrücklagen gefordert. Ansonsten entspricht der Ausweis des Eigenkapitals nach der KHBV dem Ausweis des Eigenkapitals für Kapitalgesellschaften.

Das Eigenkapital umfasst bei Kapitalgesellschaften sowohl feste als auch variable Bestandteile. Das feste Eigenkapital wird bei Kapitalgesellschaften als „**gezeichnetes Kapital**" bezeichnet, für andere Rechtsformen wird das feste Eigenkapital nach der KHBV als „**festgesetztes Kapital**" bezeichnet (§ 5 Abs. 6 KHBV). Als festgesetztes Kapital dürfen bei Nicht-Kapitalgesellschaften nur Beträge ausgewiesen werden, für die der Krankenhausträger durch Erklärung bestätigt, dass die Beträge auf Dauer zur Verfügung gestellt werden (IDW Tz. 58). Bei Aktiengesellschaften ist das gezeichnete Kapital das Nominalkapital, das durch den Nennbetrag der Aktien bestimmt wird. Bei GmbHs ist das konstante Eigenkapital das Stammkapital, das den Nennwert der Stammeinlagen wiedergibt. Das gezeichnete Kapital stellt das Kapital dar, auf das die Haftung der Gesellschafter für Verbindlichkeiten der Gesellschaft gegenüber den Gläubigern beschränkt ist (§ 272 Abs. 1 Satz 1 HGB). Es kann nur durch Beschlüsse der Hauptversammlung (bei AG) oder der Gesellschafterversammlungen (bei GmbHs) zu Kapitalerhöhungen oder Kapitalherabsetzungen verändert werden.

Kapitalrücklagen umfassen Mittel, die dem Unternehmen von seinen Eigentümern über das gezeichnete Kapital hinaus zur Verfügung gestellt werden. Wird z.B. bei einer Aktienemission der Kurswert einer Aktie mit einem Nennbetrag von 5 € auf 20 € festgesetzt, so fließen dem Unternehmen durch den Anteilseigner 20 € Eigenkapital je Aktie zu. Davon sind 5 € als gezeichnetes Kapital auszuweisen und 15 € als Kapitalrücklage.

Gewinnrücklagen sind Mittel, die dem Unternehmen durch Einbehaltung von Gewinnen zur Verfügung gestellt werden (§ 272 Abs. 3 HGB). Die Bildung von Gewinnrücklagen wird bei Aktiengesellschaften durch gesetzliche Regelungen reguliert (§ 150 AktG). Darüber hinaus kann die Satzung oder der Gesellschaftsvertrag bei Kapitalgesellschaften Regelungen zur Bildung von Gewinnrücklagen beinhalten. Nach HGB sind daher bei Kapitalgesellschaften unter den Gewinnrücklagen gesetzliche Rücklagen, satzungsmäßige Rücklagen sowie Rücklagen für eigene Aktien gesondert von den sonstigen Gewinnrücklagen auszuweisen (§ 266 Abs. 3 HGB).

Ein **Gewinnvortrag** entsteht, wenn in einem Jahr weder ein Beschluss zur Gewinnausschüttung noch zur Bildung von Gewinnrücklagen gefasst wird. Analog dazu entsteht ein Verlustvortrag, wenn bei einem Jahresfehlbetrag kein Beschluss zum Ausgleich des Jahresfehlbetrags durch Auflösung von Gewinnrücklagen getroffen wird.

Im Normalfall wird ein Jahresabschluss vor Verwendung des Jahresergebnisses aufgestellt. In diesem Fall erhöht der in der Gewinn- und Verlustrechnung ermittelte **Jahresüberschuss** des laufenden Jahres das Eigenkapital, ein Jahresfehlbetrag ist eigenkapitalmindernd auszuweisen.

Neben der Zusammensetzung des Eigenkapitals zum Abschlussstichtag ist für den Bilanzleser auch die Veränderung des Eigenkapitals von Interesse. **Kapitalmarktorientierte Kapitalgesellschaften** müssen deshalb nach § 264 Abs. 1 HGB ihren Jahresabschluss um einen **Eigenkapitalspiegel** erweitern. Anhand **des Eigenkapitalspiegels, auch** Eigenkapitalveränderungsrechnung genannt, wird aufgezeigt, wie sich die einzelnen Bestandteile des Eigenkapitals im Laufe des Jahres verändert haben. Dadurch werden neben den Eigenkapitalveränderungen durch das Jahresergebnis auch die Transaktionen zwischen den Anteilseignern und dem Unternehmen transparent gemacht. Die KHBV enthält keine Verpflichtung zur Erstellung eines Eigenkapitalspiegels, sodass nur Krankenhäuser einen Eigenkapitalspiegel erstellen müssen, die als kapitalmarktorientierte Kapitalgesellschaften für den Einzelabschluss oder als Konzernmutterunternehmen für den Konzernabschluss dazu verpflichtet sind. Der Eigenkapitalspiegel hat folgende Grundstruktur (s. Tab. 18):

Tab. 18 Grundstruktur des Eigenkapitalspiegels

	gezeichnetes Kapital	Kapitalrücklagen	Gewinnrücklagen	Jahresüberschuss/ Jahresfehlbetrag	Eigenkapital gesamt
Stand 31.12. Vorjahr					
Kapitalerhöhungen/ Kapitalherabsetzungen					
Einstellungen in/ Entnahmen aus Rücklagen					
Jahresüberschuss/ Jahresfehlbetrag					
Gewinnausschüttungen					
Stand 31.12. laufendes Jahr					

2.6. Bilanzielle Behandlung der öffentlichen Investitionsförderung

Die öffentliche Investitionsförderung gehört zu den Spezifika eines Krankenhauses. Die Bilanzen von Krankenhäusern unterscheiden sich hierin von den Bilanzen anderer Unternehmen. Dr. Zipse möchte deshalb gerade diesen Bereich etwas genauer kennenlernen. Die diesbezüglichen Leitfragen sind:

- Mit welchem Wert sind die durch die Bundesländer finanzierten Vermögensgegenstände des Anlagevermögens anzusetzen?
- Wie sind nach dem KHG erhaltene Fördermittel zu bilanzieren, solange die geförderten Vermögensgegenstände noch nicht angeschafft oder hergestellt wurden?
- Wie sind nach dem KHG erhaltene Fördermittel zu bilanzieren, nachdem die geförderten Vermögensgegenstände angeschafft oder hergestellt wurden?
- Welche Auswirkungen haben Fördermittel nach KHG auf die GuV eines Krankenhauses im Zeitpunkt der Zuschussgewährung?
- Welche Auswirkungen haben Fördermittel auf die GuV eines Krankenhauses während der Nutzung geförderter abnutzbarer Vermögensgegenstände des Anlagevermögens?
- Ist der Sonderposten aus Fördermitteln nach KHG Eigenkapital oder Fremdkapital?
- Wann erfolgt eine Darlehensförderung nach KHG und wie wird sie bilanziell behandelt?
- Wann erfolgt eine Eigenmittelförderung nach KHG und wie wird sie bilanziell behandelt?

2 Jahresabschluss nach HGB und KHBV

Auf der Passivseite von Krankenhausbilanzen ist nach der KHBV unter dem Eigenkapital der **Sonderposten aus Zuwendungen zur Finanzierung des Sachanlagevermögens** auszuweisen. Der Sonderposten steht im Zusammenhang mit der öffentlichen Förderung der Investitionskosten von Krankenhäusern durch die Bundesländer (s. Kap. I.1.2). Dieser krankenhausspezifischen Besonderheit wird durch eine Reihe gesonderter Posten in der Bilanz und der Gewinn- und Verlustrechnung nach der KHBV Rechnung getragen. Deshalb wird an dieser Stelle ein Gesamtüberblick über die bilanzielle Behandlung der öffentlichen Investitionsförderung nach der KHBV gegeben, der auch andere Posten in der Bilanz und der GuV mit einschließt.

In der **Bilanz** sind im Zusammenhang mit der Investitionsförderung nach dem KHG folgende Posten gesondert auszuweisen:

Auf der Aktivseite
- Forderungen nach dem Krankenhausfinanzierungsrecht
- Ausgleichsposten nach dem KHG:
  - Ausgleichsposten aus Darlehensförderung
  - Ausgleichsposten für Eigenmittelförderung

Auf der Passivseite
- Sonderposten aus Zuwendungen zur Finanzierung des Sachanlagevermögens
  - Sonderposten aus Fördermitteln nach dem KHG
  - Sonderposten aus Zuweisungen und Zuschüssen der öffentlichen Hand
  - Sonderposten aus Zuwendungen Dritter
- Verbindlichkeiten nach dem Krankenhausfinanzierungsrecht
- Ausgleichsposten aus Darlehensförderung

In der **Gewinn- und Verlustrechnung** sind nach der KHBV folgende Posten im Zusammenhang mit der öffentlichen Finanzierung von Krankenhausinvestitionen vorgesehen (s. hierzu im Einzelnen Kap. II.2.9):
- Erträge aus Zuwendungen zur Finanzierung von Investitionen
- Erträge aus der Einstellung von Ausgleichsposten aus Darlehensförderung und für Eigenmittelförderung
- Erträge aus der Auflösung von Sonderposten/Verbindlichkeiten nach dem KHG und aufgrund sonstiger Zuwendungen zur Finanzierung des Anlagevermögens
- Erträge aus der Auflösung des Ausgleichspostens für Darlehensförderung
- Aufwendungen aus der Zuführung zu Sonderposten/Verbindlichkeiten nach dem KHG und aufgrund sonstiger Zuwendungen zur Finanzierung des Anlagevermögens
- Aufwendungen aus der Zuführung zu Ausgleichsposten aus Darlehensförderung
- Aufwendungen für die nach dem KHG geförderte Nutzung von Anlagegegenständen
- Aufwendungen für nach dem KHG geförderte nicht aktivierungsfähige Maßnahmen

- Aufwendungen aus der Auflösung der Ausgleichsposten aus Darlehensförderung und für Eigenmittelförderung

2.6.1. Einzel- und Pauschalförderung von Investitionen nach KHG

Im Zusammenhang mit der Definition der Anschaffungskosten in Kapitel II.2.2.2 wurde erläutert, dass für die bilanzielle Behandlung von Zuschüssen zwei Möglichkeiten bestehen, erstens die Minderung der Anschaffungskosten um den Zuschuss und zweitens der Ausweis der vollen Anschaffungskosten und den gleichzeitigen Ausweis eines Passivpostens. Die KHBV schreibt die letztgenannte Alternative vor. Fördermittel nach dem Krankenhausfinanzierungsgesetz für Investitionen sind auf der Passivseite als **„Sonderposten aus Fördermitteln nach KHG"** auszuweisen. Der Passivposten ist über die Nutzungsdauer der mit dem Zuschuss finanzierten Vermögensgegenstände um die darauf anfallenden Abschreibungen zu mindern (§ 5 Abs. 3 KHBV). Durch diese Behandlung wird erreicht, dass der Zuschuss im Jahr seiner Gewährung nicht ergebniserhöhend wirkt und dass Abschreibungen geförderter Anlagegüter in den Jahren der Nutzung nicht das Ergebnis der Krankenhäuser mindern.

Die vorgeschriebene bilanzielle Behandlung als Sonderposten berücksichtigt, dass die Fördermittel rechtlich kein Eigenkapital darstellen, zumal sie zweckgebunden sind und bei Nichterfüllung der an die Mittelverwendung geknüpften Auflagen zurückzuzahlen sind (Graumann u. Schmidt-Graumann 2011, S. 261). Andererseits stellen die Fördermittel auch kein Fremdkapital dar, da sie bei zweckentsprechender Verwendung nicht zurückzuzahlen sind.

Ein Sonderposten aus Fördermitteln ist zu passivieren, nachdem das Krankenhaus die Fördermittel erhalten hat und der geförderte Vermögensgegenstand angeschafft oder hergestellt wurde. Zuvor erhält das Krankenhaus einen Bewilligungsbescheid, der eine Forderung auf Erhalt der Mittel begründet, die als Forderung nach dem Krankenhausfinanzierungsrecht auszuweisen ist. In der GuV wird das Entstehen der Forderung als Ertrag aus Zuwendungen zur Finanzierung von Investitionen verbucht. Der Buchungssatz lautet:

Forderungen nach KHG   an   *Ertrag aus Zuwendungen zur Finanzierung von Investitionen*

Der Bewilligungsbescheid enthält auch eine Verpflichtung, die Fördermittel zweckentsprechend zu verwenden. In der Bilanz ist hierfür eine Verbindlichkeiten nach dem Krankenhausfinanzierungsrecht zu berücksichtigen, die über einen Aufwand aus der Zuführung zu Verbindlichkeiten nach dem Krankenhausfinanzierungsrecht gebildet wird. Der Buchungssatz lautet:

Aufwendungen aus der Zuführung   an   *Verbindlichkeiten nach dem*
zu Verbindlichkeiten nach KHG   *Krankenhausfinanzierungsrecht*

Anhand des nachfolgenden Beispiels werden die Buchungslogik und Ergebniswirkungen von Fördermitteln nach dem KHG aufgezeigt.

2 Jahresabschluss nach HGB und KHBV

Beispiel zur bilanziellen Behandlung der Investitionsförderung nach dem Krankenhausfinanzierungsrecht:

Für die Herstellung eines OP-Saals in einem Krankenhaus (Herstellungskosten 3 Mio. €) werden am 31.10.01 3 Mio. € Fördergelder bewilligt. Der OP-Saal hat eine wirtschaftliche Nutzungsdauer von 15 Jahren. Die jährliche Abschreibung des OP-Saals beträgt daher 0,2 Mio. €. Am 30.06.02 werden die gesamten Fördermittel auf das Bankkonto des Krankenhauses überwiesen. Bis zum 31.12.02 werden die 3 Mio. € Fördergelder zur Finanzierung der Baumaßnahmen verwendet. Die Inbetriebnahme des OP-Saals erfolgt zum 02.01.03.

In Tabelle 19 wird die Verbuchung der Investitionsförderung bei der Bewilligung, beim Zahlungseingang, bei der Fertigstellung und der Nutzung zusammenfassend dargestellt (in Anlehnung an Penter u. Siefert 2010, S. 150):

Tab. 19 Buchungen bei investitionsgefördertem Anlagevermögen

Zeitpunkt	Buchung nach KHBV			
	Soll		an Haben	
Bewilligung des Zuschusses	Forderung nach KHG	3 Mio. €	Erträge aus Zuwendungen	3 Mio. €
	Aufwendungen	3 Mio. €	Verbindlichkeiten nach KHG	3 Mio. €
Zahlungseingang	Bank	3 Mio. €	Forderung nach KHG	3 Mio. €
Fertigstellung	Sachanlagen	3 Mio. €	Bank	3 Mio. €
	Verbindlichkeiten nach KHG	3 Mio. €	Sonderposten	3 Mio. €
Nutzung	Abschreibung	0,2 Mio. €	Sachanlagen	0,2 Mio. €
	Sonderposten	0,2 Mio. €	Ertrag	0,2 Mio. €

Wird die Finanzierung von Investitionen nicht mit dem Gesamtinvestitionsbetrag sondern nur mit einem Teilbetrag bezuschusst, so ist der Sonderposten bei der Zugangsbilanzierung im Vergleich zu den Anschaffungs- oder Herstellungskosten des Vermögensgegenstands niedriger. Dementsprechend reduziert sich auch der jährliche Auflösungsbetrag (Ertrag aus der Auflösung des Sonderpostens) auf den bezuschussten Abschreibungsbetrag.

Die bilanzielle Behandlung der Investitionsförderung nach dem Krankenhausfinanzierungsrecht wurde am Beispiel der Einzelförderung dargestellt. Die **Pauschalförderung** für die Wiederbeschaffung kurzfristiger Anlagegüter und für kleine bauliche Maßnahmen und auch die **leistungsorientierten Investitionspauschalen** werden bilanziell nach der gleichen Logik behandelt (IDW Tz. 23ff.). Mit dem Eingang des Bewilligungsbescheids für die Pauschalen entstehen Forderung und Verbindlichkeit nach dem KHG. Mit der Anschaffung oder Herstellung geförderter Anlagegüter erfolgt eine Umbuchung von den Verbindlichkeiten nach KHG in den Sonderposten nach KHG und mit der Abschreibung der pauschal geförderten Anlagegüter ist der Sonderposten entsprechend aufzulösen (Graumann u. Schmidt-Graumann 2011, S. 265f.).

2.6.2. Darlehensförderung

Voraussetzung für die Investitionsförderung eines Krankenhauses ist grundsätzlich die Aufnahme in den Krankenhausplan (§ 8 Abs. 2 KHG). Wurde vor der Aufnahme eines Krankenhauses in den Krankenhausplan ein Darlehen aufgenommen, so können auf Antrag **Fördermittel für die Lasten aus dem Darlehen** beantragt werden (§ 9 Abs. 2 Nr. 3 KHG). Die Förderung bezieht sich daher auf die Tilgung und die Zinsen aus dem Darlehen. Für den Fall, dass die Abschreibung des Vermögensgegenstands der Tilgung des Darlehens entspricht, ergeben sich für die bilanzielle Behandlung der Fördermittel keine Besonderheiten. Anhand des nachfolgenden Beispiels werden die Auswirkungen der darlehensfinanzierten Investition in der Bilanz aufgezeigt.

Beispiel zur bilanziellen Behandlung der Darlehensförderung:

Fall 1: Abschreibung und Tilgung sind gleich hoch

- Anschaffung zu Beginn des Jahres 01
- Anschaffungskosten: 100.000 €
- Wirtschaftliche Nutzungsdauer: 5 Jahre
- Darlehensbetrag: 100.000 €
- Zinsen 5%
- Laufzeit des Darlehens: 5 Jahre

Die Tilgung erfolgt vereinfacht in gleichbleibenden Beträgen über die Laufzeit des Darlehens:

Jahr	Buchwert Vermögensgegenstand 31.12.	Abschreibung in €	Buchwert Verbindlichkeit 31.12.	Tilgung in €	Zinsaufwand in €
1	80.000	20.000	80.000	20.000	5.000
2	60.000	20.000	60.000	20.000	4.000
3	40.000	20.000	40.000	20.000	3.000
4	20.000	20.000	20.000	20.000	2.000
5	–	20.000	–	20.000	1.000
Summe		100.000		100.000	15.000

Wird dem Krankenhaus im Jahr 1 die Darlehensförderung gewährt und erhält das Krankenhaus Tilgung und Zinsen für Jahr 1 erstattet, dann entsprechen die Erträge aus den Fördermitteln den verrechneten Abschreibungs- und Zinsaufwendungen in der GuV.

Der Buchungssatz bei Gewährung der Förderung z.B. im Jahr 1 ist:

Forderung nach KHG 25.000 €   an   *Erträge aus Fördermittel 25.000 €*

Die Darlehensförderung hat dann die gleiche Wirkung auf die GuV wie die Investitionsförderung, nämlich dass die Aufwendungen aus der Investition nicht das Ergebnis des Krankenhauses belasten.

2 Jahresabschluss nach HGB und KHBV

Für den Fall, dass die jährliche Tilgung des Darlehens höher oder niedriger ist als die Abschreibung, z.B. weil die Laufzeit des Darlehens kürzer oder länger ist als die wirtschaftliche Nutzungsdauer des geförderten Vermögensgegenstands, bedarf es für die gewünschte Ergebnisneutralität der Darlehensförderung eines bilanziellen Sonderpostens. § 5 Abs. 4 KHBV sieht dann die Bildung eines aktiven oder passiven Ausgleichspostens aus Darlehensförderung vor. Dieser auf den ersten Blick schwer verständliche Sachverhalt wird durch Varianten des Beispiels zur Darlehensförderung aufgezeigt.

Beispiel zur bilanziellen Behandlung der Darlehensförderung:

Fall 2: Tilgung des Darlehens ist niedriger als die Abschreibung

- Anschaffung zu Beginn des Jahres 01
- Anschaffungskosten: 100.000 €
- Wirtschaftliche Nutzungsdauer: 5 Jahre
- Darlehensbetrag: 100.000 €
- Zinsen 5%
- Laufzeit des Darlehens: 8 Jahre

Die Tilgung erfolgt vereinfacht in gleichbleibenden Beträgen über die Laufzeit des Darlehens:

Jahr	Buchwert Vermögensgegenstand 31.12.	Abschreibung in €	Buchwert Verbindlichkeit 31.12.	Tilgung in €	Zinsaufwand in €
1	80.000	20.000	87.500	12.500	5.000
2	60.000	20.000	75.000	12.500	4.375
3	40.000	20.000	62.500	12.500	3.750
4	20.000	20.000	50.000	12.500	3.125
5	-	20.000	37.500	12.500	2.500
6	-	-	25.000	12.500	1.875
7	-	-	12.500	12.500	1.250
8	-	-	-	12.500	625
Summe		100.000		100.000	18.750

Im Jahr 1 beträgt die Förderung dann 17.500 €. Die Förderung ist damit um 7.500 € niedriger als die Summe aus Abschreibungen und Zinsen in der GuV. Um die Differenz auszugleichen, wird über „Erträge aus der Zuführung zu aktiven Ausgleichsposten" ein aktiver Ausgleichsposten aus Darlehensförderung in Höhe des Differenzbetrags von 7.500 € gebildet. Die Buchungssätze lauten:

Forderungen nach KHG 17.500 €   an   *Erträge aus Fördermittel 17.500 €*

aktiver Ausgleichsposten 7.500 €   an   *Erträge aus der Zuführung 7.500 €*

Weitere Zuführungen zum aktiven Sonderposten sind in den Jahren 2 bis 5 vorzunehmen. Ab dem Jahr 6 fallen die Abschreibungen weg. Die Förderung ist dann um den Tilgungsbetrag höher als der in der GuV ausgewiesene Zinsaufwand. Zum Ausgleich dieses Ungleichgewichts ist der aktive Sonderposten dann aufwandserhöhend aufzulösen. Der entsprechende Buchungssatz in den Jahren 6 bis 8 lautet:

Aufwendungen aus der   an   *aktiver Ausgleichsposten 12.500 €*
Auflösung des Ausgleichspostens 12.500 €

Für den Fall, dass die Tilgung des Darlehens zunächst höher ist als die Abschreibungen ist es umgekehrt. Wie das folgende Beispiel zeigt, sind die Erträge aus der Darlehensförderung dann zunächst höher als die in der GuV ausgewiesenen Abschreibungen und Zinsen.

Beispiel zur bilanziellen Behandlung der Darlehensförderung:

Fall 3: Tilgung des Darlehens ist höher als die Abschreibung

- Anschaffung zu Beginn des Jahres 01
- Anschaffungskosten: 100.000 €
- Wirtschaftliche Nutzungsdauer: 5 Jahre
- Darlehensbetrag: 100.000 €
- Zinsen 5%
- Laufzeit des Darlehens: 4 Jahre

Die Tilgung erfolgt vereinfacht in gleichbleibenden Beträgen über die Laufzeit des Darlehens:

Jahr	Buchwert Vermögensgegenstand 31.12.	Abschreibung in €	Buchwert Verbindlichkeit 31.12.	Tilgung in €	Zinsaufwand in €
1	80.000	20.000	75.000	25.000	5.000
2	60.000	20.000	50.000	25.000	3.750
3	40.000	20.000	25.000	25.000	2.500
4	20.000	20.000	-	25.000	1.250
5	-	20.000	-	-	-
Summe		100.000		100.000	12.500

Die Darlehensförderung beträgt dann für das erste Jahr 30.000 €, das sind 5.000 € mehr als die Summe von Abschreibungen und Zinsaufwand. Zum Ausgleich des Differenzbetrages ist über „Aufwendungen aus der Zuführung zum passiven Ausgleichsposten" aus Darlehensförderung ein passiver Ausgleichsposten aus Darlehensförderung zu bilden. Die Buchungssätze lauten:

Forderung nach KHG 30 T€   an   *Erträge aus Fördermittel 30 T€*

Aufwand zur Zuführung 5 T€   an   *passiver Ausgleichsposten 5 T€*

Weitere Zuführungen zum passiven Ausgleichsposten sind in den Jahren 2 bis 4 vorzunehmen. Im Jahr 5 ist der gesamte passive Ausgleichsposten dann ertragserhöhend aufzulösen. Der Buchungssatz ist:

passiver Ausgleichsposten 20 T€ *an* *Erträge aus der Auflösung des passiven Ausgleichspostens 20 T€*

2.6.3. Eigenmittelförderung

Für abnutzbare Vermögensgegenstände des Anlagevermögens eines Krankenhauses, die vor Inkrafttreten des KHG (01.01.1973 bzw. 01.01.1992 für das Gebiet der ehemaligen DDR) mit Eigenmitteln angeschafft oder hergestellt wurden und bei Inkrafttreten des Gesetzes noch vorhanden waren, sieht das KHG i.V.m. den Landeskrankenhausgesetzen eine der Darlehensförderung vergleichbare Regelung vor. Danach wird dem Krankenhausträger bei Ausscheiden des Krankenhauses aus dem Krankenhausplan auf Antrag ein Ausgleich für die Abschreibung während der Zeit der Förderung gewährt (z.B. § 12 Abs. 1 LKG Berlin i.V.m. § 9 Abs. 2 Nr. 4 KHG). Damit die Abschreibung auf an diese Vermögensgegenstände nicht das Eigenkapital der betroffenen Krankenhäuser aufzehrt, ist nach § 5 Abs. 5 KHG die Bildung eines aktiven Ausgleichspostens für Eigenmittelförderung vorgesehen. Der Ausgleichsposten ist über das das Ertragskonto „Erträge aus der Einstellung von Ausgleichsposten aus Darlehensförderung und für Eigenmittelförderung" zu bilden. Der Buchungssatz lautet:

aktiver Ausgleichsposten *an* *Erträge aus der Einstellung*
für Eigenmittelförderung *für Eigenmittelförderung*

Da eine Forderung des Krankenhauses erst nach dem Ausscheiden aus dem Krankenhausplan und erfolgter Antragsbewilligung entsteht, handelt es sich bei dem Ausgleichsposten um keinen Vermögensgegenstand, sondern um eine Bilanzierungshilfe (IDW, Tz. 31).

2.6.4. Finanzierung durch Zuschüsse und Zuweisungen der öffentlichen Hand, die nicht auf dem KHG beruhen

Öffentlich rechtliche Investitionszuschüsse außerhalb der Krankenhausfinanzierung nach dem KHG betreffen meist zweckgebundene Leistungen etwa für bestimmte Lehr- und Forschungseinrichtungen aus diversen Förderprogrammen des Bundes und der Länder, z.B. für Universitätskliniken. Aufgrund der den Zuschüssen innewohnenden Zweckbindung und der bei Nichteinhaltung des Zwecks bestehenden Rückzahlungsverpflichtung ist eine Bilanzierung als Eigenkapital nicht zulässig. Die bilanzielle Behandlung dieser Zuschüsse entspricht der bilanziellen Behandlung von Zuschüssen nach dem KHG. Nach § 5 Abs. 2 KHBV sind öffentliche Zuschüsse für Investitionen in aktivierte Vermögensgegenstände des Anlagevermögens in der Bilanz auf der Passivseite als „Sonderposten aus

Zuweisungen und Zuschüssen der öffentlichen Hand" anzusetzen. Die Buchung bei Zuschussgewährung ist:

Bank an Sonderposten aus Zuweisung und Zuschüssen der öffentlichen Hand

Im Rahmen der Folgebewertung ist der Sonderposten um den Betrag der bis zum jeweiligen Bilanzstichtag angefallenen Abschreibungen auf die mit diesen Mitteln finanzierten Vermögensgegenstände des Anlagevermögens, ertragswirksam zu mindern (IDW Tz. 22). Der Buchungssatz ist:

Sonderposten aus Zuweisungen und an Erträge aus der Auflösung
Zuschüssen der öffentlichen Hand von Sonderposten

Diese bilanzielle Behandlung führt dazu, dass der Erfolg eines Krankenhauses durch den Zuschuss im Jahr der Zuschussgewährung nicht berührt wird. Die ertragswirksame Auflösung des Sonderpostens bewirkt, dass der Zuschuss über die Nutzungsdauer des investierten Vermögensgegenstands das Ergebnis entsprechend verbessert. Abschreibungen auf bezuschusstes Anlagevermögen werden dadurch neutralisiert.

2.7. Bilanzierung und Bewertung von Fremdkapital

Dr. Zipse werden folgende Leitfragen zur Bilanzierung und Bewertung des Fremdkapitals empfohlen:

- Welche Posten werden unter den Verbindlichkeiten bilanziert?
- Wie sind Verbindlichkeiten zu bewerten?
- Für welche Sachverhalte werden nach HGB Rückstellungen gebildet?
- Wann sind Rückstellungen für ungewisse Verbindlichkeiten zu passivieren und wie sind sie zu bewerten?
- Wann sind Rückstellungen für drohende Verluste aus schwebenden Geschäften zu bilanzieren und wie sind sie zu bewerten?
- Wann sind von Krankenhäusern Rückstellungen für Behandlungsfehler zu bilanzieren und wie sind sie zu bewerten?

2.7.1. Bilanzierung und Bewertung von Verbindlichkeiten

Ein wesentlicher Teil des Fremdkapitals eines Unternehmens besteht aus Verbindlichkeiten.

Verbindlichkeiten sind der Höhe und dem Zeitpunkt nach sichere Verpflichtungen gegenüber Dritten.

Sie entstehen einerseits dadurch, dass ein Unternehmen Waren oder Dienstleistungen bezieht (= Verbindlichkeiten aus Lieferungen und Leistungen). Zum anderen entstehen Verbindlichkeiten im Rahmen von Darlehensverhältnissen durch Kreditaufnahme. Nach Anlage 1 KHBV sind folgende Posten gesondert auszuweisen:

1. Verbindlichkeiten aus Lieferungen und Leistungen
2. Verbindlichkeiten gegenüber Kreditinstituten
3. Erhaltene Anzahlungen
4. Verbindlichkeiten gegenüber Gesellschaftern oder dem Träger der Einrichtung
5. Verbindlichkeiten gegenüber verbundenen Unternehmen
6. Verbindlichkeiten gegenüber Unternehmen mit denen ein Beteiligungsverhältnis besteht
7. Verbindlichkeiten aus öffentlichen Fördermitteln
8. Verbindlichkeiten aus nicht-öffentlicher Förderung
9. Sonstige Verbindlichkeiten
10. Verwahrgeldkonto
11. Umsatzsteuer

Unter jedem dieser Posten ist der Betrag mit einer Restlaufzeit von bis zu einem Jahr gesondert anzugeben (§ 268 Abs. 5 HGB, Anlage 1 KHBV). Die Posten 1, 2, 3, 5, 6 und 9 sind auch nach dem Gliederungsschema für Kapitalgesellschaften gesondert auszuweisen. Demgegenüber sind die Posten 4, 7, 8, 10 und 11 speziell von Krankenhäusern gesondert auszuweisen.

Einzelne Posten, wie z.B. Verbindlichkeiten gegenüber Kreditinstituten, Verbindlichkeiten gegenüber verbundenen Unternehmen und gegenüber Unternehmen mit denen ein Beteiligungsverhältnis besteht und sonstige Verbindlichkeiten bedürfen keiner speziellen Erläuterung.

Verbindlichkeiten aus Lieferungen und Leistungen entstehen, wenn das bilanzierende Unternehmen aus einem gegenseitigen Vertrag eine Sach- oder Dienstleistung erhalten hat und die Bezahlung des Rechnungsbetrags noch aussteht. Solange der Vertragspartner seine Leistungspflicht noch nicht erfüllt hat, handelt es sich um einen beiderseits schwebenden Vertrag, der nicht zu bilanzieren ist.

Verbindlichkeiten aus öffentlichen Fördermitteln und nicht-öffentlicher Förderung sind auszuweisen, wenn Fördermittel bewilligt, aber noch nicht zweckentsprechend verwendet wurden. Unter den Verbindlichkeiten aus öffentlichen Fördermitteln sind darüber hinaus auch Verbindlichkeiten aus Ausgleichsbeträgen nach dem KHEntgG auszuweisen.

Verbindlichkeiten sind mit ihrem **Erfüllungsbetrag** zu bewerten (§ 253 Abs. 1 Satz 2 HGB). Bei Verbindlichkeiten aus Lieferungen und Leistungen ist dies der im Erfüllungszeitpunkt voraussichtlich aufzuwendende Geldbetrag. Bei Verbindlichkeiten aus Kreditgeschäften entspricht der Erfüllungsbetrag dem Rückzahlungsbetrag. Ist der Erfüllungsbetrag einer Verbindlichkeit höher als der Auszahlungsbetrag (Disagio bei Anleihen, Damnum bei Hypotheken oder Grundschulden), so kann der Unterschiedsbetrag als aktiver Rechnungsabgrenzungsposten bilanziert werden (§ 250 Abs. 3 HGB). Wirtschaftlich betrachtet ist das Disagio/Damnum eine zusätzliche Zinszahlung, die im Falle der Aktivierung als Rechnungsabgrenzungsposten über die Laufzeit der Verbindlichkeit als Aufwand gebucht wird. Unterbleibt die Aktivierung, so ist der Unterschiedsbetrag im Jahre der Darlehensaufnahme als Aufwand zu berücksichtigen.

Für Kapitalgesellschaften bestehen nach HGB zu Verbindlichkeiten zusätzliche Angabepflichten im Anhang. Nach § 285 Nr. 1 HGB ist der Gesamtbetrag der Verbindlichkeiten mit einer Restlaufzeit von mehr als fünf Jahren anzugeben, außerdem der Gesamtbetrag der durch Pfandrechte oder ähnliche Sicherheiten gesicherten Verbindlichkeiten. Große und mittelgroße Kapitalgesellschaften müssen diese Angaben für jeden unter den Verbindlichkeiten ausgewiesenen Posten gesondert machen. In der Praxis wird zur übersichtlichen Darstellung der Angaben zu den Verbindlichkeiten häufig ein Verbindlichkeitenspiegel veröffentlicht.

2.7.2. Bilanzierung und Bewertung von Rückstellungen

Neben den Verbindlichkeiten stellen Rückstellungen den zweiten großen Fremdkapitalposten in der Bilanz dar. Während Verbindlichkeiten Verpflichtungen zugrunde liegen, die dem Grunde und der Höhe nach feststehen, sind Rückstellungen für Verpflichtungen zu bilden, deren Eintritt und/oder deren Höhe unsicher sind. Darüber hinaus sind Rückstellungen dann zu bilden, wenn aus schwebenden Geschäften Verluste zu erwarten sind. Schließlich sind Rückstellungen zu bilden für im Geschäftsjahr unterlassene Aufwendungen für Instandhaltung und Abraumbeseitigung, die im folgenden Geschäftsjahr innerhalb von drei Monaten nachgeholt werden (§ 249 Abs. 1 Nr. 1 HGB). In Abbildung 22 werden die unterschiedlichen Rückstellungsarten dargestellt.

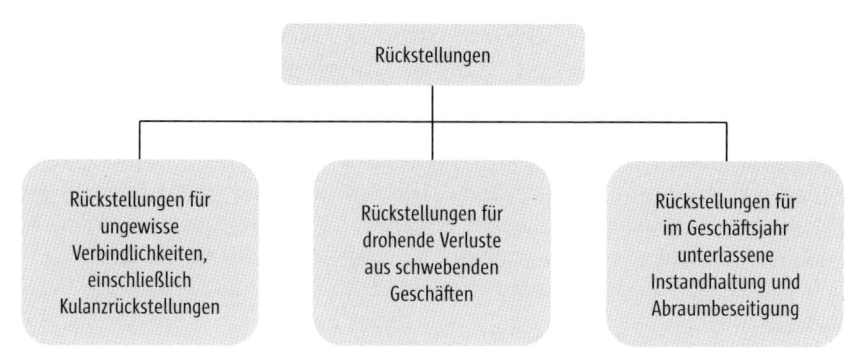

```
                        Rückstellungen
           ┌─────────────────┼─────────────────┐
   Rückstellungen für    Rückstellungen für    Rückstellungen für
     ungewisse            drohende Verluste     im Geschäftsjahr
   Verbindlichkeiten,    aus schwebenden        unterlassene
     einschließlich         Geschäften         Instandhaltung und
   Kulanzrückstellungen                        Abraumbeseitigung
```

Abb. 22 Rückstellungen

Beispiele für **Rückstellungen für ungewisse Verbindlichkeiten** sind Rückstellungen für Prozessrisiken, Rückstellungen für Steuernachzahlungen oder Pensionsrückstellungen für Verpflichtungen aus der betrieblichen Altersversorgung.

Den Rückstellungen für ungewisse Verbindlichkeiten liegen rechtliche Verpflichtungen zugrunde (z.B. Steuerrückstellungen) oder „wirtschaftliche" Verpflichtungen, für Leistungen, die ohne rechtliche Verpflichtung aber aus wirtschaftlichen Gründen üblicherweise erbracht werden (Rückstellungen für Kulanzleistungen). Krankenhausspezifische Rückstellungen für ungewisse Verbindlichkeiten sind z.B. Rückstellungen für Risiken aufgrund von MDK-Prüfungen und Rückstellungen für Schadensfälle.

Bei den **Rückstellungen für drohende Verluste aus schwebenden Geschäften** ist voranzustellen, dass Ansprüche und Verpflichtungen aus schwebenden Geschäften (z.B. Arbeitsverträge, Mietverträge, Dienstleistungsverträge) grundsätzlich nicht bilanziert werden. Als schwebendes Geschäft wird ein wechselseitig verpflichtender Vertrag bezeichnet, der von beiden Vertragsparteien noch nicht erfüllt ist. Zeichnet sich aus einem schwebenden Geschäft ein Verlust ab, so ist der erwartete Verlust aus dem schwebenden Geschäft als Rückstellung zu passivieren. Bei Krankenhäusern kommt eine Rückstellung für drohende Verluste aus schwebenden Geschäften z.B. dann in Betracht, wenn Patienten am Abschlussstichtag in Behandlung sind und die bisher entstandenen Behandlungskosten und die voraussichtlich noch entstehenden Kosten den Betrag der Fallpauschale übersteigen (IDW, Tz. 56). Die Passivierung der Rückstellung entspricht dem Imparitätsprinzip und führt dazu, dass der Verlust in der Periode bilanziell erfasst wird, in der er verursacht bzw. erkannt wird.

Die **Instandhaltungs- und Abraumbeseitigungsrückstellungen** nehmen insofern eine Sonderstellung bei den Rückstellungen ein, als ihnen keine rechtliche oder wirtschaftliche Verpflichtung zugrunde liegt. Sie sind nur dann zu bilden, wenn die entsprechenden Arbeiten innerhalb der ersten drei Monate des darauffolgenden Geschäftsjahres nachgeholt werden. Eine entsprechende Rückstellung kommt daher dann in Betracht, wenn Reparatur- oder Wartungsarbeiten fällig sind, aber auf das nächste Jahr verschoben wurden.

Aufgrund der Unsicherheit über die bestehende Verpflichtung bzw. über den zu erwartenden Verlust bestehen oft erhebliche Ermessensspielräume bei der Bilanzierung und Bewertung von Rückstellungen. Bei Verpflichtungen, bei denen unsicher ist, ob sie tatsächlich entstehen (z.B. Rückstellungen für eine Schadensersatzklage), muss eine gewisse Mindestwahrscheinlichkeit vorliegen. Für die **Bildung einer Rückstellung** muss das Entstehen einer Verbindlichkeit nicht nur möglich, sondern wahrscheinlich sein. Es ist offensichtlich, dass hier im Einzelfall ein nicht unerheblicher Ermessensspielraum des Bilanzierenden gegeben ist.

Die **Bewertung von Rückstellungen** erfolgt mit dem nach vernünftiger kaufmännischer Beurteilung notwendigen Erfüllungsbetrag (§ 253 Abs. 1 Satz 2 HBG). Dabei sind auch künftige Preis- und Kostensteigerungen einzubeziehen. Rückstellungen sind mit dem wahrscheinlichen Betrag der Inanspruchnahme zu bewerten. Sind, wie z.B. bei Schadensersatzklagen, unterschiedlich hohe Inanspruchnahmen möglich, so ist die Rückstellung mit dem Betrag anzusetzen, für den die größte Wahrscheinlichkeit besteht (Coenenberg et al. 2014, S. 425). Rückstellungen mit einer Restlaufzeit von mehr als einem Jahr sind mit dem ihrer

Laufzeit entsprechenden durchschnittlichen Marktzinssatz der vergangenen sieben Geschäftsjahre abzuzinsen" (§ 253 Abs. 2 Satz 1 HGB).

Am Beispiel von Rückstellungen für Behandlungsfehler wird die Bilanzierung von Rückstellungen für ungewisse Verbindlichkeiten bei Krankenhäusern erläutert.

Beispiel: Rückstellungen für Behandlungsfehler

Soweit Krankenhäuser die Risiken aus Behandlungsfehlern nicht (ausreichend) versichert haben, müssen sie sich mit der Bilanzierung von Rückstellungen für Schadensersatzverpflichtungen auseinandersetzen. Dabei können folgende Fälle auftreten: (in Anlehnung an Penter u. Siefert 2010, S. 51)

1. Fall: Ein Behandlungsfehler ist zweifelsfrei aufgetreten. Dem Geschädigten wurde vom Krankenhaus eine Schadensersatzleistung von 100.000 € angeboten, die der Geschädigte nicht akzeptiert. Vor Gericht macht er eine Schadensersatzforderung von 500.000 € geltend. Aus der Rechtsabteilung des Krankenhauses liegt ein Gutachten vor, wonach in vergleichbaren Fällen Schadensersatzleistungen zwischen 200.000 und 300.000 € geleistet wurden. Eine Gerichtsentscheidung ist frühestens in 6 Monaten zu erwarten.

Lösung: Es liegt eine Verpflichtung vor, deren Höhe unsicher ist. Es ist daher eine Rückstellung zu bilden. Die Rückstellung ist zum voraussichtlichen Erfüllungsbetrag zu bewerten. Auf der Grundlage des Sachverhalts und Gutachtens der Rechtsabteilung ist mit einer Inanspruchnahme zwischen 200.000 und 300.000 € zu rechnen. Die Bewertung der Rückstellung sollte sich daher in diesem Rahmen bewegen. Es ist ersichtlich, dass dennoch ein erheblicher Ermessensspielraum bei der Bewertung der Rückstellung verbleibt. Unter Berücksichtigung des Vorsichtsprinzips wäre eine Bewertung mit 300.000 € vorzuziehen.

Die Bildung der Rückstellung führt dazu, dass die Ergebnisbelastung aus dem Schadensersatz für den Behandlungsfehler in dem Jahr berücksichtigt wird, in dem der Schaden verursacht und erkannt wurde. Der Buchungssatz im Jahr der Rückstellungsbildung ist

sonstiger betrieblicher Aufwand 300.000 € an *Rückstellung 300.000 €.*

Ist mit der Auszahlung des Betrags erst nach mehr als einem Jahr zu rechnen, so ist der Betrag zum durchschnittlichen Marktzinssatz der vergangenen sieben Geschäftsjahre abzuzinsen. Bei einem Zinssatz von 5% wäre der Rückstellungsbetrag dann 300.000 €/1,05 = 285.714 €.

Erfolgt im nächsten Jahr die Auszahlung des Schadensersatzes in der vorhergesehenen Höhe, so ist die Rückstellung zu „verbrauchen". Das Ergebnis im Jahr der Auszahlung wird dann nicht berührt. Der Buchungssatz (ohne Berücksichtigung einer Abzinsung) ist

Rückstellung 300.000 € an *Bank 300.000 €*

Ist der zu zahlende Schadensersatz niedriger als die gebildete Rückstellung, so ist der nicht benötigte Rückstellungsbetrag erfolgserhöhend aufzulösen. Beträgt die Schadensersatzleistung z.B. 200.000 €, dann ist wie folgt zu buchen:

Rückstellung 300.000 € an *Bank 200.000 €*
  sonstiger betrieblicher Ertrag 100.000 €

2 Jahresabschluss nach HGB und KHBV

> Ist der zu leistende Schadensersatz höher als die gebildete Rückstellung, so ist der über die Rückstellung hinausgehende Betrag als Aufwand in der Periode der Schadensersatzleistung zu berücksichtigen. Beträgt die Schadensersatzleistung 400.000 €, so ist wie folgt zu buchen:
>
> Rückstellung 300.000 €   an   Bank 400.000 €
> sonstige betriebliche Aufwendungen 100.000 €
>
> *2. Fall:* Der Behandlungsfehler wurde vom Krankenhaus erkannt. Vom geschädigten Patienten wurden bis zum Abschlussstichtag keine Schadensersatzansprüche geltend gemacht.
>
> **Lösung:** Bei der Beurteilung ist zusätzlich zu berücksichtigen, wie wahrscheinlich die Geltendmachung des Schadensersatzanspruchs durch den Geschädigten und eine Inanspruchnahme ist. Das Krankenhaus kann dabei ggf. auf eigene Erfahrungen und Statistiken zurückgreifen. Eine Rückstellungsbildung ist vorzunehmen, wenn eine Inanspruchnahme wahrscheinlich und nicht nur möglich ist. Bei der Bewertung der Rückstellung besteht auch hier ein erheblicher Ermessensspielraum.
>
> *3. Fall:* Zum Abschlussstichtag sind keine Behandlungsfehler bekannt, es ist aber auf der Grundlage von Erfahrungen damit zu rechnen, dass aus den Krankenhausbehandlungen des abgelaufenen Jahres noch Behandlungsfehler erkannt werden und Schadensersatzforderungen geltend gemacht werden.
>
> **Lösung:** Für die Bildung einer Rückstellung ist es ausreichend, wenn auf der Grundlage von statistischen Erhebungen von bislang unbekannten Behandlungsfehlern auszugehen ist.

In der **Bilanzgliederung** sind nach Anlage 1 KHBV und § 266 Abs. 3 HGB unter den Rückstellungen folgende Posten gesondert auszuweisen:

1. Rückstellungen für Pensionen und ähnliche Verpflichtungen
2. Steuerrückstellungen
3. sonstige Rückstellungen.

Von besonderer betragsmäßiger Bedeutung sind **Pensionsrückstellungen**. Sie sind dann zu bilden, wenn ein Unternehmen für die betriebliche Altersversorgung von Arbeitnehmern Zusagen zur unmittelbaren Leistung von Pensionszahlungen gibt. Pensionsrückstellungen stellen dann aus Sicht des Unternehmens aufgrund der Unsicherheit über den Eintritt des Versorgungsfalls und die Dauer des Pensionsbezugs ungewisse Verbindlichkeiten dar. Da Pensionsrückstellungen langfristige Rückstellungen darstellen, sind sie abzuzinsen. Das HGB schreibt dafür pauschal einen Diskontierungszinssatz vor, der sich bei einer Restlaufzeit von 15 Jahren ergibt (§ 253 Abs. 2 Satz 2 HGB).

Pensionsverpflichtungen werden oft besonders abgesichert, indem speziell für die Pensionszusagen zu verwendende Vermögensgegenstände rechtlich in ein sogenanntes **Planvermögen** ausgegliedert werden. Das Planvermögen wird zwar vom Unternehmen weiterhin genutzt, ist aber nicht mehr rechtliches Eigentum des Unternehmens und dadurch dem Zugriff der übrigen Gläubiger des Unternehmens im Insolvenzfall entzogen. Vermögensgegenstände des Planvermögens sind mit dem beizulegenden Zeitwert zu bewerten und mit den Pensionsverpflichtungen zu verrechnen (§§ 246 Abs. 2 Satz 2, 253 Abs. 1 Satz 4 HGB).

2.8. Bilanzierung von Rechnungsabgrenzungsposten

Zur Bilanzierung von Rechnungsabgrenzungsposten werden Dr. Zipse folgende Leitfragen empfohlen:

- Wozu dient die Bilanzierung von Rechnungsabgrenzungsposten?
- Wann ist ein aktiver Rechnungsabgrenzungsposten zu bilden?
- Wie ist ein aktiver Rechnungsabgrenzungsposten aufzulösen?
- Wann ist ein passiver Rechnungsabgrenzungsposten zu bilden?
- Wie ist ein passiver Rechnungsabgrenzungsposten aufzulösen?
- Was ist ein Disagio und welche Möglichkeiten bestehen nach HGB und der KHBV zur bilanziellen Behandlung des Disagios?

Bereits in Kapitel II.1.4 wurde erwähnt, dass Einnahmen und Ausgaben nicht immer in der gleichen Periode auch zu Ertrag bzw. Aufwand führen. Als Erträge sind die in einer Periode wirtschaftlich verursachten Wertzuwächse, als Aufwendungen die in einer Periode verursachten Wertminderungen zu erfassen. In diesem Zusammenhang interessiert, wie z.B. geleistete Versicherungsprämien bilanziell zu behandeln sind, wenn eine Prämienzahlung z.B. am 30.09. eines Jahres für die kommenden 12 Monate überwiesen wurde. Die Prämienzahlung für die ersten drei Monate stellt ganz offensichtlich Aufwand des laufenden Jahres dar, während die Zahlung für die folgenden neun Monate Aufwand des Folgejahres darstellt. Eine solche periodengerechte Abgrenzung wird durch die Bilanzierung eines Rechnungsabgrenzungspostens in Höhe der Prämie für die letzten neun Monate erreicht.

Aktive Rechnungsabgrenzungsposten sind grundsätzlich dann zu bilden, wenn vor dem Abschlussstichtag Ausgaben anfallen, die Aufwand für eine bestimmte Zeit nach diesem Stichtag darstellen (§ 250 Abs. 1 HGB). Die Bildung des aktiven Rechnungsabgrenzungspostens in Höhe der Versicherungsprämie für die letzten neun Monate bewirkt, dass im laufenden Jahr nur die Versicherungsprämie für die ersten drei Monate in der GuV berücksichtigt wird. Der Aufwand für die Versicherungsprämie der letzten 9 Monate ist dann im Folgejahr durch Auflösung des Rechnungsabgrenzungspostens in der GuV zu erfassen.

Erhält das bilanzierende Unternehmen z.B. aus der Vermietung einer Immobilie eine Mietzahlung, die auch Vorauszahlungen für künftige Perioden enthält, so ist ein **passiver Rechnungsabgrenzungsposten** in Höhe des die künftige Periode betreffenden Ertrags zu bilden. Passive Rechnungsabgrenzungsposten sind immer dann zu bilden, wenn ein Unternehmen Einnahmen erhält, die Ertrag für eine bestimmte Zeit nach dem Abschlussstichtag sind (§ 250 Abs. 2 HGB). Durch die Bilanzierung von Rechnungsabgrenzungsposten wird im Beispiel sichergestellt, dass der Ertrag nur für drei Monate im laufenden Jahr in der GuV erfasst wird. Der Ertrag für die neun Monate des Folgejahrs wird im Folgejahr durch ertragswirksame Auflösung des passiven Rechnungsabgrenzungspostens in der GuV berücksichtigt.

Beispiel zur Bilanzierung von Rechnungsabgrenzungsposten:

Ein Krankenhaus bezahlt am 30.09.01 eine Feuerversicherungsprämie in Höhe von 12.000 € für den Zeitraum vom 01.10.01 bis 30.09.02. Die Prämie stellt jedoch nur zu 1/4 (= 3.000 €) Aufwand des Jahres 01 dar, während 3/4 (= 9.000 €) Aufwand im Jahr 02 darstellen. Im Jahr 01 ist dann zur Periodenabgrenzung ein aktiver Rechnungsabgrenzungsposten in Höhe von 9.000 € zu bilanzieren. Die Buchung im Jahr 01 ist dann

aktiver Rechnungsabgrenzungsposten 9.000 €   *an*   *Bank 12.000 €*
Versicherungsaufwendungen 3.000 €

Im Folgejahr wird der Rechnungsabgrenzungsposten durch folgende Buchung aufwandswirksam aufgelöst.

Versicherungsaufwendungen 9.000 €   *an*   *aktiver Rechnungsabgrenzungsposten 9.000 €*

Ein Sonderfall des aktiven Rechnungsabgrenzungspostens ist die mögliche Aktivierung eines Disagios bei der Aufnahme von Darlehen. Als **Disagio** wird der Unterschiedsbetrag zwischen dem Auszahlungsbetrag und dem Rückzahlungsbetrag eines Darlehens bezeichnet. Der Unterschiedsbetrag darf als aktiver Rechnungsabgrenzungsposten bilanziert werden (§ 250 Abs. 3 HGB). Das aktivierte Disagio ist dann über die Laufzeit der Verbindlichkeit abzuschreiben. Die Aktivierung des Disagios bewirkt, dass der Unterschiedsbetrag nicht im Jahr der Darlehensaufnahme in voller Höhe als Aufwand erfasst wird, sondern der Aufwand über die Laufzeit des Darlehens verteilt wird.

2.9. Gewinn- und Verlustrechnung

Dr. Zipse ist erstaunt: noch vor wenigen Tagen erschien ihm die Bilanz wie ein Buch mit sieben Siegeln und zwischenzeitlich hat er einen Überblick über Ansatz, Bewertung und Gliederung der Bilanz und über den Inhalt der wichtigsten Bilanzposten. Doch erscheint ihm sein Wissen über das Periodenergebnis sehr rudimentär. Zwar wurden im Rahmen der Folgebewertung in der Bilanz immer wieder Aufwandsposten angesprochen, aber die Zusammensetzung des Periodenergebnisses ist ihm noch ziemlich unklar. Aus seiner bisherigen Lektüre weiß Dr. Zipse, dass er sich dazu eingehender mit der Gewinn- und Verlustrechnung (kurz GuV) beschäftigen muss. Dafür werden ihm folgende Leitfragen empfohlen:

- Nach welchen Verfahren kann die GuV gegliedert werden?
- Worin besteht der Unterschied zwischen dem Gesamtkosten- und dem Umsatzkostenverfahren?
- Wie ist die GuV nach der KHBV gegliedert?
- In welche wesentlichen Teilbereiche lässt sich die GuV nach der KHBV unterteilen?
- Welche Erträge und Aufwendungen werden im operativen Ergebnis nach der KHBV ausgewiesen?
- Welche Erträge und Aufwendungen werden im Fördermittelergebnis der KHBV ausgewiesen?
- Welche Erträge und Aufwendungen werden im Finanzergebnis nach der KHBV ausgewiesen?
- Aus welchen Bestandteilen besteht das Ergebnis der gewöhnlichen Geschäftstätigkeit?
- Welche Vorgänge werden im außerordentlichen Ergebnis ausgewiesen?

Der Periodenerfolg schlägt sich zwar auch in der Bilanz zum Abschlussstichtag nieder, genauer gesagt im Eigenkapital, über sein Zustandekommen und die Erfolgsquellen gibt aber nur die GuV Auskunft. Im Einzelnen informiert die Gewinn- und Verlustrechnung über folgende Punkte:

- die Höhe der einzelnen Erträge und Aufwendungen, die in das Jahresergebnis eingeflossen sind;
- inwieweit das Jahresergebnis durch betriebliche Tätigkeit und durch finanzielle Transaktionen entstanden ist;
- inwieweit das Jahresergebnis durch gewöhnliche Geschäftstätigkeit oder durch außerordentliche Einflüsse zustande gekommen ist.

Dementsprechend lassen sich die Posten einer GuV zu folgenden Teilergebnissen zusammenfassen:

- Ergebnis aus operativer Geschäftstätigkeit
- Finanzergebnis
- Außerordentliches Ergebnis.

2.9.1. Gesamtkostenverfahren und Umsatzkostenverfahren

Das HGB lässt für die Gliederung der Gewinn- und Verlustrechnung zwei alternative Verfahren zu: das **Gesamtkostenverfahren** und das **Umsatzkostenverfahren** (§ 275 Abs. 1 HGB). Beide Verfahren führen zum gleichen Jahresergebnis. Unterschiede zwischen den Verfahren bestehen erstens in der Behandlung von Bestandsveränderungen an Halb- und Fertigfabrikaten und zweitens bei der Gliederung der Aufwandsposten.

Behandlung von Bestandsveränderungen an Halb- und Fertigfabrikaten

Beim Gesamtkostenverfahren werden die gesamten Kosten der Periode als Aufwendungen, die **Erhöhungen der Bestände an Halb- und Fertigfabrikaten** als Erträge und Bestandsminderungen an Halb- und Fertigfabrikaten als Aufwendungen berücksichtigt. Demgegenüber werden beim Umsatzkostenverfahren stets die Herstellungskosten der abgesetzten Menge (= Umsatzkosten) als Aufwendungen berücksichtigt und den Umsätzen gegenübergestellt. Die auf Bestandserhöhungen entfallenden Herstellungskosten werden in der Bilanz aktiviert und daher zunächst noch nicht in der Gewinn-und Verlustrechnung berücksichtigt. Bestandsminderungen werden „automatisch" in den Umsatzkosten erfasst.

Gliederung der Aufwandsposten

Beim Gesamtkostenverfahren und dem Umsatzkostenverfahren werden die Aufwandsposten des operativen Ergebnisses unterschiedlich ausgewiesen. Während das Gesamtkostenverfahren die **Aufwendungen nach Kostenarten** aufführt (Materialaufwendungen, Personalaufwendungen, Abschreibungen), werden die

Aufwendungen beim Umsatzkostenverfahren bereichsbezogen ausgewiesen (Herstellungskosten des Umsatzes, Vertriebskosten und Verwaltungskosten).
Tabelle 20 zeigt die unterschiedliche Struktur von Gesamtkosten- und Umsatzkostenverfahren:

Tab. 20 Struktur des Gesamtkosten- und des Umsatzkostenverfahrens

Gesamtkostenverfahren:	Umsatzkostenverfahren:
Umsatzerlöse	Umsatzerlöse
+ Bestandserhöhung an Halb- und Fertigfabrikaten	– Herstellungskosten des Umsatzes
– Bestandsminderung an Halb- und Fertigfabrikaten	= Bruttoergebnis vom Umsatz
– Materialaufwand	– Vertriebskosten
– Personalaufwand	– Verwaltungskosten
– Abschreibungen	
+/– sonstige betriebliche Erträge/sonstige betriebliche Aufwendungen	
+/– Finanzergebnis	
= Ergebnis der gewöhnlichen Geschäftstätigkeit	
+/– außerordentliche Erträge/Aufwendungen	
– Steuern vom Einkommen und vom Ertrag, sonstige Steuern	
= Jahresüberschuss/Jahresfehlbetrag	

Gesamtkostenverfahren und Umsatzkostenverfahren ermöglichen unterschiedliche Analysen. Beim Umsatzkostenverfahren kann das Bruttoergebnis vom Umsatz bereichsbezogen oder produktbezogen dargestellt werden. Insofern ist die Anwendung des Umsatzkostenverfahrens insbesondere auch im internen Rechnungswesen vorteilhaft. Auch international ist das Umsatzkostenverfahren deutlich verbreiteter als das Gesamtkostenverfahren. Andererseits ist beim Gesamtkostenverfahren die Entwicklung einzelner Kostenarten, wie Personalkosten und Materialkosten aus der GuV ersichtlich, was beim Umsatzkostenverfahren aus der GuV nicht zu erkennen ist.

2.9.2. Struktur der Gewinn- und Verlustrechnung nach der KHBV

Krankenhäuser sind nach § 4 Abs. 1 KHBV und Anlage 2 zur Aufstellung der GuV nach dem Gesamtkostenverfahren unter Berücksichtigung einiger krankenhausspezifischer Posten verpflichtet. Die vollständige GuV nach Anlage 2 KHBV ist abrufbar unter http://www.gesetze-im-internet.de/khbv/anlage_2.html. Sie weist folgende Struktur auf (ähnlich Graumann u. Schmidt-Graumann 2011, S. 294):

- Operatives Ergebnis (GuV-Positionen 1–10)
- Ergebnis des Fördermittelbereichs (GuV-Positionen 11–20)
- Sonstige betriebliche Aufwendungen (GuV-Position 21)
- Finanzergebnis (GuV-Positionen 22–26)
- Saldo: Ergebnis der gewöhnlichen Geschäftätigkeit (GuV-Position 27)
- Außerordentliches Ergebnis (GuV-Positionen 28–30)
- Steuern (GuV-Position 31)
- Jahresüberschuss/Jahresfehlbetrag (GuV-Position 32)

Krankenhausspezifisch sind die Erträge und Aufwendungen aus dem Fördermittelbereich. Ansonsten entspricht die Gliederung nach der KHBV weitgehend der Gliederung des Gesamtkostenverfahrens nach § 275 Abs. 2 HGB. Die vorgenommene Strukturierung folgt dem Gliederungsschema der KHBV, weist aber analytisch einige Defizite auf. So können die nicht im operativen Ergebnis auszuweisenden „Sonstigen betrieblichen Aufwendungen" auch operative Aufwendungen (wie z.B. Verwaltungsbedarf) enthalten, während die im operativen Ergebnis auszuweisenden „Sonstigen betrieblichen Erträge" auch Bestandteile enthalten können, die nicht aus der operativen Tätigkeit eines Krankenhauses stammen.

2.9.3. Erträge und Aufwendungen des operativen Ergebnisses

Folgende Erträge und Aufwendungen sind Bestandteil des operativen Ergebnisses nach der KHBV (die Nummerierung entspricht der Nummerierung in Anlage 2 KHBV):

Tab. 21 Operative Erträge und Aufwendungen nach Anlage 2 KHBV

Operative Aufwendungen	Operative Erträge
5. Verminderungen des Bestands an fertigen und unfertigen Erzeugnissen/unfertigen Leistungen	1. Erlöse aus Krankenhausleistungen
9. Personalaufwand	2. Erlöse aus Wahlleistungen
10. Materialaufwand	3. Erlöse aus ambulanten Leistungen
	4. Nutzungsentgelte der Ärzte
	5. Erhöhungen des Bestands an fertigen und unfertigen Erzeugnissen/unfertigen Leistungen
	6. andere aktivierte Eigenleistungen
	7. Zuweisungen und Zuschüsse der öffentlichen Hand, soweit nicht unter 11
	8. sonstige betriebliche Erträge

Im Gegensatz zur Gliederung der GuV nach § 275 HGB für Kapitalgesellschaften werden in der GuV-Gliederung nach Anlage 2 der KHBV Umsatzerlöse nicht gesondert ausgewiesen. Inhaltlich entsprechen folgende Posten der Anlage 2 KHBV den Umsatzerlösen:

- Erlöse aus Krankenhausleistungen
- Erlöse aus Wahlleistungen
- Erlöse aus ambulanten Leistungen
- Nutzungsentgelte der Ärzte

Erlöse aus Krankenhausleistungen (GuV-Position 1)

Unter diesem Posten werden die Erlöse aus der Hauptleistung des Krankenhauses ausgewiesen, insbesondere voll- und teilstationäre Leistungen. Hierzu zählen die ärztliche Behandlung, Pflege sowie Unterbringung und Verpflegung des Patienten. Auch Erlöse aus vor- und nachstationärer Behandlung sind z.B. unter diesem Posten auszuweisen (Kontengruppe 40, Anlage 4 KHBV). Im Hinblick auf die Vergütungsform ist zwischen Erlösen aus tagesgleichen Pflegesätzen und Erlösen aus Fallpauschalen zu unterscheiden. Aufgrund ihrer besonderen Bedeutung wird im Folgenden die Vergütung auf der Basis von Fallpauschalen näher beschrieben.

Nach § 17b KHG i.V.m. § 9 Abs. 1 KHEntgG werden allgemeine Krankenhausleistungen durch **Fallpauschalen** vergütet (s. Kap. I.1.3.2). Der Erlös für die Fallpauschalenleistung wird durch Multiplikation der Bewertungsrelation entsprechend dem DRG-Fallpauschalenkatalog mit dem Landesbasisfallwert ermittelt. Dadurch erhalten Krankenhäuser unabhängig von den krankenhausindividuellen Kosten landesweit die gleiche Vergütung für die jeweiligen Fallgruppen.

> **Beispiel zur Vergütung von Fallpauschalen:**
>
> Für 2014 beträgt der Landesbasisfallwert in Berlin 3.117,36 €. Eine Virusmeningitis (DRG B73Z) hat entsprechend dem Fallpauschalenkatalog 2014 eine Bewertungsrelation von 0,912, falls die Verweildauer zwischen der unteren und der oberen Grenzverweildauer liegt. Die Fallpauschale ohne Zusatzentgelte für die Behandlung der Virusmeningitis beträgt demnach 0,912 x 3.117,36 = 2.843 €.

Erlöse aus Wahlleistungen (GuV-Position 2)

Wahlleistungen stellen über die allgemeinen Krankenhausleistungen hinausgehende ärztliche oder nicht-ärztliche Leistungen dar. Ärztliche Wahlleistungen sind z.B. Chefarztbehandlungen, die dann als Wahlleistungen auszuweisen sind, wenn das Liquidationsrecht beim Krankenhaus liegt. Liegt demgegenüber das Liquidationsrecht beim leitenden Krankenhausarzt, dann ist der Arzt Vertragspartner des Patienten und das Krankenhaus hat einen Anspruch auf Kostenerstattung und einen Vorteilsausgleich, der unter den Nutzungsentgelten der Ärzte auszuweisen ist. Wahlleistungen können aber auch nicht-ärztliche Leistungen betreffen, wie z.B. die Unterbringung im Ein- oder Zweibettzimmer oder zusätzliche Komfortleistungen, wie z.B. Fernseher oder die Unterbringung einer Begleitperson. Die **Vergütung der Wahlleistungen** erfolgt auf der Grundlage einer gesonderten schriftlichen Vereinbarung zwischen dem Patienten und dem Krankenhaus und muss in einem angemessenen Verhältnis zur Leistung stehen (§ 17 Abs. 1 KHEntgG).

Erlöse aus ambulanten Leistungen (GuV-Position 3)

Nach Anlage 2 KHBV sind unter den Erlösen aus ambulanten Leistungen folgende Erlöse auszuweisen:
- Erlöse aus Krankenhausambulanzen (z.B. Leistungen der Notfallbehandlung, Leistungen der physikalischen Therapie)
- Erlöse aus Chefarztambulanzen einschließlich Sachkosten, soweit das Krankenhaus Vertragspartner des Patienten ist
- Erlöse aus ambulanten Operationen nach § 115b SGB V.

Nutzungsentgelte der Ärzte (GuV-Position 4)

Liquidationsberechtigte leitende Krankenhausärzte haben für vertraglich genehmigte Nebentätigkeiten an Krankenhäuser eine Kostenerstattung sowie einen Vorteilsausgleich zu leisten. Hierzu zählen Nutzungsentgelte für wahlärztliche Leitungen, wie z.B. die Chefarztbehandlung und Nutzungsentgelte für ambulante ärztliche Leistungen, wenn der Arzt Vertragspartner des Patienten ist. Darüber hinaus können Nutzungsentgelte auch für Gutachtertätigkeiten leitender Ärzte erhoben werden. Außerdem zählen auch die Nutzungsentgelte der Belegärzte zu dieser Position.

Erhöhungen oder Verminderungen des Bestands an fertigen und unfertigen Leistungen (GuV-Position 5)

Nach dem Gesamtkostenverfahren sind Bestandserhöhungen für fertige und unfertige Leistungen als Erträge, Bestandsminderungen als Aufwendungen zu erfassen. In Krankenhäusern betrifft diese Position vor allem Erhöhungen oder Minderungen des Bestands an sog „Überliegern", also Patienten, die über DRG-Fallpauschalen abgerechnet werden und über dem Abschlussstichtag im Krankenhaus liegen. Leistungen an diesen Patienten dürfen im Jahresabschluss noch nicht als Umsatz abgerechnet werden, sondern sind als unfertige Leistungen im Vorratsvermögen zu aktivieren. Erhöht sich der Bestand an „Überliegern", so sind mehr Leistungen erbracht worden als über Umsatzerlöse berücksichtigt wurden. Die Bestandserhöhung ist deshalb als Ertrag auszuweisen. Mindert sich der Bestand an Überliegern, so sind weniger Leistungen erbracht worden als über Umsatzerlöse verrechnet wurden. Die Bestandsminderung ist daher als Aufwand zu erfassen.

> **Beispiel zu Bestandserhöhungen:**
>
> Zum 31.12.01 waren in einem Krankenhaus 200 Überlieger in Behandlung. In der Bilanz zum 31.12.01 waren die Überlieger als unfertige Leistungen mit einem Betrag von 300.000 € ausgewiesen. Zum 31.12.02 sind 300 Überlieger in Behandlung, die mit einem Betrag von 500.000 € bewertet wurden. Die

Bestandserhöhung beträgt daher 200.000 €. Zusätzlich zu den in Periode 02 erbrachten und abgerechneten Leistungen wurden in Höhe dieses Betrages Leistungen erbracht, aber noch nicht abgerechnet. Die Bestanderhöhung ist daher zusätzlich als Ertrag zu erfassen. Der Buchungssatz ist

unfertige Leistungen 200.000 €   an   *Bestandserhöhungen 200.000 €*

Beispiel zu Bestandsminderungen:

Zum 31.12.03 sind im gleichen Krankenhaus 240 Patienten in Behandlung, an denen bereits Leistungen im Wert von 400.000 € erbracht, aber noch nicht abgerechnet wurden. Auf der Grundlage des Vorjahreswerts von 500.000 € liegt eine Bestandsminderung in Höhe von 100.000 € vor. In Periode 03 wurden also mehr Leistungen abgerechnet als erbracht. Deshalb ist die Bestandsminderung als Aufwand zu erfassen. Der Buchungssatz lautet

Bestandsminderung 100.000 €   an   *unfertige Leistungen 100.000 €*

Andere aktivierte Eigenleistungen (GuV-Position 6)

Werden Eigenleistungen aktiviert (z.B. selbsterstellte Patente, selbsterstellte Anlagen, als Herstellungsaufwand zu behandelnde Baumaßnahmen) so sind zur Neutralisierung der hierfür anfallenden Aufwendungen entsprechende Erträge zu berücksichtigen, die unter diesem Posten ausgewiesen werden.

Zuweisungen und Zuschüsse der öffentlichen Hand, soweit nicht unter Nr. 11 (GuV-Position 7)

Unter diesem Posten sind Zuschüsse und Zuwendungen der öffentlichen Hand zur Finanzierung laufender Aufwendungen (nicht von Investitionen) auszuweisen. Hierzu zählen z.B. Zuschüsse für den Betrieb von Ausbildungsstätten und für Forschung und Lehre. Auch Erstattungen des Arbeitsamtes z.B. für Altersteilzeit sind hier auszuweisen.

Sonstige betriebliche Erträge (GuV-Position 8)

Unter den sonstigen betrieblichen Erträgen werden Erträge ausgewiesen, die nicht unter andere, gesondert auszuweisende Erträge zu subsumieren sind. In Anlage 2 der KHBV sind hierfür z.B. folgende Kontengruppen aufgeführt:
- Erstattungen des Personals für Unterkunft und Verpflegung
- Erträge aus Hilfs- und Nebenbetrieben
- Erträge aus der Auflösung von Rückstellungen
- Spenden und ähnliche Zuwendungen.

Darüber hinaus sind auch Erträge aus dem Abgang von Vermögensgegenständen des Anlagevermögens und Erträge aus der Auflösung von Rückstellungen und von Wertberichtigungen unter den sonstigen betrieblichen Erträgen auszuweisen (Penter u. Siefert 2010, S. 252).

Personalaufwand (GuV-Position 9)

Als Personalaufwand sind Löhne und Gehälter sowie soziale Abgaben und Aufwendungen für Altersversorgung und Unterstützung jeweils gesondert auszuweisen. Dabei sind bei den Löhnen und Gehältern grundsätzlich die Bruttobezüge einschließlich der Arbeitnehmeranteile zur Sozialversicherung zu berücksichtigen. Die sozialen Abgaben umfassen die Arbeitgeberanteile zur gesetzlichen Sozialversicherung. Die Aufwendungen für Altersversorgung umfassen Zuführungen zu Pensionsrückstellungen (außer der Verzinsung angesammelter Pensionsrückstellungen, die als Zinsaufwand auszuweisen ist) sowie ggf. Zuführungen zu Unterstützungs- oder Pensionskassen. Aufwendungen für Unterstützung sind Leistungen an aktive und ehemalige Arbeitnehmer, die ohne Rechtsanspruch des Arbeitnehmers gewährt werden.

Materialaufwand (GuV-Position 10)

Als Materialaufwand ist der Verbrauch von Roh-, Hilfs- und Betriebsstoffen sowie von Waren und bezogenen Leistungen auszuweisen. In Anlage 4 der KHBV werden hierfür beispielsweise angeführt: Lebensmittel, Arzneimittel, Implantate, Transplantate, ärztliches und pflegerisches Verbrauchsmaterial, Wasser, Energie. Für die Ermittlung des Materialaufwands ist der mengenmäßige Verbrauch zu bestimmen und mit den Anschaffungs- oder Herstellungskosten ggf. unter Anwendung eines Vereinfachungsverfahrens (Durchschnittsverfahren, Verbrauchsfolgeverfahren) zu bewerten (s. Kap. II.2.4.1 und Kap. III.2.1.3).

2.9.4. Erträge und Aufwendungen des Fördermittelbereichs

In den Posten 11 bis 19 der GuV-Gliederung entsprechend der KHBV sind Erträge und Aufwendungen aufgeführt, die im Zusammenhang mit der Krankenfinanzierung stehen. Hierunter fallen folgende Erträge und Aufwendungen:

Tab. 22 Erträge und Aufwendungen des Fördermittelbereichs

Aufwendungen des Fördermittelbereichs	Erträge des Fördermittelbereichs
15. Aufwendungen aus der Zuführung zu Sonderposten/Verbindlichkeiten nach dem KHG und aufgrund sonstiger Zuwendungen zur Finanzierung des Anlagevermögens	11. Erträge aus Zuwendungen zur Finanzierung von Investitionen
16. Aufwendungen aus der Zuführung zu Ausgleichsposten aus Darlehensförderung	12. Erträge aus der Einstellung von Ausgleichsposten aus Darlehensförderung und für Eigenmittelförderung
17. Aufwendungen für die nach dem KHG geförderte Nutzung von Anlagegegenständen	13. Erträge aus der Auflösung von Sonderposten/Verbindlichkeiten nach dem KHG und aufgrund sonstiger Zuwendungen zur Finanzierung des Anlagevermögens

18. Aufwendungen für nach dem KHG geförderte, nicht aktivierungsfähige Maßnahmen	14. Erträge aus der Auflösung des Ausgleichspostens für Darlehensförderung
19. Aufwendungen aus der Auflösung der Ausgleichsposten aus Darlehensförderung und für Eigenmittelförderung	
20. Abschreibungen	

Der Saldo aus den Erträgen und Aufwendungen des Förderbereichs gibt an, inwieweit Abschreibungen und Aufwendungen für nach dem KHG geförderte, nicht aktivierungsfähige Maßnahmen (z.B. Mietaufwendungen) durch Erträge aus Fördermaßnahmen getragen werden. Ein meist negativer Saldo beschreibt den Betrag der investiven Aufwendungen, der nicht durch Fördermittel finanziert ist.

Erträge aus Zuwendungen zur Finanzierung von Investitionen (GuV-Position 11)

Unter diesem Posten sind Zuschüsse nach dem KHG, sonstige Zuwendungen und Zuschüsse der öffentlichen Hand zur Finanzierung von Investitionen und Zuwendungen Dritter zur Finanzierung von Investitionen auszuweisen. Der Ertrag entsteht mit dem Zugang des Bewilligungsbescheids. Ihm steht ein entsprechender Aufwand aus der Zuführung zu Verbindlichkeiten bzw. Sonderposten gegenüber (s. Kap. II.2.6.1).

Erträge aus der Einstellung von Ausgleichsposten aus Darlehensförderung und für Eigenmittelförderung (GuV-Position 12)

Wurde vor der Aufnahme eines Krankenhauses in den Krankenhausplan ein Darlehen aufgenommen, so können auf Antrag Fördermittel für die Lasten aus dem Darlehen beantragt werden (§ 9 Abs. 2 Nr. 3 KHG). Die Förderung bezieht sich auf die Tilgung und die Zinsen aus dem Darlehen. Ist die jährliche Tilgung des Darlehens zunächst niedriger als die Abschreibung der geförderten Investition, so ist in Höhe des Differenzbetrags über diesen Ertragsposten ein aktiver Ausgleichsposten zu bilden (s. Kap. II.2.6.2).

Ein Ausgleichsposten für Eigenmittel ist ertragswirksam zu bilden zur Neutralisierung von Abschreibungen auf Vermögensgegenstände des Anlagevermögens, die aus Eigenmitteln des Krankenhausträgers oder aufgenommenen Fremdmitteln vor Inkrafttreten des KHG finanziert wurden und für deren Ausgleich ein Anspruch besteht (s. Kap. II.2.6.3).

Erträge aus der Auflösung von Sonderposten/Verbindlichkeiten nach dem KHG und aufgrund sonstiger Zuwendungen zur Finanzierung des Anlagevermögens (GuV-Position 13)

In den Jahren der Nutzung des geförderten Anlagevermögens sind zum Ausgleich der Abschreibungen Erträge aus der Förderung durch entsprechende Auflösung der Verbindlichkeiten oder des Sonderpostens zu berücksichtigen. Eine entsprechende Handhabung gilt auch für sonstige Zuschüsse zur Finanzierung des abnutzbaren Anlagevermögens (s. Kap. II.2.6.1).

Erträge aus der Auflösung des Ausgleichspostens für Darlehensförderung (GuV-Position 14)

Ist im Falle der Darlehensförderung in den ersten Jahren der Nutzung des geförderten Vermögensgegenstands die Förderung höher als der Aufwand aus Abschreibungen und Zinsen (wenn die Laufzeit des Darlehens kürzer ist als die wirtschaftliche Nutzungsdauer des geförderten Vermögensgegenstands), dann ist ein passiver Ausgleichsposten zu bilden. Der Posten ist ertragswirksam aufzulösen, wenn die Abschreibungen in späteren Jahren höher sind als die Tilgung des Darlehens (s. Kap. II.2.6.2).

Aufwendungen aus der Zuführung zu Sonderposten/Verbindlichkeiten nach dem KHG und aufgrund sonstiger Zuwendungen zur Finanzierung des Anlagevermögens (GuV-Position 15)

Durch diese Aufwendungen werden die entsprechenden Erträge aus der Förderung nach KHG ergebnismäßig neutralisiert. Dadurch wird bewirkt, dass Fördermittel nicht im Zeitpunkt ihrer Bewilligung sondern über wirtschaftliche Nutzugsdauer der geförderten Vermögensgegenstände ertragswirksam werden (s. Kap. II.2.6.1).

Aufwendungen aus der Zuführung zu Ausgleichsposten aus Darlehensförderung (GuV-Position 16)

Ist im Falle der Darlehensförderung in den ersten Jahren der Nutzung des geförderten Vermögensgegenstands die Förderung höher als der Aufwand aus Abschreibungen und Zinsen, dann ist über diesen Aufwandsposten ein passiver Ausgleichsposten zu bilden (s. Kap. II.2.6.2).

Aufwendungen für die nach dem KHG geförderte Nutzung von Anlagegegenständen (GuV-Position 17)

Werden von Krankenhäusern Vermögensgegenstände des Anlagevermögens nicht gekauft oder hergestellt, sondern gemietet, so können nach § 9 Abs. 2 Nr. 1 KHG auch Fördermittel gewährt werden. Unter diesem Posten sind die geförderten Aufwendungen auszuweisen.

Aufwendungen für nach dem KHG geförderte nicht aktivierungsfähige Maßnahmen (GuV-Position 18)

Instandhaltungsaufwendungen werden nach § 7 Abs. 1 Nr. 4 BPflV pauschal in Höhe von 1,1% des Budgets als pflegesatzfähige Kosten behandelt. Darüber hinausgehende Aufwendungen sind nicht pflegesatzfähig und durch Fördermittel oder vom Krankenhaus selbst zu finanzieren. Soweit sie nach dem KHG gefördert werden, sind Instandhaltungsaufwendungen unter diesem Posten auszuweisen (Burkhart et al. 2010, S. 107).

Aufwendungen aus der Auflösung der Ausgleichposten aus Darlehensförderung und für Eigenmittelförderung (GuV-Position 19)

Im Fall der Darlehensförderung ist ein aktiver Ausgleichsposten zu bilden, wenn die Förderung (Zinsen und Tilgung) zunächst niedriger ist als die Summe von Abschreibungen und Zinsen. Dies ist regelmäßig dann der Fall, wenn die Laufzeit des Darlehens länger ist als die wirtschaftliche Nutzungsdauer des Anlageguts. Dann erhält das Krankenhaus auch nach Ablauf der wirtschaftlichen Nutzungsdauer des Anlageguts noch Darlehensförderung, während keine Abschreibungen mehr anfallen. In Höhe des Tilgungsanteils der Förderung ist der Ausgleichsposten dann aufwandswirksam aufzulösen.

Im Fall der Eigenmittelförderung ist der Ausgleichsposten für Eigenmittelförderung aufwandswirksam aufzulösen, wenn das Anlagegut veräußert wird oder wenn der Ausgleichsanspruch auf Eigenmittelförderung entsteht, d.h. nach Ausscheiden des Krankenhauses aus dem Krankenhausplan und erfolgter Antragsbewilligung.

Abschreibungen (GuV-Position 20)

Hierunter sind planmäßige und außerplanmäßige Abschreibungen auf immaterielle Vermögensgegenstände des Anlagevermögens und Sachanlagen auszuweisen. Außerdem sind auch Abschreibungen auf Vermögensgegenstände des Umlaufvermögens, soweit diese die im Krankenhaus üblichen Abschreibungen überschreiten, unter diesem Posten auszuweisen.

Abschreibungen auf Vermögensgegenstände des Umlaufvermögens werden ansonsten unter Bestandsveränderungen (Abschreibungen auf fertige und unfertige Erzeugnisse), unter Materialaufwand (Abschreibungen auf Roh-, Hilfs- und Betriebsstoffe) bzw. unter sonstigen betrieblichen Aufwendungen (Abschreibungen auf Forderungen und sonstige Vermögensgegenstände) ausgewiesen (Burkhart et al. 2010, S. 84).

2.9.5. Sonstige betriebliche Aufwendungen (GuV-Position 21)

Analog zu den sonstigen betrieblichen Erträgen sind die sonstigen betrieblichen Aufwendungen ein Sammelposten für Aufwendungen, die nicht einer der gesondert auszuweisenden Positionen zuzuordnen sind. In Anlage 2 der KHBV werden beispielsweise folgende Aufwendungen unter diesem Posten aufgeführt:

- Verwaltungsbedarf
- Aufwendungen für zentrale Dienstleistungen
- Aufwendungen für pflegesatzfähige Instandhaltung
- Sonstige Abgaben, Versicherungen
- Abschreibungen auf Forderungen und sonstige Vermögensgegenstände

- Aufwendungen aus Ausgleichsbeträgen für frühere Geschäftsjahre.

2.9.6. Erträge und Aufwendungen des Finanzergebnisses

Im Finanzergebnis werden folgende Erträge und Aufwendungen ausgewiesen:

Tab. 23 Erträge und Aufwendungen des Finanzergebnisses

Aufwendungen des Finanzergebnisses	Erträge des Finanzergebnisses
25. Abschreibungen auf Finanzanlagen und auf Wertpapiere des Umlaufvermögens	22. Erträge aus Beteiligungen
26. Zinsen und ähnliche Aufwendungen	23. Erträge aus anderen Wertpapieren und aus Ausleihungen des Finanzanlagevermögens
	24. sonstige Zinsen und ähnliche Erträge

Erträge aus Beteiligungen (GuV-Position 22)

Zu den Erträgen aus Beteiligungen zählen alle laufenden Erträge aus Beteiligungen und verbundenen Unternehmen, wie z.B. Dividenden, Gewinnanteile an Personengesellschaften. Die Erträge aus verbundenen Unternehmen sind als davon-Vermerk gesondert auszuweisen. Erträge aus der Veräußerung von Beteiligungen sind nicht unter diesem Posten, sondern unter den sonstigen betrieblichen Erträgen auszuweisen.

Erträge aus anderen Wertpapieren und aus Ausleihungen des Finanzanlagevermögens (GuV-Position 23)

Unter diesem Posten sind Erträge aus dem Finanzanlagevermögen zu erfassen, soweit es sich nicht um Beteiligungen handelt. Das sind in erster Linie Dividenden und Zinsen. Erträge von verbundenen Unternehmen, z.B. Zinsen aus Ausleihungen an verbundene Unternehmen) sind gesondert auszuweisen.

Sonstige Zinsen und ähnliche Erträge (GuV-Position 24)

Dieser Posten umfasst Zinsen aus Forderungen und Wertpapieren des Umlaufvermögens. Hierzu gehören auch Zinsen aus Termingeldguthaben oder anderen kurzfristigen Anlagen bei Kreditinstituten.

Abschreibungen auf Finanzanlagen und auf Wertpapiere des Umlaufvermögens (GuV-Position 25)

Abschreibungen auf Finanzanlagen sind bei voraussichtlich dauernder Wertminderung zwingend vorzunehmen und können bei voraussichtlich nicht dauernder Wertminderung wahlweise erfasst werden. Abschreibungen auf Wertpapiere des

Umlaufvermögens sind zwingend sowohl bei dauerhafter als auch bei voraussichtlich nicht dauernder Wertminderung vorzunehmen.

Zinsen und ähnliche Aufwendungen (GuV-Position 26)

Unter den Zinsen und ähnliche Aufwendungen sind alle Kosten für aufgenommenes Fremdkapital zu erfassen. Dies sind in erster Linie Zinsen aber auch Überziehungs- oder Bereitstellungsprovisionen oder Abschreibungen auf ein aktiviertes Disagio bzw. der Sofortaufwand bei einem nicht aktivierten Disagio.

2.9.7. Ergebnis der gewöhnlichen Geschäftstätigkeit (GuV-Position 27)

Das Ergebnis der gewöhnlichen Geschäftstätigkeit umfasst das operative Ergebnis, das Ergebnis des Fördermittelbereichs sowie das Finanzergebnis. Es ist somit das Ergebnis, das ein Unternehmen vor außerordentlichen Aufwendungen und Erträgen und vor Steuern erzielt hat.

2.9.8. Außerordentliches Ergebnis (GuV-Positionen 28–30)

Außerordentliche Erträge und Aufwendungen sind Ergebnisbestandteile, die außerhalb der gewöhnlichen Geschäftstätigkeit erzielt wurden. Sie beruhen auf ungewöhnlichen, seltenen und wesentlichen Sachverhalten (Coenenberg et al. 2014, S. 545). Vorgänge, die im außerordentlichen Ergebnis auszuweisen sind, müssen die Voraussetzungen kumulativ erfüllen, sie müssen ungewöhnlich und selten sein, aber auch zu einem wesentlichen Ertrag oder Aufwand führen. Beispiele sind außerordentliche Verluste aus Katastrophen, Gewinne/Verluste aus seltenen Beteiligungsverkäufen und Betriebsveräußerungen, sowie Aufwendungen aus Betriebsstilllegungen. Gewinne und Verluste aus unternehmensüblichen Anlageverkäufen z.B. im Rahmen von Ersatz- oder Rationalisierungsinvestitionen sind dagegen unter den sonstigen betrieblichen Erträgen bzw. Aufwendungen auszuweisen.

2.9.9. Steuern (GuV-Position 31)

Unter den Steuern sind alle Steueraufwendungen zu erfassen, z.B. Kfz-Steuer, Grundsteuer, Grunderwerbsteuer, Erbschaftsteuer. Steuern vom Einkommen (Einkommensteuer, Körperschaftsteuer) und vom Ertrag (Gewerbeertragsteuer) sind unter den Steuern als davon-Vermerk gesondert auszuweisen.

2.9.10. Jahresüberschuss/Jahresfehlbetrag (GuV-Position 32)

Als Saldo aus allen Ergebnisbestandteilen wird der in einem Geschäftsjahr erzielte Gewinn oder Verlust ausgewiesen. Er stellt zugleich die Eigenkapitalveränderung aus der Geschäftstätigkeit des Unternehmens im abgelaufenen Jahr dar.

2.10. Ergänzende Berichtsinstrumente

Nachdem Dr. Zipse sich ausgiebig mit der GuV beschäftigt hat, trifft er wieder seinen alten Kollegen, den Rechnungswesenleiter, Herrn Huber, der über Dr. Zipses Kenntnisse zu Finanzbuchhaltung, Bilanz und GuV mehr als erstaunt ist. Herr Huber hat zu diesem Treffen auch den aktuellen Jahresabschluss samt ergänzender Berichte des Krankenhauses mitgebracht, um Dr. Zipse die aus dem Lehrbuch gewonnenen Erkenntnisse am praktischen Beispiel zu zeigen.

Herr Huber erklärt Dr. Zipse, dass er zusätzliche Informationen über die Bilanz und GuV im Anhang erfahren kann. Außerdem sieht Dr. Zipse, dass das Unternehmen auch eine Kapitalflussrechnung und einen Segmentbericht erstellt hat. Und schließlich zeigt ihm Herr Huber den Lagebericht, aus dem man weitere interessante Informationen über das Unternehmensgeschehen erhalten könne.

Dr. Zipse ist frustriert. „Heißt das, dass mein mühsam erworbenes Wissen zu Bilanz und GuV nur einen kleinen Teil zum Verständnis der Finanzberichterstattung eines Unternehmens beiträgt? Muss ich nochmal so viel Zeit investieren, um auch die übrigen Instrumente zu verstehen?" Herr Huber beruhigt ihn. „Keine Angst, wenn Du die Grundbegriffe der Finanzbuchhaltung, der Bilanz und der GuV verstanden hast, dann ist der Rest einfach. Vielleicht mit Ausnahme der Kapitalflussrechnung. Aber da ist es ausreichend, wenn Du das zugrunde liegende Prinzip verstehst. Du willst Dich ja schließlich nicht auf meinen Job bewerben". „Gut", sagt Dr. Zipse, immer noch etwas skeptisch, „dann gib mir doch wieder einer Liste mit Leitfragen." Herr Huber schickt ihm daraufhin Leitfragen zu, die zu Beginn der jeweiligen Kapitel zu finden sind.

2.10.1. Anhang

Dr. Zipses Leitfragen zum Anhang

- Was ist ein Anhang und welche Aufgaben hat er?
- Welche Unternehmen müssen einen Anhang aufstellen?
- Welche Angaben des Anhangs dienen der Interpretationsfunktion?
- Welche Angaben dienen der Entlastungsfunktion?
- Welche Angaben dienen der Ergänzungsfunktion?
- Welche Angaben dienen der Korrekturfunktion?
- Welche Besonderheiten hat ein Anhang nach der KHBV?

Neben der Bilanz und der GuV ist von Kapitalgesellschaften und von Unternehmen die unter das PublG fallen der Anhang als dritter Teil des Jahresabschlusses aufzustellen (§ 264 Abs. 1 Satz 1 HGB). Der Anhang soll mit der Bilanz und der GuV eine Einheit bilden und durch zusätzliche Informationen sicherstellen, dass der Jahresabschluss ein den tatsächlichen Verhältnissen entsprechendes Bild vermittelt (§ 264 Abs. 1, 2 HGB). In den §§ 268 sowie 284 und 285 HGB werden die im Anhang erforderlichen Angaben im Einzelnen aufgeführt. Der Anhang von Krankenhäusern in der Rechtsform einer Kapitalgesellschaft muss diesen Anforderungen entsprechen. Erleichterungen bestehen für kleine und mittelgroße Kapitalgesellschaften (§§ 274a, 276, 288 HGB).

> Der **Anhang** dient der Interpretation, der Entlastung, der Ergänzung und ggf. der Korrektur von Bilanz und GuV.

In § 284 Abs. 2 HGB werden Angabepflichten zur Erläuterung der Bilanz und Gewinn- und Verlustrechnung genannt, sie dienen der **Interpretationsfunktion**. Hierzu gehören z.B.

- Informationen zu den angewandten Bilanzierungs- und Bewertungsmethoden, d.h. insbesondere die Erläuterung der Wahrnehmung von Bilanzierungs- und Bewertungswahlrechten. Bei den Bilanzierungswahlrechten ist. z.B. anzugeben, ob selbsterstellte immaterielle Vermögensgegenstände des Anlagevermögens aktiviert wurden. Bei den Bewertungswahlrechten ist beispielsweise anzugeben, welche Wahlbestandteile bei der Ermittlung der Herstellungskosten einbezogen werden und über welche wirtschaftliche Nutzungsdauer ein Geschäfts- oder Firmenwert abgeschrieben wird.
- Die Angabe von Abweichungen gegenüber den im Vorjahr angewandten Bilanzierungs- und Bewertungsmethoden. Der Grundsatz der Stetigkeit erfordert grundsätzlich die Beibehaltung der gewählten Bilanzierungs- und Bewertungsmethoden. In Ausnahmefällen sind Methodenänderungen möglich, allerdings sind Methodenwechsel dann im Anhang anzugeben und zu begründen. Außerdem ist darzustellen, wie sich die Methodenänderung auf die Vermögens-, Finanz- und Ertragslage des Unternehmens auswirkt. Ob die Auswirkungen quantifiziert werden müssen, ist in der Literatur umstritten (Coenenberg et al. 2014, S. 854).

Darüber hinaus enthalten die §§ 265 und 268 HGB mehrere Verpflichtungen zu Angaben, die entweder in der Bilanz oder – aus Gründen der Übersichtlichkeit – im Anhang vorgenommen werden können. Insofern hat der Anhang eine **Entlastungsfunktion**. Beispiele sind:

- Die Darstellung der Entwicklung des Anlagevermögens, die entweder in der Bilanz oder im Anhang dargestellt werden kann (§ 268 Abs. 2 HGB). In der Bilanzierungspraxis wird überwiegend die Darstellung in einem Anlagespiegel (s. Kap. II.2.3.3) im Anhang gewählt.
- Außerplanmäßige Abschreibungen auf Vermögensgegenstände des Anlagevermögens, die entweder in der GuV gesondert auszuweisen oder im Anhang anzugeben ist (§ 277 Abs. 3 HGB).

Des Weiteren ist im Anhang eine Reihe von Angaben zu machen, die über die Bilanz und GuV hinausgehen. Solchen Angaben kommt eine **Ergänzungsfunktion** zu. Beispiele hierzu sind

- Informationen zu Art und Zweck sowie Risiken und Vorteilen von nicht in der Bilanz enthaltenen Geschäften, soweit dies für die Beurteilung der Finanzlage

von Bedeutung ist (§ 285 Nr. 3 HGB). Hierzu können z.B. Informationen zu Leasingverhältnissen oder nicht ausgeschöpfte Kreditlinien gehören.
- Die Aufgliederung der Umsatzerlöse nach Tätigkeitsbereichen sowie nach geographisch bestimmten Märkten, soweit sich die Tätigkeitsbereiche und geographische Märkte erheblich unterscheiden (§ 285 Nr. 4 i.V.m. § 288 HGB). Diese Angaben geben zusätzlichen Aufschluss zu den in der GuV in einem Betrag ausgewiesenen Umsatzerlösen.
- Die Aufstellung des Anteilsbesitzes (§ 285 Nr. 11 und 11a HGB). Danach sind Angaben zu Unternehmen zu machen, an denen die Kapitalgesellschaft mit mindestens 20% beteiligt ist oder deren unbeschränkt haftender Gesellschafter sie ist.

Schließlich hat der Anhang auf der Grundlage von § 264 Abs. 2 Satz 2 eine **Korrekturfunktion.** Danach sind im Anhang zusätzliche Angaben zu machen, wenn besondere Umstände dazu führen, dass der Jahresabschluss ein den tatsächlichen Verhältnissen entsprechendes Bild nicht vermittelt. Dabei kann der Jahresabschluss im Vergleich zu den tatsächlichen Verhältnissen ein zu günstiges oder ein zu ungünstiges Bild aufweisen. Praktische Beispielsfälle hierzu sind eher selten. Denkbar wäre eine Angabe dann, wenn bilanzpolitische Maßnahmen mit erheblichen Auswirkungen auf die Ertragslage des Unternehmens getroffen wurden und ohne zusätzliche Angaben ein falsches Bild von der Ertragslage vermittelt würde (Beck'scher Bilanzkommentar 2014, Tz. 50 zu § 264 HGB).

Krankenhäuser, die keine Kapitalgesellschaften sind und ihren Jahresabschluss ausschließlich nach der KHBV erstellen, können einen erheblich verkürzten Anhang erstellen. Die KHBV verweist nur auf § 284 Abs. 2 Nr. 1 und 3 HGB, nicht auf die Angaben nach § 285 HGB. Im Wesentlichen sind folgende Anhangangaben von Krankenhäusern nach der KHBV zwingend zu machen:
- Der Anlagennachweis ist entsprechend Anlage 3 KHBV zu erstellen.
- Erläuterung der angewandten Bilanzierungs- und Bewertungsmethoden (§ 284 Abs. 2 Nr. 1 HGB).
- Angabe und Begründung von Abweichungen der Bilanzierungs- und Bewertungsmethoden und gesonderte Darstellung ihres Einflusses auf die Vermögens-, Finanz- und Ertragslage (§ 284 Abs. 2 Nr. 3 HGB).
- Angaben, wenn der Jahresabschluss ein den tatsächlichen Verhältnissen entsprechendes Bild nicht vermittelt (§ 264 Abs. 2 Satz 2 HGB).
- Angaben und Erläuterungen, wenn die Beträge zu einzelnen Posten der Bilanz oder GuV nicht mit den Vorjahresbeträgen vergleichbar sind (§ 265 Abs. 2 HGB).
- Ein vorhandener Gewinn- oder Verlustvortrag ist in der Bilanz oder im Anhang gesondert anzugeben (§ 268 Abs. 1 HGB).
- Außerplanmäßige Abschreibungen auf Vermögensgegenstände des Anlagevermögens sind in der GuV gesondert auszuweisen oder im Anhang anzugeben (§ 277 Abs. 3 Satz 1 HGB).

2.10.2. Kapitalflussrechnung

Dr. Zipses Leitfragen zur Kapitalflussrechnung:

- Wozu dient die Kapitalflussrechnung?
- Welche Unternehmen müssen eine Kapitalflussrechnung aufstellen?
- Wie ist die Kapitalflussrechnung nach DRS 2 grundsätzlich strukturiert?
- Welche Ein- und Auszahlungen werden im Cashflow aus laufender Geschäftstätigkeit erfasst?
- Welche Ein- und Auszahlungen werden im Cashflow aus Investitionstätigkeit erfasst?
- Welche Ein- und Auszahlungen werden im Cashflow aus Finanzierungstätigkeit erfasst?
- Wie unterscheiden sich die direkte und die indirekte Methode der Ermittlung des Cashflows aus laufender Geschäftstätigkeit?

Der Jahresabschluss soll ein den tatsächlichen Verhältnissen entsprechendes Bild der Vermögens-, Finanz- und Ertragslage vermitteln. Mit Hilfe der Kapitalflussrechnung werden detaillierte Informationen über die Finanzlage eines Unternehmens gegeben, die über die stichtagsbezogene Bilanz hinausgehen. Während in der Gewinn- und Verlustrechnung Erträge und Aufwendungen gegenübergestellt werden und als Saldo der Periodenerfolg ermittelt wird, werden in der Kapitalflussrechnung Einzahlungen und Auszahlungen gegenübergestellt und als Saldo die Veränderung des Zahlungsmittelbestands in einer Periode ermittelt.

> Die **Kapitalflussrechnung** informiert durch Darstellung der Zahlungsströme der Periode über die Herkunft und Verwendung von Finanzmitteln in einer Periode. Dadurch werden die Veränderung des Bestands an liquiden Mitteln zwischen Periodenanfang und Periodenende erklärt und Ursachen der Veränderung transparent gemacht.

Kapitalflussrechnungen sind pflichtmäßiger Bestandteil von Jahresabschlüssen kapitalmarktorientierter Kapitalgesellschaften (§ 264 Abs. 1 HGB). Auf der Grundlage der KHBV besteht keine Verpflichtung zur Aufstellung einer Kapitalflussrechnung. Krankenhäuser sind daher nur dann zur Aufstellung einer Kapitalflussrechnung verpflichtet, wenn sie kapitalmarktorientiert sind.

Zur Ausgestaltung der Kapitalflussrechnung gibt es nach HGB keine spezifischen gesetzlichen Regelungen. Es existiert jedoch dazu ein Standard des Deutschen Rechnungslegungs Standards Committees (DRSC). Die Standards des DRSC, Deutsche Rechnungslegungsstandards, kurz DRS genannt, haben zwar keine Gesetzeskraft. Bei Beachtung der Empfehlungen wird jedoch eine ordnungsmäßige (= gesetzmäßige) Bilanzierung vermutet (§ 342 Abs. 2 HGB). Zur Kapitalflussrechnung war zunächst DRS 2 anzuwenden, für nach dem 31.12.2014 beginnende Geschäftsjahre gilt DRS 21. Der Standard zielt zwar primär auf Kapitalflussrechnungen im Rahmen von Konzernabschlüssen ab. Unternehmen, die ihren Einzelabschluss um eine Kapitalflussrechnung erweitern müssen oder dies freiwillig tun, wird jedoch ebenso empfohlen dabei die Regelungen des DRS 21 zu befolgen. Die Zahlungsströme (= Cashflows) werden nach DRS 21 in folgende Bereiche gegliedert:

- **Cashflows aus laufender Geschäftstätigkeit.** Hierzu zählen Einzahlungen und Auszahlungen aus der auf Erlöserzielung gerichteten Tätigkeit eines Unternehmens, soweit sie nicht der Investitions- oder der Finanzierungstätigkeit zuzuordnen sind. Das sind z.B. Einzahlungen von Kunden und Auszahlungen an Lieferanten und Arbeitnehmer. Außerdem sind Ertragsteuerzahlungen grundsätzlich der laufenden Geschäftstätigkeit zuzuordnen.
- **Cashflows aus Investitionstätigkeit.** Hierzu zählen Ein- und Auszahlungen in Verbindung mit Zu- und Abgängen von Vermögensgegenständen, mit denen langfristig ertragswirksam gewirtschaftet wird. Das sind insbesondere Einzahlungen aus Abgängen von Vermögensgegenständen des Anlagevermögen und Auszahlungen für Investitionen in das Anlagevermögen.
- **Cashflows aus Finanzierungstätigkeit.** In diesem Bereich werden Ein- und Auszahlungen aus Transaktionen mit Gesellschaftern sowie aus der Aufnahme und Tilgung von Finanzschulden dargestellt. Dazu zählen z.B. Einzahlungen aus Kapitalerhöhungen, Einzahlungen aus der Begebung von Anleihen oder der Aufnahme von Finanzkrediten und Auszahlung aus der Tilgung von Anleihen und Finanzkrediten. Auch gezahlte Zinsen und gezahlte Dividenden sind im Cashflow aus der Finanzierungstätigkeit abzubilden.

Am Beispiel der Kapitalflussrechnung von Vivantes – Netzwerk für Gesundheit GmbH für das Jahr 2014 soll die grundsätzliche Struktur der Kapitalflussrechnung erläutert werden (Vivantes 2014, S. 71). Aus der Bilanz ist der Stand der liquiden Mittel zum Jahresende und zum Ende des Vorjahres zu ersehen (Vivantes 2014, S. 48):

	31.12.2014	31.12.2013	Veränderung
liquide Mittel	115,7 Mio. €	92,8 Mio. €	+ 22,9 Mio. €

In der Kapitalflussrechnung wird gezeigt, wie sich die Erhöhung der liquiden Mittel um 22,9 Mio. € zusammensetzt (s. Tab. 24).

Tab. 24 Verkürzte Kapitalflussrechnung von Vivantes 2014 (Vivantes 2014, S. 71)

	in Mio. €
Cashflow aus laufender Geschäftstätigkeit	+ 30,7
Cashflow aus Investitionstätigkeit	– 30,3
Cashflow aus Investitionstätigkeit	+ 22,5
= Veränderung liquide Mittel	+ 22,9

Die Kapitalflussrechnung zeigt, dass aus der laufenden Geschäftstätigkeit Zahlungsüberschüsse von 30,7 Mio. € erzielt wurden. Dem stehen Zahlungsabflüsse für Investitionen von 30,3 Mio. € gegenüber. Vor allem infolge der Aufnahme von Finanzverbindlichkeiten flossen dem Unternehmen aus Finanzierungstätigkeit 22,5 Mio. € zu. Der Saldo dieser Cashflows ergibt die Veränderung des Bestands an liquiden Mitteln gegenüber dem Vorjahr.

Ein positiver Cashflow aus der laufenden Geschäftstätigkeit bedeutet, dass die operativen Einzahlungen höher sind als die operativen Auszahlungen, der laufende Geschäftsbetrieb sich somit selbst finanziert. Ein negativer Cashflow aus laufender Geschäftstätigkeit ist ein Anzeichen für eine wirtschaftlich angespannte Lage eines Unternehmens oder eine Start-up-Situation. Ein üblicherweise negativer Cashflow aus Investitionstätigkeit bedeutet, dass die Mittelabflüsse für Investitionen höher sind als die Mittelzuflüsse aus Desinvestitionen. Der Cashflow aus Finanzierungstätigkeit ist positiv, wenn dem Unternehmen mehr Mittel aus Eigenkapitalerhöhungen oder Kreditaufnahmen zufließen als Mittel für Dividendenzahlungen und die Rückzahlung von Fremdkapital abfließen.

Während die Darstellung der Cashflows aus Investitionstätigkeit und aus Finanzierungstätigkeit unmittelbar auf Einzahlungen und Auszahlungen beruht (direkte Methode), besteht für die Darstellung der Cashflows ein Wahlrecht zur Anwendung der direkten oder indirekten Methode. Bei der direkten Methode wird auch der Cashflow aus laufender Geschäftstätigkeit unmittelbar aus Einzahlungen und Auszahlungen abgeleitet.

Bei der in der Praxis üblichen **indirekten Methode** wird der Cashflow aus laufender Geschäftstätigkeit aus der GuV und aus Änderungen von Bilanzwerten abgeleitet. Ausgehend vom Jahresüberschuss werden Aufwendungen, die nicht zahlungswirksam waren, zum Jahresergebnis hinzuaddiert und Erträge, die nicht zahlungswirksam waren, vom Jahresergebnis abgezogen. Aus der GuV sind zunächst die Abschreibungen als nicht auszahlungswirksame Aufwendungen zum Jahresergebnis hinzuzuaddieren. Erhöhungen bei den Forderungen aus Lieferungen sind Umsatzerlöse, die noch nicht bezahlt wurden. Minderungen der Forderungen aus Lieferungen und Leistungen sind Zahlungseingänge aus Umsatzerlösen einer früheren Periode. Deshalb sind Erhöhungen bei den Forderungen und Leistungen vom Jahresüberschuss abzuziehen und Minderungen hinzuzuaddieren.

Analoge Überlegungen sind zu Auszahlungen für Materialkäufe anzustellen. In der GuV ist der in einer Periode erfolgte Materialverbrauch als Materialaufwendungen erfasst. Erhöhen sich die Vorräte, so liegen höhere Auszahlungen vor, entsprechend sind Bestandsveränderungen an Vorräten vom Jahresüberschuss abzuziehen. Mindern sich die Vorräte, so wurden höhere Materialaufwendungen erfasst als Auszahlungen vorliegen. Entsprechend sind Bestandsminderungen bei den Vorräten hinzuzuaddieren. Wurden die Vorräte auf Kredit gekauft, so sind geringere Auszahlungen als Aufwendungen zu verzeichnen. Erhöhungen bei den Verbindlichkeiten aus Lieferungen und Leistungen sind daher hinzuzuaddieren, Minderungen sind abzuziehen.

Weitere nicht zahlungswirksame Aufwendungen und Erträge ergeben sich durch die Bildung und Auflösung von Rückstellungen. Erhöhungen von Rückstellungen sind daher Cashflow erhöhend, Rückstellungsminderungen Cashflow mindernd zu berücksichtigen. Generell wirken sich bei der indirekten Methode der Ermittlung des Cashflows aus laufender Geschäftstätigkeit Veränderungen der Bilanzposten aus wie in Tabelle 25 dargestellt.

II Externes Rechnungswesen

Tab. 25 Auswirkungen von Veränderungen der Bilanzposten im Cashflow aus laufender Geschäftstätigkeit

Veränderung von Bilanzpositionen	
Erhöhung von Forderungen aus Lieferungen und Leistungen	–
Minderung von Forderungen aus Lieferungen und Leistungen	+
Erhöhung des Vorratsvermögens	–
Minderung des Vorratsvermögens	+
Erhöhung von Verbindlichkeiten aus Lieferungen und Leistungen	+
Minderungen von Verbindlichkeiten aus Lieferungen und Leistungen	–
Erhöhung von Rückstellungen	+
Minderung von Rückstellungen	–
+ Cashflow erhöhend/– Cashflow mindernd	

Beispiel:

Anhand eines einfachen Beispiels soll die indirekte Ermittlung des Cashflows aus laufender Geschäftstätigkeit ausgehend von folgender GuV gezeigt werden:

Gewinn- und Verlustrechnung	in Mio. €
Umsatzerlöse	500
Materialaufwendungen	300
Abschreibungen	30
Personalaufwendungen	50
Sonstige betriebliche Aufwendungen	20
Jahresüberschuss	100

Zusätzlich sind folgende Informationen gegeben:

- Der Einfachheit halber sei angenommen, dass sich die GuV auf die Periode der Geschäftsaufnahme bezieht, d.h. in der Anfangsbilanz der Periode werden durchweg Werte von Null ausgewiesen.
- Von den Umsatzerlösen (500 Mio. €) wurden bis zum Periodenende Zahlungseingänge in Höhe von 480 Mio. € verzeichnet. In Höhe des Differenzbetrags von 20 Mio. € werden Forderungen aus Lieferungen und Leistungen bilanziert.
- Den Materialaufwendungen in Höhe von 300 Mio. € liegen Materialkäufe in Höhe von 330 Mio. € zugrunde. Dadurch erhöhen sich die Vorratsbestände um 30 Mio. €. Außerdem sei angenommen, dass die Materialkäufe nur in Höhe von 280 Mio. € bezahlt wurden. Daher sind Verbindlichkeiten aus Lieferungen und Leistungen in Höhe von 50 Mio. € auszuweisen.
- In den sonstigen betrieblichen Aufwendungen sind Zuführungen zu Rückstellungen aus Garantieleistungen in Höhe von 10 Mio. € enthalten. Die übrigen sonstigen betrieblichen Aufwendungen und die Personalaufwendungen sind in voller Höhe zahlungswirksam.

Für die Ermittlung des Cashflows aus operativer Tätigkeit sind zunächst die Abschreibungen als nicht auszahlungswirksame Aufwendungen zum Jahresergebnis hinzuzuaddieren. Ebenso sind Zuführungen zu den Rückstellungen Cashflow erhöhend zu berücksichtigen, da es sich um Aufwendungen der Periode, die erst in späteren Perioden auszahlungswirksam werden, handelt. Die Kundeneinzahlungen betragen 480 Mio. €, jedoch sind im Jahresergebnis Umsatzerlöse von 500 Mio. € enthalten. Die daraus resultierende Erhöhung der Forderungen ist daher Cashflow mindernd zu berücksichtigen. Für Materialkäufe sind Auszahlungen in Höhe von 280 Mio. € angefallen, im Jahresüberschuss sind demgegenüber Materialaufwendungen in Höhe von 300 Mio. € berücksichtigt. Die notwendige Cashflow erhöhende Korrektur von +20 Mio. € setzt sich zusammen aus einer Cashflow mindernden Erhöhung der Vorräte (-30 Mio. €) und einem Cashflow erhöhenden Anstieg der Verbindlichkeiten aus Lieferungen und Leistungen (+ 50 Mio. €). Daraus ergibt sich folgender Cashflow aus laufender Geschäftstätigkeit:

Cashflow aus laufender Geschäftstätigkeit	in Mio. €
Jahresüberschuss	+ 100
+ Abschreibungen	+ 30
+ Zuführungen zu den Rückstellungen	+ 10
– Erhöhung der Forderungen	– 20
– Erhöhung Vorratsvermögen	– 30
+ Erhöhung der Verbindlichkeiten aus Lieferungen und Leistungen	+ 50
= Cashflow aus laufender Geschäftstätigkeit	+ 140

2.10.3. Segmentbericht

Dr. Zipses Leitfragen zum Segmentbericht:

- Welche Unternehmen sind zur Aufstellung eines Segmentberichts verpflichtet?
- Wie erfolgt die Festlegung berichtspflichtiger Segmente?
- Welche Berichtsgrößen enthält ein Segmentbericht?

Eine Segmentberichterstattung ist immer dann ein aufschlussreiches Informationsinstrument, wenn ein Unternehmen in verschiedenen Geschäftssegmenten oder geographischen Regionen tätig ist. Bilanz, GuV und Kapitalflussrechnung beziehen sich auf das Unternehmen als Ganzes, geben daher keinen Aufschluss darüber, in welchem Segment Umsätze erzielt oder Investitionen getätigt wurden. Im Anhang wird von Kapitalgesellschaften eine Aufgliederung der Umsatzerlöse nach Tätigkeitsbereichen sowie nach geographisch bestimmten Märkten gefordert (§ 285 Nr. 4 HGB). Der Segmentbericht geht darüber hinaus und gibt Auskunft darüber, wie viel einzelne Segmente zum Unternehmenserfolg beitragen, wie viel Vermögen in den Segmenten gebunden ist und in welche Segmente mehr und in welche weniger investiert wird.

> Ziel der **Segmentberichterstattung** ist, den Einblick in die Vermögens-, Finanz- und Ertragslage und damit die Chancen und Risiken der einzelnen Geschäftsfelder zu verbessern (DRS 3.1).

Kapitalmarktorientierte Kapitalgesellschaften, die nicht zur Aufstellung eines Konzernabschlusses verpflichtet sind, können den Jahresabschluss um eine **Segmentberichterstattung** erweitern (§ 264 Abs. 1 HGB). Ebenso können Konzernmutterunternehmen, die ihren Konzernabschluss nach HGB aufstellen, den Konzernabschluss um einen Segmentbericht erweitern. Eine Pflicht zur Segmentberichterstattung besteht nur für kapitalmarktorientierte Mutterunternehmen, die ihren Konzernabschluss nach IFRS aufstellen.

Der Gesetzgeber schreibt die im Rahmen des Segmentberichts zu gebenden Informationen nicht vor. Eine Konkretisierung erfolgt durch DRS 3, dessen Anwendung allen Unternehmen empfohlen wird, die freiwillig einen Segmentbericht erstellen. Bei der Segmentberichterstattung geht es in erster Linie um zwei Fragen:

1. Wie erfolgt die Abgrenzung der zu berichtenden Segmente?
2. Welche Angaben sind für die zu berichtenden Segmente zu machen?

Zu 1.: Die Segmentierung hat nach DRS 3 anhand der operativen Segmente des Unternehmens zu erfolgen. Die Abgrenzung der Segmente ergibt sich daher grundsätzlich aus der internen Organisations- und Berichtsstruktur des Unternehmens. I.d.R. basiert diese auf einer produktorientierten oder geographischen Segmentierung. Operative Segmente sind dann **berichtspflichtige Segmente**, wenn sie alternativ mindestens folgende Anteile an Umsatz, Ergebnis und Vermögen erreichen (DRS 3.15):

- Die Umsatzerlöse eines Segments betragen einschließlich der Innenumsätze mit anderen Segmenten mindestens 10% der gesamten externen und intersegmentären Umsatzerlöse, oder
- das Segmentergebnis beträgt mindestens 10% des zusammengefassten Ergebnisses aller operativen Segmente, die einen Gewinn ausweisen, oder aller operativen Segmente, die einen Verlust ausweisen, wobei der jeweils größere Gesamtbetrag zugrunde zu legen ist, oder
- das Segmentvermögen beläuft sich auf mindestens 10% des gesamten Vermögens aller operativen Segmente.

Insgesamt muss die Summe der berichteten Segmentumsätze mindestens 75% der Umsatzerlöse des Unternehmens ausmachen (DRS 3.12).

Zu 2.: Während eine Aufgliederung der Umsatzerlöse im Rahmen des Anhangs von allen großen Kapitalgesellschaften gefordert wird, umfasst ein Segmentbericht entsprechend der Empfehlung des DRS 3.31 folgende Größen:

- Segmentumsatzerlöse
- Segmentergebnis
- wesentliche im Segmentergebnis enthaltene Komponenten wie z.B. Abschreibungen und andere wesentliche nicht zahlungswirksame Posten
- Segmentvermögen
- Investitionen in das Segmentvermögen
- Segmentschulden.

2.10.4. Lagebericht

Dr. Zipses Leitfragen zum Lagebericht

- Wozu dient der Lagebericht?
- Welche Unternehmen sind zur Aufstellung eines Lageberichts verpflichtet?
- Welche inhaltlichen Bestandteile hat ein Lagebericht?

Der Lagebericht ist nicht Teil des Jahresabschlusses, sondern ein ergänzendes eigenständiges Informationsinstrument (Coenenberg et al. 2014, S. 919).

> Der **Lagebericht** soll mit dem Jahresabschluss in Einklang stehen und ein zutreffendes Bild vom Geschäftsverlauf, der Lage des Unternehmens, seiner voraussichtlichen Entwicklung und von den mit dieser Entwicklung einhergehenden Chancen und Risiken abgeben (DRS 20.3).

Dadurch soll eine umfassende Gesamtbeurteilung der gegenwärtigen Situation eines Unternehmens und seiner voraussichtlichen zukünftigen Entwicklung ermöglicht werden.

Einen Lagebericht haben nach § 264 Abs. 1 HGB große und mittelgroße Kapitalgesellschaften aufzustellen. Die KHBV enthält keine besondere Verpflichtung zur Aufstellung eines Lageberichts. Krankenhäuser sind daher nur dann zur Aufstellung eines Lageberichts verpflichtet, wenn sie in der Rechtsform einer Kapitalgesellschaft geführt werden und die Größenkriterien für große oder mittelgroße Gesellschaften erfüllen (s. Kap. II.2.1.2). Entsprechende Verpflichtungen bestehen für Eigenbetriebe nach dem Eigenbetriebsgesetz. Für Kliniken in der Rechtsform einer Anstalt des öffentlichen Rechts, Stiftungen und Vereine ergibt sich die Pflicht zur Aufstellung eines Lageberichts in der Regel aus den entsprechenden Verordnungen der jeweiligen Bundesländer (Burkhart et al. 2010, S. 118).

Die gesetzlichen Anforderungen an den Lagebericht (§ 289 HGB) werden in DRS 20 konkretisiert. Dieser gilt zwar formal für den Konzernlagebericht, eine entsprechende Anwendung des Standards auf den Lagebericht eines Einzelunternehmens wird jedoch empfohlen (DRS 20.2). Dabei wird die Einhaltung folgender formaler Grundsätze gefordert:

- Vollständigkeit
- Verlässlichkeit und Ausgewogenheit
- Klarheit und Übersichtlichkeit
- Vermittlung der Sicht der Konzernleitung bzw. Unternehmensleitung
- Wesentlichkeit und Informationsabstufung. Der Grundsatz der Wesentlichkeit erfordert, die Berichterstattung im Lagebericht auf wesentliche Informationen zu beschränken. Die Informationsabstufung verlangt bei diversifizierten, großen und kapitalmarktorientierten Unternehmen eine detailliertere Berichterstattung als bei wenig diversifizierten, kleinen und nicht kapitalmarktorientierten Unternehmen.

Inhaltlich werden lediglich Mindestanforderungen an den Lagebericht definiert. Eine darüber hinausgehende freiwillige Berichterstattung ist möglich. Nach § 289 HGB besteht der Lagebericht aus folgenden Pflichtinhalten:

- **Der Wirtschaftsbericht:** Im Wirtschaftsbericht sind der Geschäftsverlauf und die Lage des Unternehmens so darzustellen, zu analysieren und zu beurteilen, dass ein den tatsächlichen Verhältnissen entsprechendes Bild vermittelt wird. Bei der Analyse und Beurteilung der Geschäftstätigkeit ist unter Bezugnahme auf den Jahresabschluss auf die wichtigsten finanziellen Leistungsindikatoren (wie z.B. Ergebnisgrößen, Kapitalstruktur, Liquidität und Investitionen) einzugehen. Große Kapitalgesellschaften haben in die Lageberichterstattung auch nichtfinanzielle Leistungsindikatoren einzubeziehen, soweit sie für den Geschäftsverlauf und die Lage von Bedeutung sind. Diese können sich z.B. auf Kunden-, Umwelt- oder Arbeitnehmerbelange beziehen (§ 289 Abs. 3 HGB).
- **Der Nachtragsbericht:** Im Nachtragsbericht sind Vorgänge von besonderer Bedeutung zu erläutern, die nach dem Abschlussstichtag eingetreten sind. Dabei sind auch die erwarteten Auswirkungen auf die Vermögens-, Finanz- und Ertragslage darzustellen. Vorgänge von besonderer Bedeutung können z.B. Gerichtsentscheidungen, der Abschluss oder die Kündigung wesentlicher Verträge oder Streiks sein (Coenenberg et al. 2014, S. 930).
- **Prognose-, Chancen- und Risikobericht:** Hierbei ist auf die voraussichtliche Entwicklung des Unternehmens und die damit einhergehenden Chancen und Risiken einzugehen. Prognosen sind zu den wichtigsten finanziellen und nichtfinanziellen Leistungsindikatoren anzugeben, wobei nicht explizit quantitative Angaben gefordert werden. Es soll jedoch die Richtung und Intensität von erwarteten Veränderungen der prognostizierten Kennzahlen gegenüber dem Istwert angegeben werden (DRS 20.128). Als Prognosezeitraum ist mindestens ein Jahr ab dem Abschlussstichtag zugrunde zu legen. Die den Prognosen zugrundeliegenden Annahmen (z.B. Wirtschafts- und Branchenentwicklung, Wechselkurse, Inflationsraten) sind anzugeben. Die Risikoberichterstattung umfasst Angaben zu einzelnen Risiken und eine zusammenfassende Darstellung der Risikolage. Die Berichterstattung über Chancen soll entsprechend der Risikoberichterstattung erfolgen. Außerdem sind Risikomanagementziele und -methoden zu beschreiben. Kapitalmarktorientierte Unternehmen müssen zudem die wesentlichen Merkmale des internen Kontroll- und des Risikomanagementsystems beschreiben (§ 289 Abs. 5 HGB).
- **Forschungs- und Entwicklungsbericht:** Die Berichterstattung über Forschungs- und Entwicklungsaktivitäten eines Unternehmens ist vor allem für Industrieunternehmen in hochtechnologischen Bereichen von Bedeutung. Die Angaben können sich z.B. auf die Gesamtaufwendungen für Forschung und Entwicklung, auf die in diesem Bereich beschäftigten Mitarbeiter und/oder auf Art und Umfang der Forschungsergebnisse (z.B. Patentanmeldungen) beziehen (DRS 20.50).
- **Bericht über Zweigniederlassungen:** Hier sind wesentliche Eckdaten über im Handelsregister eingetragene Zweigniederlassungen zu berichten.

- Bei **börsennotierten Aktiengesellschaften** ist zusätzlich ein Vergütungsbericht vorgeschrieben. Hier ist über die Grundzüge des Vergütungssystems für den Vorstand und Aufsichtsrat zu berichten.
- Bei Aktiengesellschaften und Kommanditgesellschaften auf Aktien muss der Lagebericht einen **Übernahmebericht** enthalten. Dabei sind übernahmerelevante Daten zu berichten, die potenziellen Unternehmenserwerbern einen Überblick über das Unternehmen und potenzielle Übernahmehindernisse geben sollen (Beck'scher Bilanz-Kommentar 2014, Tz. 110ff. zu § 289).

Seit Inkrafttreten des Bilanzrechtsmodernisierungsgesetzes 2009 ist über die traditionellen Inhalte des Lageberichts hinaus von bestimmten kapitalmarktorientierten Unternehmen auch eine **Erklärung zur Unternehmensführung** in den Lagebericht aufzunehmen oder auf der Internetseite der Gesellschaft zu veröffentlichen. Die Erklärung umfasst folgende Bestandteile (§ 289a HGB):

- Entsprechenserklärung nach § 161 AktG. Danach haben Vorstand und Aufsichtsrat zu erklären, dass den Empfehlungen der Regierungskommission Deutscher Corporate Governance Kodex entsprochen wurde und wird und welche Empfehlungen nicht angewendet wurden oder werden.
- Relevante Angaben zu Unternehmensführungspraktiken, die über die gesetzlichen Anforderungen hinaus angewandt werden, nebst Hinweis, wo sie öffentlich zugänglich sind. Hierzu zählen z.B. unternehmensweite Verhaltensrichtlinien oder Selbstverpflichtungen zur Einhaltung von Nachhaltigkeitsstandards.
- Eine Beschreibung der Arbeitsweise von Vorstand und Aufsichtsrat sowie die Zusammensetzung und Arbeitsweisen von deren Ausschüssen.

3. Konzernabschlüsse

Dr. Zipse freut sich, dass er sich einen guten Überblick über Buchhaltung, Jahresabschluss und Lagebericht seines Unternehmens verschafft hat. Er lädt daraufhin seinen alten Kollegen, den Leiter des Rechnungswesens, Herrn Huber, zu einem guten Glas Wein ein. Sie fachsimpeln und tauschen sich über Neuigkeiten im Krankenhaus aus. Dabei kommt auch zur Sprache, dass das Krankenhaus, für das sie beide arbeiten, Teil eines größeren Verbunds, eines Konzerns, ist. Herr Huber berichtet, dass er zu jedem Jahresabschluss seine Zahlen nochmals speziell für die Einbeziehung in einen Konzernabschluss aufbereiten muss.

„Wie relevant ist denn so ein Konzernabschluss?", fragt Dr. Zipse. „Na ja, immer wenn in der Finanzpresse von Jahresabschlusszahlen großer Unternehmen die Rede ist, werden die Zahlen aus dem Konzernabschluss berichtet. Für den Kapitalmarkt ist die Information durch den Konzernabschluss zwischenzeitlich wichtiger als der Einzelabschluss" entgegnet Herr Huber. „Und wie bilanziert denn so ein Konzern?", fragt Dr. Zipse. Kollege Huber atmet tief durch: wie kann man einem Mediziner möglichst einfach Konzernrechnungslegung erklären? Er überlegt sich folgende Leitfragen:

- Welchen Zweck hat ein Konzernabschluss?
- Welche Unternehmen sind zur Aufstellung von Konzernabschlüssen verpflichtet?
- Welche Unternehmen sind in einen Konzernabschluss einzubeziehen?
- Welche Bestandteile hat ein Konzernabschluss?
- Welche Unternehmen sind in einen Konzernabschluss einzubeziehen?
- Welche Schritte sind im Rahmen der Konzernabschlusserstellung erforderlich?
- Was versteht man unter Kapitalkonsolidierung?
- Was versteht man unter Schuldenkonsolidierung?
- Wie geht man bei der Zwischenergebniseliminierung vor?
- Wie erfolgt die Konsolidierung von Aufwendungen und Erträgen?

3.1. Grundlagen des Konzernabschlusses

Größere Krankenhausunternehmen werden zumeist – wie andere Großunternehmen auch – nicht als Einzelunternehmen geführt sondern als Konzerne mit mehreren rechtlich selbstständigen Tochterunternehmen. Ein Konzern liegt immer dann vor, wenn mehrere rechtlich selbstständige Unternehmen unter einheitlicher wirtschaftlicher Leitung stehen. Nicht nur Krankenhäuser in privater Trägerschaft, sondern auch kommunale und freigemeinnützige Krankenhäuser werden häufig als Konzerne geführt. Z.B. werden bei Krankenhausunternehmen Servicebereiche, wie die Textilversorgung oder die Speiseversorgung häufig in rechtlich selbstständige Tochtergesellschaften ausgegliedert. Auch MVZ im Besitz von Krankenhausunternehmen sind meist rechtlich selbstständige Tochtergesellschaften. Bei solchen Unternehmensstrukturen gibt der Einzelabschluss des Mutterunternehmens zwar einen Überblick über die Aktivitäten des Mutterunternehmens, nicht aber über die Aktivitäten des Konzerns. Das Informationsinteresse der Bilanzleser bezieht sich jedoch primär auf die wirtschaftliche Einheit des Konzerns, über die mit dem Konzernabschluss informiert wird.

Zudem kann die Aussagekraft des Einzelabschlusses dadurch beeinträchtigt werden, dass durch konzerninterne Transaktionen Erfolg und/oder Vermögen von Mutter- und Tochterunternehmen „gestaltet" werden, ohne dass sich Erfolg und/oder Vermögen des Gesamtkonzerns ändert. Verkauft z.B. ein Mutterunternehmen ein Grundstück mit Anschaffungskosten von 100.000 € zum Preis von 1.000.000 € an ein Tochterunternehmen, so weist das Mutterunternehmen einen Gewinn von 900.000 € aus und das Tochterunternehmen bilanziert das Grundstück mit neuen Anschaffungskosten von 1.000.000 €. Unabhängig davon, ob der Verkaufspreis von 1.000.000 € dem Marktwert des Grundstücks entspricht, ist diese konzerninterne Transaktion im Rahmen der Erstellung des Konzernabschlusses zu eliminieren. Gewinne werden im Konzernabschluss nur ausgewiesen, wenn sie durch Transaktionen mit konzernexternen Geschäftspartnern erzielt wurden.

> Der **Konzernabschluss** soll ein den tatsächlichen Verhältnissen entsprechendes Bild der Vermögens-, Finanz- und Ertragslage des Konzerns vermitteln und die Vermögens-, Finanz- und Ertragslage der einbezogenen Unternehmen so darstellen, als ob diese Unternehmen insgesamt ein einziges Unternehmen wären.

In der Praxis der Finanzpublizität hat sich der Konzernabschluss als das dominierende Informationsmedium durchgesetzt. In den Geschäftsberichten der Mutterunternehmen von Konzernen, wie z.B. bei Vivantes – Netzwerk für Gesundheit GmbH, wird daher überwiegend nur der Konzernabschluss präsentiert. Der Einzelabschluss des Mutterunternehmens ist zwar beim Unternehmensregister hinterlegt, wird aber nicht aktiv als Informationsinstrument genutzt. Die **Information der Jahresabschlussadressaten** ist der **einzige Zweck** des Konzernabschlusses. Dividendenansprüche der Anteilseigner werden auch bei Konzernunternehmen auf der Grundlage der Einzelabschlüsse der Unternehmen bemessen.

Und auch die Bemessung der Ertragsteuern erfolgt ebenfalls auf der Grundlage der Steuerbilanzen der einzelnen Konzernunternehmen.

Im Hinblick auf den anzuwendenden Rechnungslegungsstandard ist bei der Konzernabschlusserstellung zwischen kapitalmarktorientierten und nicht kapitalmarktorientierten Unternehmen zu unterscheiden. Seit dem 01.01.2005 sind kapitalmarktorientierte Unternehmen mit Sitz in einem der Mitgliedstaaten der EU zur Aufstellung von Konzernabschlüssen nach den Regeln der IFRS verpflichtet. Nicht kapitalmarktorientierte Unternehmen haben dagegen ein Wahlrecht, ihren Konzernabschluss nach IFRS oder HGB aufzustellen (§ 315 Abs. 3 HGB). Die KHBV erstreckt sich nicht auf den Konzernabschluss, gleichwohl wird in der Praxis auch der Konzernabschluss von Krankenhausunternehmen in Anlehnung an die Gliederungsvorschriften der KHBV gegliedert (z.B. Vivantes, Geschäftsbericht 2014). Darüber hinaus besteht jedoch auch die Möglichkeit, bei der Konzernabschlusserstellung den Einzelabschluss nach der KHBV entsprechend den allgemeinen HGB-Gliederungsvorschriften umzugliedern (Burkhart et al. 2010, S. 138ff.). In diesem Kapitel werden die Grundlagen des Konzernabschlusses auf der Grundlage des HGB erläutert. Die Grundlagen der Rechnungslegung nach IFRS werden anschließend in Kapitel II.4 behandelt.

3.2. Verpflichtung zur Aufstellung und Bestandteile des Konzernabschlusses

Zur Aufstellung eines Konzernabschlusses sind die gesetzlichen Vertreter von Kapitalgesellschaften verpflichtet, die als Mutterunternehmen mittelbar oder unmittelbar einen beherrschenden Einfluss auf andere Unternehmen (= Tochterunternehmen) ausüben (§ 290 Abs. 1 HGB). Darüber hinaus sind auch Einzelunternehmen und Personengesellschaften als Mutterunternehmen zur Aufstellung eines Konzernabschlusses verpflichtet, wenn sie bestimmte Größenmerkmale erfüllen und einen beherrschenden Einfluss auf ein anderes Unternehmen ausüben (§ 11 PublG). In § 290 Abs. 2 HGB wird im Einzelnen aufgeführt, wann ein beherrschender Einfluss besteht. Im Rahmen dieser Einführung möge genügen, dass ein beherrschender Einfluss vor allem dann vorliegt, wenn das Mutterunternehmen direkt oder indirekt über die Mehrheit der Stimmrechte der Gesellschafter des Tochterunternehmens verfügt.

Der Konzernabschluss nach HGB umfasst alle Bestandteile, die schon für den Einzelabschluss erläutert wurden (§ 297 Abs. 1 HGB):
- Konzernbilanz
- Konzern-Gewinn- und Verlustrechnung
- Konzern-Anhang
- Konzern-Kapitalflussrechnung
- Konzern-Eigenkapitalspiegel
- und wahlweise eine Konzern-Segmentberichterstattung

Neben dem Konzernabschluss ist ein Konzernlagebericht aufzustellen (§ 290 Abs. 1 HGB).

3.3. Einbeziehung von Tochterunternehmen, Gemeinschaftsunternehmen und assoziierten Unternehmen

Als Tochterunternehmen sind alle direkt oder indirekt beherrschten Unternehmen im In- und Ausland unabhängig von ihrer Rechtsform in den Konzernabschluss einzubeziehen. Eine direkte Beteiligung liegt vor, wenn das Mutterunternehmen unmittelbar mit mehr als 50% der Stimmrechte am Tochterunternehmen beteiligt ist. Eine indirekte Beteiligung besteht, wenn das Tochterunternehmen wiederum an einem Enkelunternehmen beteiligt ist. In diesem Fall sind für die Frage der Einbeziehung des Enkelunternehmens die Anteile des Mutter- und des Tochterunternehmens zusammenzuzählen.

Beispiel:

Ein Mutterunternehmen (MU) hat an einem Tochterunternehmen (TU 1) 70% der Stimmrechte. TU 1 ist an TU 2 mit 40% der Stimmrechte beteiligt. Außerdem ist MU mit 20% der Stimmrechte an TU 2 beteiligt.

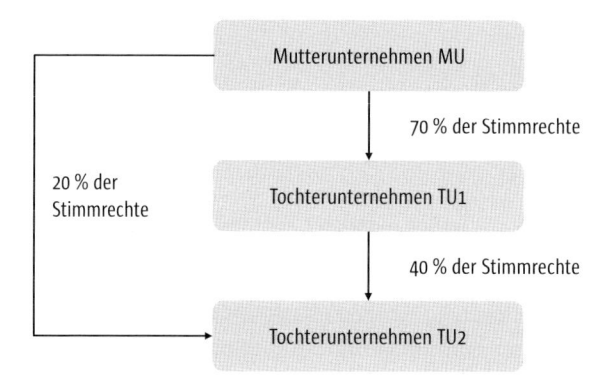

```
                    ┌──────────────────────┐
                    │  Mutterunternehmen MU │
                    └──────────────────────┘
                              │
                              │ 70 % der Stimmrechte
                              ▼
  20 % der          ┌──────────────────────┐
  Stimmrechte       │ Tochterunternehmen TU1│
                    └──────────────────────┘
                              │
                              │ 40 % der Stimmrechte
                              ▼
                    ┌──────────────────────┐
                    │ Tochterunternehmen TU2│
                    └──────────────────────┘
```

Da TU 1 über 40% der Stimmrechte an TU 2 verfügt und MU direkt 20% der Stimmrechte an TU 2 hat, verfügt MU direkt und indirekt über 60% der Stimmrechte an TU 2. Damit ist auch TU 2 in den Konzernabschluss einzubeziehen.

Wird ein Tochterunternehmen durch das Mutterunternehmen direkt oder indirekt beherrscht, so ist es im Rahmen der Vollkonsolidierung in den Konzernabschluss einzubeziehen. **Vollkonsolidierung** bedeutet, dass in den Konzernabschluss alle Vermögensgegenstände und Schulden sowie Aufwendungen und Erträge des Tochterunternehmens zu 100% in den Konzernabschluss einzubeziehen sind.

3 Konzernabschlüsse

Neben der Vollkonsolidierung gibt es bei der Konzernbilanzierung eine besondere Berücksichtigung von Gemeinschaftsunternehmen, die von einem Konzernunternehmen gemeinsam mit einem nicht in den Konzernabschluss einbezogenen Unternehmen geführt werden (§ 310 HGB). **Gemeinschaftsunternehmen** können wahlweise nach der **Quotenkonsolidierung** oder der sog. **Equity-Methode** in den Konzernabschluss einbezogen werden.

Nach der Quotenkonsolidierung werden die Vermögensgegenstände und Schulden sowie Aufwendungen und Erträge anteilig in den Konzernabschluss einbezogen. Die Equity-Methode stellt demgegenüber eine besondere Form der Beteiligungsbilanzierung dar. Der nach der Equity-Methode ermittelte Beteiligungsbuchwert spiegelt das anteilige Eigenkapital des assoziierten Unternehmens wider. Dabei werden im Gegensatz zur „normalen" Beteiligungsbilanzierung auch anteilige Gewinne und Verluste berücksichtigt.

Assoziierte Unternehmen, auf die ein Konzernunternehmen einen maßgeblichen Einfluss auf die Geschäfts- und Finanzpolitik ausübt und bei denen ein Konzernunternehmen i.d.R. mehr als 20% der Stimmrechte ausübt, müssen nach der **Equity-Methode** einbezogen werden (siehe hierzu Küting u. Weber 2015, S. 577ff.).

In Tabelle 26 werden die unterschiedlichen Methoden der Einbeziehung in den Konzernabschluss und ihr jeweiliger Anwendungsbereich dargestellt.

Tab. 26 Einbeziehung von Tochterunternehmen, Gemeinschaftsunternehmen und assoziierten Unternehmen

	Tochterunternehmen	Gemeinschaftsunternehmen	assoziierte Unternehmen
Kriterium	beherrschender Einfluss durch ein Konzernunternehmen	gemeinschaftliche Führung durch ein Konzernunternehmen und ein nicht in den Konzernabschluss einbezogenes Unternehmen	maßgeblicher Einfluss eines Konzernunternehmens
Einbeziehungsmethode	Vollkonsolidierung	Quotenkonsolidierung oder Equity-Methode	Equity-Methode

3.4. Prozess der Konzernabschlusserstellung

Die Erstellung von Konzernabschlüssen (Vollkonsolidierung) erfolgt zunächst durch Addition der Einzelposten der Jahresabschlüsse der in den Konzernabschluss einbezogenen Unternehmen. Voraussetzung hierfür ist die Anwendung einheitlicher Bilanzierungs- und Bewertungsmethoden. Für den Konzernabschluss legt daher das Mutterunternehmen zumeist in einem Bilanzierungshandbuch einheitliche Bilanzierungs- und Bewertungsmethoden fest. Sofern in den Einzelabschlüssen der einbezogenen Unternehmen anders bewertet wurde, sind die Einzelabschlüsse entsprechend anzupassen. Abschlüsse von Tochterunternehmen, die nicht in Euro aufgestellt wurden, sind in Euro umzurechnen. Die nach konzerneinheitlichen Bilanzierungs- und Bewertungsmethoden aufgestellten Einzelabschlüsse werden als Handelsbilanz II (bestehend aus Bilanz und Gewinn- und Verlustrechnung) bezeichnet.

Im Anschluss daran werden durch Addition aller Handelsbilanzen II die Summenbilanz und die Summen- Gewinn- und Verlustrechnung des Konzerns erstellt. Ausgehend hiervon sind konzerninterne Posten zu konsolidieren und konzerninterne Transaktionen zu eliminieren. Im Einzelnen sind vier Konsolidierungs- und Eliminierungsschritte vorzunehmen:

- die Kapitalkonsolidierung
- die Schuldenkonsolidierung
- die Zwischenergebniseliminierung
- die Konsolidierung von Aufwendungen und Erträgen.

In Abbildung 23 werden die Schritte der Konzernabschlusserstellung zusammengefasst dargestellt.

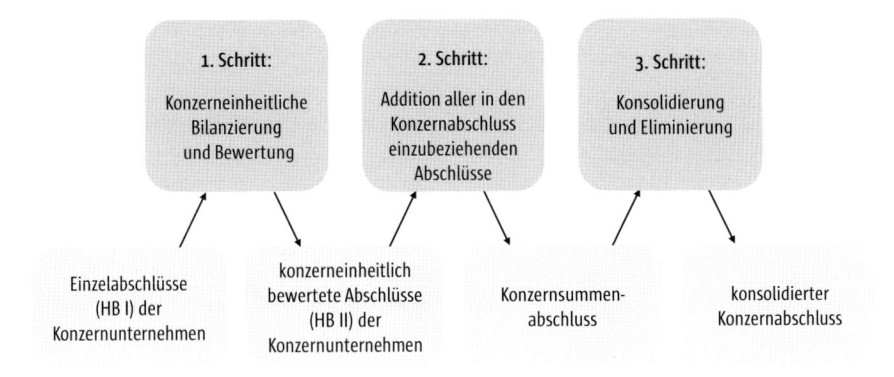

Abb. 23 Prozess der Konzernabschlusserstellung

Nachfolgend werden die einzelnen Konsolidierungs- und Eliminierungsvorgänge erläutert.

3.4.1. Kapitalkonsolidierung

In der Summenbilanz werden Posten der Bilanz und der Gewinn- und Verlustrechnung, also auch die Eigenkapitalposten der in den Konzernabschluss einbezogenen Unternehmen addiert. Da das Eigenkapital der Tochterunternehmen im Vermögen des Mutterunternehmens als Beteiligungsbuchwert erfasst ist, kommt es in der Summenbilanz zu einer Doppelerfassung der Eigenkapitalien. Im Rahmen der Kapitalkonsolidierung werden daher die Anteile an Tochterunternehmen in der Bilanz des Mutterunternehmens mit dem entsprechenden Eigenkapital in den Bilanzen der Tochterunternehmen aufgerechnet. So wird sichergestellt, dass Vermögen und Kapital des Konzerns korrekt ausgewiesen werden.

3 Konzernabschlüsse

Beispiel:

Ein Krankenhauskonzern besteht aus einer Beteiligungsholding (Mutterunternehmen MU) und einem operativen Tochterunternehmen (Klinik, TU). Das Mutterunternehmen sei zu 100% eigenfinanziert und hält in seinem Vermögen die Beteiligung am Tochterunternehmen (10 Mio. €) und sonstige Aktiva (10 Mio. €). Das Tochterunternehmen weist in seiner Bilanz die für den Klinikbetrieb notwendigen Vermögensgegenstände aus (20 Mio. €) und sei zu 50% eigenfinanziert und zu 50% fremdfinanziert.

A	Bilanz MU (Mio. €)		P	A	Bilanz TU (Mio. €)		P
Beteiligung TU	10	Eigenkapital	20	versch. Aktiva	20	Eigenkapital	10
versch. Aktiva	10					Fremdkapital	10
	20		20		20		20

Die wirtschaftliche Einheit des Konzerns verfügt über die Aktiva des Tochterunternehmens (20 Mio. €), verschiedene Aktiva des Mutterunternehmens (10 Mio. €) und hat 10 Mio. € Schulden. Das Eigenkapital des Konzerns beträgt daher 20 Mio. €. In der Summenbilanz werden allerdings auch die Beteiligung am Tochterunternehmen als Vermögen und das Eigenkapital des Tochterunternehmens als zusätzliches Eigenkapital ausgewiesen. Im Rahmen der Kapitalkonsolidierung wird diese Doppelzählung rückgängig gemacht und die Beteiligung am Tochterunternehmen gegen das Eigenkapital des Tochterunternehmens aufgerechnet.

A	Konzern-Summenbilanz (Mio. €)		P	A	Konzernbilanz konsolidiert (Mio. €)		P
Beteiligung TU	10	Eigenkapital	30	versch. Aktiva	30	Eigenkapital	20
versch. Aktiva	30	Fremdkapital	10			Fremdkapital	10
	40		40		30		30

3.4.2. Schuldenkonsolidierung

Ausgehend vom Grundsatz, dass im Konzernabschluss die Vermögens-, Finanz- und Ertragslage der einbezogenen Unternehmen so darzustellen ist, als ob diese Unternehmen insgesamt ein einziges Unternehmen wären (§ 298 Abs. 3 HGB), sind auch Forderungen und Verbindlichkeiten einbezogener Unternehmen gegeneinander aufzurechnen. Im Konzernabschluss sind ausschließlich Forderungen und Verbindlichkeiten gegen konzernexterne Parteien auszuweisen.

Beispiel:

Es gelten grundsätzlich die Ausgangsdaten des Beispiels zur Kapitalkonsolidierung. Abweichend davon seien die verschiedenen Aktiva des Mutterunternehmens (10 Mio. €) Forderungen gegen das Tochterunternehmen und das Fremdkapital des Tochterunternehmens (10 Mio. €) besteht aus den entsprechenden Verbindlichkeiten gegen das Mutterunternehmen.

A	Bilanz MU (Mio. €)		P	A	Bilanz TU (Mio. €)		P
Beteiligung TU	10	Eigenkapital	20	versch. Aktiva	20	Eigenkapital	10
Forderung TU	10					Verbindlichkeiten MU	10
	20		20		20		20

Wirtschaftlich besteht das Vermögen des Konzerns aus den verschiedenen Aktiva des Tochterunternehmens bei 100%iger Eigenfinanzierung. Im Rahmen der Schuldenkonsolidierung ist daher die Forderung gegen das Tochterunternehmen mit der entsprechenden Verbindlichkeit des Tochterunternehmens aufzurechnen.

A	Konzern-Summenbilanz (Mio. €)		P		A	Konzernbilanz konsolidiert (Mio. €)		P
Beteiligung TU	10	Eigenkapital	30		versch. Aktiva	20	Eigenkapital	20
Forderung TU	10	Verbindlichkeiten MU	10					
versch. Aktiva	20							
	40		40			20		20

3.4.3. Zwischenergebniseliminierung

Wie bereits erwähnt, besteht im Konzern aufgrund von Beherrschungsverhältnissen die Möglichkeit durch konzerninterne Transaktionen das Ergebnis in den Einzelabschlüssen der Konzernunternehmen zu beeinflussen. Im Konzernabschluss ist nur das durch Transaktionen mit konzernfremden Parteien erzielte Ergebnis auszuweisen. Daher sind die durch konzerninterne Transaktionen erzielten Ergebnisse zu eliminieren.

Beispiel:

Ausgehend von den Daten des Beispiels zur Kapitalkonsolidierung sei zusätzlich angenommen, dass MU an TU ein Grundstück (bisheriger Buchwert 10 Mio. €) zum Preis von 40 Mio. € veräußert, wodurch im Einzelabschluss ein Ergebnis von + 30 Mio. € ausgewiesen wird. TU nimmt für den Erwerb des Grundstückes zusätzliches Fremdkapital von 40 Mio. € auf. Darüber hinaus erzielt MU Erträge und Aufwendungen in Höhe von jeweils 20 Mio. €. TU erzielt Umsatzerlöse von 50 Mio. € bei Aufwendungen von 30 Mio. €.

A	Bilanz MU (Mio. €)		P		A	Bilanz TU (Mio. €)		P
Beteiligung TU	10	Eigenkapital	20		versch. Aktiva	50	Eigenkapital	10
liquide Mittel	40	Jahresüberschuss	30		Grundstück	40	Jahresüberschuss	30
							Fremdkapital	50
	50		50			90		90

Gewinn- und Verlustrechnung MU (Mio. €)			Gewinn- und Verlustrechnung TU (Mio. €)	
Erträge Grundstücksverkauf an TU	30		Umsatzerlöse	50
sonstige Erträge	20		Aufwendungen	20
Aufwendungen	20			
Jahresüberschuss	30		Jahresüberschuss	30

Es ist wirtschaftlich einleuchtend, dass die wirtschaftliche Einheit des Konzerns einen Jahresüberschuss von 30 Mio. € erwirtschaftet hat (entspricht dem Jahresüberschuss von TU). Das Ergebnis aus dem Grundstücksverkauf ist demgegenüber zu eliminieren und der Buchwert des Grundstücks ist in der Konzernbilanz auf den ursprünglichen Buchwert von 10 Mio. € zu mindern.

3 Konzernabschlüsse

A	Konzern-Summenbilanz (Mio. €)		P
Beteiligung TU	10	Eigenkapital	30
versch. Aktiva	50	Jahresüberschuss	60
Grundstück	40	Fremdkapital	50
liquide Mittel	40		
	140		140

Summen-Gewinn- und Verlustrechnung (Mio. €)	
Umsatzerlöse	50
Erträge Grundstücksverkauf an TU	30
sonstige Erträge	20
Aufwendungen	40
Jahresüberschuss	60

A	Konzernbilanz konsolidiert (Mio. €)		P
versch. Aktiva	50	Eigenkapital	20
Grundstück	10	Jahresüberschuss	30
liquide Mittel	40	Fremdkapital	50
	100		100

Konzern-Gewinn- und -Verlustrechnung konsolidiert (Mio. €)	
Umsatzerlöse	50
sonstige Erträge	20
Aufwendungen	40
Jahresüberschuss	30

3.4.4. Eliminierung von konzerninternen Aufwendungen und Erträgen

Bei konzerninternen Lieferungen und Leistungen ist nicht nur das Ergebnis zu korrigieren sowie Forderungen und Verbindlichkeiten zu konsolidieren, es sind auch in der Konzern-Gewinn- und Verlustrechnung die Aufwendungen und Erträge aus konzerninternen Transaktionen zu eliminieren (§ 305 Abs. 1 HGB). Dies betrifft zum einen die Eliminierung konzerninterner Umsatzerlöse und zum anderen die Eliminierung anderer Erträge und Aufwendungen.

Beispiel:

Tochterunternehmen TU hat eine Immobilie im Besitz des Mutterunternehmens MU angemietet. Der Mietaufwand bei TU beträgt 5 Mio. €. MU weist Erträge in entsprechender Höhe aus.

Gewinn- und Verlustrechnung MU (Mio. €)	
Mieterträge TU	5
sonstige Erträge	15
sonstige Aufwendungen	20
Jahresüberschuss	0

Gewinn- und Verlustrechnung TU (Mio. €)	
Umsatzerlöse	50
Mietaufwendungen	5
sonstige Aufwendungen	15
Jahresüberschuss	30

Die konzerninternen Mietaufwendungen und -erträge sind zu eliminieren, sodass in der konsolidierten Konzern-Gewinn- und Verlustrechnung nur solche Aufwendungen und Erträge ausgewiesen werden, die aus Sicht der wirtschaftlichen Einheit des Konzerns durch Transaktionen mit Dritten entstanden sind.

Konzern-Summen-Gewinn- und -Verlustrechnung (Mio. €)	
Umsatzerlöse	50
Mieterträge TU	5
sonstige Erträge	15
Mietaufwendungen TU	5
sonstige Aufwendungen	35
Jahresüberschuss	30

Konzern-Gewinn- und -Verlustrechnung konsolidiert (Mio. €)	
Umsatzerlöse	50
sonstige Erträge	15
sonstige Aufwendungen	35
Jahresüberschuss	30

In der Praxis löst eine Transaktion oft mehrere Konsolidierungs- und Eliminierungsschritte aus. Kauft z.B. ein Mutterunternehmen bei einem Tochterunternehmen Dienstleistungen ein, so entstehen dadurch beim Tochterunternehmen Umsatzerlöse und eine Forderung. Beim Mutterunternehmen entstehen eine Verbindlichkeit und ein Aufwand für bezogene Leistungen. Insofern sind hier sowohl eine Schuldenkonsolidierung als auch eine Eliminierung der konzerninternen Umsatzerlöse und der entsprechenden Aufwendungen vorzunehmen.

4. Abschlüsse nach IFRS

Nachdem er das Kapitel zu Konzernabschlüssen durchgearbeitet hat, ist Dr. Zipse erst mal zufrieden. Mag ja sein, dass die Erstellung von Konzernabschlüssen kompliziert ist, aber er hat den Eindruck, dass sich für den Bilanzleser der Jahresabschluss und der Konzernabschluss nicht grundsätzlich unterscheiden. So fährt er selbstbewusst auf eine Managementtagung seines Krankenhauses, zu der er als möglicher Kandidat für weiterführende Leitungsaufgaben erstmals eingeladen wurde. Dort erfährt er davon, dass sein Krankenhaus möglicherweise von einem großen Gesundheitskonzern übernommen werden soll und der betreffende Gesundheitskonzern den Konzernabschluss nicht nach HGB sondern nach internationalen Regeln erstellt. „Heißt das, dass mein mühsam erworbenes Wissen zur Bilanzierung nach HGB im Falle der Übernahme durch den großen Gesundheitskonzern gar nicht mehr relevant ist?", fragt Dr. Zipse seinen alten Kollegen, den Rechnungswesenleiter Herrn Huber. Huber, der selbst auch erst von der möglichen Übernahme erfahren hat, macht sich zwar Sorgen, wie er in seiner Abteilung die Bilanzierung nach internationalen Regeln implementieren kann. Dr. Zipse kann er aber beruhigen. „Es gibt zwar viele Unterschiede im Detail, aber die Grundstruktur und die grundlegenden Zusammenhänge eines Jahresabschlusses gelten auch für den Jahresabschluss nach internationalen Regeln. Auf der Grundlage deines jetzigen Wissens, dürfte es kein Problem sein, dir auch einen Überblick über die Bilanzierung nach internationalen Regeln anzueignen". Dafür empfiehlt Herr Huber folgende Leitfragen:

- Wer legt die Regeln der internationalen Rechnungslegung fest?
- Welche Möglichkeiten bzw. Verpflichtungen bestehen für deutsche Unternehmen den Einzelabschluss bzw. den Konzernabschluss nach internationalen Standards aufzustellen?
- Worin unterscheidet sich die Grundkonzeption der IFRS von der HGB-Rechnungslegung?
- Welche Bestandteile hat der Jahresabschluss nach IFRS?
- Welche grundsätzlichen Unterschiede bestehen im Hinblick auf Bilanzierung, Bewertung und Gliederung von Bilanz und Gewinn- und Verlustrechnung zwischen IFRS und HGB?
- Wie wird das Ergebnis je Aktie ermittelt?
- Welche wesentlichen krankenhausrelevanten Unterschiede gibt es bei Einzelregelungen zur Bilanz und GuV zwischen IFRS und HGB/KHBV?

4.1. Zur Anwendung von IFRS verpflichtete Unternehmen

Seit 2005 sind kapitalmarktorientierte Konzerne mit Sitz in der EU verpflichtet, den Konzernabschluss nach internationalen Regeln, den International Financial Reporting Standards (IFRS) aufzustellen. Kapitalmarktorientiert sind Unternehmen dann, wenn ihre Aktien oder Anleihen zum Handel am Kapitalmarkt zugelassen sind oder sie eine Zulassung zum Handel beantragt haben (§ 264d HGB). Nicht kapitalmarktorientierte Konzerne können den Konzernabschluss nach HGB oder nach IFRS aufstellen. Stellen Sie den Konzernabschluss nach IFRS auf, sind sie von der Verpflichtung zur Erstellung eines HGB-Konzernabschlusses befreit (§ 315a Abs. 3 HGB). Der Einzelabschluss ist verpflichtend nach HGB aufzustellen, jedoch besteht für alle Unternehmen die Möglichkeit, einen zusätzlich erstellten IFRS-Einzelabschluss zu veröffentlichen (§ 325 Abs. 2a HGB). Abbildung 24 zeigt die Anwendung von IFRS und HGB im Einzel- und Konzernabschluss.

	Unternehmen, deren Aktien oder Anleihen am Kapitalmarkt gehandelt werden	Übrige
Konzernabschluss	IFRS	Wahlrecht: HGB oder IFRS
Jahresabschluss (Einzelabschluss)	HGB (Pflicht) zusätzlich Veröffentlichung eines IFRS-Abschlusses möglich	HGB (Pflicht) zusätzlich Veröffentlichung eines IFRS-Abschlusses möglich

Abb. 24 Anwendung von IFRS im Einzel- und Konzernabschluss (in Anlehnung an Aschfalk-Evertz 2011, S. 24)

4.2. Grundkonzeption der IFRS – wesentliche Unterschiede zur HGB-Rechnungslegung

Die IFRS werden vom International Accounting Standard Board (IASB) mit Sitz in London entwickelt und herausgegeben. Das IASB ist ein unabhängiges, international besetztes Expertengremium mit derzeit 14 Mitgliedern, das unter der Aufsicht der IFRS Foundation arbeitet (weitergehende Informationen zur Organisation findet man unter http://www.ifrs.org/About-us/Pages/IFRS-Foundation-and-IASB.aspx). Während die wesentlichen Regeln für den Jahresabschluss nach HGB durch den Gesetzgeber festgelegt werden, werden die Rechnungslegungsstandards nach IFRS durch Mehrheitsentscheidungen eines privatrechtlichen Gremiums festgelegt.

4 Abschlüsse nach IFRS

Ein weiterer wesentlicher Unterschied zur HGB-Rechnungslegung ist die Einzelfallorientierung der IFRS, man spricht hier von **„Case Law"**. Bisher hat das IASB insgesamt 56 Standards (41 IAS, die zum Teil wieder aufgehoben wurden und 15 IFRS) verabschiedet, in denen sehr detailliert niedergelegt ist, wie Einzelfälle zu bilanzieren sind (z.B. IFRS 2: Anteilsbasierte Vergütung, IFRS 4: Versicherungsverträge, IFRS 13: Fair Value Bewertung). Darüber hinaus sind allgemeine Bilanzierungsgrundsätze im Rahmenkonzept („framework") niedergeschrieben. Die Grundsätze des Rahmenkonzepts dienen einerseits dem IASB zur Weiterentwicklung konsistenter Standards und andererseits den Bilanzierenden als Interpretationshilfe bei der Auslegung einzelner Standards.

Demgegenüber sind im HGB vergleichsweise wenige Regelungen grundsätzlicher Art zu finden, man spricht von **„Code Law"**. Wie nach HGB Einzelfälle zu bilanzieren sind, kann man in Kommentaren zum Bilanzrecht (z.B. Adler et al. 1995; Beck'scher Bilanz-Kommentar 2014) nachlesen oder in der umfangreichen Rechtsprechung der Finanzgerichte zum steuerlich relevanten Handelsbilanzrecht.

Während der HGB-Abschluss der Information der Bilanzleser und der Ausschüttungsbemessung dient, hat der IFRS-Abschluss – neben der Rechenschaftslegung – primär den Zweck der **Information der Bilanzleser**. Ausschüttungsbemessung ist nicht Zweck des IFRS-Abschlusses. Mit den unterschiedlichen Jahresabschlusszwecken von HGB und IFRS geht die **unterschiedliche Bedeutung des Gläubigerschutzes und des Vorsichtsprinzips** einher. Während nach HGB der Gläubigerschutz vorrangig ist, zielen die IFRS in erster Linie auf die Information der Investoren. Aus dem Gläubigerschutz wird nach HGB die vorrangige Bedeutung des Vorsichtsprinzips abgeleitet. Demgegenüber richten sich die Grundsätze der IFRS an der Entscheidungsnützlichkeit der Informationsvermittlung („decision usefulness") aus. Dem dient die „fair presentation" über die Lage des Unternehmens, die vor allem durch relevante Informationen und eine glaubwürdige Darstellung („faithful representation") erreicht werden soll. Im Rahmen der glaubwürdigen Darstellung sind neutrale Bilanzansätze und nicht wie nach HGB eher vorsichtige erforderlich. Das im HGB zentrale Vorsichtsprinzip wurde daher bei der letzten Überarbeitung des IFRS-Rahmenkonzepts in 2010 als allgemeiner Grundsatz gestrichen. In Tabelle 27 sind die grundsätzlichen Unterschiede zwischen HGB- und IFRS-Abschlüssen zusammenfassend dargestellt.

4.3. Bestandteile des IFRS-Abschlusses

Die notwendigen Bestandteile des Jahresabschlusses nach IFRS sind (IAS 1.10):
- Bilanz
- Gesamtergebnisrechnung
- Eigenkapitalveränderungsrechnung Kapitalflussrechnung
- Anhang
- Nur für kapitalmarktorientierte Unternehmen: Segmentberichterstattung (IFRS 8)

- Nur für kapitalmarktorientierte Unternehmen: Gewinn je Aktie (IAS 33)

Damit entsprechen die Bestandteile des IFRS-Abschlusses grundsätzlich den Bestandteilen des HGB-Abschlusses für kapitalmarktorientierte Unternehmen. Nur die Angabe des Gewinns je Aktie ist nach HGB nicht normiert. Ein weiterer Unterschied besteht darin, dass nach HGB eine Gewinn- und Verlustrechnung erforderlich ist, während die IFRS eine Gesamtergebnisrechnung vorschreiben, worin sich ein nach IFRS erweitertes Erfolgskonzept niederschlägt (s. zu Einzelheiten Kap. II.4.3.2).

Die IFRS-Regelungen zur Eigenkapitalveränderungsrechnung, zur Kapitalflussrechnung, zum Anhang und zur Segmentberichterstattung unterscheiden sich zu den HGB-Regelungen nicht grundsätzlich, sondern in einigen Details. Daher wird im Rahmen dieses einführenden Lehrbuchs auf die Erörterung dieser Themen verzichtet. Im Folgenden werden grundsätzliche Fragen der Bilanz und Gesamtergebnisrechnung nach IFRS erläutert sowie Unterschiede bei der Bilanzierung krankenhausspezifischer Sachverhalte aufgezeigt.

Tab. 27 Konzeptionelle Unterschiede zwischen HGB und IFRS

	HGB	IFRS
Standardsetter	Gesetzgeber	privatrechtliches Expertengremium (IASB)
Normstruktur	allgemeine Gesetzesregelungen „Code Law"	Einzelfallbezogene Regelungen „Case Law"
vorrangiger Jahresabschlusszweck	Ausschüttungsbemessung auf der Grundlage des Gläubigerschutzes	Vermittlung entscheidungsrelevanter Informationen vorrangig an Investoren
vorrangiges Bilanzierungsprinzip	Vorsichtsprinzip	glaubwürdige Darstellung, Neutralität

4.3.1. Bilanz

Der Aufbau der Bilanz nach IFRS entspricht weitgehend der HGB-Bilanz. Auf der Aktivseite werden Vermögenswerte, auf der Passivseite Eigenkapital und Schulden ausgewiesen. Bei der Bestimmung des Inhalts der Aktivseite der Bilanz fällt die unterschiedliche Terminologie auf: während nach HGB ‚Vermögensgegenstände' bilanziert werden, spricht man nach IFRS von ‚**Vermögenswerten**' („assets"). Auch inhaltlich wird der Begriff des ‚Vermögenswerts' anders definiert als der Begriff des Vermögensgegenstands. Folgende Kriterien müssen für das Vorliegen eines Vermögenswerts erfüllt sein (F 4.4a):

- Ressourcen, die aus einem vergangenen Ereignis resultieren
- über die das Unternehmen verfügen kann und
- aus denen es in Zukunft wirtschaftlichen Nutzen zu erzielen erwartet.

Bilanzierungspflichtig sind Vermögenswerte, wenn sie darüber hinaus folgende Voraussetzungen erfüllen (F 4.38, F 4.44):

4 Abschlüsse nach IFRS

- es ist wahrscheinlich, dass dem Unternehmen ein mit dem Vermögenswert verbundener zukünftiger ökonomischer Nutzen zufließt
- die Kosten oder der Wert des Vermögenswerts müssen sich verlässlich ermitteln lassen.

Die **Aktivierungsfähigkeit** ist damit nach IFRS konzeptionell etwas weiter gefasst als nach HGB, wonach nur einzelveräußerbare Werte als Vermögensgegenstände zu bilanzieren sind. Allerdings gibt es auch nach IFRS **Aktivierungsverbote** für Forschungskosten (IAS 38.54) und für selbst geschaffene Markennamen, Drucktitel, Verlagsrechte und Kundenlisten (IAS 38.63). Im Gegensatz zum HGB-Abschluss gibt es im IFRS-Abschluss keine Aktivierungswahlrechte. Liegen die Aktivierungsvoraussetzungen vor, so besteht auch Aktivierungspflicht.

Auch die **Passivierungsfähigkeit von Schulden** wird durch einen zweistufigen Prozess bestimmt. Für das Vorliegen einer Schuld müssen folgende Kriterien erfüllt sein (F 4.4b):

- es besteht eine gegenwärtige Verpflichtung
- aufgrund von Ereignissen in der Vergangenheit und
- deren Erfüllung für das Unternehmen voraussichtlich den Abfluss von Ressourcen mit wirtschaftlichem Nutzen zur Folge hat.

Passivierungsfähig sind Schulden dann, wenn zusätzlich folgende Voraussetzungen erfüllt sind (F 4.38, F 4.46):

- der Abfluss von Ressourcen mit wirtschaftlichem Nutzen muss wahrscheinlich sein
- ihr Wert muss sich verlässlich ermitteln lassen.

Schulden nach IFRS umfassen damit Verbindlichkeiten, Rückstellungen (= ungewisse Verbindlichkeiten) und Rechnungsabgrenzungsposten. Auch auf der Passivseite gilt, dass bei Vorliegen der Passivierungsvoraussetzungen Passivierungspflicht besteht. Passivierungswahlrechte gibt es nach IFRS nicht.

Die **Bewertung von Vermögenswerten und Schulden** wird nach IFRS in einzelnen Standards geregelt. Im Rahmenkonzept werden vier Wertmaßstäbe genannt, die nach IFRS zur Anwendung kommen (F 4.55):

- Die historischen Anschaffungs- oder Herstellungskosten.
- Die Wiederbeschaffungskosten, d.h. der Betrag, der zum Stichtag für die Wiederbeschaffung eines identischen oder vergleichbaren Werts aufgewendet werden muss.
- Der Veräußerungswert bei Vermögenswerten bzw. der Erfüllungsbetrag bei Schulden.
- Der Barwert, d.h. die diskontierten Zahlungsströme, die mit einem Vermögenswert voraussichtlich erzielt werden können.

Die verschiedenen Wertmaßstäbe bringen das gemischte Bewertungsmodell nach IFRS zum Ausdruck, wobei auch nach IFRS die historischen Anschaffungs- oder Herstellungskosten den wichtigsten Wertmaßstab darstellen (Pellens et al. 2014, S. 104).

Nach IFRS sind Vermögen und Schulden grundsätzlich nach der Fristigkeit zu klassifizieren (IAS 1.60). Ein Vermögenswert gilt grundsätzlich dann als kurzfristig, wenn zu erwarten ist, dass ein Vermögenswert innerhalb des normalen Geschäftszyklus realisiert oder innerhalb von 12 Monaten nach dem Abschlussstichtag realisiert wird (vgl. im Einzelnen IAS 1.66). Alle anderen Vermögenswerte gelten als langfristig. Analog zur Bestimmung der Fristigkeit bei Vermögenswerten gelten Schulden grundsätzlich als kurzfristig, wenn die Erfüllung der Schuld innerhalb des normalen Geschäftszyklus oder innerhalb von 12 Monaten nach dem Abschlussstichtag erwartet wird (vgl. im Einzelnen IAS 1.69). Alle anderen Schulden gelten als langfristig.

Nach IFRS wird **kein Mindestgliederungsschema** für die Bilanz vorgeschrieben, sondern es werden Posten aufgeführt, die mindestens gesondert auszuweisen sind (IAS 1.54). Danach ergibt sich folgende Grundstruktur einer Bilanz nach IFRS wie in Tabelle 28 dargestellt:

Tab. 28 Grundstruktur der Bilanz nach IFRS

Vermögen	Eigenkapital und Schulden
Langfristiges Vermögen: • Sachanlagevermögen • Als Finanzinvestitionen gehaltene Immobilien • Immaterielle Vermögenswerte • Nach der Equity-Methode bilanzierte Finanzanlagen • Biologische Vermögenswerte	Eigenkapital: • Den Gesellschaftern des Mutterunternehmens zurechenbare Anteile • Gezeichnetes Kapital • Rücklagen • Minderheitenanteile
Kurzfristiges Vermögen: • Vorräte • Forderungen aus Lieferungen und Leistungen und sonstige Forderungen • Liquide Mittel	Langfristige Schulden: • Langfristige Finanzschulden • Langfristige Rückstellungen • Latente Steuern Kurzfristige Schulden: • Verbindlichkeiten aus Lieferungen und Leistungen und sonstige Verbindlichkeiten • Kurzfristige Rückstellungen
Summe der Vermögenswerte	Summe des Eigenkapitals und der Schulden

4.3.2. Gesamtergebnisrechnung

Der gegenüber der GuV nach HGB veränderte Begriff „Gesamtergebnisrechnung" bringt eine unterschiedliche Erfolgskonzeption zum Ausdruck (zu Einzelheiten s. Coenenberg et al. 2014, S. 507ff.). Nach HGB werden mit Ausnahme von Eigenkapitalveränderungen, die aus Transaktionen mit den Eigentümern resultieren,

4 Abschlüsse nach IFRS

alle Eigenkapitalveränderungen, unabhängig davon, ob sie regelmäßig oder unregelmäßig auftreten und unabhängig davon, ob sie betrieblich bedingt sind oder nicht, in der Gewinn- und Verlustrechnung der jeweiligen Periode erfasst. Dieses Erfolgskonzept, bei dem alle diese Eigenkapitalveränderungen grundsätzlich erfolgswirksam in der GuV erfasst werden, wird auch „clean surplus-concept" genannt. Der IFRS-Gesamtergebnisrechnung liegt demgegenüber eher das „dirty-surplus-concept" zugrunde, wonach zwischen erfolgswirksamen, in der GuV zu berücksichtigenden Eigenkapitalveränderungen und erfolgsneutralen Eigenkapitalveränderungen, die im sog. ‚other comprehensive income' ausgewiesen werden, zu unterscheiden ist. Beispiele für im other comprehensive income auszuweisende Eigenkapitalveränderungen sind versicherungsmathematische Gewinne oder Verluste aus der Bilanzierung von Pensionsrückstellungen oder Änderungen des Zeitwerts von zur Veräußerung verfügbaren finanziellen Vermögenswerten. Auch Effekte aus der Berichtigung von Fehlern oder von Änderungen der Rechnungslegungsmethoden sind im other comprehensive income auszuweisen. Die Summe aus dem in der GuV ermittelten Gewinn oder Verlust und dem other comprehensive income ergibt den Gesamterfolg einer Periode.

Nach IAS 1.81a gibt es zwei Möglichkeiten zur Darstellung der Gesamtergebnisrechnung:

- Die Darstellung in einem Rechenwerk, in dem zunächst die GuV-wirksamen Erträge und Aufwendungen und danach die erfolgsneutralen Aufwendungen und Erträge erfasst werden. Dabei werden der Gewinn- oder Verlust und das other comprehensive income jeweils als Zwischensumme ausgewiesen. Die Summe aus Gewinn oder Verlust und dem other comprehensive income ergibt dann den Gesamterfolg.
- Die Darstellung in separaten Rechenwerken, wobei zunächst die GuV mit Erträgen und Aufwendungen dargestellt wird und anschließend die Gesamterfolgsrechnung mit dem Gewinn oder Verlust aus der GuV als Ausgangsgröße.

Für die GuV nach IFRS bestehen wie nach HGB zwei Gliederungsmöglichkeiten: das Gesamtkostenverfahren und das Umsatzkostenverfahren (s. Kap. II.2.9.1). Nach dem Gesamtkostenverfahren werden die Aufwendungen nach Kostenarten gegliedert sowie Bestandserhöhungen an Halb- und Fertigfabrikaten als Erträge und Bestandsminderungen als Aufwendungen ausgewiesen. Nach dem Umsatzkostenverfahren werden nur die auf die abgesetzte Menge entfallenden Produktionskosten ausgewiesen (= Umsatzkosten) und die Aufwendungen werden nach betrieblichen Funktionen gegliedert (z.B. Vertriebskosten, Verwaltungskosten). Beide Methoden führen zum gleichen Ergebnis.

Nach IFRS wird – im Gegensatz zum HGB-Abschluss – kein Mindestgliederungsschema vorgegeben sondern nur einzelne Posten, die zwingend gesondert auszuweisen sind. Aufgrund dessen und unter Berücksichtigung der Hinweise aus IAS 1.102, 103 hat die GuV nach IFRS folgende Grundstruktur (s. Tab. 29).

Tab. 29 Grundstruktur der GuV nach IFRS (Aschfalk-Evertz 2011, S. 154)

Gesamtkostenverfahren	Umsatzkostenverfahren
Umsatzerlöse	Umsatzerlöse
sonstige betriebliche Erträge	Umsatzkosten
Veränderungen des Bestands an Fertigerzeugnissen und unfertigen Erzeugnissen	= Bruttogewinn
Materialaufwand	sonstige Erträge
Personalaufwand	Vertriebskosten
planmäßige Abschreibungen	Verwaltungsaufwendungen
sonstige betrieblichen Aufwendungen	sonstige betriebliche Aufwendungen
= betriebliches Ergebnis	= betriebliches Ergebnis
Finanzierungsaufwendungen	
sonstige Finanzerträge	
Gewinne oder Verluste von assoziierten Unternehmen oder Gemeinschaftsunternehmen, die nach der Equity-Methode bilanziert werden	
= Finanzergebnis	
= Ergebnis vor Steuern	
Ertragsteuern	
= Gewinn oder Verlust	
davon Ergebnisanteil der Minderheitsgesellschafter	
davon Ergebnisanteil der Eigentümer des Mutterunternehmens	

Bei Darstellung in separaten Rechenwerken hat die darauf aufbauende Gesamtergebnisrechnung folgende Grundstruktur (s. Tab. 30).

Tab. 30 Grundstruktur Gesamtergebnisrechnung

	Gewinn oder Verlust
+/-	versicherungsmathematische Gewinne und Verluste aus der Bilanzierung von Pensionsrückstellungen
+/-	bestimmte Währungsumrechnungsdifferenzen
+/-	Änderungen des Zeitwerts von zur Veräußerung verfügbaren finanziellen Vermögenswerten
+/-	bestimmte Ergebnisanteile aus der Absicherung von Cashflows
+/-	Steuereffekte auf erfolgsneutrale Posten
=	Other comprehensive Income
=	Gesamtergebnis (Summe aus Gewinn/Verlust und other comprehensive Income)
	davon Ergebnisanteil der Minderheitsgesellschafte
	davon Ergebnisanteil der Eigentümer des Mutterunternehmens

4.4. Ergebnis je Aktie

Für Finanzanalysten ist das Ergebnis je Aktie eine wichtige Kennzahl zur Bewertung der Ertragskraft von Aktien. Nach IAS 33 haben kapitalmarktorientierte Unternehmen das Ergebnis je Aktie verpflichtend im Anschluss an die Gewinn- und Verlustrechnung bzw. die Gesamtergebnisrechnung darzustellen. Um eine Vergleichbarkeit der Kennzahl bei der Analyse unterschiedlicher Unternehmen in einer Berichtsperiode und bei der Analyse eines Unternehmens über mehrere Berichtsperioden sicherzustellen, werden in IAS 33 Regelungen für die Ermittlung des Ergebnisses je Aktie vorgegeben.

Grundsätzlich ist die Kennzahl durch Division des Gewinns oder Verlusts der Periode durch den gewichteten Durchschnitt der in einer Periode im Umlauf gewesenen Aktien zu ermitteln. IAS 33 sieht vor, dass sowohl das unverwässerte Ergebnis je Aktie als auch das verwässerte Ergebnis je Aktie anzugeben sind. Das unverwässerte Ergebnis je Aktie ist der Gewinn oder Verlust einer Periode (ohne das „Other comprehensive Income") dividiert durch den gewichteten Durchschnitt der im Umlauf befindlichen Stammaktien.

$$\text{Ergebnis je Aktie} = \frac{\text{Gewinn/Verlust}}{\text{gewichteter Durchschnitt der im Umlauf befindlichen Stammaktien}}$$

Bei der Ermittlung des verwässerten Ergebnisses je Aktie wird berücksichtigt, dass sich das Ergebnis je Aktie künftig dadurch reduzieren kann, dass existierende Bezugsrechte zum Bezug neuer Aktien ausgeübt werden können (z.B. bei Aktienoptionen und Wandelschuldverschreibungen). Im Nenner des verwässerten Ergebnisses je Aktie stehen daher zusätzlich zu den derzeitigen Stammaktien die potenziellen Stammaktien bei Ausübung bestehender Bezugsrechte. Gleichzeitig ist im Zähler der Gewinn oder Verlust um Ergebniseffekte zu korrigieren, die sich bei Ausübung der Bezugsrechte ergeben (z.B. um Zinsen auf Wandelschuldverschreibungen).

$$\text{verwässertes Ergebnis je Aktie} = \frac{\text{GewinnVerlust} +/- \text{ Effekte aus der Ausübung von Bezugsrechten}}{\text{gewichteter Durchschnitt der im Umlauf befindlichen Stammaktien} + \text{gewichteter Durchschnitt der potenziellen Stammaktien}}$$

4.5. IFRS Einzelregelungen – wesentliche krankenhausrelevante Unterschiede zum Jahresabschluss nach HGB

Gegenüber den HGB-Regelungen weisen die IFRS im Detail zahlreiche Unterschiede auf, die die erstmalige IFRS-Bilanzierung, aber auch die laufende zusätzliche IFRS-Bilanzierung für deutsche Unternehmen zu einem aufwändigen Unterfangen machen. Die Erläuterung aller Unterschiede in den Einzelregelungen würde den Rahmen dieses einführenden Lehrbuchs sprengen. Die Erläuterung der Unterschiede soll sich daher auf solche Regelungen fokussieren, die für die Bilanzierung im Krankenhaus relevant und für die unterschiedlichen Bilanzierungskonzeptionen bezeichnend sind. Deshalb wird z.B. auch nicht auf die in Deutschland unübliche Neubewertungsmethode bei der Folgebewertung von Sachanlagevermögen und immateriellen Vermögensgegenständen des Anlagevermögens eingegangen. Umfassende Darstellungen der IFRS Bilanzierung finden die Leser z.B. bei Pellens et al. 2014 und Aschfalk-Evertz 2011.

4.5.1. Immaterielle Vermögenswerte des Anlagevermögens

Die **Bilanzierung immaterieller Vermögenswerte** wird – abgesehen vom Geschäfts- oder Firmenwert – in IAS 38 geregelt, die Erfassung von Wertminderungen basiert auf IAS 36. Der wesentliche Unterschied zur HGB-Bilanzierung besteht darin, dass IAS 38 unter bestimmten Voraussetzungen eine Aktivierungspflicht auch für selbsterstellte immaterielle Vermögenswerte des Anlagevermögens vorsieht, während nach HGB ein Aktivierungswahlrecht für selbsterstellte immaterielle Vermögensgegenstände des Anlagevermögens besteht. Wegen der besonderen Schwierigkeit, immaterielle Vermögenswerte zu identifizieren und zu bewerten, gibt es nach IAS 38 für selbst geschaffene immaterielle Vermögensgegenstände besondere zusätzliche Aktivierungsvoraussetzungen. Ebenso wie nach HGB wird zwischen Forschungs- und Entwicklungskosten unterschieden. Forschungskosten dürfen auch nach IFRS nicht aktiviert werden, sondern sind in der Periode als Aufwand zu erfassen, in der sie anfallen. Ein in der Entwicklungsphase stehender Vermögenswert darf nur dann mit seinen Entwicklungskosten aktiviert werden, wenn das Unternehmen folgende Nachweise erbringen kann (IAS 38.57):

- technische Realisierbarkeit
- Absicht zur Fertigstellung sowie zur Nutzung oder zum Verkauf des Vermögenswerts
- Fähigkeit zur Nutzung oder zum Verkauf des Vermögenswerts
- Existenz eines Marktes (bei Verkaufsabsicht) oder Nachweis des Nutzens (bei interner Nutzungsabsicht)
- Verfügbarkeit technischer, finanzieller und sonstiger Ressourcen zum Abschluss der Fertigstellung
- Verlässliche Bewertung der Herstellungskosten.

Die restriktiveren Aktivierungsvoraussetzungen nach IFRS führen ggf. dazu, dass bei Krankenhäusern Aufwendungen für klinische Studien, die nach HGB ohne weitere Voraussetzungen aktivierbar sind, nach IFRS nicht aktivierbar sind (Penter u. Siefert 2010, S. 136).

Die **Bilanzierung und Bewertung des Geschäfts- oder Firmenwerts** ist im Zusammenhang mit der Bilanzierung und Bewertung von Unternehmenszusammenschlüssen in IFRS 3 geregelt. Ebenso wie nach HGB ist nur der im Rahmen eines Unternehmenserwerbs entstandene, sog. derivative Geschäfts- oder Firmenwert bilanzierungsfähig. Der selbst geschaffene, sog. originäre Geschäftswert ist weder nach HGB noch nach IFRS bilanzierungsfähig. Der Unterschied zur HGB-Bilanzierung besteht in erster Linie darin, dass der Geschäfts- oder Firmenwert nach IFRS als nicht abnutzbarer Vermögenswert behandelt wird. Daraus ergibt sich, dass nach IFRS keine planmäßige Geschäftswertabschreibung vorzunehmen ist, sondern ein jährlicher Wertminderungstest vorgenommen wird (IAS 36.10b). Für einen solchen Wertminderungstest ist der Geschäftswert auf die betroffenen Unternehmenssegmente („sog. zahlungsmittelgenerierende Einheiten) aufzuteilen. Häufig werden bei Krankenhausunternehmen einzelne Krankenhäuser als zahlungsmittelgenerierende Einheiten definiert (z.B. Rhön-Kliniken AG 2014, S, 131). Soweit mehrere Kliniken unter einer übergeordneten, z.B. regionalen Steuerung stehen, ist auch eine Zusammenfassung mehrerer Kliniken zu einer zahlungsmittelgenerierenden Einheit anzutreffen.

Eine Wertminderung des Geschäfts- oder Firmenwerts ist nach IFRS nur dann vorzunehmen, wenn der erzielbare Betrag einer zahlungsmittelgenerierenden Einheit niedriger ist als ihr Buchwert (Aschfalk-Evertz 2011, S. 97ff.). Diese Regelung führt dazu, dass eine jährliche Bewertung für alle zahlungsmittelgenerierenden Einheiten notwendig ist, denen ein Geschäfts- oder Firmenwert zugeordnet ist. Nach IFRS ist eine Wertminderung nur dann als Aufwand zu erfassen, wenn sie tatsächlich eingetreten ist, während die planmäßige Abschreibung des Geschäfts- oder Firmenwerts nach HGB unabhängig vom tatsächlichen Wertverlauf vorgenommen wird.

4.5.2. Bilanzierung von Überliegern

Patienten, die sich am Abschlussstichtag in stationärer Behandlung befinden (sog. Überlieger) sind nach IFRS auf Basis von IAS 2 und IAS 18.20 zu bilanzieren. Dabei kommen die Regelungen zur Bilanzierung von Dienstleistungsverträgen zur Anwendung, die entsprechend den langfristigen Fertigungsaufträgen nach IAS 11 zu bilanzieren sind. Im Gegensatz zum HGB, das eine Gewinnrealisierung entsprechend dem Realisationsprinzip erst nach Beendigung der Leistung zulässt, sehen die IFRS-Regelungen unter bestimmten Voraussetzungen eine anteilige Realisierung von Gewinnen entsprechend dem Leistungsfortschritt vor (sog. Percentage of Completion-Methode). Die bisherigen Regeln zur Umsatzrealisierung (IAS 11, IAS 18) werden künftig durch den neuen Standard IFRS 15 – Erlöse aus Verträgen mit Kunden ersetzt. IFRS 15 wurde im Mai 2014 herausgegeben und ist auf Berichtsperioden anzuwenden, die nach dem 01.01.2017 beginnen. Für die Umsatzrealisierung und die Bilanzierung von Überliegern im Krankenhaus ergeben sich daraus keine wesentlichen Änderungen, zumal die künftigen Regeln zur Erfassung von Umsatzerlösen bei Dienstleistungen materiell weitgehend mit den entsprechenden Regeln in IAS 18 übereinstimmen.

Unter Rückgriff auf das bereits bei der HGB-Bilanzierung verwendete Beispiel einer Hüftoperation (s. Kap. II.2.4.1) soll die Bilanzierung mit anteiliger Gewinnrealisierung erläutert werden (s. Tab. 31).

Tab. 31 Beispiel: Daten einer Hüftoperation

Für die Hüft-OP gelten folgende Annahmen:	
Krankenhausspezifische Daten (fiktiv):	InEK-Daten:
Gesamterlös: 9.556 €	Bewertungsrelation 3,066
Gesamtkosten: 8.580 €	Landesbasisfallwert: 3.117 €
davon Operationskosten: 2.500 €	mittlere Verweildauer: 16 Tage
davon restliche Kosten: 6.080 €	
Gesamtgewinn: 976 €	
Verweildauer bis zum Abschlussstichtag: 10 Tage	

Unter der Prämisse, dass die Operationskosten bereits angefallen sind und der Kostenanfall der restlichen Kosten kontinuierlich verläuft (380 € je Belegungstag) sind zum Abschlussstichtag folgende Kosten angefallen:

Operationskosten	2.500 €
restliche Kosten (380 € x 10 Belegungstage)	3.800 €
= angefallene Kosten bis zum Abschlussstichtag	6.300 €
in% der erwarteten Gesamtkosten	73,4%
anteilige Erlöse zum Abschlussstichtag	7.014 €
anteiliger Gewinn	714 €

Die anteiligen Erlöse sind in der Bilanz als Forderungen und in der Gewinn- und Verlustrechnung als Umsatzerlöse auszuweisen. Der Buchungssatz lautet:

    Forderungen 7.014 €   an   Umsatzerlöse 7.014 €

In der IFRS- Bilanzierungspraxis von Krankenhäusern hängt die Anwendung der Percentage-of-Completion-Methode wesentlich vom Vorhandensein eines ausgefeilten Kostenrechnungssystems ab. Voraussetzung der Anwendung der Percentage of Completion-Methode nach IAS 11 ist, dass sowohl die gesamten Erlöse als auch die Gesamtkosten der Behandlung verlässlich ermittelt werden können. Ist dies nicht der Fall, sind die Überlieger ohne Einbeziehung anteiliger Gewinne zu bewerten.

Praxisbeispiel: Bewertung von Überliegern nach IFRS bei Asklepios (2014, S. 96)

„Da die Kosten der Überlieger angesichts des schwer feststellbaren Standes und der schwer prognostizierbaren Entwicklung des Behandlungsverlaufs der Überlieger nicht verlässlich bestimmt werden können, ermittelt der Konzern die Kosten der Überlieger aus den Asklepios zustehenden Festpreisen. Angesichts der insofern nicht verlässlichen Schätzung der Kosten der Überlieger weist der Konzern keine Teilgewinne aus der Behandlung der Überlieger aus. Asklepios weist durch einen Abschlag auf die geschätzten Kosten pro Überlieger Erlöse nur in Höhe der geschätzten angefallenen Auftragskosten aus (Zero-Profit-Methode)."

4.5.3. Bilanzierung der öffentlichen Investitionsförderung

Nach IFRS besteht im Gegensatz zur KHBV keine spezielle Regelung zur Bilanzierung von Zuschüssen der öffentlichen Hand zur Finanzierung von Krankenhausinvestitionen. Die Bilanzierung öffentlicher Zuschüsse bei Krankenhäusern nach IFRS erfolgt daher nach den generellen Regeln zur Bilanzierung von Zuschüssen für die Anschaffung oder Herstellung von Vermögenswerten. Danach besteht ein Wahlrecht, das bezuschusste Anlagevermögen zu Anschaffungs- bzw. Herstellungskosten zu bilanzieren und einen passiven Abgrenzungsposten zu bilden (Bruttobilanzierung, IAS 16.28). Alternativ können investive Zuwendungen von den Anschaffungs- bzw. Herstellungskosten des Vermögenswerts abgesetzt werden (Nettobilanzierung, IAS 20.24). Bei 100%-iger Förderquote wird daher das Anlagevermögen gar nicht bilanziert. Die IFRS-Regelung unterscheidet sich insofern von der Regelung nach der KHBV, als nach der KHBV für den Förderbetrag verpflichtend ein passiver Sonderposten zu bilden ist (Penter u. Siefert 2010, S. 150). In der IFRS-Bilanzierungspraxis der beiden größten deutschen Krankenhausunternehmen, Fresenius und Asklepios wurde der Nettoausweis gewählt (Asklepios, Geschäftsbericht 2014, S. 82; Fresenius, Konzernabschluss und Konzernlagebericht nach IFRS 2014, S. 52).

Ein weiterer Unterschied bei der bilanziellen Behandlung von Zuwendungen besteht im Ausweis in der Gewinn- und Verlustrechnung. Während nach HGB im Zeitpunkt der Ertragsbewilligung Erträge aus Zuwendungen zur Finanzierung von Investitionen und Aufwendungen aus der Zuführung von Fördermitteln zu den Verbindlichkeiten gesondert (brutto) auszuweisen sind, wird die Gewinn- und Verlustrechnung nach IFRS durch die Zuschussbewilligung nicht berührt, da keine Vermögenserhöhung bzw. -minderung eingetreten ist (Penter u. Siefert 2010, S. 151).

Anhand des Beispiels aus Kapitel II.2.6 wird die Nettobilanzierung öffentlicher Zuwendungen ohne GuV-Erfassung nach IFRS mit der Bruttomethode nach der KHBV verglichen.

Beispiel zur bilanziellen Behandlung der Investitionsförderung nach dem Krankenhausfinanzierungsrecht:

Für die Herstellung eines OP-Saals in einem Krankenhaus (Herstellungskosten 3 Mio. €) werden am 31.10.01 3 Mio. € Fördergelder bewilligt. Der OP-Saal hat eine wirtschaftliche Nutzungsdauer von 15 Jahren. Die jährliche Abschreibung des OP-Saals beträgt daher 0,2 Mio. €. Am 30.06.02 werden die gesamten Fördermittel auf das Bankkonto des Krankenhauses überwiesen. Bis zum 31.12.02 werden die 3 Mio. Fördergelder zur Finanzierung der Baumaßnahmen verwendet. Die Inbetriebnahme des OP-Saals erfolgt zum 02.01.03.

In Tabelle 32 werden die Buchungen der beiden Methoden gegenübergestellt.

Tab. 32 Verbuchung der Investitionsförderung nach der Brutto- und der IFRS-Nettomethode

Zeitpunkt	Buchungen nach KHBV bei Bruttobilanzierung		Buchungen nach IFRS bei Nettobilanzierung	
Bewilligung des Zuschusses	Forderungen nach KHG	3 Mio. €	Forderung nach KHG	3 Mio. €
	an		an	
	Erträge aus Zuwendungen	3 Mio. €	Verbindlichkeiten nach KHG	3 Mio. €
	Aufwendungen	3 Mio. €		
	an			
	Verbindlichkeiten nach KHG	3 Mio. €		
Zahlungseingang	Bank	3 Mio. €	Bank	3 Mio. €
	an		an	
	Forderung nach KHG	3 Mio. €	Forderung nach KHG	3 Mio. €
Fertigstellung	Sachanlagen	3 Mio. €	Verbindlichkeiten nach KHG	3 Mio. €
	an		an	
	Bank	3 Mio. €	Bank	3 Mio. €
	Verbindlichkeiten nach KHG	3 Mio. €		
	an			
	Sonderposten nach KHG			
		3 Mio. €		
Nutzung	Abschreibung	0,2 Mio. €		
	an			
	Sachanlagen	0,2 Mio. €		
	Sonderposten	0,2 Mio. €		
	an			
	Ertrag	0,2 Mio. €		

5. Jahresabschlussanalyse auf Basis von Kennzahlen

Dr. Zipse freut sich, dass jetzt auch Konzernabschlüsse und Abschlüsse nach IFRS ihren Schrecken verloren haben. Er möchte sich über den potenziellen Erwerber seines Krankenhauses näher informieren und sieht sich den letzten nach IFRS erstellten Konzernabschluss an. Er möchte wissen, ob das Unternehmen erfolgreich ist und wie die Aussichten für die Zukunft sind. Er trägt sich auch mit dem Gedanken, seine Ersparnisse in Aktien des Unternehmens zu investieren und fragt sich, ob die Aktien eine sichere Anlage wären. Das Unternehmen weist im letzten IFRS-Konzernabschluss einen Jahresüberschuss von 100 Mio. € aus und verfügt über ein Eigenkapital von rd. 2 Mrd. €, was ihm ganz gut erscheint. Aber was heißt das im Vergleich zu den Wettbewerbern? Hinzu kommt, dass im Konzernlagebericht die Ertrags- und Finanzlage des Unternehmens mit ihm bisher unbekannten Kennzahlen erläutert werden. Was genau bedeuten Kennzahlen wie EBIT, EBITDA, EBIT-Marge für die Ertragslage? Und wie ermittelt man Eigenkapitalquote, Nettoverschuldung oder den dynamischen Verschuldungsgrad für die Analyse der Finanzlage?

Dr. Zipse ist verwirrt. Jetzt hat er so viel Zeit in das Studium von Jahresabschlüssen investiert, aber die Kennzahlen mit denen die wirtschaftliche Lage eines Unternehmens erläutert wird, sind ihm noch nicht geläufig. Sein Ziel ist zum einen, die Kennzahlen aus der Finanzberichterstattung der Unternehmen zu verstehen und zum anderen auch einfache eigene Analysen vornehmen zu können. Folgende Leitfragen werden Dr. Zipse empfohlen, um sich einen Überblick über Jahresabschlusskennzahlen zu verschaffen:

- Welche unterschiedlichen Vergleiche lassen sich mit Hilfe von Jahresabschlusskennzahlen anstellen?
- Wodurch ist die Aussagekraft von Jahresabschlussanalysen mit Hilfe von Kennzahlen begrenzt?
- Was versteht man unter EBIT und unter EBITDA und welchen Aussagewert haben diese Kennzahlen?
- Was sind „Pro-Forma"-Kennzahlen?
- Welche grundsätzlich unterschiedlichen Rentabilitätskennzahlen gibt es?
- Was versteht man unter EBIT-Marge und unter EBITDA-Marge?
- Wie kann man als externer Analyst näherungsweise den operativen Cashflow eines Unternehmens ermitteln, das keine Kapitalflussrechnung veröffentlicht?
- Mit welchen statischen Kennzahlen kann die kurzfristige Liquiditätssituation beschrieben werden?
- Wie ermittelt man die Netto-Investitionsdeckung und die Schuldentilgungsdauer?

- Welche Vor- und Nachteile hat eine hohe Eigenkapitalquote?
- Welche Kennzahlen werden zur Analyse der Vermögensstruktur herangezogen?
- Was sind die grundsätzlichen Vorteile einer hohen Umlaufintensität?
- Welche Kennzahlen werden zur Analyse der Investitionstätigkeit eingesetzt?

5.1. Überblick Jahresabschlusskennzahlen

Der Jahresabschluss wird von Laien häufig als Zahlenfriedhof empfunden. Mit Hilfe einer Jahresabschlussanalyse bzw. Bilanzanalyse kann der Zahlenfriedhof revitalisiert werden. Eine Jahresabschlussanalyse ist eine systematische Aufbereitung und Auswertung von Informationen des Jahresabschlusses und des Lageberichtes mit Hilfe von Kennzahlen, Kennzahlensystemen und sonstigen Methoden (Küting u. Weber 2015, S. 1). Ziel der Jahresabschlussanalyse ist die Beurteilung der gegenwärtigen sowie die Prognose der zukünftigen wirtschaftlichen Lage eines Unternehmens.

Im Einzelnen verfolgen verschiedene Unternehmensbeteiligte unterschiedliche Erkenntnisziele mit der Jahresabschlussanalyse. Das Interesse einer Bank, die Jahresabschlüsse im Zusammenhang mit einer Kreditvergabe analysiert, ist überwiegend darauf gerichtet, ob das Unternehmen in der Lage ist, die vereinbarten Zins- und Tilgungszahlungen zu leisten. Arbeitnehmer sind primär an der Sicherheit ihres Arbeitsplatzes und damit ihres Einkommens interessiert. Derzeitige und potenzielle Aktionäre sowie Finanzanalysten möchten wissen, wie rentabel ein Investment ist. Je nachdem welches Erkenntnisziel der Jahresabschlussanalyse zugrunde liegt, kommen unterschiedliche Kennzahlen zum Einsatz.

Kennzahlen sind Messgrößen, die als absolute Zahl oder als Verhältniszahl eingesetzt werden, um verdichtet über einen zahlenmäßig erfassbaren Sachverhalt zu berichten (Küting u. Weber 2015, S. 13). Sie dienen dazu, schnell und prägnant über betriebswirtschaftliche Sachverhalte zu informieren. Komplexere Sachverhalte können mit Hilfe von **Kennzahlensystemen** analysiert werden. Dabei werden verschiedene Kennzahlen, die einander ergänzen oder erklären, zueinander in Beziehung gesetzt. Bekannte Kennzahlensysteme auf der Grundlage des Jahresabschlusses sind das Du-Pont-Kennzahlensystem und das vom Zentralverband der elektrotechnischen Industrie e.V. entwickelte ZVEI-System (vgl. hierzu Küting u. Weber 2015, S. 58ff.).

Kennzahlen werden ebenso zur internen Steuerung eines Unternehmens (s. Kap. III.3.2.3) wie zur externen Analyse eingesetzt. Während für die Bildung von Kennzahlen zur internen Steuerung alle dem Management zur Verfügung stehenden Informationen herangezogen werden können, können im Rahmen der externen Analyse Kennzahlen im Wesentlichen nur auf der Basis des Jahresabschlusses gebildet werden. Kennzahlen, die sich auf einen einzigen Jahresabschluss beziehen, haben für sich allein genommen einen begrenzten Aussagewert. Sinnvollerweise werden Kennzahlen eingesetzt, um die Entwicklung eines Unternehmens im Zeitablauf zu analysieren (= *Zeitvergleich*), um verschiedene

Unternehmen miteinander zu vergleichen (= *zwischenbetrieblicher Vergleich*) oder zum Vergleich mit Soll- oder Richtwerten (= *Soll-Ist-Vergleich*).

Kennzahlen zur Jahresabschlussanalyse können auf der Grundlage des Einzel- oder des Konzernabschlusses gebildet werden. Bei Einzelabschlüssen von Konzernunternehmen ist zu berücksichtigen, dass sie durch konzerninterne Transaktionen beeinflusst werden können und somit ihre Aussagefähigkeit begrenzt ist. Kennzahlen können sich auf einen HGB-Abschluss oder einen IFRS-Abschluss beziehen. Da unterschiedliche Rechnungslegungssysteme zu unterschiedlichen Jahresabschlüssen und somit zu unterschiedlichen Kennzahlen führen, sollte für Jahresabschlüsse nach verschiedenen Rechnungslegungssystemen kein unmittelbarer Kennzahlenvergleich vorgenommen werden. In diesem Fall sind die Jahresabschlüsse so aufzubereiten, dass ihnen eine einheitliche Gliederung, Bilanzierung und Bewertung zugrunde liegt.

Wer eine Jahresabschlussanalyse durchführt, muss sich der **Grenzen ihres Informationswerts** bewusst sein. Vor allem wird die Aussagekraft von Jahresabschlusskennzahlen durch folgende Punkte beeinträchtigt:

- Das Interesse der Jahresabschlussadressaten ist zumeist auf die Zukunft gerichtet. Anleger sind an der zukünftigen Profitabilität der Anlage interessiert und Kreditgeber an den für die Zukunft vereinbarten Zins- und Tilgungszahlungen. Jahresabschlüsse beziehen sich jedoch auf einen in der Vergangenheit liegenden Zeitraum. Nur der Lagebericht enthält auch Informationen über die erwartete zukünftige Entwicklung. Hinzu kommt, dass Jahresabschlüsse zumeist erst einige Wochen oder Monate nach dem Abschlussstichtag veröffentlicht werden. Insofern müssen Analysten berücksichtigen, dass die veröffentlichten Jahresabschlüsse vergangenheitsbezogene Informationen enthalten. Zukunftsbezogene Informationen werden durch Jahresabschlüsse nicht unmittelbar gegeben, sondern können durch Ableitung von Trends generiert werden.
- Bilanzen enthalten nur einen Teil des wirtschaftlichen Vermögens eines Unternehmens. Viele immaterielle Werte, wie z.B. Kundenbeziehungen, selbstgeschaffene Marken, werden nicht bilanziert, da sie keine Vermögensgegenstände darstellen. Auch schwebende Geschäfte werden nicht bilanziert, obwohl sie für den Unternehmenswert von erheblicher Bedeutung sein können. Darüber hinaus bewirkt die Bewertung zu (fortgeführten) Anschaffungs- oder Herstellungskosten, dass stille Reserven entstehen können, wenn die Verkehrswerte der Vermögensgegenstände höher liegen.
- Jahresabschlüsse können im Rahmen von Wahlrechten und Ermessensspielräumen bilanzpolitisch gestaltet werden. Auch durch gezielte Sachverhaltsgestaltungen, wie z.B. Sale-and-Leaseback-Transaktionen, können Jahresabschlüsse beeinflusst werden. Zwar ist im Anhang über Bilanzierungs- und Bewertungsmethoden zu informieren, doch ist daraus das Ausmaß der bilanzpolitischen Gestaltung von Jahresabschlüssen zumeist nicht erkennbar.

Aus den genannten Gründen entsprechen das bilanzierte Vermögen und das ausgewiesene Periodenergebnis häufig nicht dem „wirtschaftlich" vorhandenen Vermögen bzw. dem „wirtschaftlich" erzielten Ergebnis. Für eine Jahresabschlussanalyse sollten daher zusätzlich zu den Zahlen des Jahresabschlusses immer auch die Informationen aus dem Lagebericht und aus anderen Quellen, wie z.B. der Finanzpresse, herangezogen werden.

Trotz der aufgezeigten Grenzen der Aussagekraft von Jahresabschlusskennzahlen ist aus externer Sicht die Analyse von Jahresabschlüssen unerlässlich für die Beurteilung und Prognose der wirtschaftlichen Lage eines Unternehmens. Für eine zweckgerechte Kennzahlenanalyse sind ausgehend vom veröffentlichten Jahresabschluss i.d.R. Umgliederungen und Umbewertungen vorzunehmen (Küting u. Weber 2015, S. 81). Ergebnis dieser Anpassungen sind eine entsprechend den Zielsetzungen und Aufgaben der jeweiligen Analyse entsprechende Strukturbilanz und eine nach Erfolgsquellen gegliederte GuV (Erfolgsspaltung). Auf der Grundlage der Strukturbilanz und der Erfolgsspaltung werden dann Kennzahlen gebildet.

Kennzahlen finden vielfach Gebrauch in der Finanzberichterstattung von Unternehmen und in der Analysepraxis. Sie werden dabei jedoch nicht einheitlich definiert. Für eigene Unternehmensvergleiche können daher die Kennzahlen aus der Finanzberichterstattung der Unternehmen nicht einfach übernommen werden, sondern es ist immer auf einheitlich definierte Kennzahlen zu achten. Im Folgenden wird eine Auswahl wichtiger Jahresabschlusskennzahlen erläutert. Sie lassen sich wie folgt systematisieren (s. Abb. 25):

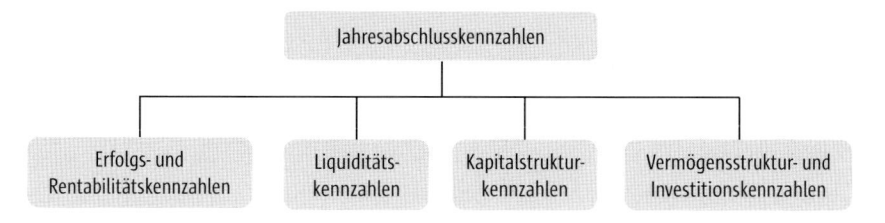

```
                    Jahresabschlusskennzahlen
        ┌──────────────┬──────────────┬──────────────┐
   Erfolgs- und    Liquiditäts-   Kapitalstruktur-  Vermögensstruktur- und
Rentabilitätskennzahlen  kennzahlen   kennzahlen    Investitionskennzahlen
```

Abb. 25 Jahresabschlusskennzahlen

5.2. Erfolgs- und Rentabilitätskennzahlen

5.2.1. Einfache Erfolgsgrößen

Bei der Erfolgsanalyse ist zwischen einfachen und relativen Kennzahlen zu unterscheiden. In der Praxis gebräuchliche einfache Ergebniskennzahlen sind:

- EBIT (= Ergebnis vor Steuern und Zinsen; Earnings Before Interest and Taxes))
- EBITDA (= Ergebnis vor Zinsen, Steuern und Abschreibungen; Earnings Before Interest, Taxes, Depreciation and Amortization)

Das **EBIT** ist das operative Ergebnis eines Unternehmens ohne Zinsaufwendungen. Es bringt die operative Leistungsfähigkeit des Unternehmens ohne Berücksichtigung von Finanzierungseinflüssen zum Ausdruck. Es kann Bestandteile des Finanzergebnisses enthalten (z.B. „operative" Beteiligungserträge), häufig sind im EBIT jedoch keine Bestandteile des Finanzergebnisses berücksichtigt. In GuV

5 Jahresabschlussanalyse auf Basis von Kennzahlen

nach IFRS wird das EBIT häufig als Zwischensumme berichtet (s. Kap. II.4.3.2). Unter Zugrundelegung des Umsatzkostenverfahrens umfasst es folgende Bestandteile:

```
  Umsatz
-  Umsatzkosten
= Bruttoergebnis vom Umsatz
-  Vertriebs- und allgemeine Verwaltungskosten
-  Forschungs- und Entwicklungskosten
-  sonstige Aufwendungen/Erträge
= EBIT
```

Dabei ist zu berücksichtigen, dass nach IFRS kein außerordentliches Ergebnis auszuweisen ist, sodass im EBIT Sondereinflüsse enthalten sein können. Z.B. berichtet die Rhön-Klinikum AG für 2014 ein EBIT von 1.331 Mio. €, in dem ein Ertrag aus dem Verkauf von 40 Kliniken an Helios in Höhe von 1.347 Mio. € enthalten ist (Rhön-Klinikum AG S. 92).

In der GuV nach HGB ist keine besondere Zwischenzeile für das EBIT vorgesehen, nach Anlage 2 der KHBV entspricht die Zwischenzeile nach Position 21 dem EBIT. Es enthält folgende Bestandteile (s. Kap. II.2.9):

```
  operatives Ergebnis (GuV-Positionen 1–10)
+ Ergebnis des Fördermittelbereichs (GuV-Positionen 11–20, Anlage 2 KHBV)
-  sonstige betriebliche Aufwendungen (GuV-Position 21, Anlage 2 KHBV)
= EBIT
```

Zwar sind nach HGB/KHBV außerordentliche Aufwendungen und Erträge gesondert und außerhalb des EBIT auszuweisen, jedoch können auch im EBIT auf der Grundlage einer HGB-GuV einmalige und außerbetriebliche Vorgänge (z.B. Ergebnisse aus Immobilienverkäufen) berücksichtigt sein. Bei Analysen ist daher das von Unternehmen berichtete EBIT genauer zu hinterfragen, z.B. durch das Studium der Angaben im Anhang.

Beim **EBITDA** sind ausgehend vom EBIT zusätzlich Abschreibungen auf Sachanlagen und immaterielle Vermögensgegenstände, insbesondere Goodwillabschreibungen herausgerechnet, d.h. hinzuaddiert. Damit ist das EBITDA eine aus der GuV abgeleitete Erfolgsgröße, die dem Cashflow aus operativer Geschäftstätigkeit (ohne Zinsen und Steuern) recht nahe kommt. Es entspricht dem operativen Ergebnis ohne Berücksichtigung von investitions- und finanzierungsbedingten Aufwendungen.

```
  EBIT
+ Abschreibungen auf Sachanlagen und immaterielle Vermögensgegenstände
= EBITDA
```

Bei Krankenhäusern, die nach der KHBV die GuV nach dem Gesamtkostenverfahren gliedern, wird das EBITDA aus dem EBIT zuzüglich eines negativen und abzüglich eines positiven Ergebnisses des Fördermittelbereichs ermittelt. Es kann auch als Summe aus dem operativen Ergebnis (Positionen 1–10 Anlage 2 KHBV) und den sonstigen betrieblichen Aufwendungen (Position 21, Anlage 2 KHBV) dargestellt werden. Angesichts der rückläufigen öffentlichen Fördermittel für Krankenhausinvestitionen ist das EBITDA bei Krankenhäusern ein Maßstab der Investitionsfähigkeit aus eigenen Mitteln.

	EBIT
+/−	Ergebnis des Fördermittelbereichs (GuV-Positionen 11–20, Anlage 2 KHBV)
=	EBITDA

EBIT und EBITDA sind sog. „Pro-Forma-Kennzahlen". Sie werden weder nach HGB noch nach IFRS definiert, sondern werden unternehmensindividuell ermittelt und berichtet. Zum Teil werden außerhalb der GuV Sondereinflüsse herausgerechnet und das EBIT ohne Sondereinflüsse berichtet, jedoch liegt das Herausrechnen von Sondereinflüssen im Ermessen der berichtenden Unternehmen. Die Fokussierung vieler Unternehmen auf EBIT und EBITDA in der Finanzberichterstattung hat für den Bilanzleser Vor- und Nachteile. Zum einen können die Unternehmen eine Ergebnisgröße vor und nach Sondereinflüssen darstellen und dadurch dem Adressaten zusätzliche Informationen liefern. Zum anderen werden erfahrungsgemäß mehr negative Sondereinflüsse aus den Ergebnissen herausgerechnet als positive. Außerdem kann die Fokussierung der Berichterstattung auf ein positives EBITDA den Blick auf ein negatives Jahresergebnis verstellen. Es ist daher auch von „Earnings Before Bad Stuff" die Rede (Weber u. Weißenberger 2010, S. 181).

5.2.2. Rentabilitätskennzahlen

Absolute Ergebnisgrößen sind für vergleichende Analysen wenig geeignet. Für Vergleiche zwischen Unternehmen oder Unternehmenssegmenten von unterschiedlicher Größe werden Rentabilitätskennzahlen herangezogen. Die **Rentabilität** wird ermittelt, indem eine Ergebnisgröße ins Verhältnis zu einer das Ergebnis bestimmenden Einflussgröße – zumeist Umsatz oder Kapital – gesetzt wird (Coenenberg et al. 2014, S. 1151).

In Lehrbüchern und in der Praxis der Finanzberichterstattung findet sich eine Vielzahl von Rentabilitätskennzahlen, für die es keine einheitlichen Definitionen gibt. Als Ergebnisgrößen werden Vor- oder Nachsteuergrößen, das EBIT oder das EBITDA verwendet. Als Kapital wird das bilanzierte Kapital, das betriebsnotwendige oder das verzinsliche Kapital angesetzt. Die Frage, wie die Kennzahlen sinnvoll definiert werden, hängt zum einen vom Ziel der Analyse, zum anderen von der Verfügbarkeit von Informationen ab.

5 Jahresabschlussanalyse auf Basis von Kennzahlen

Für Analysen zum betrieblichen Ergebnis werden zumeist die Gesamtkapitalrentabilität und die Umsatzrentabilität verwandt. Für die Ermittlung der **Umsatzrentabilität** wird das EBIT ins Verhältnis zum Umsatz gesetzt. Die Umsatzrentabilität, die auch als EBIT-Marge bezeichnet wird, gibt daher Auskunft über die Höhe des operativen Ergebnisses in Prozent vom Umsatz:

$$\text{Umsatzrentabilität} = \frac{\text{EBIT}}{\text{Umsatz}}$$

Für die Ermittlung der **Gesamtkapitalrentabilität** wird das EBIT ins Verhältnis zum eingesetzten Kapital gesetzt. Durch die Verwendung des EBIT als Ergebnisgröße wird die Gesamtkapitalrentabilität unabhängig von der Finanzierungsstruktur des Unternehmens dargestellt. Ist das eingesetzte Kapital in der betrachteten Periode nicht konstant, sondern z.B. infolge einer Kapitalerhöhung unterschiedlich hoch, sollte das durchschnittliche Kapital der Periode angesetzt werden.

$$\text{Gesamtkapitalrentabilität} = \frac{\text{EBIT}}{\text{Gesamtkapital}}$$

In der Finanzberichterstattung von Unternehmen werden als Varianten der Gesamtkapitalrentabilität der Return on Net Assets (RONA) oder der Return on Capital Employed (ROCE) berichtet. Beim **Return on Capital Employed** wird das EBIT ins Verhältnis zum verzinslichen Kapital (= Eigenkapital + verzinsliches Fremdkapital) gesetzt. Beim **Return on Net Assets** wird das EBIT ins Verhältnis zum eingesetzten betrieblichen Vermögen gesetzt, das dem eingesetzten verzinslichen Kapital entspricht, aber über die Aktivseite der Bilanz ermittelt wird.

Aus der Sicht der Eigenkapitalgeber interessiert, wieviel unter Berücksichtigung von Zins- und Steuerzahlungen mit dem eingesetzten Eigenkapital verdient wurde. Hierzu wird die **Eigenkapitalrentabilität** herangezogen, die die Verzinsung des von den Eigenkapitalgebern zur Verfügung gestellten Kapitals zum Ausdruck bringt. Dabei wird der Jahresüberschuss ins Verhältnis zum (durchschnittlichen) Eigenkapital des Unternehmens gesetzt:

$$\text{Eigenkapitalrentabilität} = \frac{\text{Jahresüberschuss}}{\text{Eigenkapital}}$$

Bei Jahresabschlüssen von Krankenhäusern nach HGB/KHBV stellt sich die Frage, ob die **Sonderposten für öffentliche Zuwendungen zur Finanzierung des Anlagevermögens** für analytische Zwecke dem Eigen- oder dem Fremdkapital zuzuordnen sind. Rein rechtlich stellt der Sonderposten kein Eigenkapital dar. Er ist aber auch kein Fremdkapital, da bei zweckgerechter Verwendung keine Verpflichtung zur Rückzahlung besteht und auch keine Zinsen zu bezahlen sind. Für analytische Zwecke ist der Sonderposten deshalb als Eigenkapital zu behandeln.

Da sich die Eigenkapitalrentabilität auf die Verzinsung des bilanziellen Eigenkapitals bezieht, bringt sie nicht die Verzinsung des von Aktionären tatsächlich bezahlten Kaufpreises zum Ausdruck. Aus Sicht der Anteilseigner ist daher der Jahresüberschuss ins Verhältnis zum Marktwert des Eigenkapitals zu setzen. Die in diesem Zusammenhang gebräuchliche Kennzahl ist das **Kurs-Gewinn-Verhältnis** oder **Price-Earnings-Ratio**. Diese Kennzahl setzt den Preis je Aktie ins Verhältnis zum Gewinn je Aktie:

$$\text{Kurs-Gewinn-Verhältnis} = \frac{\text{Preis je Aktie (Kurswert)}}{\text{Gewinn je Aktie}}$$

Das Kurs-Gewinn-Verhältnis ist eine reziproke Rentabilitätskennzahl und bezeichnet das Vielfache des Jahresergebnisses das zum Kauf einer Aktie aufgewendet werden muss. Die Kennzahl wird vielfach von Börsenanalysten verwendet und gibt an, wie teuer eine Aktie im Verhältnis zum Jahresergebnis ist. Für Unternehmen, die nach IFRS Jahresabschlüsse erstellen, ist die Ermittlung und Berichterstattung des Gewinns je Aktie als Teil des Jahresabschlusses normiert. Dadurch soll eine einheitliche Ermittlung sichergestellt werden (s. Kap. II.4.4). Für Unternehmen, die Jahresabschlüsse nach HGB erstellen, muss der Gewinn je Aktie durch den Analysten ermittelt werden.

5.3. Liquiditätskennzahlen

Neben dem Erfolg ist die Liquidität ein besonders wichtiges Ziel der Bilanzanalyse. Unter Liquidität ist die jederzeitige Fähigkeit eines Unternehmens zu verstehen, seinen Zahlungsverpflichtungen termingerecht nachzukommen (Gräfer et al. 2012, S. 70). Der Liquidität eines Unternehmens kommt insofern eine besondere Bedeutung zu, als Zahlungsunfähigkeit, also Illiquidität zur Insolvenz eines Unternehmens führen kann.

Vor allem bei der Liquiditätsanalyse wird die Unzulänglichkeit des Jahresabschlusses im Hinblick auf das Analyseziel offenkundig. Den Bilanzleser interessiert, ob das Unternehmen über einen zukünftigen Zeitraum in der Lage ist, seinen Zahlungsverpflichtungen nachzukommen. Das geeignete Instrument hierfür wäre ein Finanzplan, in dem unter Berücksichtigung von Zahlungsmittelbeständen und Kreditlinien künftige Ein- und Auszahlungen gegenübergestellt werden. In einer Bilanz werden aber weder die künftigen Zahlungsverpflichtungen vollständig berücksichtigt (z.B. Verpflichtungen aus schwebenden Verträgen wie Arbeitsverträgen und Mietverträgen), noch werden künftige Einzahlungen erfasst. Da dem externen Bilanzleser ein Finanzplan nicht vorliegt, muss er versuchen, trotz der begrenzten Eignung des Jahresabschlusses daraus Anhaltspunkte zur Beurteilung der Liquiditätslage zu gewinnen.

Zur Beurteilung der kurzfristigen Liquiditätssituation eines Unternehmens werden Liquiditätsgrade ermittelt, bei denen liquide Mittel und ggf. kurzfristig liquidierbare Aktiva ins Verhältnis zum kurzfristigen Fremdkapital gesetzt wer-

5 Jahresabschlussanalyse auf Basis von Kennzahlen

den. Die Kennzahlen sollen Aufschluss darüber geben, inwieweit liquide Mittel und ggf. kurzfristig liquidierbare Mittel ausreichen, um kurzfristig fälliges Fremdkapital zu begleichen. In der Praxis werden folgende Deckungsgrade verwendet:

$$\text{Liquidität 1. Grades} = \frac{\text{liquide Mittel}}{\text{kurzfristiges Fremdkapital}}$$

$$\text{Liquidität 2. Grades} = \frac{\text{liquide Mittel + kurzfristige Forderungen}}{\text{kurzfristiges Fremdkapital}}$$

$$\text{Liquidität 3. Grades} = \frac{\text{Umlaufvermögen}}{\text{kurzfristiges Fremdkapital}}$$

Zu den liquiden Mittel gehören Zahlungsmittel und jederzeit verfügbare Guthaben bei Kreditinstituten. Zum kurzfristigen Fremdkapital gehören Verbindlichkeiten und Rückstellungen mit einer Restlaufzeit von bis zu einem Jahr. Während bei der Liquidität 1. Grades nur liquide Mittel im Zähler berücksichtigt werden, wird bei der Liquidität 2. und 3. Grades berücksichtigt, dass auch Forderungen bzw. das gesamte Umlaufvermögen kurzfristig liquidierbar sind und bei normalem Geschäftsverlauf größtenteils in liquide Mittel transformiert werden.

Die Ermittlung der Liquiditätsgrade basiert auf einer statischen, bestandsorientierten Analyse einer Bilanz zum Abschlussstichtag. Daneben kann die Liquiditätssituation aus einer dynamischen Betrachtung unter Zugrundelegung von Einzahlungen und Auszahlungen analysiert werden. Üblicherweise basiert eine Zahlungsstromanalyse auf dem **operativen Cashflow**, der grundsätzlich dem Cashflow aus laufender Geschäftstätigkeit (s. Kap. II.2.10.2) entspricht. Der operative Cashflow gibt Auskunft über den aus der laufenden Geschäftstätigkeit erwirtschafteten Zahlungsüberschuss. Er ist der Betrag, der aus der Geschäftstätigkeit zur Finanzierung von Investitionen, zur Rückzahlung von Verbindlichkeiten und für Gewinnausschüttungen zur Verfügung steht.

Soweit das betrachtete Unternehmen eine Kapitalflussrechnung veröffentlicht, kann der Cashflow aus laufender Geschäftstätigkeit unmittelbar der Kapitalflussrechnung entnommen werden. Wird ein Unternehmen analysiert, das keine Kapitalflussrechnung veröffentlicht, so kann der externe Analyst den operativen Cashflow näherungsweise indirekt ermitteln. Die Grundformel hierzu ist:

Jahresüberschuss
+ nicht auszahlungswirksame Aufwendungen
− nicht einzahlungswirksame Erträge
= operativer Cashflow

Für den externen Analysten ist es nur schwer möglich, sämtliche Aufwendungen und Erträge auf ihre Zahlungswirksamkeit hin zu analysieren. Daher wird diese Grundformel in der Praxis häufig verkürzt. Als nicht zahlungswirksame Aufwendungen werden Abschreibungen und Zuführungen zu langfristigen Rückstellungen erfasst, als nicht einzahlungswirksame Erträge Auflösung von Rückstellungen und Zuschreibungen. Für Prognosezwecke sind bei der Ermittlung des operativen Cashflows darüber hinaus auch ungewöhnliche und seltene Aufwendungen und Erträge herauszurechnen.

Der operative Cashflow wird im Rahmen von Verhältniskennzahlen häufig ins Verhältnis zu den Nettoinvestitionen und zur Nettoverschuldung eines Unternehmens gesetzt. Die **Nettoinvestitionsdeckung** (= Innenfinanzierungsgrad der Investitionen) gibt Auskunft darüber, inwieweit Investitionen aus dem operativen Cashflow finanziert werden können:

$$\text{Nettoinvestitionsdeckung} = \frac{\text{operativer Cashflow}}{\text{Nettoinvestitionen im Anlagevermögen}}$$

Eine Nettoinvestitionsdeckung von 1 oder 100% besagt, dass die Nettoinvestitionen der betreffenden Periode vollständig durch den operativen Cashflow finanziert werden konnten.

Bei Krankenhäusern ist diese Kennzahl insofern von besonderer Bedeutung, als die öffentliche Förderung von Krankenhausinvestitionen in Deutschland zwischen 1991 und 2005 kontinuierlich abnahm und seitdem stagniert (Deutsche Krankenhausgesellschaft 2014, S. 95). Krankenhäuser sind daher immer mehr gefordert, ihre Investitionen aus eigenen Mitteln zu finanzieren. Die Nettoinvestitionsdeckung ist bei Krankenhäusern insofern ein Indikator dafür, inwieweit Investitionen ohne öffentliche Förderung und ohne anderweitige Mittelzuführung von außen durch Überschüsse aus dem operativen Geschäft finanziert werden können.

Setzt man die Effektivverschuldung (= Fremdkapital − liquide Mittel) oder die Netto-Finanzverschuldung (= Finanzverbindlichkeiten − liquide Mittel) ins Verhältnis zum operativen Cashflow, so erhält man die **Schuldentilgungsdauer** bzw. den dynamischen Verschuldungsgrad:

$$\text{Schuldentilgungsdauer} = \frac{\text{Effektivverschuldung / Netto} - \text{Finanzverschuldung}}{\text{operativer Cashflow}}$$

Eine Schuldentilgungsdauer von 3 besagt, dass bei ausschließlicher Verwendung des operativen Cashflows zur Rückzahlung von Fremdkapital 3 Jahre dafür benötigt würden. In der Praxis der Finanzberichterstattung wird die Schuldentilgungsdauer häufig auf der Grundlage des EBITDA anstatt des operativen Cashflows berichtet. Fresenius weist auf der Grundlage des EBITDA für 2014 eine Schuldentilgungsdauer von 3,4 aus, Asklepios eine von 1,8 (Asklepios, S. 19; Fresenius, S. 33). Nach den Grundsätzen zur Vergabe von Unternehmenskrediten durch Versicherungsgesellschaften wird als Eckwert für die Schuldentilgungsdauer auf Basis der Netto-Finanzverschuldung und des EBITDA ein Richtwert von < 2,5 vorgegeben (GdV, S. 16).

5.4. Kapitalstrukturkennzahlen

Im Rahmen der Kapitalstrukturanalyse wird in erster Linie die Zusammensetzung des Kapitals nach Eigen- und Fremdkapital untersucht. Die Kapitalstruktur wird in Kennzahlen überwiegend durch die Eigenkapital- und/oder die Fremdkapitalquote beschrieben:

$$\text{Eigenkapitalquote} = \frac{\text{Eigenkapital}}{\text{Bilanzsumme}}$$

$$\text{Fremdkapitalquote} = \frac{\text{Fremdkapital}}{\text{Bilanzsumme}}$$

Im deutschsprachigen Raum wird die Kapitalstruktur vor allem anhand der **Eigenkapitalquote** gemessen. Eigenkapitalquoten werden häufig auch in der Finanzberichterstattung von kapitalmarktorientierten Unternehmen berichtet. Z.B. beträgt die Eigenkapitalquote bei Fresenius in 2014 nach IFRS 40%, die von Asklepios 35% (Fresenius, S. 32; Asklepios, S. 32). Die Grundsätze zur Vergabe von Unternehmenskrediten durch Versicherungsgesellschaften sehen als Eckwert eine bereinigte Eigenkapitalquote von 27% vor (GdV 2013, S. 16).

Eine hohe Eigenkapitalquote ist mit einigen Vorteilen, aber auch mit Nachteilen verbunden. Je höher das Eigenkapital, desto geringer ist die Gefahr einer durch Überschuldung ausgelösten Insolvenz. Eine hohe Eigenkapitalquote ist daher ein Vorteil bei der Beschaffung von Fremdkapital. Darüber hinaus sind Unternehmen mit einer hohen Eigenkapitalquote vergleichsweise unabhängig von Kreditgebern, z.B. im Zusammenhang mit der Prolongation von Krediten oder der Vereinbarung neuer Kredite. Schließlich werden durch Fremdkapital feste Zins- und Tilgungszahlungen ausgelöst, während Eigenkapital nicht rückzahlbar ist und die Ansprüche der Anteilseigner auf Gewinnausschüttung vom Entstehen eines Gewinns abhängig sind.

Der Nachteil einer hohen Eigenkapitalquote ist insbesondere die Beeinträchtigung der Eigenkapitalrentabilität.. Eine hohe Eigenkapitalrentabilität kann dadurch erreicht werden, dass die Eigenkapitalquote möglichst gering gehalten wird. Dieser Zusammenhang wird durch den **Leverage-Effekt** beschrieben. Der Leverage-Effekt besagt, dass die Eigenkapitalrentabilität mit steigender Verschuldung zunimmt, solange die Gesamtkapitalrentabilität höher ist als der Fremdkapitalzinssatz (Gräfer et al. 2012, S. 61; Küting u. Weber 2015, S. 140).

5.5. Vermögensstruktur- und Investitionskennzahlen

Bei der Vermögensstrukturanalyse wird die Art und Zusammensetzung des Vermögens vor allem im Zusammenhang mit der Dauer der Vermögensbindung betrachtet. Dabei wird zunächst das Verhältnis von langfristig investiertem Vermögen zu kurzfristig investiertem Vermögen untersucht. Hierzu werden in erster Linie zwei Kennzahlen verwendet: die Anlageintensität, die den prozentualen Anteil des Anlagevermögens am Gesamtvermögen beschreibt und die Umlaufintensität, die den prozentualen Anteil des Umlaufvermögens am Gesamtvermögen widerspiegelt.

$$\text{Anlageintensität} = \frac{\text{Anlagevermögen}}{\text{Gesamtvermögen}}$$

$$\text{Umlaufintensität} = \frac{\text{Umlaufvermögen}}{\text{Gesamtvermögen}}$$

Eine hohe **Anlageintensität** bringt eine relativ lange Vermögensbindungsdauer zum Ausdruck, eine hohe **Umlaufintensität** eine relativ kurze Vermögensbindungsdauer. Da das Gesamtvermögen aus dem Anlage- und Umlaufvermögen besteht, bedeutet eine hohe Anlageintensität eine niedrige Umlaufintensität und umgekehrt. Insofern beschreiben beide Kennzahlen den gleichen Sachverhalt; es genügt daher, eine der beiden Kennzahlen für die Untersuchung der Vermögensstruktur zu verwenden.

Grundsätzlich ist eine geringe Vermögensbindungsdauer aus zwei Gründen vorteilhaft (Coenenberg et al. 2014, S. 1064):

- Je höher der Anteil des Umlaufvermögens, desto flexibler kann ein Unternehmen auf Beschäftigungs- und Strukturänderungen reagieren. Zum einen lässt sich Umlaufvermögen schneller verflüssigen, das finanzwirtschaftliche Risiko ist daher geringer als bei einem hohen Anteil des Anlagevermögens. Zum anderen deutet ein hoher Anteil des Umlaufvermögens auf einen relativ geringen Fixkostenanteil hin. Insofern ist das Ergebnisrisiko bei Beschäftigungsänderungen bei hoher Umlaufintensität geringer als bei hoher Anlageintensität.
- Eine geringe Anlageintensität deutet auf eine hohe Kapazitätsauslastung und damit auf eine gute Ertragslage hin. Dieser Zusammenhang kann folgendermaßen erklärt werden: Bei gegebenem Anlagevermögen hat eine hohe Kapazitätsauslastung höhere Umsätze zur Folge. Dies wiederum führt zu höheren Vorräten und Forderungen, also zu höherem Umlaufvermögen.

Doch wie immer bei der Jahresabschlussanalyse muss vor voreiligen Schlussfolgerungen allein auf der Basis einer Kennzahl gewarnt werden. Ein Vergleich der Vermögensstruktur von Unternehmen unterschiedlicher Branchen und/oder mit unterschiedlichen Geschäftsmodellen ist nicht sehr aussagekräftig. Produzierende Unternehmen haben tendenziell ein höheres Anlagevermögen als Handelsunternehmen. Produzierende Unternehmen mit einer eigenen Vertriebsorganisation haben ein höheres Umlaufvermögen als Unternehmen, deren Produkte durch andere Unternehmen vertrieben werden. Und die Anlageintensität sagt auch noch nichts über die Altersstruktur des Anlagevermögens aus; hierzu sind weitere Kennzahlen erforderlich.

Auch beim Zeitvergleich eines Unternehmens muss eine steigende Anlageintensität nicht notwendigerweise nachteilig sein. So schlagen sich auch sehr erfolgsversprechende Investitionen im Zuge einer Geschäftsausweitung in höherem Anlagevermögen nieder. Daher sollten Schlussfolgerungen aus einer Vermögensstrukturanalyse nur im Kontext einer gesamthaften Jahresabschluss- bzw. Unternehmensanalyse getroffen werden.

Die Vermögensstrukturanalyse kann u.a. durch eine Analyse der Investitionstätigkeit eines Unternehmens ergänzt werden. Da durch Investitionen die Grundlagen für den zukünftigen Erfolg von Unternehmen gelegt werden, ist die Investitionstätigkeit eines Unternehmens auch ein Maß für die Zukunftsvorsorge. Sinnvollerweise wird die Investitionstätigkeit eines Unternehmens nicht durch den absoluten Betrag an getätigten Investitionen gemessen, sondern in Relation zur Unternehmensgröße. Hierzu wird die Investitionsquote herangezogen:

$$\text{Investitionsquote} = \frac{\text{Nettoinvestitionen SAV}}{\text{SAV zu historischen AK; HK}}$$

Für die Investitionstätigkeit wird auf die Nettoinvestitionen im Sachanlagevermögen (Nettoinvestitionen SAV) eines Unternehmens abgestellt. Dies sind die Zugänge im Sachanlagevermögen, die aus dem Anlagennachweis ersichtlich sind (s. Kap. II.2.3.3) abzüglich der zu Restbuchwerten bewerteten Sachanlagenabgänge. Die Nettoinvestitionen werden dann ins Verhältnis zum zu historischen Anschaffungs- oder Herstellungskosten bewerteten Bestand des Sachanlagevermögens (SAV zu historischen AK; HK) gesetzt.

Im Rahmen der politischen Diskussion zur öffentlichen Investitionsförderung von Krankenhäusern wird von der Deutschen Krankenhausgesellschaft die Investitionsquote von Krankenhäusern anders ermittelt. Hierbei werden die öffentlichen Fördermittel nach KHG ins Verhältnis zu den bereinigten Krankenhauskosten gesetzt (Deutsche Krankenhausgesellschaft 2014 S. 63). Durch diese Investitionsquote soll die öffentliche Investitionsförderung im Zeitablauf beschrieben werden. Sie sank von 9,7% in 1991 auf 4,1% in 2010 (ebenda).

Die bilanzanalytische Investitionsquote besagt noch nicht, ob ein Unternehmen in der betrachteten Periode seine Substanz erhält, ob es wächst oder schrumpft. Hierzu wird die Wachstumsrate herangezogen. Dabei werden die Nettoinvestitionen im Sachanlagevermögen ins Verhältnis zu den Abschreibungen auf das Sachanlagevermögen des Geschäftsjahres gesetzt:

$$\text{Wachstumsrate} = \frac{\text{Nettoinvestitionen SAV}}{\text{Abschreibungen auf SAV}}$$

Ein wachsendes Unternehmen liegt dann vor, wenn die Wachstumsrate > 1 bzw. 100% ist, andernfalls ist der durch die Abschreibungen ausgedrückte Werteverzehr im Sachanlagevermögen höher als die Nettoinvestitionen. Da Investitionen häufig nicht in jährlich gleichbleibendem Maße vorgenommen werden, ist es für die Beurteilung der Investitionstätigkeit wichtig, mehrere Jahre im Gesamtzusammenhang auf der Basis von Durchschnittswerten zu analysieren.

III. Internes Rechnungswesen

1. Grundlagen der Kosten- und Erlösrechnung

Dr. Zipse hat sich einen guten Überblick über das externe Rechnungswesen verschafft und fühlt sich nun gut gerüstet, mit den entsprechenden Mitarbeitern der Verwaltung zumindest über die Grundzüge kommunizieren zu können. Sein Chefarzt, Prof. Dr. Rainer Wittig, hat das Engagement seines Oberarztes in Bezug auf das betriebswirtschaftliche Verständnis des Krankenhausbetriebes mit Wohlwollen registriert. Prof. Dr. Wittig ist als Mitglied der Krankenhausleitung neben den medizinischen auch für die ökonomischen Belange der Klinik mitverantwortlich, hat selbst aber wenig Zeit und Lust, sich mit wirtschaftlichen Themen zu beschäftigen und noch dazu wenig Wissen in diesem Bereich. Deshalb möchte er gerne Herrn Dr. Zipse für die Erledigung dieser Aufgaben gewinnen. Als erstes legt er ihm die Berichte über die Daten seiner Klinik vor, die er vom Controlling monatlich erhält. Lästigerweise fragen die Controller oft bei bestimmten Berichtsinhalten und Planabweichungen nach, z.B. bei Sachkosten, internen Verrechnungspreisen oder CM-Punkten. Außerdem muss Prof. Dr. Wittig in Gesprächen mit der Geschäftsführung des Krankenhauses Zielvereinbarungen abschließen und im Vergleich dazu die tatsächliche Entwicklung rechtfertigen, was mangels Kenntnis über die Ermittlung der dahinterliegenden Daten oftmals nur schwer gelingt. Da diese Berichte und Zielvereinbarungen zum größten Teil auf den Daten der Kosten- und Erlösrechnung des Krankenhauses basieren, beauftragt Prof. Dr. Wittig seinen Oberarzt Dr. Zipse, sich nun auch mit diesem Teil des Rechnungswesens vertraut zu machen. Dabei sind dem Chefarzt vor allem folgende Fragen wichtig:

- Wie unterstützt die Kosten- und Erlösrechnung die Führungsaufgaben der Geschäftsführung und der verantwortlichen Chefärzte?
- Wie wird das Informationsbedürfnis aller Mitarbeiter, insbesondere der Ärzte, bedient?
- Welche Besonderheiten zeichnen die Kosten- und Erlösrechnung als Teil des internen Rechnungswesens aus?
- Welche gesetzlichen Regelungen gelten bezüglich der Kosten- und Erlösrechnung im Krankenhaus?
- Wie ist ein Kosten- und Erlösrechnungssystem aufgebaut und welche Aufgaben haben seine Teilbereiche?

1.1. Grundsätzliche Ziele der Kosten- und Erlösrechnung

Die Kosten- und Erlösrechnung hat grundsätzlich die Aufgabe, Informationen zum wirtschaftlichen Zustand und zu den wirtschaftlichen Abläufen eines Unternehmens bereit zu stellen. Mit diesen Informationen sollen hauptsächlich die **Rechnungszwecke** Planung, Steuerung, Kontrolle und Dokumentation erreicht werden. Die Kosten- und Erlösrechnung soll also „einer zieladäquaten Steuerung der innerbetrieblichen Leistungserstellungsprozesse dienen" (Coenenberg et al. 2012a, S. 21). Diese Daten werden nicht veröffentlicht und sind nur für unternehmensinterne Zwecke zu verwenden, weshalb die Kosten- und Erlösrechnung einen Baustein des **internen Rechnungswesens** darstellt. Für dessen Ausgestaltung existieren für die meisten Unternehmen in Deutschland nahezu keine Vorgaben. Das Management kann deshalb die Kosten- und Erlösrechnung so einrichten, dass ihre Rechnungszwecke bestmöglich erfüllt werden. Zu beachten ist dabei, dass es sich um ein kurzfristig angelegtes Instrument handelt (Zeithorizont maximal ein Jahr) und man demnach meist von gegebenen Strukturen (z.B. Infrastruktur oder Personal- und Maschinenbestand) im Unternehmen ausgeht. Dies ist auch ein Grund, warum eine Trennung in variable und fixe Kosten (s. Kap. III.2.1.1) stattfindet. Für mittel- und langfristige Betrachtungen werden weiterführende Instrumente des Kostenmanagements benötigt (s. Kap. III.3.3), welche jedoch oftmals auf den Daten der Kosten- und Erlösrechnung basieren.

Die Kosten- und Erlösrechnung soll demnach eine möglichst realitätsnahe Abbildung der betrieblichen Strukturen und Prozesse für interne Auswertungen ermöglichen, worunter folgende Sachverhalten fallen:

- **Ermittlung des kurzfristigen Betriebserfolges:** Hierbei ist zu unterscheiden, ob der wirtschaftliche Erfolg eines hergestellten Produktes/einer hergestellten Dienstleistung ermittelt werden soll („Kalkulation" oder „Kostenträgerstückrechnung") oder der wirtschaftliche Erfolg des gesamten Unternehmens bzw. eines Teilbereichs im Rahmen einer kurzen, definierten Zeitspanne (Woche, Monat, Quartal), genannt „Betriebsergebnisrechnung" oder „Kostenträgerzeitrechnung".
- **Überwachung/Kontrolle:** Anhand von Vergleichen mit Plan- oder Vergangenheitswerten werden den Entscheidungsträgern Informationen für kurzfristige Korrekturhandlungen zur Verfügung gestellt. Zu nennen ist hier z.B. die Überwachung des Erfolgs anhand der Kostenarten, -stellen und -träger oder die Überwachung durch Zeit-, Branchen- und Plan-Ist-Vergleiche.
- **Entscheidungs- und Steuerungsaufgaben:** Mithilfe der Kostenrechnung sollen Informationen für zu treffende kurzfristige Entscheidungen im Unternehmen bereitgestellt werden. Es geht dabei v.a. um die Bestimmung der wirtschaftlichen Auswirkungen von bestimmten Entscheidungsalternativen. Als Beispiele können die Ermittlung von Preisuntergrenzen für Produkte/Dienstleistungen oder Zusatzaufträge, die Entscheidung von Eigen- oder Fremdbezug (Outsourcing) von Bauteilen und Dienstleistungen oder die Bestimmung der wirtschaftlich optimalen Produktionsmenge genannt werden.

1 Grundlagen der Kosten- und Erlösrechnung

- **Bewertungsaufgaben:** Aus dem Handels- und Steuerrecht ergibt sich die Notwendigkeit der Bewertung von Halb- und Fertigfabrikaten sowie selbsterstellten Anlagen mithilfe der Kostenrechnung. So müssen nach § 255 HGB die Herstellkosten anhand der Einzel- und Gemeinkosten der Fertigung sowie wahlweise der Finanzierungs- und anteiligen Verwaltungsgemeinkosten ermittelt werden, was eine differenzierte Kostenarten- und -stellenrechnung voraussetzt. Des Weiteren können die Kalkulationsergebnisse der Kostenrechnung zur Bestimmung von innerbetrieblichen Verrechnungspreisen verwendet werden.

1.2. Gesetzliche Regelungen zur Kosten- und Erlösrechnung im Krankenhaus

Wie oben beschrieben, existieren im Allgemeinen keine gesetzlichen Vorgaben und Vorschriften für die Kosten- und Erlösrechnung. Dies ist für Krankenhäuser in Deutschland anders. Die **Krankenhaus-Buchführungsverordnung (KHBV)** schreibt in § 8 verbindlich eine sogenannte Kosten- und Leistungsrechnung vor (s. Box § 8 Kosten- und Leistungsrechnung). In der Literatur wird das Begriffspaar „Kosten- und Leistungsrechnung" des Öfteren alternativ für „Kosten- und Erlösrechnung" verwendet (s. Kap. I.2.2). Da jedoch die Kosten (der in Euro bewertete unternehmenszweckorientierte Werteverzehr von Produktionsfaktoren) den Erlösen (die in Euro bewertete unternehmenszweckorientierte Erstellung von Gütern) gegenübergestellt werden und nicht den „Leistungen" (hierunter wird im Allgemeinen die Mengenkomponente verstanden, z.B. die Erstellung von zehn Produkten an einem Tag), soll in diesem Buch von Kosten- und Erlösrechnung gesprochen werden (siehe hierzu auch Schweitzer u. Küpper 2008, S. 21).

---

§ 8 Kosten- und Leistungsrechnung

Das Krankenhaus hat eine Kosten- und Leistungsrechnung zu führen, die eine betriebsinterne Steuerung sowie eine Beurteilung der Wirtschaftlichkeit und Leistungsfähigkeit erlaubt; sie muss die Ermittlung der pflegesatzfähigen Kosten sowie bis zum Jahr 2016 die Erstellung der Leistungs- und Kalkulationsaufstellung nach den Vorschriften der Bundespflegesatzverordnung in der am 31. Dezember 2012 geltenden Fassung ermöglichen. Dazu gehören folgende Mindestanforderungen:

1. Das Krankenhaus hat die aufgrund seiner Aufgaben und Struktur erforderlichen Kostenstellen zu bilden. Es sollen, sofern hierfür Kosten und Leistungen anfallen, mindestens die Kostenstellen gebildet werden, die sich aus dem Kostenstellenrahmen der Anlage 5 ergeben. Bei abweichender Gliederung dieser Kostenstellen soll durch ein ordnungsmäßiges Überleitungsverfahren die Umschlüsselung auf den Kostenstellenrahmen sichergestellt werden.
2. Die Kosten sind aus der Buchführung nachprüfbar herzuleiten.
3. Die Kosten und Leistungen sind verursachungsgerecht nach Kostenstellen zu erfassen; sie sind darüber hinaus den anfordernden Kostenstellen zuzuordnen, soweit dies für die in Satz 1 genannten Zwecke erforderlich ist.

Die rechtlich für Krankenhäuser vorgegebenen **Zwecke** umfassen also die
- betriebsinterne Steuerung,

- Beurteilung der Wirtschaftlichkeit und Leistungsfähigkeit,
- Ermittlung der pflegesatzfähigen Kosten sowie die
- Erstellung der Leistungs- und Kalkulationsaufstellung (LKA).

Eine Aktualisierung der Begrifflichkeiten („pflegesatzfähig", „LKA") im Hinblick auf das DRG-System ist im Gesetzestext noch nicht erfolgt (es müsste dann „DRG-relevant" und „AEB" heißen, siehe hierzu etwas weiter unten). Zu beachten ist zudem, dass nach § 9 KHBV Krankenhäuser mit bis zu 100 Betten bzw. mit nur einer bettenführenden Abteilung unter bestimmten Voraussetzungen von den in § 8 KHBV genannten Pflichten befreit werden können, d.h. keine differenzierte Kosten- und Leistungsrechnung vorweisen müssen.

> Die Krankenhaus-Buchführungsverordnung (KHBV) schreibt für Krankenhäuser eine Kosten- und Leistungsrechnung verbindlich vor.

Eine sinnvolle **Steuerung** erfordert die Festlegung eines Ziels bzw. mehrerer Ziele, welche eindeutig und quantifiziert sein müssen. Bei einem Unternehmen in einem marktwirtschaftlichen Umfeld ist das strategische Oberziel die Existenzsicherung des Betriebs durch Steigerung des Unternehmenswerts, welche durch die Wahrnehmung von Erfolgspotenzialen erreicht werden kann. Daraus abgeleitet ergeben sich die operativen Ziele der Gewinnerzielung sowie der Sicherstellung der permanenten Zahlungsbereitschaft (Liquidität). Daneben bzw. darunter können noch viele andere Ziele wie z.B. Mitarbeiter- oder Kundenzufriedenheit, Qualitäts- und Marktaspekte etc. verfolgt werden.

Bei Krankenhäusern muss in Bezug auf deren **Zielsetzung** unterschieden werden, welcher Trägerschaft sie angehören. Prinzipiell können drei verschiedene Trägerschaftsformen voneinander getrennt werden: öffentliche, freigemeinnützige und private. Allen gemeinsam ist das gesetzlich vorgeschriebene Ziel der Deckung des Bedarfs der Bevölkerung nach Krankenhausleistungen, die wirtschaftlich erbracht werden soll (u.a. im § 1 Abs. 1 KHG). Alle wollen den Bestand des Unternehmens und damit des Leistungsangebots sowie der Arbeitsplätze sichern und streben daher eine Gewinnerzielung an. Daneben stehen trägerspezifische Ziele wie z.B. ethische, religiöse oder humanitäre Werte bei **freigemeinnützigen Trägern** oder die Sicherstellung von regionalen Arbeitsplätzen bei **öffentlichen Trägern**. Den **privaten Trägern** wird oft nachgesagt, dass sie statt einer Gewinnerzielungsabsicht das Ziel der Gewinnmaximierung verfolgen; zudem schütten diese oftmals Gewinne an die Eigentümer aus. Bei Universitätskliniken schließlich kommen noch Ziele in der Forschung und Lehre hinzu. Die simultane Berücksichtigung der sich auf den ersten Blick teilweise ausschließenden Ziele wie z.B. medizinische Qualität und Gewinnsteigerung ist eine große Herausforderung für das Krankenhausmanagement. Dies findet Ausdruck in der bereits lange anhaltenden Diskussion des Spannungsfeldes zwischen Medizin und Ökonomie.

Für die Kosten- und Erlösrechnung als kurzfristiges Informations- und Entscheidungsunterstützungsinstrument sind die operativen Ziele eines Krankenhauses entscheidend. Da jedes Krankenhaus (zumindest wenn es in den Krankenhausplan des jeweiligen Bundeslandes aufgenommen wurde) seinen Versorgungsauftrag erfüllen muss, ist an erster Stelle die Planung und Kontrolle der Krankenhausleistungen Aufgabe der internen Steuerung. Für die Erlösrechnung unabdingbar ist also die differenzierte Erfassung der erbrachten bzw. geplanten Leistungen (stationäre Leistungen im Rahmen der DRGs, Zusatzentgelte oder NUBs; ambulante Leistungen; Wahlleistungen; Nutzungsentgelte etc.). Für die Entgeltverhandlungen mit den Krankenkassen ist dies ohnehin notwendig. Daneben müssen auch die Kosten differenziert ex ante geplant und ex post kontrolliert werden und zwar sowohl auf Kostenarten- als auch auf Bereichsebene. Dementsprechend ist in der KHBV auch eine Kostenarten- und Kostenstellenrechnung vorgeschrieben. Wünschenswert wäre eine betriebsinterne Steuerung auch auf Einzelfallebene, also eine Kostenträgerstückrechnung bzw. Kalkulationsrechnung, welche allerdings nach § 8 KHBV nicht zwingend einzurichten ist.

Für die **Beurteilung der Wirtschaftlichkeit und Leistungsfähigkeit** eines Krankenhauses müssen die erzielten bzw. geplanten Leistungen mit den dafür notwendigen Kosten verglichen werden. Das Kriterium der Wirtschaftlichkeit hat mit der Einführung der DRGs noch einmal an Bedeutung gewonnen, da die Preise für die stationären Leistungen eines Krankenhauses nun landes- bzw. (bald) bundesweit festgeschrieben sind und es damit für das einzelne Krankenhaus überlebenswichtig geworden ist, diese Leistungen mit einer entsprechend transparenten und angepassten Kostenstruktur zu erbringen. Als Beurteilungskriterium kann hier auch ein Benchmarking (intern oder extern) durchgeführt werden, wie es z.B. im Krankenhausbetriebsvergleich im § 5BPflV vorgeschrieben ist.

Die **Ermittlung der pflegesatzfähigen Kosten** ist insofern von Bedeutung, als nicht pflegesatzfähige Kosten z.B. für Ambulanzen, psychiatrische Leistungen oder Investitionen nicht bei der (Nach-)Kalkulation der DRGs berücksichtigt werden dürfen (s. Kap. III.2.3.3 zur InEK-Kalkulation). Im DRG-System werden die pflegesatzfähigen Kosten nun als DRG-relevante Kosten bezeichnet. Anhand der Kalkulationsergebnisse kann die Wirtschaftlichkeit einer DRG beurteilt sowie eine betriebsinterne Steuerung auf Kostenstellen- und DRG-Ebene erfolgen.

Im BPflV-Bereich ist nach § 17 Abs. 4 BPflV eine **Leistungs- und Kalkulationsaufstellung (LKA)** als Vorbereitung für die Pflegesatzverhandlung aufzustellen. Die LKA umfasst v.a. Daten zu Leistungen, Budgetkalkulationen sowie den tagesgleichen Pflegesätzen. Da hier nur pflegesatzfähige Kosten eingehen, ist es maßgebliche Aufgabe der Kostenrechnung, diese zu ermitteln. Durch Einführung der DRGs hat dieser Bereich massiv an Bedeutung verloren. Im nun entscheidenden KHEntgG-Bereich hat das Krankenhaus nach § 11 Abs. 4 KHEntgG eine Aufstellung der Entgelte und Budgetermittlung (AEB) zur Vorbereitung der Entgeltverhandlung zu erstellen. Analog zur LKA werden die Leistungen des Krankenhauses (ausgedrückt in Casemix, Fallpauschalen, Zusatzentgelte etc.) detailliert dargestellt und mit den DRG-relevanten Kosten (im Wesentlichen entsprechen diese den pflegesatzfähigen Kosten) versehen.

Neben diesen gesetzlich vorgeschriebenen Zwecken der Kosten- und Erlösrechnung sind die grundsätzlichen Ziele, wie in Kapitel III.1.1 beschrieben, zu erfüllen. Hierunter fällt z.B. die Transparenz hinsichtlich des wirtschaftlichen Erfolgs einer DRG, einer Abteilung oder des Gesamt-Klinikums. Auch für die Berechnung von individuell zu vereinbarenden Entgelten, z.B. im Rahmen einer Komplexpauschale der integrierten Versorgung oder von bestimmten Zusatzentgelten, muss die Kostenrechnung Daten liefern. Zudem kann die Kostenrechnung in Bezug auf die Portfoliosteuerung wichtige Hinweise geben. Langfristig sollten unrentable Leistungen ab- und rentable Leistungen ausgebaut werden, ohne jedoch den Versorgungsauftrag der Klinik zu vernachlässigen.

1.3. Teilgebiete und grundsätzlicher Aufbau der Kosten- und Erlösrechnung

Zur Erfüllung der bereits genannten Ziele und Zwecke wird die Kostenrechnung üblicherweise in drei Teilrechnungen gegliedert: die **Kostenarten-, -stellen- und -trägerrechnung**. Jede Teilrechnung deckt dabei eine eigene Fragestellung ab (s. Abb. 26).

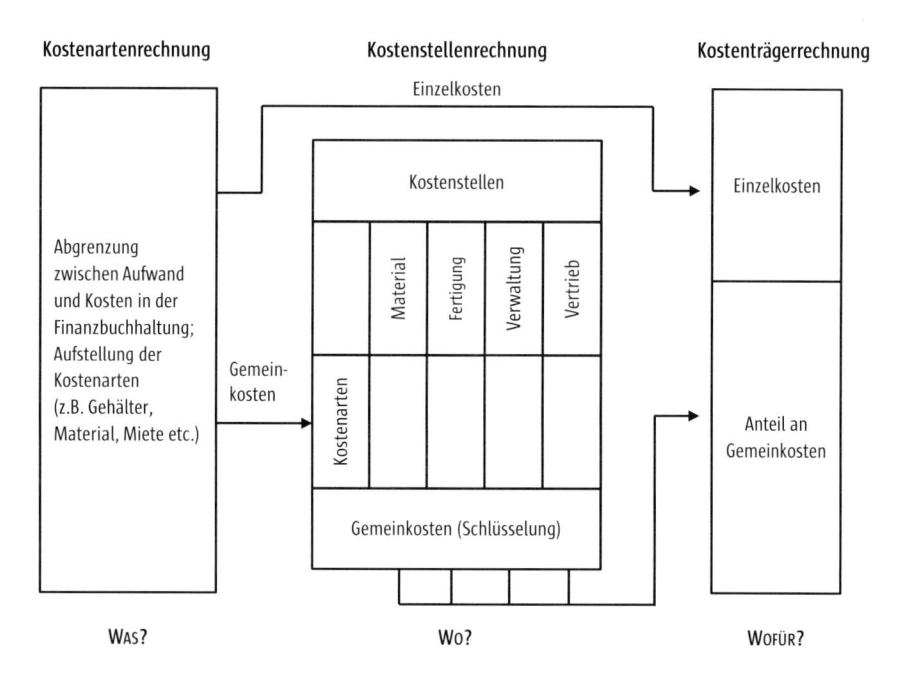

Abb. 26 Teilgebiete der Kostenrechnung

Kostenartenrechnung

Im Rahmen der Kostenartenrechnung wird die Frage „Welche Kosten sind angefallen bzw. werden anfallen?" beantwortet. Dabei werden alle Kosten, welche in

1 Grundlagen der Kosten- und Erlösrechnung

der zu betrachtenden Periode im Unternehmen angefallen sind bzw. planerisch absehbar noch anfallen werden, erfasst und systematisch aufbereitet. Hierbei ist festzulegen, welche Werte in die Kostenartenrechnung einfließen. Üblicherweise werden alle Geschäftsvorfälle eines Unternehmens zunächst in der Finanzbuchhaltung erfasst. Es ist der Unterschied zwischen Aufwand und Kosten zu beachten, sodass einige Bestandteile der Aufwendungen nicht mehr als Kostenart auftauchen werden, einige Bestandteile verändert und wiederum einige Aufwendungen unverändert in die Kostenartenrechnung übernommen werden. Schließlich werden noch Kosten hinzugebucht, welche keine Aufwendungen darstellen (kalkulatorische Kosten bzw. Zusatzkosten) und deshalb nicht in der Finanzbuchhaltung auftauchen (s. Kap. I.2.3).

In einem zweiten Schritt werden die nun erfassten Kosten systematisiert, um Transparenz bezüglich der Kostenstruktur eines Unternehmens herzustellen, erste Aussagen über die Wirtschaftlichkeit treffen zu können („Sind Personalkosten gestiegen?", „Liegen die Materialkosten im Plan?", „Wie wirken sich steigende Energiekosten aus?") und eine weitere Verrechnung auf die Kostenstellen und -träger zu ermöglichen. Dabei kommen mehrere Gliederungsmöglichkeiten infrage (s. Kap. III.2.1.1. zu den Begriffsklärungen): nach der Art der Einsatzgüter (z.B. Personal- oder Materialkosten), dem Umfang (Voll- und Teilkosten), der Abhängigkeit von Beschäftigungsschwankungen (variable und fixe Kosten), dem Zeitbezug der Kosten (Ist-, Normal- oder Plankosten) sowie der Zurechenbarkeit auf den Kostenträger (Einzel- und Gemeinkosten).

Kostenstellenrechnung

Durch die Kostenartenrechnung ist nun zwar bekannt, welche Kosten im Betrachtungszeitraum angefallen sind und wie die Entwicklung gegenüber den Planzahlen, den Vergangenheitswerten oder anderen Vergleichsmaßstäben wie z.B. Branchenkennzahlen war. Allerdings ergibt sich daraus nicht, wer bzw. welche Stelle im Unternehmen für diese Kostenentwicklung verantwortlich ist, sodass eine Steuerung nur sehr schwer möglich ist. Deshalb geht die Kostenstellenrechnung der Frage „Wo sind die Kosten entstanden?" nach. Eine Kostenstelle ist hierbei ein kostenrechnerisch selbständig abzurechnender Bereich des Unternehmens.

Mit der Kostenstellenrechnung werden verschiedene Ziele verfolgt: Die Bildung von Kalkulationssätzen für die Verrechnung von Gemeinkosten auf die Kostenträger, eine kostenstellenweise Wirtschaftlichkeitsrechnung sowie die Darstellung der innerbetrieblichen Leistungsbeziehungen, z.B. zur Bildung einer Organisation von dezentral weitgehen selbständig agierenden Einheiten (s. zu Centerstrukturen Kap. III.3.2.2). Von der Kostenartenrechnung werden zur Erfüllung dieser Ziele die Gemeinkosten möglichst verursachungsgerecht auf die Kostenstellen verbucht, die Einzelkosten gehen bei vielen Unternehmen direkt in die Kostenträgerrechnung mit ein (im Krankenhaus ist dies gesetzlich anders geregelt, wie später noch erläutert werden wird). Die Verbindung zwischen der Kostenarten- und -stellenrechnung kann auch mithilfe des Betriebsabrechnungsbogens (BAB) systematisch dargestellt werden (s. Kap. III.2.2.3).

Kostenträgerrechnung

Die Kostenträgerrechnung versucht die Frage „Wofür fallen die Kosten an?" zu beantworten. Zu beachten ist dabei, dass als Kostenträger nicht die Krankenkasse bezeichnet wird, wie es im Gesundheitswesen geläufig ist, sondern das Produkt bzw. die Dienstleistung, welche/s die „Kosten trägt" bzw. verursacht hat. Hierbei gibt es prinzipiell zwei verschiedene Möglichkeiten (s. Abb. 27): die Kostenträgerstück- und die Kostenträgerzeitrechnung.

```
                    Kostenträgerrechnung
                    /                  \
    Kostenträgerzeitrechnung      Kostenträgerstückrechnung
        (Erfolgsrechnung)                (Kalkulation)
```

- Periodenrechnung
- ermittelt die nach Leistungsarten gegliederten, in der Periode insgesamt angefallenen Kosten
- Kosten je Periode

- Kalkulation, Stückrechnung
- ermittelt die Selbst- bzw. Herstellkosten der betrieblichen Leistungseinheiten
- Kosten je Einheit (Stück)

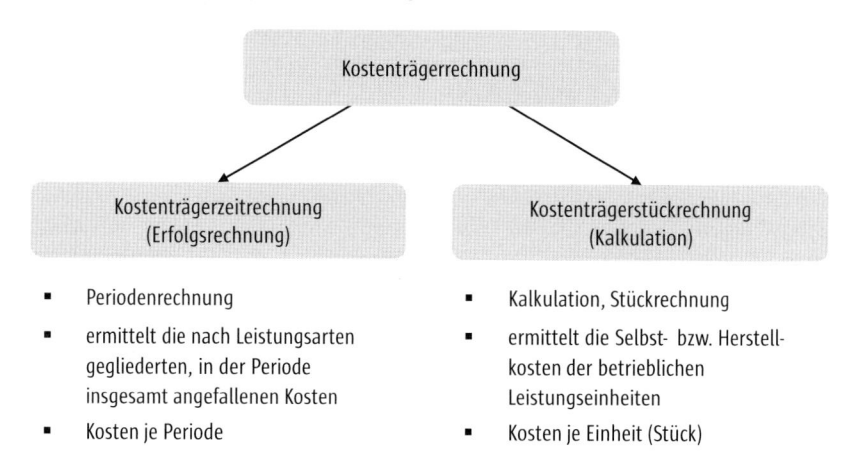

Abb. 27 Teilgebiete der Kostenträgerrechnung

Bei der **Kostenträgerstückrechnung** werden die Herstell- oder Selbstkosten eines produzierten Produktes oder Auftrages oder einer Dienstleistung (= Kostenträger) ermittelt. Bei dieser Kalkulation werden die Einzel- und Gemeinkosten auf den Kostenträger verrechnet und mit den Erlösen verglichen, um eine Aussage über den Erfolg pro Leistung zu erhalten. Dies kann sowohl auf Teilkostenbasis (Deckungsbeitrag: Erlös minus variable Stückkosten) als auch auf Vollkostenbasis (Stückgewinn: Erlös minus volle Stückkosten) erfolgen.

Bei der **Kostenträgerzeitrechnung** werden die Kosten einer gesamten Periode (Woche, Monat, Quartal) den Erlösen gegenübergestellt, um den wirtschaftlichen Erfolg des Unternehmens im Rahmen der Betriebsergebnisrechnung festzustellen.

Zu klären ist, was im Krankenhaus der Kostenträger bzw. das Kalkulationsobjekt darstellt. Krankenhäuser sind „Einrichtungen, in denen durch ärztliche und pflegerische Hilfeleistung Krankheiten, Leiden oder körperliche Schäden festgestellt, geheilt oder gelindert werden sollen und in denen die zu versorgenden Personen untergebracht und verpflegt werden können" (§ 2 Abs. 1 KHG). Aus dieser Aufgabenstellung des Krankenhauses lässt sich die Primärleistung eines Krankenhauses, nämlich die Veränderung des Gesundheitszustandes eines Patienten, ableiten. Hierfür sind Leistungen der Diagnose, Therapie, Pflege und Unterbringung zu erbringen, welche die Sekundärleistungen eines Krankenhauses

1 Grundlagen der Kosten- und Erlösrechnung

darstellen (Schlüchtermann 2013, S. 12). Da ein Kostenträger die Marktleistung eines Unternehmens abbilden soll, kommt im Krankenhaus die Primärleistung und damit der einzelne Patient bzw. die Fallgruppe/DRG, in welche er eingruppiert wurde, infrage. Darüber hinaus existieren (medizinische) Primärleistungen im Krankenhaus, welche nicht über eine DRG, sondern über Zusatzentgelte oder tagesgleiche Pflegesätze abgerechnet werden und deshalb ebenfalls Kostenträger darstellen können. Daneben können noch ärztliche Leistungen außerhalb der stationären Behandlung als Kostenträger kalkuliert werden. Zu nennen wären hier die vor- und nachstationäre Behandlung, ambulante Operationen, oder ambulante Leistungen z.B. in Form einer Institutsambulanz oder Ambulanz der Ärzte (Hentze u. Kehres 2008, S. 126). Schließlich kommen als Kostenträger auch nicht medizinische Leistungen des Sekundärbereichs infrage wie z.B. Essensversorgung oder Wäschereinigung für Dritte wie Kindergärten oder Pflegeheime.

> Die **Kostenrechnung** besteht üblicherweise aus drei Teilrechnungen: Die Kostenartenrechnung („Welche Kosten sind entstanden"), die Kostenstellenrechnung („Wo sind die Kosten entstanden") und die Kostenträgerrechnung („Wofür sind die Kosten entstanden").

In allen drei Teilrechnungen der Kostenrechnung stellt sich die Frage, wie Kosten zu einer Kostenart, einer Kostenstelle oder einem Kostenträger „richtig" zugeordnet werden können und sollen. Hierzu können verschiedene **Prinzipien der Kosten- (und auch Erlös-)verteilung** zum Einsatz kommen, wie z.B. dem Verursachungs-, Identitäts-, Durchschnitts- oder Tragfähigkeitsprinzip. Hierzu sei auf die einschlägige Literatur (z.B. Schweitzer u. Küpper 2008, S. 55–60) verwiesen.

2. Kosten- und Erlösrechnung im Krankenhaus

2.1. Kostenartenrechnung im Krankenhaus auf Grundlage der KHBV

Nachdem sich Dr. Zipse einen kurzen Überblick über die Grundlagen der Kosten- und Erlösrechnung verschafft hat, kommt sein Chefarzt Prof. Dr. Wittig mit einer eiligen Aufgabe auf ihn zu. Im letzten Monatsbericht wurde eine Abweichung bei den Gesamtkosten der Klinik für Allgemein-, Viszeral- und Gefäßchirurgie gegenüber dem im letzten Jahr vereinbarten Kosten-Budget ausgewiesen. Herr Dr. Zipse soll nun möglichst schnell herausfinden, woher diese Abweichungen kommen und wie diese gegebenenfalls ausgeglichen werden können. Deswegen muss er sich detailliert in die Kostenstruktur des Krankenhauses und der Klinik einarbeiten und für sich folgende Fragen klären:

- Welche Zwecke hat die Kostenartenrechnung?
- Welche Rechengrößen verwendet die Kostenartenrechnung und wie hängen diese mit der Finanzbuchhaltung zusammen?
- In welche Kostenarten unterscheidet das Krankenhaus seine Kosten?
- Wie werden die einzelnen Kostenarten erfasst und bewertet?

2.1.1. Aufgaben und Rechnungsgrößen der Kostenartenrechnung

Wie oben dargestellt, sind grundsätzliche **Aufgaben der Kostenartenrechnung** die systematische Erfassung der Kosten einer Abrechnungsperiode sowie die Gliederung der Kosten nach bestimmten Gesichtspunkten. Für die Verschaffung eines Überblicks, welche Kosten innerhalb einer bestimmten Periode im Unternehmen angefallen sind, ist die Kostenartenrechnung hilfreich. Hier wird Transparenz hinsichtlich der herrschenden Kostenstruktur geschaffen, z.B. der Anteil der Personal- oder Materialkosten an den Gesamtkosten. Da dies nur eine erste grobe Einschätzung für die Steuerung sein kann, müssen sich weitergehende Schritte in der Kostenrechnung anschließen: wo sind diese Kosten entstanden („Kostenstellenrechnung", s. Kap. III.2.2) und wofür sind diese Kosten angefallen („Kostenträgerrechnung", s. Kap. III.2.3). Die Kostenartenrechnung stellt also die Grundlage aller komplexeren Kostenrechnungssysteme dar.

Für eine spätere Zuordnung der Kosten zu Kostenstellen und Kostenträgern ist eine sinnvolle **Gliederung der Kostenarten** notwendig. In Betrachtung kommen grundsätzlich die in Tabelle 33 dargestellten Gliederungskriterien:

Tab. 33 Gliederungskriterien von Kosten

Gliederungskriterium	mögliche Ausprägung
Art der Einsatzgüter	Personalkosten, Materialkosten, Abschreibungen, Zinsen etc.
Herkunft der Einsatzgüter	primäre Kosten, sekundäre Kosten
Abhängigkeit von Beschäftigungsschwankungen	variable Kosten, fixe Kosten
Zurechenbarkeit auf Kostenträger	Einzelkosten, Gemeinkosten
Umfang	Vollkosten, Teilkosten
Zeitbezug	Ist-Kosten, Normalkosten, Plankosten

Durch die Einteilung der Kosten nach der **Art der Einsatzgüter** kann bereits eine erste Einschätzung über die Kostenstruktur eines Krankenhauses getroffen werden; v.a. im Zeit- als auch im Betriebsvergleich sind grobe Aussagen über mögliche Handlungsfelder (z.B. im Bereich des medizinischen Sachbedarfs) möglich. Die Entwicklung der Daten für die Kostenrechnung aus der Finanzbuchhaltung und die Gliederung der Buchführungskonten nach dem Kriterium der Einsatzgüterart stellt im Krankenhaus den ersten Schritt der Kostenrechnung dar (s. Kap. III.2.1.2).

Nach der **Herkunft der Einsatzgüter** können die primären und die sekundären Kosten unterschieden werden. Bei den **primären Kosten** handelt es sich um Kosten, die in der Kostenartenrechnung erstmals erfasst werden, also einen direkten Bezug zum Beschaffungsmarkt (Sachgüter, Arbeitsleistung, Kapitalbedarf) haben. **Sekundäre Kosten** entstehen immer dann, wenn Kosten im Unternehmen intern weiterverrechnet werden, es also eine Kostenstellenrechnung mit Vor- und Endkostenstellen gibt (s. Kap. III.2.2.2). Die weiterverrechneten Kosten werden sekundäre Kosten genannt, also z.B. die verrechneten Kosten der IT-Abteilung oder des Labors auf die einzelnen Fachabteilungen.

Die Kosten können auch dahingehend unterschieden werden, ob sie sich in **Bezug auf Beschäftigungsschwankungen** fix oder variabel verhalten. Unter Beschäftigung versteht man dabei, wie die (Produktions-)Kapazitäten eines Betriebes ausgelastet sind. Gemeint sind hier v.a. die Anzahl der produzierten Waren und Güter in einem Industriebetrieb bzw. Dienstleistungen in einem Dienstleistungsbetrieb. Mögliche Maßgrößen für den Grad der Beschäftigung im Kranken-

2 Kosten- und Erlösrechnung im Krankenhaus

haus können z.B. die Anzahl der Fälle, Anzahl der CM-Punkte oder Anzahl belegter Betten sein. Falls die Beschäftigung einer Abrechnungsperiode höher oder niedriger als in der vorangegangenen Periode ist, spricht man von einer Beschäftigungsänderung oder -schwankung. Ändert sich die Höhe einer Kostenart bei einer Beschäftigungsschwankung, spricht man von einer beschäftigungsabhängigen oder variablen Kostenart. Ändert sich die Höhe einer Kostenart nicht, obwohl mehr oder weniger Güter bzw. Dienstleistungen hergestellt wurden, spricht man von einer beschäftigungsunabhängigen oder fixen Kostenart. Diese Unterscheidung ist vor allem für eine detaillierte Planung notwendig, um abschätzen zu können, wie sich die Kosten in Zukunft bei einer bestimmten Planbeschäftigung im Vergleich zum aktuellen Stand ändern werden.

Bei den **variablen Kostenarten** gibt es prinzipiell drei mögliche Verläufe: linear bzw. proportional, degressiv und progressiv. Beim **linearen bzw. proportionalen Kostenverlauf** ändern sich die Kosten pro Stück bzw. Einsatzgut nicht, wenn die Beschäftigung steigt bzw. fällt. Dies bedeutet, dass die gesamten Kosten dieser Kostenart linear bzw. proportional steigen (s. Abb. 28); z.B. würde mit einer Verdoppelung der Fallzahl auch eine Verdoppelung der Kosten einhergehen. Als Beispiel hierfür ließen sich Preise für Medikamente oder Implantate nennen, die keinen Mengenrabatten unterliegen. Ein anderes Beispiel stellen Energie-, Gas- oder Wasserkosten dar, falls der Preis pro Einheit in der Abrechnungsperiode konstant bleibt.

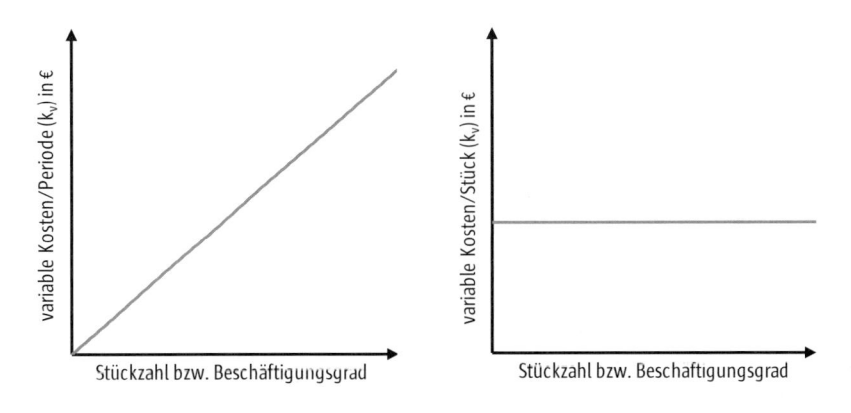

Abb. 28 Linearer bzw. proportionaler Kostenverlauf

Beim **degressiven bzw. unterproportionalen Kostenverlauf** sinken die Kosten pro Stück bzw. Einsatzgut, wenn die Beschäftigung steigt. Dies bedeutet, dass die gesamten Kosten dieser Kostenart unterproportional steigen (s. Abb. 29); z.B. würde mit einer Verdoppelung der Fallzahl also eine Erhöhung der Kosten um beispielsweise nur das 1,8-fache einhergehen.

Als Beispiel hierfür ließen sich fallende Preise für Handschuhe oder OP-Abdeckungen durch die Inanspruchnahme von Mengenrabatten nennen.

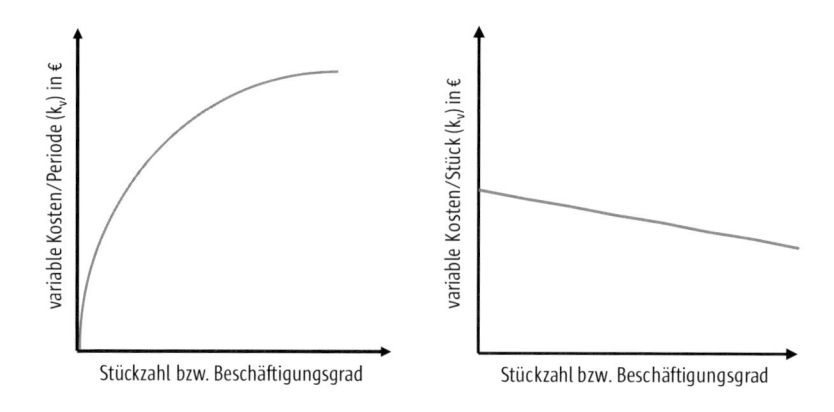

Abb. 29 Degressiver bzw. unterproportionaler Kostenverlauf

Beim **progressiven bzw. überproportionalen Kostenverlauf** steigen die Kosten pro Stück bzw. Einsatzgut, wenn die Beschäftigung steigt. Dies bedeutet, dass die gesamten Kosten dieser Kostenart überproportional steigen (s. Abb. 30); z.B. würde mit einer Verdoppelung der Fallzahl also eine Erhöhung der Kosten um das Dreifache einhergehen. Als Beispiel hierfür ließen sich Überstunden- oder Feiertagszuschläge für Mitarbeiter nennen oder höhere Instandhaltungskosten für Geräte, die intensiver genutzt werden.

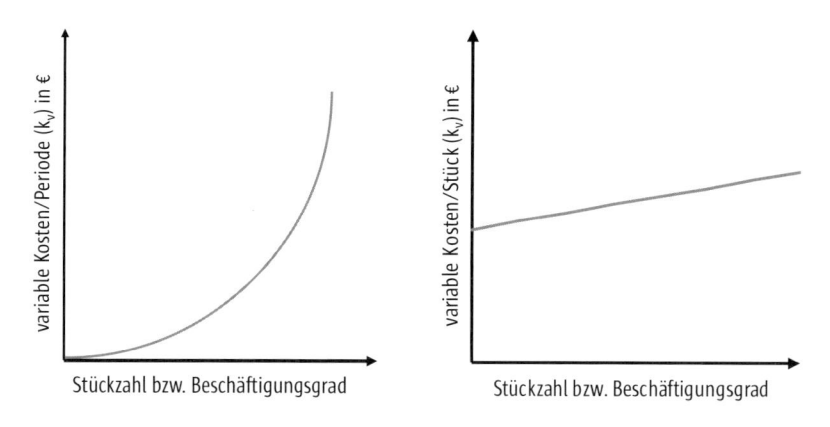

Abb. 30 Progressiver bzw. überproportionaler Kostenverlauf

Aufgrund der besseren Handhabbarkeit unterstellt man in der Kostenrechnung sehr oft einen linearen Verlauf der variablen Kostenarten. Jedoch muss in der Praxis vor allem im Hinblick auf eine anzustrebende genaue Planung bei möglichst jeder größenmäßig relevanten Kostenart untersucht werden, ob dies wirklich der Fall ist. Im InEK-Kalkulationshandbuch (s. Kap. III.2.3.3) wird für die Bezugsgrößen der Kalkulationssätze gefordert, dass zwischen ihnen und den in den Stellen ausgewiesenen Kosten eine proportionale Beziehung besteht; kostentheoretisch wird also ein linearer Kostenverlauf unterstellt.

2 Kosten- und Erlösrechnung im Krankenhaus

Bei den **fixen Kostenarten** gibt es prinzipiell zwei mögliche Verläufe: absolut fix und sprungfix. **Absolut fixe Kostenarten** bleiben definitionsgemäß in ihrer Höhe immer gleich, egal wie hoch die Beschäftigung eines Unternehmens ist (s. Abb. 31). Hierfür lassen sich nur sehr wenige Beispiele finden, da bei einer genügend großen Beschäftigungshöhe eine Anpassung der Kapazitäten, d.h. Arbeitskräfte, Apparate, Gebäude etc. unumgänglich ist. Ein Beispiel für eine absolut fixe Kostenart wären die Kosten für eine Internet-Flatrate.

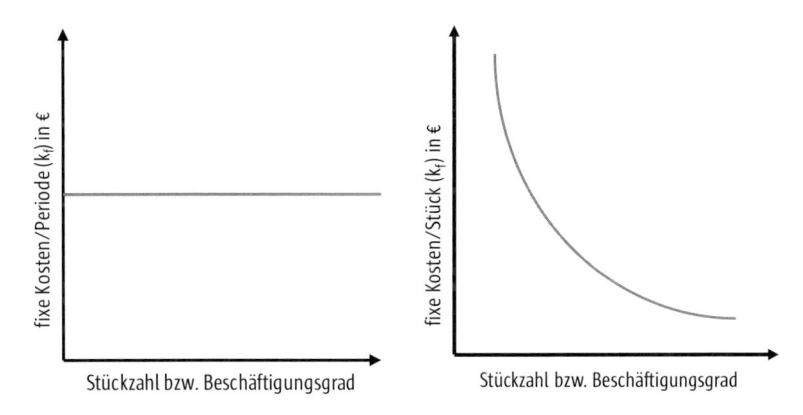

Abb. 31 Absolut fixer Kostenverlauf

Realistischer ist der **sprung- oder intervallfixe Verlauf** von Kosten (s. Abb. 32). Dies bedeutet, dass nur innerhalb eines bestimmten Beschäftigungsintervalls die Kosten gleich hoch bleiben. Über- oder unterschreitet der Beschäftigungsgrad eine bestimmte Schwelle, werden mehr oder weniger Fixkosten zur Sicherstellung dieser Beschäftigung notwendig sein. Als Beispiel ließe sich nennen, dass eine internistische Abteilung eines Krankenhauses bis zu einer bestimmten Fallzahl mit einem Ultraschallgerät auskommt, ab einer bestimmten Schwelle jedoch ein zweites zukaufen muss. Die (pro Zeiteinheit konstanten) Abschreibungen dieser Geräte stellen hier also sprungfixe Kosten dar. Ein anderes Beispiel ist, dass in der stationären Abrechnung ab einer bestimmten Anzahl von abzurechnenden Fällen eine zusätzliche Stelle geschaffen werden muss; diese Personalkosten stellen also auch sprungfixe Kosten dar. Da die Kostenrechnung wie beschrieben kurzfristig ausgelegt ist und weitgehend von gegebenen Strukturen ausgeht, befinden sich viele sprungfixe Kosten in der Betrachtungsperiode in einem Intervall, in dem die Kosten konstant bleiben und damit in der Rechnung als fix angesehen werden können.

Interessant für die Steuerung eines Krankenhauses ist hierbei die Tatsache, dass sich die Fixkosten (zumindest in dem Intervall, in dem sie tatsächlich ihre Höhe nicht ändern) bei steigender Beschäftigung auf mehr Fälle etc. verteilen, die „Stückkosten" also weniger werden. Diesen Mengeneffekt nennt man **Fixkostendegression**. Für eine möglichst kostengünstige Erstellung von Produkten und Dienstleistungen muss die Auslastung also so gewählt werden, dass nur geringe Leerzeiten (d.h. Zeiten, in denen keine Produktion von Produkten oder Dienstleistungen stattfindet) entstehen und sich die Fixkosten auf möglichst viele Produkte bzw. Dienstleistungen verteilen. Diese Strategie kann man gut bei vielen Konsumgüterherstellern beobachten, z.B. im Nahrungsmittel- oder Textilbereich, die teilweise eine aggressive Volumenstrategie verfolgen.

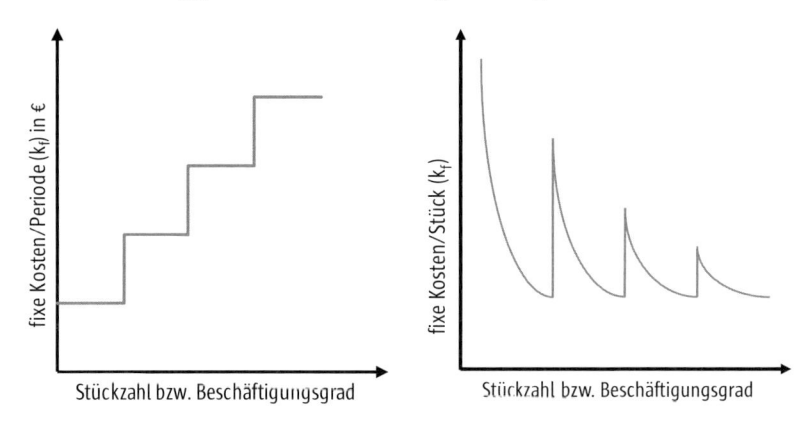

Abb. 32 Sprung- oder intervallfixer Kostenverlauf

> Als **Fixkostendegression** wird der Effekt bezeichnet, dass bei steigender Beschäftigung die Fixkosten auf mehr Stück verteilt werden und damit die Stückkosten sinken.

Im Hinblick auf eine wirtschaftliche Steuerung des Unternehmens ist es grundsätzlich von Vorteil, einen möglichst geringen Anteil an fixen und einen möglichst hohen Anteil an variablen Kosten zu haben, um auf Beschäftigungsschwankungen schnell reagieren zu können und bei einem Beschäftigungsrückgang Leerkosten (d.h. Fixkosten, die zu Leerzeiten anfallen) von Personal oder Infrastruktur zu vermeiden. Für ein Krankenhaus mit hohen Personalkosten und damit Fixkosten kommt hier z.B. der Einsatz von Leiharbeitern u.a. in der Pflege oder in Servicebereichen infrage. Hinsichtlich des Qualitäts- und Verfügbarkeitsaspekts, aber auch mit Blick auf das Betriebsklima sollte dies sorgfältig geprüft und abgewogen werden.

Mittel- bis langfristig sind auch die fixen Kosten abbaubar und somit variabel. Es ist hierbei jedoch das Phänomen der **Kostenremanenz** zu beachten (s. Abb. 33). Dies bedeutet, dass sich Fixkosten weniger schnell ab- als aufbauen lassen und somit die Kostenkurve bei steigender Beschäftigung einen steileren Verlauf als bei abnehmender Beschäftigung hat. Zum Beispiel ist ein Leasingvertrag über ein Röntgengerät schnell geschlossen, wodurch die Fixkosten sprunghaft steigen. Aufgrund der festen Laufzeit des Vertrages können diese Kosten jedoch nur nach Einhaltung einer Kündigungsfrist wieder zurückgeführt werden. Ein anderes Beispiel sind die Personalkosten: Ein Mitarbeiter kann recht schnell eingestellt werden und erhöht dadurch sprunghaft die Personalkosten; eine unter Umständen notwendige Trennung von diesem Mitarbeiter kann jedoch durch Kündi-

2 Kosten- und Erlösrechnung im Krankenhaus

gungsfristen, Abfindungsverhandlungen, Gerichtstermine etc. um ein Vielfaches länger dauern. Dies ist ein weiterer Grund, weshalb Unternehmen versuchen sollten, auch in wirtschaftlich erfolgreichen Zeiten so wenig Fixkosten wie möglich aufzubauen.

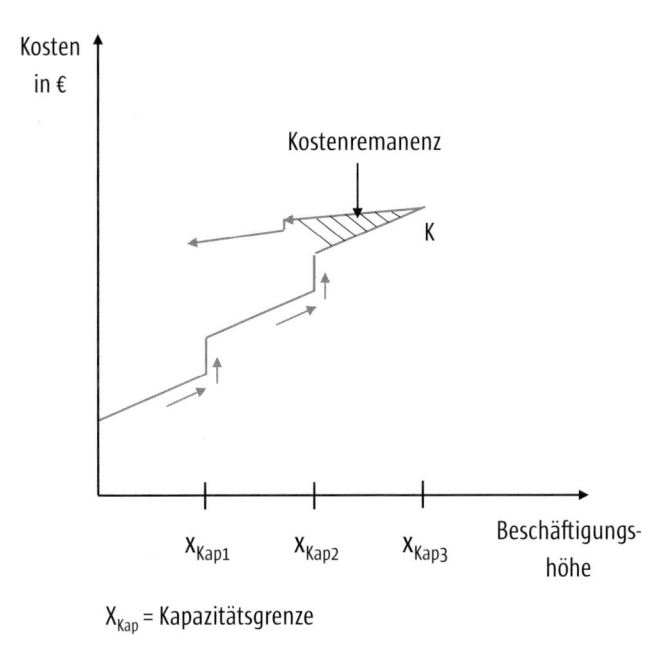

Abb. 33 Schematische Darstellung der Kostenremanenz

> Als **Kostenremanenz** wird der Effekt bezeichnet, dass sich Fixkosten weniger schnell ab- als aufbauen lassen.

Die Kostenremanenz hat viele Gründe. Zum einen unvermeidbare wie die oben erwähnten vertraglich vereinbarten Laufzeiten und Kündigungsfristen. Zum anderen vermeidbare, die in unternehmerisch intendierte (z.B. Verzicht auf Entlassungen aufgrund von sozialen Gründen) und nicht unternehmerisch intendierte (z.B. Festhalten an gewohnten Routinen) Gründe differenziert werden können (Weber et al. 2012, S. 24)

> Kosten können, abhängig von ihrem Verhalten gegenüber Beschäftigungsschwankungen, als variabel oder fix eingestuft werden.

> Bei **variablen Kosten** gibt es lineare, degressive und progressive Verläufe, bei fixen Kosten absolut fixe und sprungfixe Verläufe.

Ein weiteres wichtiges Gliederungsmerkmal von Kostenarten ist die **Zurechenbarkeit auf den Kostenträger**, also das Produkt bzw. die Dienstleistung. Falls sich eine Kostenart direkt und verursachungsgerecht auf einen Kostenträger zuordnen lässt, handelt es sich um sogenannte **Einzelkosten**. Dies bedeutet im Umkehrschluss, dass diese Kosten nicht anfallen, falls ein Stück oder eine Dienstleistung nicht hergestellt wird. Ein Beispiel sind die Materialkosten, z.B. Holz für einen Schrank, Stahl für ein Auto oder Implantate bei einem Patienten. Nach § 6 Abs. 1 KHEntgG sind bei der Kalkulation von krankenhausindividuell zu vereinbarenden Entgelten Einzelkosten solche Kosten, die direkt einem „Entgeltpatienten" zugeordnet werden können. Die Zurechnung sollte aufgrund einer Dokumentation von Patientendaten vorgenommen werden. Eine ähnliche Regelung sieht die InEk-Kalkulation vor (s. Kap. III.2.3.3). Ein Sonderfall stellen die Sondereinzelkosten des Vertriebs oder der Fertigung dar, welche sich zwar nicht einem einzelnen Produkt, dafür aber einer Produktart oder Losgröße zuordnen lassen. Hierunter fallen z.B. Spezialwerkzeuge oder Transportkosten.

Falls sich eine Kostenart nicht direkt, sondern nur indirekt, d.h. über eine wie auch immer geartete Schlüsselung einem Kostenträger zuordnen lässt, handelt es sich um sogenannte **Gemeinkosten**. Dabei kann zwischen echten und unechten Gemeinkosten unterschieden werden: **Unechte Gemeinkosten** lassen sich eigentlich direkt einem Kostenträger zurechnen. Aus Gründen der Wirtschaftlichkeit wird die Zuordnung nicht exakt durchgeführt und diese Kostenart damit wie Gemeinkosten behandelt. Als Beispiele lassen sich Nahtmaterial beim Patienten oder Lacke/Leime bei einem Schrank nennen. **Echte Gemeinkosten** wie z.B. Abschreibungen, Mieten oder Gehälter von Verwaltungspersonal lassen sich tatsächlich nicht verursachungsgerecht einem Kostenträger zuordnen. Eine Hauptaufgabe der Kostenrechnung ist es nun, sinnvolle Größen für die Schlüsselung der Gemeinkosten zu finden, z.B. anhand von Maschinen- oder Personalminuten, Einzelkosten, Pflegetage, gewichtete Intensivstunden o.ä., um eine möglichst genaue Produktkalkulation zu ermöglichen. Für diese Schlüsselgrößen gibt es im Krankenhaus Vorschläge bzw. Vorgaben (s. Kap. III.2.3.3).

> **Einzelkosten** sind Kosten, die sich einem Kostenträger direkt zurechnen lassen.

> **Gemeinkosten** sind Kosten, die sich einem Kostenträger nicht direkt, sondern nur über Schlüsselungen zurechnen lassen.

Zusammenfassend lässt sich festhalten, dass Einzelkosten immer variabel sind, Gemeinkosten jedoch sowohl variabel (z.B. Energiekosten) also auch fix (z.B. Mieten) sein können (s. Abb. 34).

2 Kosten- und Erlösrechnung im Krankenhaus

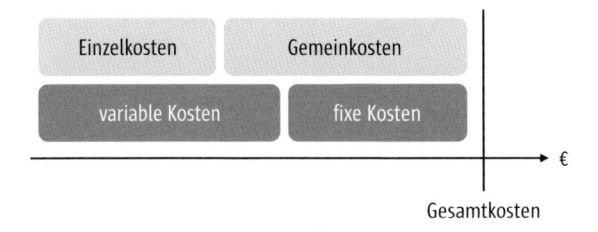

Abb. 34 Zusammenhang zwischen Einzel- und Gemeinkosten sowie fixen und variablen Kosten

Schließlich lassen sich Kosten noch nach dem **Umfang der Kostenverrechnung** in Voll- und Teilkosten einteilen. Bei der Vollkostenrechnung werden alle Kosten auf den Kostenträger verrechnet, bei der Teilkostenrechnung nur ein Teil, üblicherweise nur die variablen Kosten. Die daraus resultierende Deckungsbeitragsrechnung wird eingehender in Kapitel III.2.5.2 und III.2.5.3 behandelt.

Letztes Gliederungsmerkmal für Kosten ist der **Zeitbezug**. So kann man Kosten aus der Vergangenheit (Ist-Kosten), z.B. der letzten Woche, des letzten Monats oder Quartals von den Kosten der Zukunft (Plan-Kosten), also für das kommende Quartal oder Jahr, unterscheiden. Daneben existieren noch sogenannte Normalkosten, welche den geglätteten Durchschnitt von Ist-Kosten der vergangenen Perioden darstellen.

Tabelle 34 gibt einen Überblick über mögliche Kostenrechnungssysteme. Bei vielen Unternehmen werden verschiedene Kostenrechnungssysteme parallel angewendet. So findet man häufig eine Vollkostenrechnung auf Basis von Ist- und Plankosten sowie auch eine Teilkostenrechnung auf Basis von Ist- und Plankosten. Durch entsprechende IT-Systeme ist eine Handhabbarkeit der verschiedenen Datenbasen oftmals gewährleistet.

Tab. 34 Kostenrechnungssysteme im Überblick

Zeitbezug der Kostengrößen / Ausmaß der Kostenverrechnung	Vergangenheitsorientierung		Zukunftsorientierung
	Ist-Kosten	Normalkosten	Plankosten
Verrechnung der vollen Kosten auf die Kalkulationsobjekte	Vollkostenrechnung auf Ist-Kostenbasis	Vollkostenrechnung auf Normalkostenbasis	Vollkostenrechnung auf Normalkostenbasis
Verrechnung nur bestimmter Kosten auf die Kalkulationsobjekte	Teilkostenrechnung auf Ist-Kostenbasis	Teilkostenrechnung auf Normalkostenbasis	Teilkostenrechnung auf Normalkostenbasis

2.1.2. Überleitung aus der Finanzbuchhaltung

Die Finanzbuchhaltung (und die im Folgenden darin subsumierten anderen Teilsysteme wie Personal- und Anlagenbuchhaltung sowie Materialwirtschaft) und die Kostenrechnung sind eng miteinander verzahnt. So sind die meisten Tatbestände, welche in der Finanzbuchhaltung verbucht werden, auch kostenrechnerisch zu erfassen. Als Beispiele lassen sich die Gehälter für z.B. den Pflegedienst nennen, welche in der Finanzbuchhaltung als Personalaufwand erfasst werden und in der Kostenrechnung als Personalkosten. Ein anderes Beispiel ist der Stromverbrauch, welcher im externen Rechnungswesen als Energieaufwand und im internen Rechnungswesen als Energiekosten verbucht werden muss. Es ist daher sinnvoll, denselben Vorgang nur einmal zu erfassen und dann über ein Softwaresystem automatisch in beiden Systemen zu verbuchen. Manche Unternehmen gehen inzwischen schon so weit, dass keine Trennung mehr zwischen internen und externen Rechnungsgrößen vorgenommen wird und somit nur eine einheitliche Struktur für beide Systeme existiert (s. Kap. I.2.3).

Die allermeisten Krankenhäuser benutzen jedoch die „klassische" Zweiteilung im Rechnungswesen. Hier kann es grundsätzlich zu Abweichungen kommen, da in der Kostenrechnung zusätzlich zum Aufwand noch kalkulatorische Kosten berücksichtigt, unterschiedliche Werte z.B. bei der Abschreibung verwendet werden und manche Aufwendungen in der Kostenrechnung keine Berücksichtigung finden können. Analog gilt dies für die Unterscheidung zwischen Erträgen und Erlösen.

Tab. 35 Schematischer Unterschied Kosten/Aufwand

Aufwand			
Neutraler Aufwand			Zweckaufwand
betriebsfremder Aufwand	außerordentlicher Aufwand	periodenfremder Aufwand	Aufwand, der zugleich betriebsbezogen, ordentlich und periodenrichtig ist
			Grundkosten / Anderskosten wertverschieden / Zusatzkosten wesensverschieden
			kalkulatorische Kosten
Kosten			

Tabelle 35 zeigt die schematische Abgrenzung am Beispiel von Aufwand und Kosten. So finden sich in der Finanzbuchhaltung Aufwendungen, die nicht in die Kostenrechnung eingehen, die sogenannten **neutralen Aufwendungen**. Es handelt sich hierbei um **betriebsfremde** (z.B. Spenden), **außerordentliche** (z.B. Hochwasserschäden) oder **periodenfremde** (z.B. Gewerbesteuernachzahlung) Aufwendungen, die keinen leistungsbezogenen Werteverzehr und damit keine Kosten darstellen. Auf der anderen Seite existieren in der Kostenrechnung Kostenarten, die sich in der Finanzbuchführung wert- oder mengenmäßig so nicht wiederfinden; diese werden **kalkulatorische Kosten** genannt. Hierbei kann es sich zum einen um **Zusatzkosten** handeln, also um Kostenarten, welche in der Finanzbuchführung nicht berücksichtigt werden dürfen, z.B. kalkulatorische

Eigenkapitalzinsen (zur Berechnung, s. Kap. III.2.1.3). Zum anderen können sich sogenannte **Anderskosten** ergeben. In diesem Fall existiert zwar eine Aufwandsart in der Finanzbuchführung, diese wird jedoch mit einem anderen Wert in die Kostenrechnung übernommen, da z.B. der tatsächliche Werteverzehr vom im HGB unterstellten Verlauf abweicht. Ein Beispiel hierfür stellen die Abschreibungen dar, die im Handels- und Steuerrecht nur nach bestimmten Methoden und Nutzungsdauern angesetzt werden dürfen.

> Die Überleitung von der Finanzbuchführung auf die Kostenrechnung erfordert die Abgrenzung zwischen Aufwand und Kosten.
>
> Der **Zweckaufwand** wird entweder als Grundkosten unverändert oder als Anderskosten mit einem anderen Wert übernommen.
>
> Der **neutrale Aufwand** geht nicht in die Kostenrechnung ein, während Zusatzkosten neu aufgenommen werden.

Der Gesetzgeber verlangt von Krankenhäusern keine Berücksichtigung der kalkulatorischen Kosten, da allein die in der Finanzbuchhaltung aufgeführten Kosten ansatzfähig sind (pflegesatzfähige Kosten nach BPflV = Kostenbegriff der KHBV). Auch die Fallpauschalen beinhalten keine kalkulatorischen Kosten (InEK 2007, S. 51). Die Ermittlung der kalkulatorischen Kosten erfolgte demnach in der Vergangenheit häufig nur bei nicht geförderten Krankenhäusern wie z.B. Privatkliniken, die nach erwerbswirtschaftlichen Gesichtspunkten betrieben wurden. In der Zukunft sollte der Einbezug von kalkulatorischen Kosten jedoch mehr Bedeutung erlangen, da eine wirtschaftliche Beurteilung der Fallpauschalen nur bei Berücksichtigung aller Kosten erfolgen kann.

Den im Normalfall größten Block an Kostenarten stellen die sogenannten **Grundkosten** dar, welche unverändert aus der Finanzbuchführung übernommen werden (z.B. für Personal, Energie, Fremdleistungen). In der Krankenhaus-Praxis werden aus den Aufwands- und Ertragskonten der Kontenklassen 4 bis 7 (die KHBV gliedert in der Anlage 4 alle Konten eines Krankenhauses in einstellige Kontenklassen, diese wiederum in zweistellige Kontengruppen usw.) alle neutralen Aufwendungen und Erträge eliminiert, indem sie auf die Kontengruppen 86 und 87 umgebucht werden; es verbleibt der sogenannte **Zweckaufwand**. In Tabelle 36 werden exemplarisch und schematisch die Abgrenzungsbuchungen zwischen dem externen und internen Rechnungswesen veranschaulicht. Hierbei wird deutlich, dass der Gewinn in der Finanzbuchführung von dem in der Kostenrechnung ermittelten Betriebsergebnis abweichen kann, da hier eben unterschiedliche Rechengrößen zum Einsatz kommen. Deswegen muss bei der unterjährigen Steuerung eines Unternehmens bzw. der Kommunikation gegenüber Aufsichtsorganen und Eigentümern berücksichtigt werden, dass sich die Ist- bzw. Planergebnisse der Kostenrechnung vom tatsächlich im Jahresabschluss ermittelten Ergebnis unterscheiden können.

III Internes Rechnungswesen

Tab. 36 Schematische Darstellung von Abgrenzungsbuchungen

Kontenbezeichnung	Finanzbuchführung (Rechnungskreis I)		Abgrenzungsbereich				Kosten- und Erlösrechnung (Rechnungskreis II)	
			Unternehmensbezogene Abgrenzungen (Neutrale)		Kostenrechnerische Korrekturen (Aufwand/Kosten)			
	Aufwendungen	Erträge	Aufwendungen	Erträge	Finanzbuchführung	Kostenrechnung	Kosten	Erlöse
Umsatzerlöse		1.000.000 €						1.000.000 €
Erträge aus Versicherungsleistungen		10.000 €		10.000 €				
Aufwendungen für med. Sachbedarf	200.000 €						200.000 €	
Personalaufwendungen	400.000 €						400.000 €	
Aufwendungen für Spenden	5.000 €		5.000 €					
Abschreibungen	70.000 €				70.000 €	80.000 €	80.000 €	
Kalkulatorischer Unternehmerlohn	0 €					15.000 €	15.000 €	
Summe	675.000 €	1.010.000 €	5.000 €	10.000 €	70.000 €	95.000 €	695.000 €	1.000.000 €
	335.000 € Gewinn		5.000 € Abgrenzungsergebnis		25.000 €		305.000 € Betriebsergebnis	

204

Gemäß § 3 und Anlage 4 KHBV ist den Krankenhäusern ein **Mindestgliederungsschema** der Kostenarten bzw. Konten bereits vorgegeben. Dieses findet sowohl in der Finanzbuchführung als auch in der Kostenrechnung Verwendung, da die Kosten gemäß § 8 Satz 2 Nr. 2 KHBV nachprüfbar aus der Buchführung herzuleiten sind. In den Kontengruppen 86 bis 88 können die erwähnten Abgrenzungen zwischen Finanzbuchführung und Kostenrechnung verbucht werden. So wird auf der Kontengruppe 86 die Abgrenzung der Erträge, die nicht in die Erlösrechnung eingehen, vorgenommen. In Kontengruppe 87 wird die Abgrenzung der Aufwendungen, die nicht in die Kostenrechnung eingehen, durchgeführt. Schließlich werden in Kontengruppe 88 die kalkulatorischen Kosten hinzugenommen.

Der grundsätzliche **Ablauf in der Kostenartenrechnung** stellt sich demnach wie folgt dar:

1. Aussonderung des neutralen Aufwands aus den FiBu-Daten
2. Übernahme der Grundkosten unverändert aus der FiBu
3. Übernahme bestimmter Aufwandsarten aus der FiBu mit anderen Werten (Anderskosten)
4. Hinzufügen von Kosten, die nicht in der FiBu enthalten sind (Zusatzkosten)
5. Einteilung der Kosten nach Art der verbrauchten Einsatzgüter (z.B. Materialkosten, Lohnkosten, Mietkosten etc.)
6. Aufteilung der Kosten in Gemein- und Einzelkosten sowie in fixe und variable Kosten.

Bei den Erträgen der Finanzbuchführung bzw. Erlösen in der Kosten- und Erlösrechnung ergibt sich ein identischer Ablauf (s. Kap. III.2.4).

Eine Studie aus dem Jahr 2011 zeigt, dass die Mehrzahl der Krankenhäuser keine Kostenartenrechnung betreibt, welche über die in der KHBV geforderte hinausgeht (s. Abb. 35). Zudem wurden in der Mehrheit der Krankenhäuser keine Kostenartenverantwortlichen definiert. Hier zeigt sich, dass das Rechnungswesen- und Controllingsystem in Krankenhäusern gegenüber Industrieunternehmen Aufholbedarf hat.

2.1.3. Erfassung einzelner Kostenarten im Krankenhaus

Nachdem die grundsätzlichen Aufgaben sowie der prinzipielle Ablauf der Kostenartenrechnung beschrieben wurden, soll nun die konkrete Erfassung und Berechnung der verschiedenen Kostenarten dargestellt werden. Zu den einzelnen Aufwands- und damit auch Kostenarten nach KHBV gibt nachfolgende Tabelle 37 einen Überblick. Dabei machen die Personalaufwendungen mit ca. 60-70% sowie der medizinische Bedarf mit ca. 15-20% Anteil an den Gesamtkosten die größten Beträge aus (Keun u. Prott 2008, S. 169).

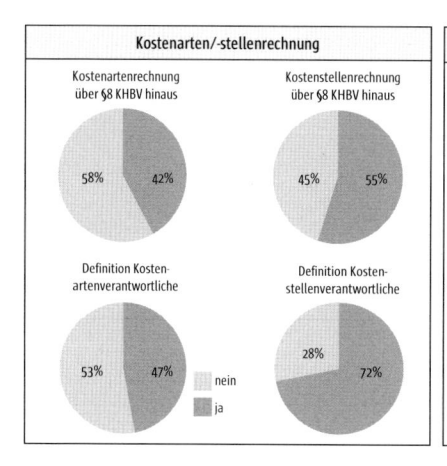

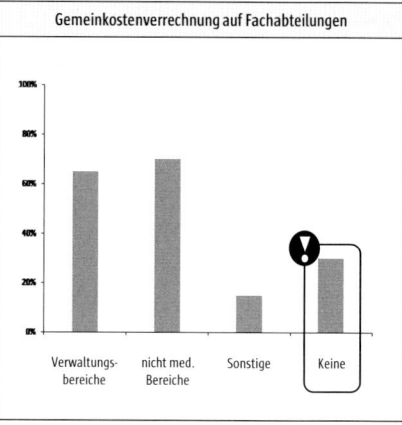

Abb. 35 Empirische Studie zur Kostenartenrechnung (Crasselt et al. 2011, S. 18)

Tab. 37 Kostenartenstruktur nach der KHBV

Kontenklasse 6	Aufwendungen
60	Löhne und Gehälter
61	gesetzliche Sozialabgaben
62	Aufwendungen für die Altersversorgung
63	Aufwendungen für Beihilfen und Unterstützungen
64	sonstige Personalaufwendungen
65	Lebensmittel
66	medizinischer Bedarf
67	Wasser, Energie, Brennstoffe
68	Wirtschaftsbedarf
69	Verwaltungsbedarf
Kontenklasse 7	Aufwendungen
70	Aufwendungen für zentrale Dienstleistungen
71	wiederbeschaffte Gebrauchsgüter
72	Instandhaltung
73	Steuern, Abgaben, Versicherungen
74	Zinsen und ähnliche Aufwendungen
...	...
78	sonstige ordentliche Aufwendungen
79	außerordentliche Aufwendungen

Personalkosten

Zu den **Personalkosten** zählen die Löhne und Gehälter sowie die Personalnebenkosten wie gesetzliche Sozialabgaben, Aufwendungen für die Altersversorgung, Aufwendungen für Beihilfen und Unterstützungen sowie sonstige Personalaufwendungen, gegliedert nach den unterschiedlichen Berufsgruppen (s. Abb. 36). Zu den **Löhnen und Gehältern** werden alle vom Unternehmen gewährten Entgelte gerechnet, also auch Überstunden- und Bereitschaftsdienst-Zuschläge sowie eventuell Sachbezüge. Oft werden auf diesem Konto auch Urlaubs- und Weihnachtsgeld mit erfasst, was in Bezug auf eine monats- oder wochengenaue Ergebnis- und Liquiditätssteuerung Probleme bereiten kann, da diese im Monat der Zahlung auftauchen. Besser wäre die Erfassung auf einem separaten Buchhaltungskonto mit anschließender Periodisierung in der Kostenrechnung. Die **gesetzlichen Sozialabgaben** umfassen die Arbeitgeberbeiträge zur Renten-, Arbeitslosen-, Kranken- und Pflegeversicherung sowie zur gesetzlichen Unfallversicherung. Bei den Aufwendungen für die Altersversorgung werden die Beiträge z.B. zu Zusatzversorgungskassen erfasst. Unter die **sonstigen Personalaufwendungen** fallen Sonderzahlungen, aber auch Sozialkosten wie z.B. Sportangebote. Die Personalkosten zählen zu den Grundkosten und werden daher in der Regel unverändert von den Konten der Lohn- bzw. Finanzbuchhaltung übernommen.

60	**Löhne und Gehälter**
6000	Ärztlicher Dienst
6001	Pflegedienst
6002	Medizinisch-technischer Dienst
6003	Funktionsdienst
6004	Klinisches Hauspersonal
6005	Wirtschafts- und Versorgungsdienst
6006	Technischer Dienst
6007	Verwaltungsdienst
6008	Sonderdienste
6010	Personal der Ausbildungsstätten
6011	Sonstiges Personal
6012	Nicht zurechenbare Personalkosten
61	**Gesetzliche Sozialabgaben** (Aufteilung wie 6000 - 6012)
62	**Aufwendungen für Altersversorgung** (Aufteilung wie 6000 - 6012)
63	**Aufwendungen für Beihilfen und Unterstützungen** (Aufteilung wie 6000 - 6012)
64	**Sonstige Personalaufwendungen** (Aufteilung wie 6000 - 6012)

Abb. 36 Untergliederung der Personalkosten nach Anlage 4 KHBV

> **Personalkosten** stellen die größte Kostenposition im Krankenhaus dar. Sie gliedern sich in Löhne und Gehälter, gesetzliche Sozialabgaben und Aufwendungen für Altersversorgung und Beihilfen und müssen berufsgruppenspezifisch erfasst werden.

Eine Besonderheit bei den Löhnen und Gehältern sind die **Vergütungen für Bereitschaftsdienste und Rufbereitschaften**. Was hier als Arbeitszeit gilt, ist gesetzlich geregelt und abhängig von der Bereitschaftsdienststufe, der Arbeitsleistung sowie der Zahl der Bereitschaftsdienste innerhalb eines Kalendermonates, wie in Tabelle 38 dargestellt.

Tab. 38 Maßgrößen für die Bewertung der Arbeitsleistung innerhalb von Bereitschaftsdiensten (Graumann u. Schmidt-Graumann 2011, S. 331).

Stufe	Arbeitsleistung innerhalb des Bereitschaftsdienstes	Bewertung als Arbeitszeit
A	0–10%	15%
B	mehr als 10–25%	25%
C	mehr als 25–40%	40%
D	mehr als 40–49%	55%
Zahl der Bereitschaftsdienste im Kalendermonat		**Bewertung als Arbeitszeit**
1.–8. Bereitschaftsdienst		25%
9.–12. Bereitschaftsdienst		35%
13. und folgende Bereitschaftsdienste		45%
Bereitschaftsdienststufe		**Bewertung als Arbeitszeit**
A		40%
B		50%
C		65%
D		80%

Sachkosten

Die **Sachkosten** nach KHBV umfassen nach der Gliederungssystematik des Statistischen Bundesamtes die Kontengruppen 65–69 sowie 70–73 ohne Steuern (s. Tab. 37; Statistisches Bundesamt 2014, S. 4–5). Am größenmäßig bedeutendsten hierbei ist der **medizinische Sachbedarf**, der deshalb in Tabelle 39 noch weiter detailliert dargestellt wird.

2 Kosten- und Erlösrechnung im Krankenhaus

Tab. 39 Untergliederung des Medizinischen Bedarfs nach Anlage 4 KHBV

66	medizinischer Bedarf
6600	Arzneimittel (außer Implantate und Dialysebedarf)
6001	Kosten der Lieferapotheke
6602	Blut, Blutkonserven und Blutplasma
6603	Verbandmittel, Heil- und Hilfsmittel
6604	ärztliches und pflegerisches Verbrauchsmaterial, Instrumente
6606	Narkose- und sonstiger OP-Bedarf
6607	Bedarf für Röntgen- und Nuklearmedizin
6608	Laborbedarf
6609	Untersuchungen in fremden Instituten
6610	Bedarf für EKG, EEG, Sonographie
6611	Bedarf der physikalischen Therapie
6612	Apothekenbedarf, Desinfektionsmaterial
6613	Implantate
6614	Transplantate
6615	Dialysebedarf
6616	Kosten für Krankentransporte (soweit nicht Durchlaufposten)
6617	sonstiger medizinischer Bedarf
6618	Honorare für nicht im Krankenhaus angestellte Ärzte

Für die Berechnung der Kosten dieser Sachgüter müssen sowohl die **Mengen- als auch die Wertkomponente** erfasst werden. Die einfachste Methode hierfür ist die sogenannte Zugangsrechnung, bei der bei Lieferungen der Rechnungsbetrag gleich den Kosten gesetzt wird. Hier wird also unterstellt, dass alle gelieferten Waren sofort und komplett verbraucht werden. Will man diese vereinfachende Annahme nicht treffen, stehen für die Kostenermittlung verschiedene Verfahren in der Kostenrechnung zur Verfügung (s. Abb. 37). Im Übrigen können diese Berechnungsmethoden nicht nur auf die Kostenermittlung des medizinischen Sachbedarfs angewendet werden, sondern ebenso bei anderen Positionen der Sachkosten wie bei Lebensmitteln, dem Wirtschafts- und Verwaltungsbedarf sowie Brennstoffen.

> Für die Berechnung der Sachkosten ist die Erfassung der Verbrauchsmenge sowie des jeweiligen Werts notwendig.

Für die Erfassung der Verbrauchsmenge können drei Verfahren angewendet werden. Beim **Inventurverfahren** müssen zwingend am Ende jeder Periode die noch im Lager verbliebenen Materialien erfasst werden, um den Verbrauch zu ermitteln. Der Materialverbrauch einer Periode ergibt sich dementsprechend als

Materialverbrauch = Anfangsbestand + Zugänge − Endbestand laut Inventur

```
                        Sachkosten
                            =
           ┌────────────────┴────────────────┐
    Verbrauchsmengen        ×              Wert
```

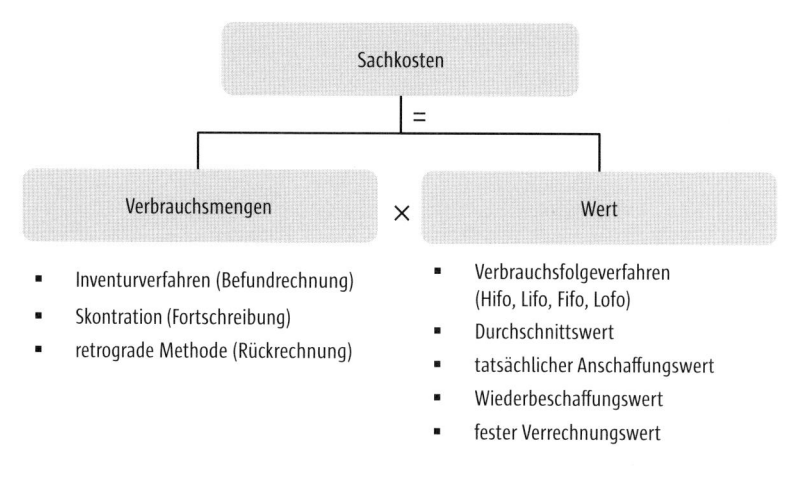

- Inventurverfahren (Befundrechnung)
- Skontration (Fortschreibung)
- retrograde Methode (Rückrechnung)

- Verbrauchsfolgeverfahren (Hifo, Lifo, Fifo, Lofo)
- Durchschnittswert
- tatsächlicher Anschaffungswert
- Wiederbeschaffungswert
- fester Verrechnungswert

Abb. 37 Verfahren zur Berechnung der Sachkosten

Beispiel zur Erfassung des Materialverbrauchs nach der Inventurmethode:

Ein Krankenhaus hatte am 1.12. eines Jahres einen Bestand von 100 Päckchen eines bestimmten Verbandsmaterials. Am 14.12. kam eine Lieferung von 20 Päckchen an und am 31.12. wurden 60 Päckchen gezählt.

Dementsprechend ergab sich ein rechnerischer Verbrauch nach der Inventurmethode von

100 (Anfangsbestand) + 20 (Zugänge) − 60 (Endbestand) = 60 Päckchen im Dezember

---

Dieses Verfahren ermittelt zwar genaue Ergebnisse, weist jedoch mehrere Nachteile auf: Erstens ist es aufwändig, jedes Mal eine Inventur durchführen zu müssen, um den Materialverbrauch zu bestimmen. Normalerweise wird gemäß gesetzlichen Vorgaben einmal jährlich eine Inventur durchgeführt (zu den Ausnahmen s. Kap. II.1.2), sodass mit dieser Methode keine unterjährigen Materialkosten ermittelt werden könnten. Zweitens wird nicht ersichtlich, ob es neben dem „regulären" Materialverbrauch auch z.B. Schwund aufgrund von Diebstahl oder Sachmängeln gab. Und drittens erfolgt auf diese Weise keine kostenstellengenaue Zuordnung des Materialverbrauchs, sondern nur die Ermittlung eines unternehmensweiten Gesamtwerts.

> Bei der Erfassung der Verbrauchsmenge mit Hilfe der **Inventurmethode** ist die Ermittlung des Endbestandes anhand einer Inventur notwendig.

2 Kosten- und Erlösrechnung im Krankenhaus

Bei der **Fortschreibungs- oder Skontrationsmethode** wird der Materialverbrauch laufend erfasst. Durch Vorlage der Materialentnahmescheine aus dem Lager (bzw. dessen elektronischem Pendant) oder direkt anhand des Lieferscheins (bei einer gegebenenfalls unterstellten Just-in-Time-Lieferung) kann der Materialverbrauch laufend ermittelt werden. Voraussetzung für diese Methode ist die lückenlose Erfassung der Mengen, da sonst eine Differenz zum Inventurergebnis auftreten wird. Diese Methode kann im Krankenhaus bei entsprechenden Dokumentationsmöglichkeiten gut verwendet werden. Sollten Inventurdifferenzen auftreten, so müssen die Materialbestände in der Buchhaltung an die Inventurergebnisse angepasst und außerordentliche Aufwendungen (falls weniger Bestände in der Inventur als in der Buchhaltung erfasst worden sind) ausgewiesen werden.

> Bei der Erfassung der Verbrauchsmenge mit Hilfe der **Fortschreibungs- oder Skontrationsmethode** ist eine lückenlose Erfassung der Verbrauchsmengen erforderlich.

Bei der **retrograden Methode oder Rückrechnung** erfolgt keine Erfassung der verbrauchten Mengen im eigentlichen Sinn. Hier wird der Materialverbrauch über den Soll-Verbrauch ermittelt, welcher sich anhand von Stücklisten bzw. Soll-Mengen pro Produkt ergibt. Diese Methode setzt voraus, dass es zu keiner Abweichung vom rechnerischen Bedarf kommt, d.h. die Stückliste exakt stimmen muss und ein Schwund aufgrund von z.B. mangelhafter Qualität des Materials vernachlässigbar ist. Im Krankenhaus ist aufgrund der weitgehend fehlenden Standardisierung diese Methode nur in seltenen Fällen anwendbar, z.B. bei Stents oder Implantaten. Für Verbrauchsmaterialien wie Verband- und Nahtmaterial sollten andere Verfahren angewendet werden.

> Bei der Erfassung der Verbrauchsmenge mit Hilfe der **retrograden Methode oder Rückrechnung** wird ein Soll-Verbrauch bestimmt.

Beispiel zur Erfassung des Materialverbrauchs über die retrograde Methode:

Ein Tisch besteht laut Stückliste des Konstruktionsplans aus 4 Beinen, einer Platte, 4 Befestigungswinkeln und 12 Schrauben. Wenn nun in einer Periode 100 Tische hergestellt wurden, ist der rechnerische Materialverbrauch 400 Beine, 100 Platten, 400 Befestigungswinkel und 1.200 Schrauben.

Um die nach einem der oben dargestellten Verfahren ermittelte Verbrauchsmenge monetär zu bewerten, existieren ebenfalls mehrere Möglichkeiten. Welche davon im Krankenhaus angewendet werden sollte, ist vom jeweiligen Rechnungszweck abhängig. Die rechnerisch einfachste Methode ist die Bewertung mit einem **Festpreis**. Neben der Ungenauigkeit ist hierbei die Akzeptanz und das Commitment der Beteiligten bei der Festlegung dieses Preises schwierig, v.a. wenn hiermit z.B. im Rahmen eines Profit Centers (s. Kap. III.3.2.2) die Leistung einer Abteilung oder einer Person gemessen werden soll. Objektiver erscheint die

Bewertung mit dem **tagesaktuellen Preis**. Dies setzt eine laufende Erfassung dieses Wertes voraus, was bei einer Vielzahl von Artikeln oft nicht praktikabel erscheint.

Schließlich gibt es noch verschiedene Möglichkeiten der Bewertung anhand des Anschaffungspreises der Materialien. Hierbei könnte der **tatsächliche Anschaffungspreis** in Betracht kommen, wenn dieser dem entnommenen Material genau zugeordnet werden kann. Dies setzt ein sehr präzises Lagerhaltungsmanagement voraus, was v.a. bei höherwertigen Produkten wie z.B. Implantaten der Fall sein wird. Bei Verbrauchsmaterialien wird dies jedoch nicht umfassend möglich sein. Hier findet in der Regel eine Vielzahl an Lieferungen zu unterschiedlichen Preisen statt, weshalb eher Durchschnittspreise oder unterstellte Verbrauchsfolgen der verschiedenen Lieferungen infrage kommen.

Durchschnittspreise können laufend bzw. gleitend (Verbrauchsermittlung über die Skontrationsmethode) oder einmal in der Periode bzw. nachträglich (Verbrauchsermittlung über die Inventurmethode) ermittelt werden. Folgendes Beispiel kann dies verdeutlichen:

Beispiel zur Bewertung des Materialverbrauchs mittels Durchschnittspreisen:

Ein Krankenhaus wird laufend mit OP-Abdecktüchern auf Basis von tagesaktuellen Preisen beliefert. Die Preise schwanken, da keine festen Verträge mit Lieferanten vereinbart wurden, sondern jeweils beim günstigsten Anbieter gekauft wird. Folgende Bestände sowie Lieferungen und Verbräuche wurden im 1. Quartal festgestellt:

Datum	Vorfall	Stückzahl	Stückpreis	Wert
1.1.	Anfangsbestand	200	1,98 €	396 €
4.1.	Lieferung	1.000	2,00 €	2.000 €
20.1.	Lieferung	500	2,10 €	1.050 €
30.1.	monatliche Entnahme	1.200		
15.2.	Lieferung	800	1,95 €	1.560 €
27.2.	Lieferung	200	1,90 €	380 €
28.2.	monatliche Entnahme	900		
11.3.	Lieferung	1.300	1,97 €	2.561 €
25.3.	Lieferung	300	2,05 €	615 €
30.3.	monatliche Entnahme	1.100		
30.3.	Endbestand	1.100		

Der Materialverbrauch im gesamten ersten Quartal nach der Inventurmethode beträgt nun also:

200 Tücher (Anfangsbestand) + 4.100 Tücher (Zugänge) − 1.100 Tücher (Endbestand) = 3.200 Tücher

Der nachträgliche (gewogene) Durchschnittspreis aller Tücher in dieser Periode wird berechnet über die Summe des Werts des Anfangsbestandes und der Lieferungen geteilt durch die Menge, in diesem Beispiel also:

$$\text{nachträglicher, gewogener Durchschnittspreis [€]} = \frac{\text{(Wert Anfangsbestand + Wert der Lieferung) [€]}}{\text{(Menge Anfangsbestand + Menge Lieferung) [Tücher]}}$$

$$= \frac{(396 + 8.166) \,[€]}{(200 + 4.100) \,[\text{Tücher}]} = \frac{8.562 \,[€]}{4.300 \,[\text{Tücher}]} = 1{,}99 \,€/\text{Tuch}$$

Mit diesem nachträglichen Durchschnittspreis wird nun der nach der Inventurmethode ermittelte Materialverbrauch von 3.200 Tüchern bewertet:

$$\text{Materialkosten [€] (I. Quartal)} = \text{Verbrauch [Tücher] x nachträglich gewogener Durchschnittspreis [€]}$$

$$= 3.200 \text{ Tücher x } 1{,}99 \,€/\text{Tücher} = 6.368 \,€$$

Falls der Verbrauch permanent und somit nach der Skontrationsmethode erfasst wird, muss dieser mit dem **gleitenden Durchschnittspreis** bewertet werden. Dies bedeutet, dass bei jeder Lagerentnahme ein neuer Durchschnittspreis aus den letzten Lieferungen berechnet wird.

In obigem Beispiel beträgt der **Durchschnittspreis** aus Anfangsbestand und Lieferungen vom 4.1. und 20.1.:

$$\text{1. gleitender Durchschnittspreis [€]} = \frac{\text{(Wert Anfangsbestand + Wert der Lieferungen vom 4.1. und 20.1.) [€]}}{\text{(Menge Anfangsbestand + Menge Lieferungen vom 4.1. und 20.1.) [Tücher]}}$$

$$= \frac{(396 + 2.000 + 1.050) \,[€]}{(200 + 1.000 + 500) \,[\text{Tücher}]} = \frac{3.446 \,[€]}{1.700 \,[\text{Tücher}]} = 2{,}03 \,€/\text{Tuch}$$

Damit wird nun die Entnahme am 30.1. bewertet:

$$\text{Materialkosten [€] (Entnahme 30.1.)} = \text{Verbrauch [Tücher] x 1. gleitender Durchschnittspreis [€]}$$

$$= 1.200 \text{ Tücher x } 2{,}03 \,€/\text{Tuch} = 2.436 \,€$$

Bei der nächsten Entnahme am 28.2. muss nun ein neuer Durchschnittspreis gebildet werden, da zwei neue Lieferungen zum Restbestand nach dem 30.1. **(200 + 1.000 + 500 − 1.200 = 500 Tücher)** hinzugekommen sind:

$$\text{2. gleitender Durchschnittspreis [€]} = \frac{\text{(Wert Restbestand am 30.1. + Wert der Lieferungen vom 15.2. und 27.2.) [€]}}{\text{(Menge Restbestand am 30.1. + Menge Lieferungen vom 15.2. und 27.2.) [Tücher]}}$$

$$= \frac{(500 \text{ Tücher x } 2{,}03 \,€/\text{Tuch} + 1.560 \,€ + 380 \,€)}{(500 + 800 + 200) \,[\text{Tücher}]} = \frac{2.995 \,[€]}{1.500 \,[\text{Tücher}]} = 1{,}97 \,€/\text{Tuch}$$

Damit wird nun die Entnahme am 28.2. bewertet:

$$\text{Materialkosten [€] (Entnahme 28.2.)} = \text{Verbrauch [Tücher] x 2. gleitender Durchschnittspreis [€]}$$

$$= 900 \text{ Tücher x } 1{,}97 \,€/\text{Tuch} = 1.773 \,€$$

Bei der letzten Entnahme am 30.3. muss erneut ein neuer Durchschnittspreis gebildet werden, da wiederum zwei neue Lieferungen zum Restbestand nach dem 28.2. **(500 + 800 + 200 − 900 = 600 Tücher)** hinzugekommen sind:

$$3.\text{ gleitender Durchschnittspreis}[\text{€}] = \frac{(\text{Wert Restbestand am 28.2.} + \text{Wert der Lieferungen vom 11.3. und 25.3.})\,[\text{€}]}{(\text{Menge Restbestand am 28.2.} + \text{Menge Lieferungen vom 11.3. und 25.3.})\,[\text{Tücher}]}$$

$$= \frac{(600\text{ Tücher} \times 1{,}97\text{ €/Tuch} + 2.561\text{ €} + 615\text{ €})}{(600 + 1.300 + 300)\,[\text{Tücher}]} = \frac{4.358\,[\text{€}]}{2.200\,[\text{Tücher}]} = 1{,}98\text{ €/Tuch}$$

Damit wird nun die Entnahme am 30.3. bewertet:

Materialkosten [€] (Entnahme 30.3.) = Verbrauch [Tücher] × 3. gleitender Durchschnitt [€]

= 1.100 Tücher × 1,98 €/Tuch = 2.178 €

Insgesamt fielen also im ersten Quartal Materialkosten an in Höhe von:

2.436 € + 1.773 € + 2.178 € = 6.387 €

Alternativ zum Durchschnittspreis kann der Materialverbrauch auch mit Anschaffungskosten gemäß einer **unterstellten Verbrauchsfolge** bewertet werden. Da viele Verbrauchsmaterialien unabhängig von Lieferdatum und -preis aus den Lägern entnommen werden, ist eine exakte Zuordnung zum historischen Preis oft nicht mehr möglich. Als Hilfestellung kann man eine Verbrauchsfolge unterstellen, und zwar nach folgenden zeit- oder wertabhängigen Mustern:

- **LIFO**: Last in – first out (Annahme: letzte Lieferung wird zuerst entnommen)
- **FIFO**: first in – first out (Annahme: erste Lieferung wird zuerst entnommen)
- **HIFO**: highest in – first out (Annahme: Lieferung mit dem höchsten Preis wird zuerst entnommen)
- **LOFO**: lowest in – first out (Annahme: Lieferung mit dem niedrigsten Preis wird zuerst entnommen).

Je besser die jeweilige Annahme mit der Realität übereinstimmt, desto exakter erfolgt die Bewertung der Materialentnahmen. Im folgenden Beispiel wird der Materialverbrauch mittels LIFO-Methode bewertet. Auch hier lässt sich unterscheiden, ob die Menge am Ende der Periode einmalig mittels der Inventurmethode ermittelt wurde (Bewertung mit Perioden-LIFO) oder laufend mittels der Skontrationsmethode (Bewertung mit permanenten LIFO).

Beispiel zur Bewertung des Materialverbrauchs mittels LIFO-Methode:

Der Materialverbrauch im obigen Beispiel betrug für das erste Quartal insgesamt 3.200 Tücher. Die Perioden-LIFO-Methode geht davon aus, dass zunächst die letzte Lieferung verbraucht wurde, dann die vorletzte usw. In diesem Fall also zunächst die Lieferung vom 25.3., dann vom 11.3. bis hin zum Teilverbrauch der Lieferung vom 4.1. Insgesamt ergeben sich nach dieser Methode Materialkosten in Höhe von 6.366 €.

2 Kosten- und Erlösrechnung im Krankenhaus

Lieferung vom	verbrauchte Tücher	Preis/Tuch	Materialkosten
25.3.	300	2,05 €	615 €
11.3.	1.300	1,97 €	2.561 €
27.2.	200	1,90 €	380 €
15.2.	800	1,95 €	1.560 €
20.1.	500	2,10 €	1.050 €
4.1.	100	2,00 €	200 €
Summe Materialkosten			6.366 €

Die permanente LIFO-Methode geht ebenfalls davon aus, dass zunächst die letzte Lieferung verbraucht wurde, dann die vorletzte usw., aber berechnet dies für jede Entnahme einzeln.

Vorfall	Stückzahl	Stückpreis	Wert	Entnahme 30.1. (1.200 Tücher)	Entnahme 28.2. (900 Tücher)	Entnahme 30.3. (1.100 Tücher)
Anfangsbestand	200	1,98 €	396 €			
Lieferung am 4.1.	1.000	2,00 €	2.000 €	700		
Lieferung am 20.1.	500	2,10 €	1.050 €	500		
Lieferung am 15.2.	800	1,95 €	1.560 €		700	
Lieferung am 27.2.	200	1,90 €	380 €		200	
Lieferung am 11.3.	1.300	1,97 €	2.561 €			800
Lieferung am 25.3.	300	2,05 €	615 €			300

Für die Entnahme am 30.1. von 1.200 Tüchern bedeutet dies, dass unterstellt wird, dass die Lieferung am 20.1. (500 Tücher zu je 2,10 €) und die restlichen 700 Tücher aus der Lieferung vom 4.1. zu je 2,00 € entnommen werden, was Kosten von **2.450 €** ergibt.

Für die Entnahme am 28.2. von 900 Tüchern wird unterstellt, dass hier die Lieferung am 27.2. (200 Tücher zu je 1,90 €) und die restlichen 700 Tücher aus der Lieferung vom 15.2. zu je 1,95 € entnommen werden, was Kosten von **1.745 €** ergibt.

Für die Entnahme am 30.3. von 1.100 Tüchern wird schließlich unterstellt, dass hier die Lieferung am 25.3. (300 Tücher zu je 2,05 €) und die restlichen 800 Tücher aus der Lieferung vom 11.3. zu je 1,97 € entnommen werden, was Kosten von **2.191 €** ergibt.

Nach dieser Bewertungsmethode resultiert also ein Materialverbrauch in dieser Periode in Höhe von:

2.450 € + 1.745 € + 2.191 € = 6.386 €

> Die **Bewertung der Verbrauchsmenge** kann mittels Festpreisen, Durchschnittspreisen oder unterstellten Verbrauchsfolgeverfahren durchgeführt werden.

Nachfolgendes Schaubild in Abbildung 38 gibt einen Überblick über die verschiedenen Möglichkeiten der wert- und mengenmäßigen Ermittlung der Materialkosten.

```
                            Verfahren
                ┌───────────────┴───────────────┐
         Istpreis-Verfahren              Festpreis-Verfahren
        ┌───────┴───────┐
Durchschnittsverfahren   Verbrauchsfolgeverfahren
  ┌────┴────┐              ┌────┴────┐
bei der   bei der        bei der   bei der
Inventur- Fortschreibungs- Inventur- Fortschreibungs-
methode   methode          methode   methode
```

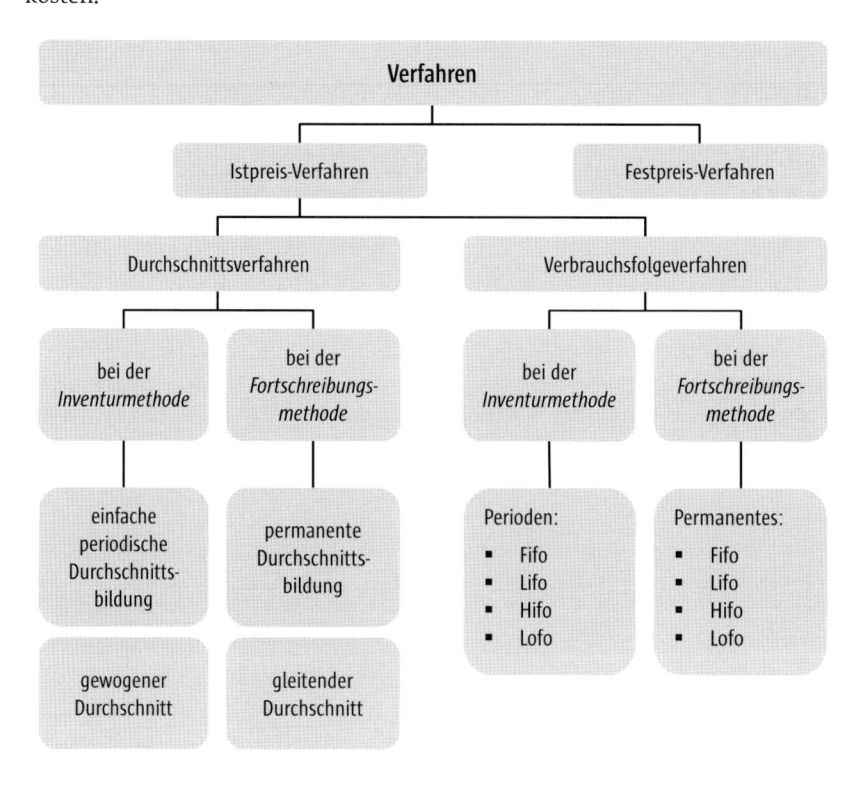

- Durchschnittsverfahren
  - bei der Inventurmethode
    - einfache periodische Durchschnittsbildung
    - gewogener Durchschnitt
  - bei der Fortschreibungsmethode
    - permanente Durchschnittsbildung
    - gleitender Durchschnitt
- Verbrauchsfolgeverfahren
  - bei der Inventurmethode
    - Perioden:
      - Fifo
      - Lifo
      - Hifo
      - Lofo
  - bei der Fortschreibungsmethode
    - Permanentes:
      - Fifo
      - Lifo
      - Hifo
      - Lofo

Abb. 38 Zusammenhang der wert- und mengenmäßigen Ermittlung der Materialkosten (Däumler u. Grabe 2008, S. 121)

Es ist zu beachten, dass die Methoden jeweils zu unterschiedlichen Materialkosten kommen werden. Dies sollte bei der Steuerung des Unternehmens anhand von Kennzahlen beachtet werden. Des Weiteren dürfen in der Kostenrechnung prinzipiell alle Methoden angewendet werden, während in der Handelsbilanz die Verbrauchsfolgeverfahren nach Maßgabe der Preise (HIFO- und LOFO-Verfahren) nicht zulässig sind. Steuerrechtlich ist darüber hinaus auch die Anwendung des FIFO-Verfahrens nicht gestattet (s. Kap. II.2.4.1). Da nach der KHBV nur aufwandsgleiche Kosten berücksichtigt werden, sind kostenrechnerisch abweichende Methoden nur insofern sinnvoll, als dadurch ein realistischeres Abbild des Krankenhauses gewonnen und somit bessere Informationen für die Steuerung

Abschreibungen

Die drei wesentlichen Aufgaben von **Abschreibungen** sind:
- Darstellung des realen Zeitwerts des Anlagengegenstandes in der Bilanz
- Verteilung der Anschaffungskosten über die Nutzungsdauer (Periodisierung der Aufwendungen bzw. Kosten)
- Anspareffekt: Abschreibungen mindern als Aufwendungen den Gewinn; am Ende der Nutzungsdauer kann der durch die Abschreibungen „angesparte" Gewinn zum Kauf eines neuen Anlageguts verwendet werden.

Wie bereits in Kapitel II.2.3.1 beschrieben, ist bei den Abschreibungen die Art des Anlagengegenstandes zu beachten. Bei Vermögensgegenständen, die aus Fördermitteln angeschafft wurden, sind die Abschreibungen in der GuV buchhalterisch mittels eigener Ertragskonten wieder zu neutralisieren, sodass sie nicht gewinnmindernd wirken. Die Aufgabe der Periodisierung der Kosten bzw. des Aufwands ist deshalb an dieser Stelle nicht bedeutsam. Ebenso ist bei geförderten Vermögensgegenständen der Anspareffekt nicht notwendig, da von einer Folgeförderung durch den Staat ausgegangen wird.

Somit fließen in die Kostenrechnung nur die Abschreibungen derjenigen Anlagegüter mit ein, welche nicht mit öffentlichen Fördermitteln beschafft wurden. Da dies in den letzten Jahren aufgrund der sinkenden Förderquoten der Länder immer öfter der Fall ist, spielen die Abschreibungen im Krankenhaus auch in der Kostenrechnung eine immer wichtigere Rolle. Zu beachten ist allerdings, dass diese im Rahmen der InEK-Kalkulation als nicht-DRG-relevant eingestuft werden (InEK 2007, S. 51). Die verschiedenen Möglichkeiten, wie Abschreibungen berechnet werden können, wurden in Kapitel II.2.3.1 beschrieben. An dieser Stelle sei noch einmal erwähnt, dass Abschreibungen Grund- oder auch Anderskosten darstellen können. Wenn sie unverändert aus der Finanzbuchhaltung entnommen werden, sind sie Grundkosten. Wird in der Kostenrechnung mit anderen Werten als in der Finanzbuchführung gerechnet (z.B. Wiederbeschaffungskosten statt Anschaffungskosten, tatsächliche statt wirtschaftliche Nutzungsdauer, andere Abschreibungsmethodik), stellen die Abschreibungen Anderskosten dar. Rein kalkulatorische Abschreibungen sind für Krankenhäuser gesetzlich nicht zulässig sondern müssen den Regularien der Finanzbuchführung nach KHBV entsprechen. Trotzdem ist eine abweichende kostenrechnerische Ermittlung der Abschreibungen denkbar, wenn diese zu einem Informationsgewinn für das Krankenhaus führt; diese müssten aber separat abgebildet werden.

Kalkulatorische Zinsen

Eine weitere Komponente der kalkulatorischen Kosten stellen die **kalkulatorischen Zinsen** dar. In Kapitel III.2.1.2 wurde dargestellt, dass diese in vielen Krankenhäusern nicht angesetzt werden (dürfen), allerdings auch, dass sie eine immer größere Rolle spielen sollten, um analog den Industrieunternehmen eine vollständige und ökonomisch aussagefähige (interne) Kalkulation der Fallkosten zu ermöglich. Deshalb wird im folgenden Kapitel anhand eines Beispiels die Methodik beschrieben.

In der Finanzbuchhaltung dürfen nur die Kosten des Fremdkapitals, also die Fremdkapitalzinsen, als Zinsaufwand verbucht werden. Hier ist zu beachten, dass im Rahmen der InEK-Kalkulation **Zinsen für Betriebsmittelkredite** DRG-relevant sein können, wenn die Kreditaufnahme einer wirtschaftlichen Betriebsführung entspricht.

Für das zur Verfügung gestellte Eigenkapital erwarten die Eigentümer in der Regel ebenfalls eine Vergütung. Diese Eigenkapital-Verzinsung darf jedoch in der Finanzbuchführung nicht als Aufwand angesetzt werden. Sie ist handelsrechtlich Teil des Gewinns, der entweder im Unternehmen verbleibt oder an die Anteilseigner ausgeschüttet wird. Um in der Kostenrechnung ein vollständiges Bild des gesamten betrieblich bedingten Werteverzehrs zu erhalten, müssen hier zusätzlich die kalkulatorischen Eigenkapitalzinsen hinzugerechnet werden. Wird Eigenkapital für die Beschaffung eines Vermögensgegenstandes eingesetzt, steht es nicht mehr für andere ertragreiche Kapitalanlagen zur Verfügung. Der Verzicht auf diese alternativen Kapitalanlagemöglichkeiten (= Opportunitätskosten) ist wirtschaftlich nur dann vertretbar, wenn durch die vorgesehene Verwendung des Eigenkapitals mehr als die entgangenen Zinserträge erwirtschaftet wird. Es wird Wert vernichtet, wenn mit einem in der GuV ausgewiesenen Gewinn nicht die Eigenkapitalzinsen gedeckt worden sind.

> **Kalkulatorische Zinsen** spielen in der Kostenrechnung normalerweise eine bedeutende Rolle, dürfen für Krankenhäuser zunächst aber nicht angesetzt werden. Trotzdem kann es kostenrechnerisch Sinn machen, diese separat zu berechnen.

Zur Berechnung von kalkulatorischen Zinsen werden zwei Parameter benötigt: zum einen der Zinssatz, zum anderen das betriebsnotwendige Kapital, auf das dieser Zinssatz angewendet wird. Für die Ermittlung des Zinssatzes existieren mehrere Methoden. Darauf soll jedoch hier nicht detaillierter eingegangen werden

Zwischen dem eingesetzten Kapital und den einzelnen Vermögensgegenständen kann keine direkte Verbindung hergestellt werden. Um die Betriebsnotwendigkeit des Kapitals festzustellen, weicht man auf die summenmäßig gleich große Aktivseite der Bilanz aus. Dort wird für jeden einzelnen Vermögensgegenstand festgestellt, ob und gegebenenfalls zu welchem Teil er betriebsnotwendig ist (nicht betriebsnotwendig sind z.B. brach liegende Grundstücke, an Unternehmensfremde vermietete Gebäude oder nicht genutzte Maschinen) und zu welchem Wert er anzusetzen ist. Prinzipiell sollte, wie in der Kostenrechnung üblich, der Wiederbeschaffungswert bzw. der aktuelle Zeitwert des Vermögensgegenstandes angesetzt werden. Eventuell vorhandene stille Reserven (tatsächlicher Wert übersteigt den Buchwert in der Bilanz) sind also aufzulösen.

Um den aktuellen Zeitwert von abnutzbaren Anlagegütern festzustellen, gibt es zwei Möglichkeiten: Bei der **Restwertmethode** wird der tatsächliche (Rest-)Wert

2 Kosten- und Erlösrechnung im Krankenhaus

in der aktuellen Periode bestimmt. Bei der **Durchschnittswertmethode** wird ein über die gesamte Laufzeit gültiger Durchschnittswert ermittelt, indem man den Wiederbeschaffungswert durch zwei teilt. Diese Methode ist ungenau, hat jedoch den Vorteil, dass der Wert nicht ständig aktuell nachgehalten werden muss. Einen graphischen Überblick über die beiden Methoden gibt Abbildung 39.

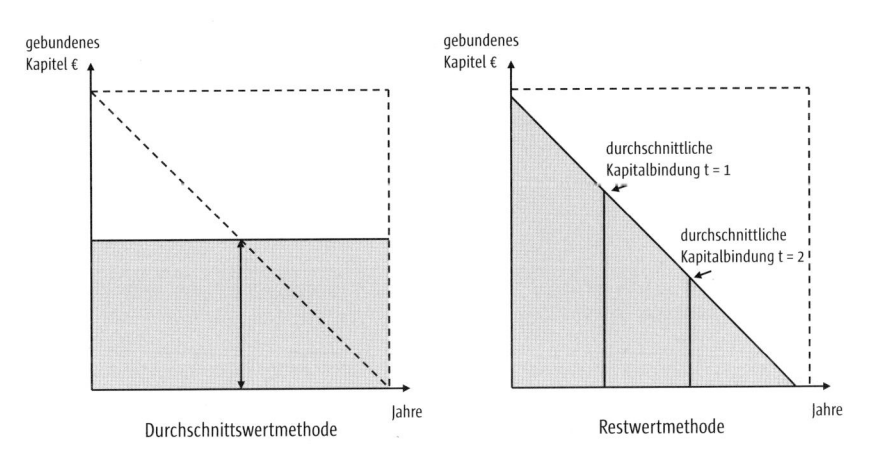

Abb. 39 Methoden zur Ermittlung des anzusetzenden Wertes für abnutzbare Anlagegüter

Bei den Gegenständen des Umlaufvermögens sollte ein durchschnittlicher Wert über die vergangene Periode angesetzt werden, da der in der Bilanz ausgewiesene Wert eventuell stark vom über einen längeren Zeitraum gebundenen Kapital abweichen kann. Zum Beispiel kann das Bankguthaben am Ende des Jahres einen sehr niedrigen Stand aufweisen, der während des Jahres meistens viel höher lag. Ein anderes Beispiel wäre ein volles Lager zum Zeitpunkt der Inventur, was aber erheblich vom durchschnittlichen Lagerbestand im Lauf des Jahres abweicht.

Schließlich müssen betriebsnotwendige, aber nicht in der Bilanz enthaltene Vermögensgegenstände noch hinzugerechnet werden. Dies sind überwiegend die geringwertigen Wirtschaftsgüter, welche in der Anschaffung weniger als 1.000 € wert waren und sofort abgeschrieben bzw. als Sammelposten geführt werden dürfen. Als Summe ergibt sich dann das **betriebsnotwendige Vermögen**. Um nun wieder auf die Passivseite der Bilanz zu wechseln und das eigentlich gesuchte betriebsnotwendige Kapital zu ermitteln, muss noch ein letzter Schritt erfolgen: Da keine Zinsen auf das dem Unternehmen explizit zinsfrei zur Verfügung gestellte Kapital berechnet werden sollen, sollte dieses sogenannte **Abzugskapital** nicht berücksichtigt werden. Darunter fallen Kundenanzahlungen, Lieferantenverbindlichkeiten oder zinslose Kredite, z.B. bei Gesellschafterdarlehen. Häufig werden auch langfristige Rückstellungen zum Abzugskapital gezählt. Im Krankenhaus sollten auch noch die Fördermittel, welche ebenfalls zinslos vom Staat zur Verfügung gestellt werden, abgezogen werden.

In Abbildung 40 ist der eben skizzierte schematische Ablauf der Ermittlung des betriebsnotwendigen Kapitals noch einmal tabellarisch dargestellt.

Nicht abnutzbares Anlagevermögen *(Bilanzwert plus evtl. stille Reserven)*
+ abnutzbares Anlagevermögen *(Restwert- oder Durchschnittsmethode)*
+ Umlaufvermögen *(durchschnittlich gebundener Wert)*
- nicht betriebsnotwendige *(in der Bilanz enthaltene)* Vermögensteile
+ betriebsnotwendige *(nicht in der Bilanz enthaltene)* Vermögensteile
  (z. B. sofort abgeschriebene geringwertige Wirtschaftsgüter)
= **betriebsnotwendiges Vermögen**
- Abzugskapital
= **betriebsnotwendiges Kapital**

Abb. 40 Schematischer Ablauf der Ermittlung des betriebsnotwendigen Kapitals

Folgendes Beispiel soll die Methodik der Ermittlung von kalkulatorischen Zinsen verdeutlichen (adaptiert nach Däumler u. Grabe 2008, S. 148):

Ein Krankenhaus („Muster-Krankenhaus GmbH") verwendet in der Investitionsrechnung einen Kalkulationszinssatz von 10%. Die Bilanz nach KHBV weist folgende Posten auf:

Bilanz der Muster-Krankenhaus GmbH			
Aktiva		**Passiva**	
A. Anlagevermögen		A. Eigenkapital	950.000 €
Grundstücke	280.000 €	B. Sonderposten	330.000 €
Gebäude	800.000 €	C. Rückstellungen	400.000 €
technische Anlagen	900.000 €	D. Verbindlichkeiten	
Einrichtung und Ausstattung	350.000 €	Verbindlichkeiten gegenüber Banken	1.410.000 €
B. Umlaufvermögen		erhaltene Anzahlungen	30.000 €
Vorräte	550.000 €	Verbindlichkeiten aus Lieferungen und Leistungen	120.000 €
Forderungen aus Lieferungen und Leistungen	260.000 €		
Bankguthaben	100.000 €		
	3.240.000 €		3.240.000 €

Unter kostenrechnerischen Gesichtspunkten ist zu berücksichtigen:

Auf der Aktivseite:

1. Anlagevermögen:
   - Die unbebauten Grundstücke werden nur zu einem Drittel betrieblich genutzt und haben einen derzeitigen Marktwert von 600.0000 €.
   - Ein Viertel der Gebäude stehen leer, da das Schwesternwohnheim nicht mehr benutzt wird. Die ursprünglichen Anschaffungskosten betrugen 1.000.000 €, die derzeitigen Wiederbeschaffungskosten werden auf 1.700.000 € geschätzt. Die Gebäude haben eine Nutzungsdauer von 50 Jahren und sind bereits 20 Jahre linear abgeschrieben.
   - Der Anschaffungswert der technischen Anlagen, welche ausschließlich betrieblich genutzt werden, beträgt 1.250.000 €, die Wiederbeschaffungskosten werden auf 1.800.000 € geschätzt. Der derzeitige Restwert, also der nach Abzug der kalkulatorischen Abschreibungen aktuelle Wert der Anlagen in der Kostenrechnung, beträgt 1.200.000 €.

2 Kosten- und Erlösrechnung im Krankenhaus

- Die Einrichtungen und Ausstattungen werden ebenfalls ausschließlich betrieblich genutzt; von der voraussichtlichen Nutzungsdauer ist derzeit die Hälfte verstrichen. Die Anschaffungskosten betrugen 700.000 €. Die Wiederbeschaffungskosten werden zurzeit mit 900.000 € angegeben.

2. Umlaufvermögen:
- Der Jahresdurchschnittsbestand der Vorräte beträgt 450.000 €.
- Der Jahresdurchschnittsbestand der Forderungen aus Lieferungen und Leistungen beträgt 300.000 €.
- Der Jahresdurchschnittsbestand des Bankguthabens beträgt 100.000 €.

Auf der Passivseite:

- Die Rückstellungen sind langfristig in der Bilanz.
- Die Anzahlungen stehen zinslos zur Verfügung.
- Die Lieferantenkredite werden unter Verzicht auf einen möglichen Skontoabzug in Anspruch genommen.

Restwertmethode	€	€
Anlagevermögen		
Grundstücke (600.000 € / 3)	200.000	
Gebäude (75% von 1.700.000 € x 30 / 50)	765.000	
technische Anlagen	1.200.000	
Einrichtungen und Ausstattungen (900.000 € / 2)	450.000	2.615.000
Umlaufvermögen		
Vorräte	450.000	
Forderungen aus Lieferungen und Leistungen	300.000	
Bankguthaben	100.000	850.000
Betriebsnotwendiges Vermögen		3.465.000

Durchschnittswertmethode	€	€
Anlagevermögen		
Grundstücke (600.000 € / 3)	200.000	
Gebäude (75% von 1.700.000 € / 2)	637.500	
technische Anlagen (1.800.000 € / 2)	900.000	
Einrichtungen und Ausstattungen (900.000 € / 2)	450.000	2.187.500
Umlaufvermögen		
Vorräte	450.000	
Forderungen aus Lieferungen und Leistungen	300.000	
Bankguthaben	100.000	850.000
Betriebsnotwendiges Vermögen		3.037.500

	Restwertmethode €	Durchschnittswertmethode €
Betriebsnotwendiges Vermögen	3.465.000	3.037.500
− zinsfrei überlassenes Fremdkapital		
− Rückstellungen	− 400.000	− 400.000
− erhaltene Anzahlungen	− 30.000	− 30.000
− Sonderposten	− 330.000	− 330.000
Betriebsnotwendiges Kapital	2.705.000	2.277.500

Kalkulatorische Zinsen:

- Restwertmethode: 2.705.000 € x 0,10 = 270.500 €
- Durchschnittswertmethode: 2.277.500 € x 0,10 = 227.750 €

Sonstige kalkulatorische Kosten

Neben den kalkulatorischen Abschreibungen und den kalkulatorischen Zinsen lassen sich noch weitere **kalkulatorische Kostenarten** wie kalkulatorischer Unternehmerlohn oder kalkulatorische Wagniskosten nennen. So kann bei kleineren Privatkliniken dem Unternehmer für seine Arbeitsleistung kein Gehalt gezahlt werden; die Entlohnung ergibt sich über die Gewinnausschüttung. Da es sich bei der Arbeitsleistung um einen betriebsnotwendigen Werteverzehr handelt, sollte hierfür in der Kostenrechnung ein **kalkulatorischer Unternehmerlohn** angesetzt werden. Als Vergleichsmaßstab können branchenübliche Gehälter angenommen werden.

Schließlich können **kalkulatorische Wagniskosten** angesetzt werden, um ein angemessenes Entgelt für eingegangene unternehmerische Risiken abzubilden. Sie stellen letztlich eine Sammelposition für alle Kosten dar, die über den Zweckaufwand bzw. andere kalkulatorische Kosten nicht ausreichend abgebildet werden können (Coenenberg et al. 2012a, S. 102). Außerordentliche Aufwendungen werden ja nicht in die Kostenrechnung übernommen, sodass selten vorkommende Ereignisse (z.B. Unwetterschäden, Vandalismus, ungewöhnliche Materialschäden oder Schwund) zunächst keinen Eingang in die Kostenrechnung finden. Wenn bestimmte Risiken z.B. über eine Haftpflicht- oder Gebäudeversicherung abgesichert sind oder es, wie bei der Wertberichtigung der Forderungen, bereits eine Berücksichtigung in der Buchführung gab, fließen diese über die jeweiligen Konten in der Finanzbuchführung als Grundkosten in die Kostenrechnung ein. Darüber hinausgehende Risiken können in der Kostenrechnung als kalkulatorische Kostenposition angemessen berücksichtigt werden. Nicht zu den Wagniskosten wird das allgemeine Unternehmerwagnis gezählt, also dass sich das eingesetzte Kapital nicht oder zu wenig verzinst.

2.2. Kostenstellenrechnung

Nach der Analyse der Kostenarten kann Dr. Zipse nun sehen, aus welchen Positionen die größten Abweichungen zwischen den vereinbarten und den tatsächlich realisierten Kosten des letzten Monats resultierten. Allerdings ist er sich nun nicht sicher, wie die Höhe der Kosten für seine Klinik für Allgemein-, Viszeral- und Gefäßchirurgie genau zustande kam. So hat er z.B. den Verdacht, dass die Verteilung der Laborkosten innerhalb des Krankenhauses nicht verursachungsgerecht stattgefunden hat, da die Kollegen von der Klinik für Innere Medizin viel weniger Laborkosten zugeteilt bekamen, obwohl sie doch mehr Fälle hatten. Auch ist ihm unklar, nach welchen Parametern die Verteilung der allgemeinen Personalkosten des Krankenhauses auf die Klinik stattfand. Warum waren die Personalkosten so hoch, obwohl die Ärzte der Chirurgie doch sehr viele Konsile bei den Kollegen der anderen Kliniken abgeleistet hatten? Schließlich ist sich Herr Dr. Zipse auch nicht sicher, welche Bereiche überhaupt zu seinem Einflussbereich gehören (z.B. die Station, auf der die chirurgischen Patienten liegen?) und wie die einzelnen Kostenstellen überhaupt gebildet werden. Deshalb liest er sich nun tiefer in die Kostenstellenrechnung ein und möchte folgende Fragen klären:

- Welche Aufgaben hat die Kostenstellenrechnung im Rahmen eines Kostenrechnungssystems?
- Was ist eine Kostenstelle und welche Arten von Kostenstellen lassen sich unterscheiden?
- Wie können Kosten auf die Kostenstellen verteilt werden und welche Probleme der Kostenverteilung bestehen in einer Kostenstellenrechnung?
- Wie werden Leistungen verrechnet, die eine Kostenstelle für andere Kostenstellen erbringt?
- Was ist ein Betriebsabrechnungsbogen und wie ist dieser aufgebaut?

2.2.1. Aufbau und Gliederung der Kostenstellenrechnung

In der Kostenstellenrechnung wird analysiert, wo die Kosten entstanden sind. Eine Kostenstelle ist hierbei ein kostenrechnerisch selbständig abzurechnender Bereich des Unternehmens. Gemäß § 8 Satz 2 Nr. 1 KHBV müssen Krankenhäuser Kostenstellen bilden. Ein Mindestgliederungsschema ist in Anlage 5 der KHBV beschrieben. Dies ist ein Gegensatz zu Unternehmen der freien Wirtschaft, wo weder eine Kostenstellenrechnung noch ein Kostenstellenplan vorgeschrieben sind.

> Eine **Kostenstelle** ist ein kostenrechnerisch selbständig abzurechnender Teil des Unternehmens.

Mit der Kostenstellenrechnung werden verschiedene **Ziele** verfolgt:
- **Bildung von Kalkulationssätzen für die Verrechnung der Gemeinkosten auf die Kostenträger:** Um eine Aussage über die Wirtschaftlichkeit einer Leistung treffen zu können, müssen im Rahmen der Kostenträgerrechnung die Gemeinkosten so gut wie möglich auf die einzelnen Kostenträger verteilt werden, auch wenn dies per Definition nicht verursachungsgerecht möglich ist. Hierzu werden in der Kostenstellenrechnung Kalkulationssätze gebildet.
- **Kostenstellenweise Wirtschaftlichkeitsrechnung:** Durch Zielvorgaben, z.B. im Rahmen der Budgetierung, wird den Kostenstellen ein Kosten- und/oder Erlösziel vorgegeben (die mögliche Ausgestaltung von Abteilungen in Profit oder Cost Center wird in Kapitel III.3.2.2 behandelt). Durch Plan-Ist-Vergleiche im

Rahmen der Budgetierung (s. Kap. III.3.2.1), aber auch durch Zeitvergleiche oder Benchmarking können Unwirtschaftlichkeiten aufgedeckt und mögliche Gegenmaßnahmen diskutiert werden. Dies ist in § 8 KHBV sogar gesetzlich vorgeschrieben. Hierzu ist es zwingend erforderlich, dass den Kostenstellen möglichst exakt die von ihnen verursachten Kosten sowie die erzielten Erlöse zugeordnet werden. Dies ist auch im Rahmen von persönlichen Zielvereinbarungen, welche z.B. mit Chefärzten oder Abteilungsleitern (Labor, Apotheke etc.) getroffen werden, unumgänglich.

- **Darstellung der innerbetrieblichen** Leistungsbeziehungen: Um eine kostenstellenweise Wirtschaftlichkeitsrechnung möglichst genau durchführen zu können, müssen die innerbetrieblichen Leistungsbeziehungen aufgedeckt und monetär bewertet werden. So müssen z.B. die Kosten der Radiologie und des Labors den anfordernden Fachabteilungen zugerechnet werden, um eine abteilungsgenaue Darstellung der verursachten Kosten zu erhalten.

Somit ergibt sich folgender schematischer Aufbau der Kostenstellenrechnung:

1. Aufteilung des Unternehmens in Kostenstellen
2. Übernahme der Gemeinkosten aus der Kostenartenrechnung (gegliedert nach Kostenarten) auf die Kostenstellen. Diese stellen die sogenannten primären Kostenstellen-Kosten dar.
3. innerbetriebliche Leistungsverrechnung zwischen anfordernden und leistenden Kostenstellen. Diese stellen die sogenannten sekundären Kostenstellen-Kosten dar.
4. Kostenstellenweise Wirtschaftlichkeitsbetrachtung
5. Bildung von Kalkulationssätzen auf den Kostenträger

Es ist zu beachten, dass im Krankenhaus, entgegen den Gepflogenheiten bei vielen anderen Unternehmen, auch die Einzelkosten auf die Kostenstellen gebucht werden (s. Kap. III.2.2.3).

2.2.2. Abgrenzung der verschiedenen Kostenstellentypen

Im Krankenhaus ist durch die Anlage 5 KHBV die Kostenstellengliederung bereits weitgehend vorweggenommen und vorgeschrieben. Es kann zwar ein abweichender Kostenstellenplan aufgestellt werden, dieser muss jedoch gem. § 8 S. 2 Nr. 1 KHBV durch ein Überleitungsverfahren wieder auf die im Gesetz angegebene Gliederung überführt werden können.

Auf die Grundsätze der Kostenstellenbildung sowie die Gesichtspunkte der Kostenstellengliederung sei an dieser Stelle deshalb nur kurz eingegangen. Um die in Kapitel III.2.2.1 dargestellten Aufgaben erfüllen zu können, sind bei der Bildung von Kostenstellen folgende Grundsätze zu beachten:

- **sinnvolle Kostenschlüssel:** Zur Verteilung der Gemeinkosten auf die Kostenstellen benötigt man sinnvolle Kostenschlüssel, z.B. „qm" für die Mietkosten. Es ist wünschenswert, dass möglichst viele Ressourcen einer Kostenstelle von derselben Kosteneinflussgröße bestimmt werden („homogene Kostenverursa-

chung"). Für die weitere Verteilung auf die Kostenträger werden ebenfalls sinnvolle Kostenschlüssel, z.B. Fertigungsstunden oder Herstellkosten, benötigt.
- **klar abgegrenzte Verantwortungsbereiche:** Zuständigkeit und Weisungsbefugnis im Bereich einer Kostenstelle müssen eindeutig festgelegt sein und übereinstimmen, um die Beeinflussbarkeit der Kosten durch die Kostenstellenleitung zu gewährleisten.
- **eindeutige Zuordenbarkeit:** Kosten sollen möglichst zweifelsfrei genau einer Kostenstelle zugeordnet werden können. Zudem dürfen keine Kosten „übrig" bleiben, für die sich niemand verantwortlich fühlt.
- **Wirtschaftlichkeit und Übersichtlichkeit:** Die Kostenstelleneinteilung darf nur so detailliert sein, dass eine Übersichtlichkeit und das Verhältnis von Aufwand und Nutzen gewahrt bleiben.

Die Kostenstellen eines Unternehmens lassen sich nach folgenden Gesichtspunkten untergliedern:
- **betriebliche Funktionen:** Ein Kostenstellenplan kann anhand der betrieblichen Funktionen untergliedert werden. Der in der Industrie weit verbreitete Kostenstellenplan des Bundesverbandes der Deutschen Industrie (BDI) ist nach dieser Logik aufgebaut. Es finden sich Kostenstellen zu Material (Beschaffung), Fertigung, Forschung & Entwicklung, Verwaltung, Vertrieb und allgemeine Kostenstellen wie z.B. Energie, Transport oder Gebäude. Der Kostenstellenplan der Anlage 5 KHBV ist ebenfalls nach diesem Prinzip gegliedert. So finden sich die Kostenstellengruppen Gemeinsame Kostenstellen (z.B. Verwaltung), Versorgungseinrichtungen (z.B. Küche, Medizinische Institutionen mit z.B. Funktionsdiagnostik), Pflegefachbereiche Normalpflege (z.B. Innere Medizin), Pflegefachbereiche – abweichende Pflegeintensität (z.B. Intensivmedizin), Sonstige Einrichtungen (z.B. Ausbildung) und Ausgliederungen (z.B. Ambulanzen). Diese zweistelligen Kostenstellengruppen sind jeweils in dreistellige Kostenstellen unterteilt, die je nach Bedarf im Krankenhaus noch weiter gegliedert werden können.
- **produktionstechnische Gesichtspunkte:** Hier lassen sich Haupt-, Hilfs- und Nebenkostenstellen unterscheiden. In den Hauptkostenstellen werden die Hauptprodukte bzw. -dienstleistungen eines Unternehmens hergestellt, welche an den Kunden verkauft bzw. erbracht werden. In den Nebenkostenstellen werden hingegen Nebenprodukte bzw. -dienstleistungen erzeugt, die nicht zum Kern der Unternehmenstätigkeit gehören. Hilfskostenstellen tragen dagegen nur indirekt zur Produktion bei und unterstützen die Haupt- und Nebenkostenstellen bei deren Tätigkeiten.

> In **Hauptkostenstellen** werden die Produkte bzw. Dienstleistungen eines Unternehmens erstellt. In Hilfskostenstellen werden hierzu unterstützende Aktivitäten unternommen.

- **rechentechnische Aspekte:** Hier wird zwischen Vor- und Endkostenstellen unterschieden. Dabei erbringen Vorkostenstellen (z.B. Küche) Leistungen für Endkostenstellen (z.B. Fachabteilung für Chirurgie) und müssen daher auf diese umgelegt werden (s. Kap. III.2.2.4 zur innerbetrieblichen Leistungsverrechnung). Die Kosten der Endkostenstellen wiederum werden auf die Kostenträger, im stationären Bereich also auf die Fallpauschalen, weiter verrechnet.

> Rechentechnisch erbringen Vorkostenstellen Leistungen für Endkostenstellen. Daher findet eine Verrechnung der Kosten statt.

Endkostenstellen können damit sowohl Haupt- als auch Nebenkostenstellen sein, Vorkostenstellen stellen Hilfskostenstellen dar. Die Kostenstellengruppen lassen sich in diese Unterteilung einordnen (s. Tab. 40). Schließlich unterteilt das InEK-Kalkulationshandbuch für DRGs Kostenstellen noch in direkte und indirekte Kostenstellen, dies entspricht der Einteilung in Vor- und Endkostenstellen, sowie in abzugrenzende und gemischte Kostenstellen (s. Kap. III.2.3.3).

Tab. 40 Einteilung der Kostenstellengruppen der KHBV in Vor- und Endkostenstellen

Vorkostenstellen (Hilfskostenstellen)	
90	gemeinsame Kostenstellen
91	Versorgungseinrichtungen
92	medizinische Institutionen
Endkostenstellen (Hauptkostenstellen)	
93–95	Pflegefachbereiche Normalpflege
96	Pflegefachbereiche – abweichende Pflegeintensität (z.B. intensiv und halbstationär)
Endkostenstellen (Nebenkostenstellen)	
97	sonstige Einrichtungen (z.B. Ausbildung, Forschung und Lehre)
98	Ausgliederungen (z.B. Ambulanzen)

Problematisch gestaltet sich die Kostenstellengruppe 92 „Medizinische Institutionen" (z.B. Radiologie, Laboratorien, Anästhesie/OP, Ambulanzen). Die dort durchgeführten Leistungen werden sowohl für ambulante als auch für stationäre Patienten erbracht. Im Hinblick auf stationäre Patienten stellen die in der Kostenstellengruppe 92 enthaltenen Kostenstellen Vorkostenstellen dar. Im Hinblick auf ambulante Patienten sind es Endkostenstellen; diese sind damit als nicht DRG-relevant auszugliedern (s. Kap. III.2.3.3). Als Besonderheit lassen sich die Ambulanzen nennen: Sie können einerseits als Kostenstelle 929 unter die Vorkostenstellen eingeordnet sein, welche für alle Fachabteilungen Diagnose- und Therapieleistungen erbringen. Andererseits werden sie auch als Kostenstelle 980 ausgewiesen, welche rechentechnisch die rein ambulanten Leistungen ausgliedert. Diese können dann den Kostenerstattungen gegenübergestellt werden, um die wirtschaftliche Erbringung von ambulanten Leistungen festzustellen.

2.2.3. Der Betriebsabrechnungsbogen

Der **Betriebsabrechnungsbogen (BAB)** fasst alle Schritte der Kostenstellenrechnung (s. Kap. III.2.2.1) zusammen. Der BAB ist als Matrix aufgebaut und weist in den Zeilen die Kostenarten und in den Spalten die Kostenstellen aus. Er lässt sich schematisch wie in Tabelle 41 darstellen.

> Der **Betriebsabrechnungsbogen** (BAB) ist ein Instrument zur grafischen Darstellung der Kostenstellenrechnung. In den Zeilen finden sich die Kostenarten und in den Spalten die Kostenstellen.

Üblicherweise werden zunächst die Vorkostenstellen und danach die Endkostenstellen in den Spalten aufgeführt. Bei den Endkostenstellen werden zunächst die Haupt- und anschließend die Nebenkostenstellen dargestellt. Diese Systematik entspricht dem Kostenstellenplan nach Anlage 5 der KHBV. Aufgrund dessen Komplexität wird der BAB bei den allermeisten Unternehmen nur noch EDV-unterstützt durchgeführt. Komprimiert ausgedruckt kann er aber immer noch einen schnellen Überblick über die Kostensituation im Unternehmen liefern. Zudem findet er als spaltenweiser Ausschnitt einer Kostenstelle im Berichtswesen an die Kostenstellenleiter seinen Einsatz.

Wie bereits erwähnt ist es eine Besonderheit im Krankenhaus, dass in der Kostenstellenrechnung durchgehend auch Einzelkosten erfasst werden. Darüber hinaus müssen die primären Gemeinkosten (zur Begriffsdefinition s. Kap. III.2.1.1), ausgehend von der Kostenartenrechnung, auf die einzelnen verursachenden Kostenstellen verteilt werden (z.B. Gehälter Pflegepersonal, Kosten des medizinischen Bedarfs). Der Kostenstellenplan nach KHBV ist so konzipiert, dass es in den allermeisten Fällen möglich ist, die Kosten aus der Kostenartenrechnung den Kostenstellen direkt zuzuordnen. Neben den Kostenstellengruppen 90 (gemeinsame Kostenstellen) und 91 (Versorgungseinrichtungen) sind oftmals übergeordnete allgemeine Kostenstellen je Kostenstellenuntergruppe einzurichten, auf die Kosten zugeordnet werden, welche mehrere nachgeordnete Kostenstellen betreffen (z.B. Chefarztsekretariat für alle Kostenstellen der Fachabteilung). Hierfür wird in Anlage 4 der KHBV ein Kostenstellenkontierungskatalog gefordert (siehe Zuordnungslogik in Tabelle 42; „direkt" bedeutet hierbei, dass es möglich ist, die Kosten einer Kostenstelle zweifelsfrei zuordnen zu können, z.B. über Inventurliste bei Einrichtungen oder Personalzuordnungen bei Reisekosten), der von jedem Krankenhaus individuell zu konkretisieren ist.

> **Erster Schritt der Kostenstellenrechnung** ist die Zuordnung der Kosten aus der Kostenartenrechnung auf die verursachenden Kostenstellen. Hierzu sollte ein Kostenstellenkontierungskatalog aufgestellt werden.

III Internes Rechnungswesen

Tab. 41 Grundaufbau eines Betriebsabrechnungsbogens

Kostenstellen \ Kostenarten	Vorkostenstellen		Endkostenstellen			
	gemeinsame Kostenstellen	Versorgungseinrichtungen	medizinische Institutionen	allg. Innere Medizin	allg. Chirurgie	Urologie ...
Einzelkosten						
Einzelkostenart 1						
...						
Einzelkostenart m						
primäre Gemeinkosten						
Gemeinkostenart 1	1. Verteilung von primären Gemeinkosten auf die Kostenstellen					
...						
Gemeinkostenart n						
sekundäre Gemeinkosten						
Entlastung von Vorkostenstellen	2. innerbetriebliche Leistungsverrechnung von den Vor- auf die Endkostenstellen					
Belastung von Endkostenstellen						
gesamte Gemeinkosten						
Bezugsbasis			3. Ermittlung der Gemeinkostenzuschlagssätze für die Endkostenstellen			
Zuschlagssatz						
(= gesamte Gemeinkosten/ Bezugsbasis)						

Tab. 42 Kostenstellenkontierungskatalog auf Basis der Anlage 4 zur KHBV

Konto-Nr.	Konnteninhalt	Kostenstellenzuordnung
Kontengruppen 60–64	Personalkosten	Zuordnung auf Kostenstellen entsprechend dem DV-Prohramm Personalrechnung (= vorgelagerte Nebenrechnung)
Kontengruppen 65	Lebensmittel	910
Kontengruppe 66	Medizinischer Bedarf	
6600	Arzneimittel	Materialrechnung Apotheke
6602	Blut, Blukonserven, Blutersatzmittel	Materialrechnung Apotheke
6603	Verbandmaterial	Materialrechnung Lager
6604	ärtzliches und pflegerisches Verbrauchsmaterial	Materialrechnung Lager
6606	Narkose und sonstiger OP-Bedarf	Materialrechnung Apotheke/direkt 925

2 Kosten- und Erlösrechnung im Krankenhaus

6607	Bedarf für Röntgen- und Nuklearmedizin	Materialrechnung Apotheke/direkt 920
6608	Laborbedarf	Materialrechnung Apotheke/direkt 922
6609	Untersuchungen in fremden Institutionen	direkt
6610	Bedarf für EKG, EEG, Sonographie	direkt 923
6611	Bedarf der physikalischen Therapie	direkt 926
6612	Feindesinfektion	Materialrechnung Apotheke
6613	Implantate	direkt 925
6616	Kosten für Krankentransporte	direkt
6617	sonstiger medizinischer Bedarf (Konsiliarleistungen)	direkt
Kontengruppe 67	**Wasser, Energie, Brennstoffe**	913
Konntengruppe 68	**Wirtschaftsbedarf**	91900/direkt
6800	Reinigungs- und Desinfektionsmittel	91900
6801	Waschmittel	91110
6802	Haushaltsverbrauchsmittel	91900
6803	Treibstoffe und Schmiermittel	direkt (z.B. 91430)
Kontengruppe 69	**Verwaltungsbedarf**	91900/direkt
6900	Büromaterial und Druckarbeiten	
6910	Postgebühren, Bankgebühren	
6920	Fernsprech- und Fernschreibanlagen, Telegramme, Rundfunk und Fernsehen	direkt
6930	Reisekosten, Fahrgelder, Spesen	direkt
6940	Personalbeschaffungskosten	901
6950	Beratungskosten, Prüfungs-, Gerichts- und Anwaltsgebühren	
Kontengruppe 71	**Gebrauchsgüter**	Lagerkostenstelle/direkt
Kontengruppe 72	**Instandhaltung**	
7200	Außenanlagen	900
7201	Gebäude	900
7202	technische Anlagen	913
7203	Einrichtungen und Ausstattungen	direkt
7209	sonstiger Reparaturbedarf	902
7210	nicht aktivierungsfähige, nach KHG geförderte Maßnahmen	993
Kontengruppe 73	**Steuern, Abgaben, Versicherungen**	direkt/901

Kontengruppe 74	Zinsen und ähnliche Aufwendungen	
740	Zinsen für Betriebsmittelkredite	901
742	Zinsen und ähnliche Aufwendungen für sonstiges Fremdkapital	993
Kontengruppe 78	sonstige ordentliche Aufwendungen	direkt/901
Kontengruppe 79	übrige Aufwendungen	direkt/901/993

Eine hohe Genauigkeit der Verrechnung wird dann erreicht, wenn möglichst viele Kosten als Kostenstelleneinzelkosten erfasst werden können. Diese liegen dann vor, wenn ein direkter Bezug zwischen Kostenart und Kostenstelle hergestellt werden kann und die Gemeinkosten verursachungsgerecht auf diese verteilt werden können. Ein Beispiel hierfür sind Kosten für Personal, welches nur in einer Kostenstelle tätig ist. Falls dies nicht der Fall ist, da eine Kostenart für mehrere Kostenstellen erbracht wurde (z.B. Personalkosten für Ärzte, die in mehreren Fachabteilungen Leistungen erbringen), müssen gute Verteilungsschlüssel bzw. Bezugsgrößen für diese sogenannten Kostenstellengemeinkosten gefunden werden, um eine Kostenstelle möglichst verursachungsgerecht mit Kosten zu belasten. Zudem ist der Rechnungszweck zu beachten. Allgemeine Beispiele hierfür wären z.B. für Strom, Gas und Wasser die verbrauchte Menge bewertet zum vereinbarten Preis (Verteilungsgrundlage: Zähler) oder für Fuhrparkkosten die gefahrenen Kilometer bewertet mit einem Verrechnungssatz (Verteilungsgrundlage: Fahrtenbuch oder Fahrtenschreiber) (Eisele 2011, S. 68).

Als Beispiel für das Endergebnis der Verteilung der Einzel- und Gemeinkosten auf die Kostenstellen eines Krankenhauses kann folgender Ausschnitts eines BAB in Tabelle 43 dienen. Hier sieht man den grundsätzlichen Aufbau eines BAB im Krankenhaus: In den Zeilen finden sich die einzelnen Kostenarten und in den Spalten die Kostenstellen in der Reihenfolge Vorkostenstellen und anschließend Endkostenstellen (hier zunächst die Haupt- und danach die Endkostenstellen).

Als nächste Schritte folgen nun die Verrechnung der Kosten zwischen den Kostenstellen (innerbetriebliche Leistungsverrechnung; s. Kap. III.2.2.4) und die Umlage von den Endkostenstellen auf die Kostenträger (Kostenträgerstückrechnung; s. Kap. III.2.3). Auch diese können im BAB schematisch dargestellt werden. Schließlich kann die Wirtschaftlichkeitskontrolle der einzelnen Kostenstellen durch Vergleich der Plankosten mit den tatsächlich angefallenen Ist-Kosten durchgeführt werden.

2 Kosten- und Erlösrechnung im Krankenhaus

Tab. 43 Beispielhafter Ausschnitt eines BABs im Krankenhaus (Deutsche Krankenhausgesellschaft 1992, S. 170)

Kostenstelle / Primär- und Sekundärkosten	Gesamt-betrag	Verteilungs-grundlage	Vorkostenstellen					Endkostenstellen			
			Gemeinsame Kostenstellen			Versorgungs-einrichtungen, Med. Institutionen		Hauptkostenstellen		Nebenkostenstellen	
			A	B	C	D	E	W	X	Y	Z
Personalkosten	5.777.000	Gehalts-/Lohnliste		1.250.000	825.000	645.000	647.000	1.425.000	877.000	63.000	45.000
Lebensmittel	520.000				520.000						
Med. Bedarf	1.103.000	Materialent-nahmescheine, Rechnungen der Lieferapotheke				218.000	162.000	356.000	312.000		55.000
Wasser, Energie, Brennstoffe	94.500	Abrechnungen, Zähler	3.000	5.000	15.000	5.000	13.000	26.000	23.000	4.500	
Verwaltungsbedarf	87.500	Materialent-nahmescheine		27.000	15.000	2.500	4.500	23.000	11.000	2.500	2.000
Steuern, Abgaben, Versicherungen	62.500	Anzahl Betten, Bemessungs-grundlage	52.000	3.000	5.000			1.000	500	1.000	
Zinsen für Betriebsmittel	29.000	Gebundenes Kapital						4.000	16.000	9.000	
Summe	7.673.500		55.000	1.285.000	1.380.000	870.500	826.500	1.835.000	1.239.500	80.000	102.000

2.2.4. Methoden der innerbetrieblichen Leistungsverrechnung

Zwischen den Kostenstellen eines Krankenhauses wird eine Vielzahl von **innerbetrieblichen Leistungen** erbracht. Um eine möglichst verursachungsgerechte Belastung der Kostenstellen zu erreichen, müssen die leistenden Kostenstellen von diesen Kosten ent- und die empfangenden Kostenstellen damit belastet werden. Ein Beispiel sind Laborkosten; diese sind von den anfordernden Fachabteilungen verursacht worden und entsprechend auf diese Abteilungen zu verrechnen. Für die Fachabteilungen stellen die verrechneten Kosten sogenannte sekundäre Kosten dar. Die Summe von primären (s. Kap. III.2.2.3) und sekundären Kosten ergeben die Gesamtkosten einer Kostenstelle.

> Innerhalb eines Unternehmens müssen die Kosten zwischen Kostenstellen verrechnet werden („innerbetriebliche Leistungsverrechnung"), um eine möglichst verursachungsgerechte Belastung der Kostenstellen zu erreichen.

Durch die innerbetriebliche Leistungsverrechnung werden die Kosten der Vor- auf die Endkostenstellen verlagert. Für diese Verrechnung stehen mehrere Verfahren zur Verfügung. Dabei kann die Kostenumlage im Krankenhaus grundsätzlich auf zwei Wegen passieren: eine Kostenverrechnung aufgrund von bestimmbaren Leistungen oder mithilfe von Umlageschlüsseln.

Wenn die **Leistung gut und relativ einfach bestimmbar** ist, diese dokumentiert wird und eine rechnungszielorientierte Bewertung dieser Leistung stattfinden kann, ist dies zwar der aufwändigere, jedoch kostenrechnerisch zu bevorzugende Weg der innerbetrieblichen Leistungsverrechnung.

Für die Kosten der folgenden medizinischen Sekundärleistungen müssen in jedem Fall Leistungsstatistiken geführt werden:
- Röntgendiagnostik
- Strahlentherapie
- Nuklearmedizin
- Laboratorien
- Funktionsdiagnostik
- Pathologie
- Physikalische Therapie
- Anästhesie
- OP-Einrichtungen
- Kreißsaal
- etc.

Die Ermittlung des Verrechnungspreises kann dann erfolgen durch (Keun u. Prott 2008, S. 195):
- Übernahme der Preise aus der Gebührenordnung für Ärzte (GOÄ) oder des DKG-NT
- Durchführung einer Einzelkalkulation je Leistung

- Division der Gesamtkosten durch die Anzahl der Gesamtleistungen bei homogenen Leistungen bzw. durch die GOÄ-/DKG-NT-Punkte bei nicht homogenen Leistungen.

Falls **Leistungen nicht messbar** sind bzw. aus wirtschaftlichen oder anderen Gründen eine Messung sowie eine darauf folgende monetäre Bewertung nicht sinnvoll oder machbar ist, erfolgt die Kostenverrechnung anhand von indirekten Mengen- bzw. Wertschlüsseln. Beispiele hierfür sind z.B. Anzahl bearbeiteter Dokumente im Medizincontrolling, Anzahl der Vollzeitkräfte beim Qualitätsmanagement, Anzahl der betreuten Patienten beim Sozialdienst, Anzahl der Pflegetage bei der Patientenbücherei, Anzahl der Arbeitsstunden bei der Krankenhaushygiene oder Anzahl der Arbeitsstunden bei der Medizintechnik (siehe hierzu auch Tab. 50 in Kap. III.2.3.3).

Es existieren in der Betriebswirtschaftslehre mehrere Verfahren, um die Kosten der innerbetrieblichen Leistungen anhand von solchen Umlageschlüsseln zu verrechnen. Neben **kostenorientierten Umlageverfahren** existieren noch andere Methoden zur Ermittlung von Verrechnungspreisen, z.B. anhand von **Markt- oder Festpreisen** (s. Kap. III.3.2.2). Abhängig davon, ob einseitige oder wechselseitige bzw. einstufige oder mehrstufige Leistungsverflechtungen im Unternehmen bestehen, ist ein passendes Verfahren zu wählen.

Eine **einseitige, einstufige Leistungsabgabe an eine Kostenstelle** ist eher selten in Unternehmen anzutreffen. Im Krankenhaus könnte man ein Speziallabor nennen, in welchem nur für eine Fachabteilung Untersuchungen durchgeführt werden oder ein urologischer OP, welcher nur der Fachabteilung für Urologie zugeordnet ist oder der Kreißsaal, in dem nur Leistungen für die Fachabteilung für Geburtshilfe erbracht werden. Die Verrechnung erfolgt, indem der einen empfangenden Kostenstelle alle Kosten der leistenden Kostenstelle in Rechnung gestellt werden. Grundsätzlich muss man sich hier wie bei allen anderen Verrechnungen entscheiden, ob eine Kostenverteilung differenziert unter Beibehaltung der Kostenartenstruktur erfolgen soll oder summarisch, wobei alle Kostenarten in einem Betrag verrechnet werden. Da bei der Ermittlung der stationären Fallkosten ein Abzug der nicht DRG-relevanten Kostenkomponenten unverzichtbar ist, ist eine differenzierte Umlage zu bevorzugen, um z.B. bei den Personalkosten eventuell vorhandene ambulante Komponenten herausrechnen zu können. Andererseits verzichtet das InEK-Kalkulationshandbuch (s. Kap. III.2.3.3) auf eine Verteilung der Kosten der medizinischen Institutionen (Kostenstellengruppe 92) auf die Endkostenstellen. Diese Kosten werden sofort dem Kostenträger zugerechnet und gehen deshalb nicht in die innerbetriebliche Leistungsverrechnung ein (InEK 2007, S. 29). Möglicherweise ist jedoch aus anderen Gründen (z.B. ein anderes Verfahren der Kostenträgerrechnung, s. Kap. III.2.3.1, oder im Rahmen einer Profit-Center-Organisation, s. Kap. III.3.2.2) die Durchführung einer vollständigen innerbetrieblichen Verrechnung erforderlich.

Eine einseitige, einstufige Leistungsabgabe an eine Kostenstelle wird in der Realität nur selten vorkommen. Einstufige oder mehrstufige Leistungsabgaben an mehrere Kostenstellen, die sowohl einseitig als auch wechselseitig sein können, werden hingegen den Regelfall darstellen (s. Tab. 44).

Tab. 44 Innerbetriebliche Leistungsverflechtungstypen

Richtung \ Dimension	einstufig	mehrstufig
einseitig	Typ 1:	Typ 2:
wechselseitig	Typ 3:	Typ 4:

Eine **einseitige, einstufige Leistungsabgabe an mehrere Kostenstellen (Typ 1)** ist im Krankenhaus öfter anzutreffen. So erbringt die Kantine die Speisenversorgung oder die Radiologie die bildgebenden Verfahren in der Regel für mehrere Kostenstellen. Hier müssen Maßgrößen für die Kostenverteilung auf die Kostenstellen festgelegt werden. Eine Auswahl findet sich in Tabelle 45.

Tab. 45 Schlüssel für Kostenverteilung im Krankenhaus (Hentze u. Kehres 2008, S. 95–96)

Kostenstellen-Nr.	Bzeichnung	Kostenverteilung nach
90	gemeinsame Kostenstelle	
900	Gebäude einschließlich Grundstück und Außenanlagen	Fläche
901	Leitung und Verwaltung des Krankenhauses	Anzahl der Mitarbeiter
902	Werkstätten	Leistungserhebung mit Stundenzetteln
904	Aus-, Fort- und Weiterbildung	Anzahl der Schüler und Schülerinnen/Ausbildungsplan
906	Sozialdienst/Praktikantenbetreuung	Pflegetage
91	Versorgungseinrichtungen	
910	Speisenversorgung	Beköstigungstage
911	Wäscheversorgung	OP laut Aufzeichnung/Interview, Rest nach Pflegetagen
912	zentraler Reinigungsdienst	gewichtete Reinigungsfläche
913	Versorgung mit Wasser, Energie und Brennstoffen	Großverbraucher nach Zähler bzw. Interview, Rest nach Fläche
914	innerbetriebliche Transporte	Toureplan/Einsatzplan, Fuhrpark direkt, Kostenstelle 93010
915	Bettenzentrale	Fallzahl
917	Versorgung mit medizinischem Bedarf	Wert der angeforderten Materialien

918	zentrale Sterilisation	Anteil OP laut Interview, Rest nach Pflegetagen
919	Lager Wirtschaftsbedarf	Wert der angeforderten Materialien
92	**Medizinische Institutionen**	
920	Radiologie	Leistungen bewertet laut GOÄ
922	Laboratorien	Leistungen bewertet laut GOÄ
923	Funktionsdiagnostik	Leistungen bewertet laut GOÄ
924	sonstige diagnostische Einrichtungen	Leistungen bewertet laut GOÄ
925	Anästhesie, OP-Einrichtungen, Kreißzimmer 100%	OP-Minuten
926	physikalische Therapie	Leistungen bewertet laut DKG-NT Teil S
928	Pathologie	Leistungen bewertet laut GOÄ
929	Ambulanzen	Sonderrechnung (Ambulanzkostenrechnung)

Nachfolgendes Beispiel in Tabelle 46 soll die Wirkung und den Informationsgehalt der Verrechnung einer Vor- auf mehrere Endkostenstellen unter Beibehaltung der Kostenartenstruktur illustrieren.

Wird die Verteilung unter Beibehaltung der Kostenarten vorgenommen, ist es möglich, die Kostenarten anhand von unterschiedlichen Schlüsseln zu verteilen. Dies verbessert die Verursachungsgerechtigkeit, hat aber natürlich einen erhöhten Aufwand zur Folge.

Eine **einseitige, mehrstufige Leistungsabgabe an mehrere Kostenstellen (Typ 2)** kommt ebenfalls in der Realität häufig vor. So erbringt die Küche Leistungen an z.B. die Radiologie und diese wiederum an die unterschiedlichen Fachabteilungen im Krankenhaus. Zur Verrechnung dieser Kosten stehen das Anbauverfahren sowie das Treppenumlageverfahren (auch Stufenleiterverfahren genannt) zur Verfügung.

Das **Anbauverfahren** vereinfacht die Wirklichkeit in dem Sinn, als Leistungen zwischen Vorkostenstellen außer Acht gelassen und rechnerisch nur die Leistungen zwischen Vor- und Endkostenstellen erfasst werden. Dies ist zwar mathematisch schnell und einfach zu lösen, entspricht aber oft nicht der Wirklichkeit. Der interne Verrechnungssatz pro Vorkostenstelle wird gebildet, indem die primären Kosten einer Vorkostenstelle durch die Leistungen an die Endkostenstellen geteilt werden. Der so ermittelte Verrechnungssatz wird als interner „Preis" verwendet und mit den Leistungen an die jeweilige Endkostenstelle multipliziert, um die sekundären Kosten zu ermitteln.

III Internes Rechnungswesen

Tab. 46 Kostenstellenumlage unter Beibehaltung der Kostenartenstruktur (Hentze u. Kehres 2008, S. 94)

Kostenstellen / Primär- und Sekundärkosten	Vorkostenstelle A	Innere Medizin			Chirurgie			Gynäkologie		
		Primärkosten	Sekundärkosten	Kosten gesamt	Primärkosten	Sekundärkosten	Kosten gesamt	Primärkosten	Sekundärkosten	Kosten gesamt
Verteileinheiten	100.000									
In Anspruch genommene Verteileinheiten			40.000			35.000			25.000	
Personalkosten										
Ärztlicher Dienst	-	1.000.000	-	1.000.000	850.000	-	850.000	600.000	-	600.000
Pflegedienst	-	2.500.000	-	2.500.000	2.000.000	-	2.000.000	1.500.000	-	1.500.000
Med.-techn. Dienst	-	200.000	-	200.000	180.000	-	180.000	120.000	-	120.000
Funktionsdienst	600.000	-	240.000	240.000	-	210.000	210.000	-	150.000	150.000
Summe Personalkosten	600.000	3.700.000	240.000	3.940.000	3.030.000	210.000	3.240.000	2.220.000	150.000	2.370.000
Sachkosten										
Medizinischer Bedarf	-	800.000	-	800.000	750.000	-	750.000	300.000	-	300.000
Gebrauchsgüter	11.000	11.000	4.400	15.400	8.500	3.850	12.350	6.000	2.750	8.750
Instandhaltung	20.000	40.000	8.000	48.000	30.000	7.000	37.000	20.000	5.000	25.000
Summe Sachkosten	31.000	851.000	12.400	863.400	788.500	10.850	799.350	326.000	7.750	333.750
Summe Primärkosten	631.000	4.551.000	-	-	3.818.500	-	-	2.546.000	-	-
Sekundärkosten	-	-	252.400	-	-	220.850	-	-	157.750	-
Primäre und sekundäre Kosten nach Umlage	-	-	-	4.803.400	-	-	4.039.350	-	-	2.703.750

2 Kosten- und Erlösrechnung im Krankenhaus

> Abhängig von dem Typus der innerbetrieblichen Leistungsverflechtungen stehen verschiedene Rechenmethode zur innerbetrieblichen Leistungsverrechnung zur Verfügung.

> Beim **Anbauverfahren** werden rechentechnisch nur die Leistungen zwischen Vor- und Hauptkostenstellen erfasst.

Folgendes Beispiel soll das Anbauverfahren im Rahmen einer Kostenstellenstruktur des in der Realität häufig vorkommenden Typs 4 verdeutlichen:

Aus Vereinfachungsgründen wird eine summarische Umlage ohne Beibehaltung der Kostenartenstruktur gewählt. Ein Krankenhaus besteht aus drei Vorkosten- (V1, V2, V3) und zwei Endkostenstellen (E1, E2). Die primären Gemeinkosten je Kostenstelle sowie die innerbetrieblichen Leistungsabgaben werden in Leistungseinheiten (LE) gemessen:

primäre Gemeinkosten in €		V1	V2	V3	E1	E2	Summe
		20.000	18.000	48.000	120.000	88.000	294.000
Leistungsabgabe in LE							
an...	von...						
V1		0	200	1.200	1.400	2.000	4.800
V2		200	600	0	400	600	2.800
V3		600	1.200	4.000	3.000	7.200	16.000

Verrechnungspreise sind demnach (Rundung auf zwei Nachkommastellen):

$$\text{Verrechnungspreis für Leistungen von V1 [€]} = \frac{\text{primäre Kosten V1 [€]}}{\text{Leistungen V1 an Endkostenstellen E1 und E2 [LE1]}}$$

$$= \frac{20.000\ [€]}{(1.400 + 2.000)\ [LE1]} = 5{,}88\ €/LE1$$

$$\text{Verrechnungspreis für Leistungen von V2 [€]} = \frac{\text{primäre Kosten V2 [€]}}{\text{Leistungen V2 an Endkostenstellen E1 und E2 [LE2]}}$$

$$= \frac{18.000\ [€]}{(400 + 600)\ [LE2]} = 18\ €/LE2$$

$$\text{Verrechnungspreis für Leistungen von V3 [€]} = \frac{\text{primäre Kosten V3 [€]}}{\text{Leistungen V3 an Endkostenstellen E1 und E2 [LE2]}}$$

$$= \frac{48.000\ [€]}{(3.000 + 7.200)\ [LE3]} = 4{,}71\ €/LE3$$

Beispielhaft lassen sich die Kosten für die Endkostenstelle E1 folgendermaßen berechnen:

Leistungsabgabe von	Menge Leistungseinheiten	Preis	Kosten
V1	1.400 LE1	5,59 €/LE1	7.826 €
V2	400 LE 2	20,49 €/LE2	8.196 €
V3	3.000 LE3	4,56 €/LE3	13.680 €
Summe sekundäre Kosten für E1			29.702 €
primäre Kosten für E1			120.000 €
gesamte Kosten für E1			149.702 €

Den größten Nachteil des Anbauverfahrens, nämlich die Nicht-Berücksichtigung der Leistungsströme zwischen den Vorkostenstellen, versucht das **Treppenumlage- oder Stufenleiterverfahren** zu vermeiden. Hier wird angenommen, dass Vorkostenstellen auch andere Vorkostenstellen beliefern, allerdings nur in eine „Richtung" (einseitige Leistungsverflechtungen). Die Vorkostenstellen müssen rechentechnisch in eine Reihenfolge gebracht werden, auch wenn dies gegebenenfalls nicht den realen Prozessen im Krankenhaus entspricht. Soll das Verfahren auch bei wechselseitigen Leistungsverflechtungen angewendet werden, so gilt es, die Reihenfolge der Vorkostenstellen so zu wählen, dass die jeweils kleineren Leistungsströme unterdrückt werden und der Verrechnungsfehler auf diese Weise möglichst klein gehalten wird. Die Kostenumlage erfolgt sukzessiv von den leistungsabgebenden Stellen auf die leistungsempfangenden Stellen und lässt auch eine Belastung der Hilfskostenstellen mit sekundären Kosten zu.

Beim **Treppenumlage- oder Stufenleiterverfahren** wird unterstellt, dass sich Vorkostenstellen rechentechnisch nur in eine Richtung untereinander beliefern.

Beispiel zum Stufenleiterverfahren:

Es gelten die Annahmen des vorherigen Beispiels, die internen Verrechnungspreise sollen nun anhand der Treppenumlage ermittelt werden. Die Reihenfolge der Kostenstellen wurde mit V1 vor V2 vor V3 festgelegt. Der interne Verrechnungspreis für V1 wird nun gebildet, indem die primären Kosten von V1 durch die Leistungsabgaben an nachgelagerte Vorkostenstellen und an alle Endkostenstellen geteilt werden, also:

$$\text{Verrechnungspreis für Leistungen von V1 [€]} = \frac{\text{primäre Kosten V1 [€]}}{\text{Leistungen V1 an V2, V3, E1 und E2 [LE1]}}$$

$$= \frac{20.000 \, [\text{€}]}{(200 + 1.200 + 1.400 + 2.000) \, [\text{LE1}]} = 4{,}17 \, \text{€/LE1}$$

Der Verrechnungspreis für V2 ergibt sich, indem die primären Kosten von V2 zuzüglich der verrechneten sekundären Kosten der vorgelagerten Vorkostenstelle V1 durch die Leistungsabgaben an nachgelagerte Vorkostenstellen und an alle Endkostenstellen geteilt werden, also:

2 Kosten- und Erlösrechnung im Krankenhaus

$$\text{Verrechnungspreis für Leistungen von V2 [€]} = \frac{\text{primäre Kosten V2 + sekundäre Kosten von V1 [€]}}{\text{Leistungen V2 an V3, E1 und E2 [LE2]}}$$

$$= \frac{18.000\ € + 200\ LE1 \times 4{,}17\ €/LE1}{(400 + 600)\ [LE2]} = 18{,}83\ €/LE2$$

Das gleiche Prinzip wird beim Verrechnungspreis für V3 angewendet, es ergibt sich also:

$$\text{Verrechnungspreis für Leistungen von V3 [€]} = \frac{\text{primäre Kosten V3 + sekundäre Kosten von V1 und V}}{\text{Leistungen V3 an E1 und E2 [LE2]}}$$

$$= \frac{48.0000\ € + 1.200\ LE1 \times 4{,}17\ €/LE1 + 0\ LE2 \times 18{,}83\ €/}{(3.000 + 7.200)\ [LE3]}$$

Beispielhaft lassen sich die Kosten für die Endkostenstelle E1 folgendermaßen berechnen:

Leistungsabgabe von	Menge Leistungseinheiten	Preis	Kosten
V1	1.400 LE1	4,17 €/LE1	5.838 €
V2	400 LE 2	18,83 €/LE2	7.532 €
V3	3.000 LE3	5,20 €/LE3	15.600 €
Summe sekundäre Kosten für E1			28.970 €
primäre Kosten für E1			120.000 €
gesamte Kosten für E1			148.970 €

Das Stufenleiterverfahren ist eine vergleichsweise schnelle und, bei einer sinnvollen Wahl der Reihenfolge der Kostenstellen, eine einigermaßen genaue Methode, weshalb sie oftmals Anwendung findet. Will man allerdings alle Leistungsverflechtungen innerhalb der Vorkostenstellen berücksichtigen und somit **wechselseitige Leistungsabgaben (Typ 3 und 4)** exakt integrieren, muss das sogenannte **mathematische Verfahren** angewendet werden. Bei diesem Verfahren müssen simultan alle Kosten und Gleichungsströme erfasst werden, weshalb dieses das rechentechnisch anspruchsvollste und aufwändigste Verfahren darstellt. Es werden lineare Gleichungen aufgestellt, in denen die Verrechnungspreise die gesuchten Variablen sind.

> Das **mathematische Verfahren** berechnet simultan alle innerbetrieblichen Verrechnungspreise, ist jedoch rechentechnisch sehr komplex.

Beispiel zum mathematischen Verfahren:

Es gelten die Annahmen des obigen Beispiels, nur sollen nun die internen Verrechnungspreise anhand des mathematischen Verfahrens ermittelt werden. Die internen Verrechnungspreise P1, P2 und P3 für die Vorkostenstellen werden nun gebildet, indem die primären und verrechneten sekundären Kosten der jeweiligen Vorkostenstelle durch die Leistungsabgaben an alle Vorkostenstellen und Endkostenstellen geteilt werden. Damit ergeben sich folgende Gleichungen:

$P1 = (20.000\,€ + 0\,LE1 \times P1 + 200\,LE2 \times P2 + 600\,LE3 \times P3) / 4.800\,LE1$

$P2 = (18.000\,€ + 200\,LE1 \times P1 + 600\,LE2 \times P2 + 1.200\,LE3 \times P3) / 2.800\,LE2$

$P3 = (48.000\,€ + 1.200\,LE1 \times P1 + 0\,LE2 \times P2 + 4.000\,LE3 \times P3) / 16.000\,LE3$

Dieses Gleichungssystem kann durch Gleichsetzen und Einsetzen, Matrizenrechnung oder EDV-unterstützt gelöst werden. Als Lösung ergibt sich

$P1 = 5,59\,€/LE1$

$P2 = 20,49\,€/LE2$

$P3 = 4,56\,€/LE3$

Beispielhaft lassen sich die Kosten für E1 folgendermaßen berechnen:

Leistungsabgabe von	Menge Leistungseinheiten	Preis	Kosten
V1	1.400 LE1	5,59 €/LE1	7.826 €
V2	400 LE2	20,49 €/LE2	8.196 €
V3	3.000 LE3	4,56 €/LE3	13.680 €
Summe sekundäre Kosten für E1			29.702 €
primäre Kosten für E1			120.000 €
gesamte Kosten für E1			149.702 €

Andere als die bisher erwähnten Verfahren der innerbetrieblichen Leistungsverrechnung sollen hier nur kurz erläutert werden. Beim **iterativen Verfahren** wird sich in kleinen Schritten der Lösung angenähert; abhängig von der Güte der Startlösung und der Anzahl der iterativen Schritte kann eine gute, dem mathematischen Verfahren ähnliche Lösung erreicht werden. Beim **Gutschrift-Lastschrift-Verfahren** erfolgt der Kostenstellenausgleich nicht durch berechnete, sondern durch von der Unternehmensleitung vorgegebene Verrechnungspreise. Die Folge können unverteilte Restkosten auf den Kostenstellen und mangelnde Akzeptanz innerhalb des Krankenhauses sein (s. Kap. III.3.2.2 zu Profit Center und den Anreizwirkungen von internen Verrechnungspreisen). Bei inhomogenen internen Leistungen kommt das **Kostenartenverfahren** infrage: Hier werden die empfangenden Endkostenstellen nur mit den direkt zurechenbaren Kosten der innerbetrieblichen Leistung belastet; die nicht direkt zuordenbaren Kosten verbleiben bei der leistenden Kostenstelle. Nachteil dieses Verfahrens ist, dass nur ein Teil der Kosten weiterverrechnet wird und die Gesamtkosten für die Leistung nicht ersichtlich sind. Dieses Verfahren ist dann sinnvoll, wenn nur wenige innerbetriebliche Leistungen erbracht werden. Falls es sich um bilanztechnisch aktivierungsfähige innerbetriebliche Leistungen handelt, werden diese wie ein

2 Kosten- und Erlösrechnung im Krankenhaus

Kostenträger behandelt und das **Kostenträgerverfahren** zum Einsatz gebracht. Die Weiterverrechnung aller Kosten erfolgt z.B. mithilfe der differenzierten Zuschlagskalkulation (s. Kap. III.2.3.1). Dieses Verfahren wird vor allem bei Großreparaturen oder selbsterstellten Anlagen angewendet.

In Kapitel III.2.3.3 wird die Verrechnungssystematik im InEK-Kalkulations-handbuch näher erläutert, u.a. auch die Umlagenrechnung bzw. der Verrechungsschlüssel für Kostenstellen der nicht medizinischen Infrastruktur.

2.3. Kostenträgerrechnung

Nachdem Dr. Zipse klären konnte, wie die Kostenzuordnung auf seine Klinik für Allgemein-, Viszeral- und Gefäßchirurgie innerhalb des Krankenhauses zustande kam und in welchen Kostenpositionen die größten Abweichungen zu finden sind, möchte sein Chefarzt Prof. Wittig nun wissen, was man tun könne, um wieder die ursprünglich geplanten Kosten zumindest für den Rest des laufenden Jahres zu erreichen. Die Geschäftsführung drängt den Chefarzt, dringend Gegenmaßnahmen bei der Kostensteuerung einzuleiten, um die gegenüber dem Aufsichtsrat angekündigte „schwarze Null" in diesem Jahr halten zu können. Das Krankenhaus soll zum ersten Mal seit Jahren keine Verluste mehr schreiben. Dies ist auch dringend notwendig, um zukünftig Geld für Investitionen zu erwirtschaften und die mittlerweile doch etwas in die Jahre gekommenen Ausstattung des Krankenhauses zu modernisieren. Benachbarte Krankenhäuser haben schon längst eine modernere Ausstattung und die Förderung des Landes wurde in den letzten Jahren arg zurückgeschraubt, sodass von dieser Seite finanziell leider nicht viel zu erwarten ist. Dr. Zipse fragt also in den Arzt- und Stationsbesprechungen nach, ob Sachkosten einzusparen wären, was seine Kollegen und Pflegekräfte allerdings verneinen. Auch die Personaldecke an sich sieht aufgrund der Fallzahlsteigerungen in den letzten Jahren nicht gerade üppig aus, sodass hier Einsparungen ebenfalls nicht möglich erscheinen. Aber warum schreibt die Klinik Verluste, obwohl die Fallzahlen stetig steigen, alle Mitarbeiter bis zum Umfallen arbeiten und anscheinend auch auf Sachkosten geachtet wird? Dr. Zipse versucht sich dem Problem so zu nähern, dass er sich die einzelnen Leistungen der Klinik ansehen will und versucht, diese wirtschaftlich zu bewerten. Danach können zielgerichtete Maßnahmen zur Kostenoptimierung eingeleitet werden. In diesem Zusammenhang möchte er folgende Fragen klären:

- Welche grundsätzlichen Möglichkeiten gibt es, um eine Leistung zu kalkulieren?
- Welches Kalkulationsverfahren ist zweckmäßig für welchen Produktionsprozess?
- Welche Informationen sind für die Kalkulationsverfahren erforderlich?
- Welche Grenzen der Kalkulationsmethoden existieren im Krankenhaus?
- Wie ist die InEK-Kalkulation, ein standardisiertes Verfahren für die Kalkulation der stationären Leistungen im Krankenhaus, grundsätzlich aufgebaut?

2.3.1. Kostenträgerstückrechnung: Prinzipielle Verfahren

Als Ergebnis der Kostenstellenrechnung befinden sich rechnerisch alle Kosten des Krankenhauses möglichst verursachungsgerecht und idealerweise kostenartenweise als primäre oder sekundäre Kosten auf den Endkostenstellen. Für die Zwecke der internen Steuerung und Wirtschaftlichkeitsrechnung anhand von Plan-Ist-Vergleichen (s. Kap. III.3.2.1) ist dies bereits eine sehr gute Basis. Allerdings können die Fallpauschalen und andere Leistungen im stationären Bereich sowie die ambulanten Leistungen nicht wirtschaftlich bewertet werden, da noch keine Umlage der Kosten auf die Kostenträger stattfand. Die letzte Stufe der

Kostenrechnung stellt somit die **Kostenträgerrechnung** dar. Als Kostenträger wird hierbei jede selbständige Leistungs- bzw. Produkteinheit eines Unternehmens verstanden. Grundsätzlich sind zwei Ausprägungen der Kostenträgerrechnung möglich: die Kostenträgerzeit- sowie die Kostenträgerstückrechnung.

Bei der **Kostenträgerzeitrechnung** werden die Kosten den Erlösen einer Periode gegenübergestellt und (ähnlich zur GuV) ein Betriebsergebnis errechnet; dies wird in Kapitel III.2.5 dargestellt.

Bei der **Kostenträgerstückrechnung** hingegen werden die Kosten pro Kostenträger, d.h. pro Produkt oder Dienstleistung eines Unternehmens, errechnet und dem jeweiligen Erlös gegenübergestellt. Diese Kalkulation kann sowohl im Voraus (Vorkalkulation auf Basis von Plankosten), während der Erstellung (Zwischenkalkulation, v.a. notwendig bei Produkten mit langer Produktionsdauer wie Anlagen, Gebäude oder Schiffe) als auch nach der Erstellung (Nachkalkulation auf der Basis von Ist-Kosten) vorgenommen werden.

> Die **Kostenträgerrechnung** lässt sich in eine Kostenträgerzeit- und eine Kostenträgerstückrechnung unterscheiden.

> Bei der **Kostenträgerzeitrechnung** wird ein Betriebsergebnis einer unterjährigen Periode errechnet.

> Bei der **Kostenträgerstückrechnung** werden die Kosten eines Produktes bzw. einer Dienstleistung kalkuliert.

Die **Aufgaben der Kostenträgerrechnung** liegen v.a. in der Preisbildung, der Wirtschaftlichkeitskontrolle sowie der Steuerung des Leistungsprogramms. Aufgrund der festen DRG-Vergütung ist eine **Preisbildung** im Krankenhaus größtenteils nicht möglich; Ausnahmen finden sich z.B. bei der integrierten Versorgung oder bestimmten Zusatzentgelten. Betriebswirtschaftlich zwingend notwendig ist hingegen die **Wirtschaftlichkeitskontrolle**, d.h. sicherstellen, dass die Vergütung pro Fall ausreicht, die Selbstkosten der DRG im Krankenhaus zu decken. Zudem liefert die Kalkulation im Zusammenspiel mit den Erlösen sowie gesamten Umsätzen Hinweise darauf, wo aus betriebswirtschaftlichem Blickwinkel Schwerpunkte im **Leistungsprogramm** eines Krankenhauses bzw. einer Fachabteilung gesetzt werden sollten oder wo Optimierungen in der Kostenstruktur vorgenommen werden müssen. Schließlich dient die Kalkulation noch dazu, die „**unfertigen Erzeugnisse**", d.h. die Überlieger, mit den bis zum Bilanzstichtag aufgelaufenen Kosten zu bewerten (s. Kap. II.2.4.1).

Abhängig vom Fertigungsverfahren in einem Unternehmen existieren verschiedene Kalkulationsverfahren (s. Tab. 47), auf die im Folgenden jeweils kurz eingegangen wird. Daneben wird in produzierenden Unternehmen mit hohem Automatisierungsgrad oftmals eine Maschinenstundensatzrechnung angewendet. Im Folgenden werden die Methoden kurz anhand von Beispielen aus der Industrie vorgestellt, um danach auf die Anwendungsmöglichkeiten im Krankenhaus einzugehen.

Tab. 47 Verfahren der Kostenträgerrechnung in Abhängigkeit vom Fertigungsverfahren (nach Däumler u. Grabe 2008, S. 259)

Fertigungsverfahren	Kalkulationsmethode	Kostenträger
einfache Massenfertigung (Einprodukt-Unternehmen)	Divisionskalkulation	ein einheitliches Produkt, z.B. Strom, Zement
mehrfache Massenfertigung verwandter Produkte (Sorten)	Äquivalenzziffernkalkulation	mehrere artähnliche Produkte, z.B. verschiedene Biersorten, mehrere Ziegelsorten
mehrfache Massenfertigung unterschiedlicher Produkte in Serien	Zuschlagskalkulation	mehrere unterschiedliche Produkte, z.B. Tische, Schränke, Stühle
Einzelfertigung		Anlagenbau, Schiffbau, Bau von Kraftwerken
Kuppelproduktion	Restwertmethode, Verteilungsmethode	verbundene Produkte, z.B. tierische Produkte (Milch, Käse, Fleisch)

Bei der einfachsten Methode, der **Divisionskalkulation**, werden alle Kosten durch alle Leistungen einer Periode geteilt. Voraussetzung hierfür ist, dass ein einheitliches Produkt gefertigt wird und somit die Leistungen eines Unternehmens als eine Zahl im Nenner angegeben werden können. Die Divisionskalkulation kann sowohl einstufig als auch mehrstufig durchgeführt werden. Bei der einstufigen Kalkulation wird nur ein einziger Kalkulationsschritt durchgeführt. Sie kann nur unter der Prämisse angewendet werden, dass im Produktions- und Absatzprozess keine Lagerbestandsveränderungen bei unfertigen oder fertigen Produkten stattgefunden haben.

> **Beispiel für eine einstufige Divisionskalkulation (in Anlehnung an Däumler u. Grabe 2008, S. 260):**
>
> In einem Marmor-Steinbruch sind in einem Monat 12.000 Kubikmeter (cbm) Marmorstein geborgen worden. Es sind dabei Gesamtkosten (Löhne, Gehälter, Maschinenkosten, Lizenzkosten etc.) in Höhe von 221.000 € entstanden.
>
> Wie hoch waren die Kosten für 1 cbm Marmorstein?
>
> Da sich offenbar keine Lagerbestandsveränderungen während des Produktionsprozesses ergeben haben, können die Kosten pro Einheit durch eine einfache Divisionskalkulation ermittelt werden. Hierbei werden alle Kosten durch alle Leistungen der Periode geteilt, d.h.
>
> 221.000 € / 12.000 cbm = 18,42 €/cbm

Falls im Produktions- oder Absatzprozess doch Lagerbestandsveränderungen stattgefunden haben, kommt die mehrstufige Divisionskalkulation zum Einsatz. Auf- oder Abbau von Lagerbeständen bedeutet, dass nicht in allen Stufen des Produktions- oder Absatzprozesses die gleiche Menge bearbeitet wurde. Ist dies der Fall, können nun nicht mehr alle Kosten durch die hergestellten bzw. abgesetzten Leistungen geteilt werden. Es muss für jede Stufe eine eigene Divisionskalkulation durchgeführt und die einzelnen Ergebnisse dann summiert werden.

Beispiel für eine mehrstufige Divisionskalkulation:

Es gilt das vorige Beispiel mit der Veränderung, dass nun die Bergung und Weiterbearbeitung des Marmors in zwei Stufen erfolgt. In der ersten Stufe wurden in diesem Monat 12.000 cbm gewonnen, die Herstellkosten betrugen 144.000 €. In der zweiten Stufe wurden 8.000 cbm weiterbearbeitet, bei Herstellkosten von 56.000 €. Die Verwaltungs- und Vertriebsgemeinkosten betrugen schließlich 21.000 € für die abgesetzten 6.000 cbm.

Wie hoch waren die Kosten für 1 cbm verkauften Marmorstein?

Auf der ersten Stufe fielen pro cbm Marmorstein also an:

144.000 € / 12.000 cbm = 12 €/cbm

Auf der zweiten Stufe wurden dann nur noch 8.000 cbm weiterverarbeitet, 4.000 cbm gingen offenbar als unfertige Produkte auf Lager oder wurden aussortiert.

Als Kosten fielen auf der zweiten Produktionsstufe an:

56.000 € / 8.000 cbm = 7 €/cbm

Verkauft wurden schließlich 6.000 cbm, weitere 2.000 cbm gingen als Fertigerzeugnisse erstmal ins Lager (oder wurden als Ausschuss aussortiert).

An Verwaltungs- und Vertriebsgemeinkosten fielen demnach an:

21.000 € / 6.000 cbm = 3,50 €/cbm

Insgesamt betrugen die Kosten für die verkauften Marmorsteine also:

12 €/cbm + 7 €/cbm + 3,50 €/cbm = 22,50 €/cbm

Die **Divisionskalkulation** teilt alle Kosten durch alle Leistungen und kann damit nur bei homogenen Leistungen angewendet werden.

Das Divisionskalkulationsverfahren ist sehr einfach durchzuführen und benötigt keine differenzierte Kostenartenrechnung. Bei der einstufigen Divisionskalkulation ist zudem auch keine Kostenstellenrechnung notwendig, bei der mehrstufigen Variante hingegen schon. Anwendbar ist die Divisionskalkulation allerdings nur bei Einprodukt-Unternehmen bzw. für abgegrenzte Unternehmensbereiche, in denen nur ein Produkt bearbeitet wird. In der Kostenstellenrechnung des Krankenhauses spielt dieses Verfahren durchaus eine Rolle. Es wird zwar nicht für das gesamte Unternehmen, aber für einzelne Kostenstellen angewendet, wenn ein Verrechnungssatz je Kostenstelle mittels Divisionskalkulation ermittelt wird (Verrechnungssatz der Kostenstelle = Summe der Kosten der Kostenstelle/Summe der Leistungen der Kostenstelle).

Ein weiteres kalkulatorisches Verfahren ist die sogenannte **Äquivalenzziffernmethode**. Diese findet Anwendung bei Unternehmen, die mehrere artverwandte Produkte produzieren, d.h. Produkte, die auf vergleichbare Weise mit ähnlichen Rohstoffen gefertigt werden. Als Beispiele lassen sich hier Brauereien mit verschiedenen Biersorten oder die Schraubenfertigung nennen. Es wird nun unterstellt, dass zwischen den Kosten der artverwandten Produkte ein festes Verhältnis besteht, welches man in Form einer Kennzahl („Äquivalenzziffer") ausdrücken kann. Bei der Kalkulation wird anhand dieser Äquivalenzziffern rückgerechnet, wie viele Einheiten das Unternehmen von einem Referenzprodukt hergestellt hätte können, wenn es nur dieses gefertigt hätte. Somit wird ein fiktives Einprodukt-Unternehmen erzeugt und die Divisionskalkulation kann angewendet werden. Mittels der Äquivalenzziffern können anschließend alle anderen Produkte mit Kosten bewertet werden. Auch diese Form der Kalkulation ist sowohl einstufig (ohne Lagerbestandsveränderungen) als auch mehrstufig (mit Lagerbestandsveränderungen) möglich.

Beispiel für eine einstufige Äquivalenzziffernkalkulation:

In einer Erdöl-Raffinerie werden durch verschiedene Verfahren aus Erdöl die Produkte Benzin, Diesel und Heizöl erzeugt. Die Gesamtkosten für den Monat Mai betragen 10.512.000 €. Man schätzt, dass Heizöl 1,2-mal und Diesel 0,9-mal so viel Aufwand bei der Herstellung wie Benzin verursachen. Vom Heizöl werden 8.000 Tonnen, Benzin 20.000 Tonnen und Diesel 32.000 Tonnen je Monat produziert.

Wie hoch sind die Selbstkosten je Tonne (t) für die einzelnen Produkte?

Zunächst wird berechnet, welche Menge des Referenzproduktes (hier Benzin) mit den gegebenen Kosten (und natürlich entsprechender Kapazität) hergestellt hätte werden können. In diesem Beispiel also

8.000 t x 1,2 + 20.000 t x 1,0 + 32.000 t x 0,9 = 58.400 t

Anschließend wird berechnet, wieviel dann eine Einheit dieses Referenzproduktes (hier 1 t Benzin) gekostet hätte. Diese Berechnung kann nun mit Hilfe der Divisionskalkulation durchgeführt werden, d.h. alle Kosten geteilt durch die fiktive Produktionsmenge des Referenzproduktes. In diesem Beispiel also:

10.512.000 € / 58.400 t   =   180 €/t

Beim letzten Kalkulationsschritt werden nun die anderen Produkte mithilfe der Äquivalenzziffer kalkuliert. In diesem Beispiel kostet das Heizöl und der Diesel:

180 €/t x 1,2 = 216 €/t

bzw.

180 €/t x 0,9 = 162 €/t

Das Äquivalenzziffernverfahren ist einfach zu rechnen, benötigt wiederum keine differenzierte Kostenartenrechnung und – bei der einstufigen Form – auch keine Kostenstellenrechnung. Die Güte des Verfahrens ist jedoch stark davon abhängig, wie gut die Äquivalenzziffern geschätzt werden können. Im Krankenhaus findet sich diese Kalkulationsform selten. Zum Einsatz kommen Äquivalenzziffern jedoch im Rahmen der DRGs in Form der CM-Punktwerte oder bei den GOÄ-Punkten. Allerdings geht man hier den umgekehrten Weg: Zunächst werden die Kosten je DRG berechnet und dann daraus ein Punktwert ermittelt (s. Kap. I.1.3 u. Kap. III.2.3.3).

> Das **Äquivalenzverfahren** wird zur Kalkulation ähnlicher Produkte angewendet. Entscheidend ist die möglichst gute Schätzung der Äquivalenzziffern.

Bevor auf die häufigste Form der Kalkulation, die Zuschlagskalkulation eingegangen wird, sollen noch kurz die Verfahren bei **Kuppelproduktion** vorgestellt werden. Diese liegt vor, wenn in einem Produktionsprozess zwangsweise und gleichzeitig mehrere Produkte entstehen. Dabei können die Produkte in einem konstantem oder in einem – in gewissen Grenzen – variierenden Mengenverhältnis aus dem Produktionsprozess hervorgehen. Die Kuppelproduktion kommt in der Realität relativ häufig vor. Als Beispiel ließen sich die Stahlerzeugung (aus Eisenerz entstehen Stahl und Schlacke) oder die Fleischproduktion (von einer Kuh werden Fleisch, Innereien und Leder gewonnen) nennen. Problematisch ist hierbei die Zuteilung der Kosten, die vor dem sogenannten Entkoppelungszeitpunkt anfallen, d.h. vor dem Zeitpunkt, ab welchem die verschiedenen Produkte getrennt bearbeitet und abgerechnet werden können. Für die Zuordnung dieser Kosten haben sich in der Praxis zwei Verfahren etabliert: die Restwert- und die Verteilungsrechnung.

> Bei einer **Kuppelproduktion** werden zwangsweise in einem Arbeitsschritt mehrere Produkte erstellt. Zur Kalkulation existieren das Restwertverfahren, was von einem Hauptprodukt ausgeht, und das Verteilungsverfahren, welches auf der Annahme von mehreren Hauptprodukten basiert.

Bei der **Restwertrechnung** wird unterstellt, dass ein Hauptprodukt und ein oder mehrere Nebenprodukt(e) erstellt werden. Als Schätzwert für die Kosten der Nebenprodukte wird deren Markterlös verwendet und somit unterstellt, dass mit diesen Nebenprodukten kein Gewinn erzielt wird. Diese Erlöse der Nebenprodukte, die eben deren Kosten entsprechen sollen, werden dann von den Gesamtkosten des Kuppelprozesses abgezogen; als Differenz bleiben die Kosten für das Hauptprodukt übrig.

Beispiel für eine Restwertkalkulation:

In einem Kuppelproduktionsprozess werden ein Hauptprodukt und zwei Nebenprodukte hergestellt. Die Kosten des Kuppelprozesses betragen 20.000 €. Es gelten folgende Daten:

Kuppelprodukte	Produktionsmenge	Marktpreis	Sondereinzelkosten des Vertriebs oder Aufarbeitungskosten
Hauptprodukt	3.000 l	6 €/l	1 €/l
Nebenprodukt 1	2.000 l	1 €/l	0,5 €/l
Nebenprodukt 2	1.500 l	0,9 €/l	0,3 €/l

Wie hoch sind die Selbstkosten für einen Liter des Hauptproduktes?

Der Nettoerlös der drei Nebenprodukte ergibt sich aus der Differenz zwischen dem Marktpreis und den Aufarbeitungskosten bzw. Sondereinzelkosten des Vertriebs.

Bei Nebenprodukt 1 sind dies also 1 €/l − 0,5 €/l = 0,5 €/l und bei Nebenprodukt 2 **0,90 €/l − 0,30 €/l = 0,6 €/kg**. Der gesamte Nettoerlös der Nebenprodukte ergibt sich aus der Multiplikation der Werte je Liter mit den jeweiligen Mengen, also:

0,5 €/l x 2.000 l + 0,6 €/l x 1.500 l = 1.900 €

Bei der Restwertmethode wird unterstellt, dass diese Nettoerlöse gleichzeitig die Kosten der Nebenprodukte im Kuppelprozess sind, diese also nur kostendeckend ohne Gewinn verkauft wurden. Für die Kosten des Hauptproduktes bleiben nun also 20.000 € − 1.900 € = 18.100 € übrig („Restwert"); dies entspricht

18.100 € / 3.000 l = 6,03 €/l

Als gesamte Selbstkosten für das Hauptprodukt ergeben sich:

6,03 €/l + 1 €/l = 7,03 €/l

Bei der **Verteilungsrechnung** existieren mehrere Hauptprodukte und ggf. ein oder mehrere Nebenprodukt(e). Falls Nebenprodukte existieren, wird zunächst das oben dargestellte Restwertverfahren angewendet. Die resultierenden Kosten des Kuppelprozesses müssen nun auf die Hauptprodukte aufgeteilt werden. Dies geschieht häufig auf der Grundlage von Marktwerten, was dem Tragfähigkeitsprinzip entspricht. Die Kosten können jedoch auch anhand von Stückzahlen oder Gewicht verteilt werden.

Beispiel für eine Verteilungsrechnung:

In einem Unternehmen werden in einem Kuppelproduktionsprozess drei Hauptprodukte erzeugt. Für die Kuppelprodukte gelten folgende Daten:

Kuppelprodukte	Kosten des Kuppelprozesses	Produktionsmenge	Marktpreis	Sondereinzelkosten des Vertriebs
1		30.000 l	7 €/l	1,5 €/l
2	1.200.000 €	20.000 l	6 €/l	1 €/l
3		35.000 l	5 €/l	0,5 €/l

Es sind jeweils die Selbstkosten für die drei Produkte zu bestimmen.

Es bietet sich eine Verteilung der Kuppelprozesskosten über Marktpreise an. Hierfür werden im Verhältnis der angegebenen Marktpreise die Kosten verteilt. Dies kann folgendermaßen gerechnet werden: Die Kosten je € Marktwert ergeben sich aus den Kosten des Kuppelprozesses geteilt durch den Gesamt-Marktwert der drei Kuppelprodukte, also

$$1.200.000 \, € \, / \, (7 \, €/l \times 30.000 \, l + 6 \, €/l \times 20.000 \, l + 5 \, €/l \times 35.000 \, l) \; = \; 2{,}38$$

Die Kosten je Produkt ergeben sich nun aus der Multiplikation der Marktpreise mit diesem Wert, also

- für Produkt 1:

$$7 \, €/l \times 2{,}38 \; = \; 16{,}66 \, €/l$$

- für Produkt 2:

$$6 \, €/l \times 2{,}38 \; = \; 14{,}28 \, €/l$$

- für Produkt 3:

$$5 \, €/l \times 2{,}38 \; = \; 11{,}90 \, €/l$$

Für die gesamten Selbstkosten der Produkte sind noch die Sondereinzelkosten des Vertriebes, welche nach der Entkoppelung angefallen sind, hinzuzurechnen. Für Produkt 1 ergeben sich also:

$$16{,}66 \, €/l + 1{,}5 \, €/kg \; = \; 18{,}16 \, €/kg$$

- für Produkt 2:

$$14{,}28 \, €/l + 1 \, €/l \; = \; 15{,}28 \, €/l$$

- für Produkt 3:

$$11{,}90 \, €/l + 0{,}5 \, €/l \; = \; 12{,}40 \, €/l$$

2 Kosten- und Erlösrechnung im Krankenhaus

Kuppelproduktion kann auch im Krankenhaus stattfinden. Diese findet sich vor allem in Universitätskliniken, wo oftmals gleichzeitig Leistungen für die Krankenversorgung, Forschung und Lehre erbracht werden, z.B. beim sogenannten „bed side teaching" oder bei Testreihen von neuen Medikamenten an Patienten. Im normalen Krankenhausbetrieb sind solche Koppelungen aufgrund des Dienstleistungscharakters der Leistungen selten, sodass hier die genannten Kalkulationsformen keine entscheidende Rolle spielen.

Die häufigste Form der Kostenträgerstückrechnung ist die sogenannte **Zuschlagskalkulation**. Diese kann bei den sehr verbreiteten Fertigungsverfahren der Einzelfertigung und der Massenproduktion verschiedener Produkte (s. Tab. 47) angewendet werden und wird dementsprechend häufig in Unternehmen eingesetzt. Ein Grundsatz der Zuschlagskalkulation ist die Trennung von Gemein- und Einzelkosten (s. Kap. III.2.1.1). Die Einzelkosten werden dabei direkt den Kostenträgern, also den zu kalkulierenden Produkten, zugeschlagen. Die Gemeinkosten müssen über Zuschlagssätze auf die Produkte verteilt werden. Hierfür müssen eine oder mehrere Maßgröße(n) bzw. Zuschlagsbasis/-basen gefunden werden. Dabei ist eine Differenzierung bei den Kostenarten und somit eine Kostenartenrechnung erforderlich, um eine möglichst genaue Kostenverteilung vornehmen zu können. Diese aufwändige Kalkulationsart ist notwendig, da bei heterogenen Produkten sowohl die Einzelkosten pro Produkt als auch die in Anspruch genommenen Gemeinkosten unterschiedlich ausfallen werden. Im Allgemeinen werden bei der Zuschlagskalkulation die Gemeinkosten auf der Basis der Einzelkosten zugeschlagen, d.h. je mehr Einzelkosten ein Produkt verursacht hat, desto mehr Gemeinkosten muss es tragen. Üblicherweise werden folgende Proportionalitäten zwischen Gemein- und Einzelkosten unterstellt:

- Zuschlag der Material-Gemeinkosten auf Basis der Material-Einzelkosten
- Zuschlag der Fertigungs-Gemeinkosten auf Basis der Fertigungs-Einzelkosten (v.a. Akkordlöhne)
- Zuschlag der Verwaltungs-Gemeinkosten auf Basis der Herstellkosten
- Zuschlag der Vertriebs-Gemeinkosten auf Basis der Herstellkosten

Auch bei der Zuschlagskalkulation lässt sich eine einstufige (summarische) und mehrstufige (differenzierte) Methode unterscheiden.

Analog zu den bereits genannten Kalkulationsverfahren lässt sich die einstufige Methode anwenden, wenn während des Produktions- und Absatzprozesses keine Lagerbestandsveränderungen bei den unfertigen oder fertigen Erzeugnissen angefallen sind. Dabei wird ein einziger Zuschlagssatz gebildet (Summe der Gemeinkosten geteilt durch die Summe der Einzelkosten), mit dem die Gemeinkosten auf die verschiedenen Produkte verteilt werden.

Beispiel für eine einstufige Zuschlagskalkulation:

In einer Schreinerei wurden in einem Monat 200 Stühle, 20 Tische und 10 Bänke hergestellt und verkauft. Insgesamt können einem Stuhl Einzelkosten von 20 €, einem Tisch von 82 € und einer Bank von 104 € direkt zugeordnet werden. An Gemeinkosten sind in diesem Monat 20.000 € angefallen. Wie hoch sind die Selbstkosten je Stuhl, Tisch und Bank?

Der Zuschlagssatz beträgt also:

$$\text{Zuschlagssatz} = \frac{\text{Gemeinkosten}}{\text{Einzelkosten}} = \frac{20.000\,€}{200 \times 20 + 20 \times 82 + 10 \times 104} = \frac{20.000\,€}{6.680\,€} = 2,99$$

Die Kalkulation der einzelnen Produkte ergibt also

Produkt	Einzelkosten	Gemeinkosten-Zuschlagssatz	Gemeinkosten	Gesamtkosten
Stuhl	20 €		20 € x 2,99 = 59,80 €	79,80 €
Tisch	82 €	2,99	82 € x 2,99 = 245,18 €	327,18 €
Bank	104 €		104 € x 2,99 = 310,96 €	414,96 €

Die differenzierte Zuschlagskalkulation kommt zur Anwendung, wenn Lagerbestandsveränderungen zu berücksichtigen sind. Durch den Auf- bzw. Abbau von Lagerbeständen liegen den einzelnen Schritten im Produktions- und Absatzprozess verschiedene Mengen zugrunde. Es muss deshalb je Kostenstelle eine eigene Kalkulation durchgeführt werden. Das Schema der differenzierten Zuschlagskalkulation stellt sich wie in Abbildung 41 dar.

> Das **Zuschlagsverfahren** stellt das am häufigsten verwendete Kalkulationsverfahren dar. Es basiert auf einer Trennung von Einzel- und Gemeinkosten. Je **Endkostenstelle** wird ein Zuschlagssatz auf den Kostenträger errechnet.

Hier existiert also ein Anknüpfungspunkt zwischen der Kostenstellen- und Kostenträgerstückrechnung; pro Kostenstelle müssen die im BAB ermittelten Gemeinkosten anhand der jeweiligen Zuschlagsbasis (Einzel- bzw. Herstellkosten) auf die Kostenträger verteilt werden. Es existiert dabei prinzipiell ein Zuschlagssatz je Kostenstelle. Zur besseren Übersichtlichkeit ist es möglich, bei gleichen Mengen mehrere Kostenstellen in einem Kalkulationsschritt zusammenzufassen. Der Zusammenhang zwischen der Kostenträgerstückrechnung und der Kostenstellenrechnung bzw. dem BAB wird in Abbildung 42 schematisch dargestellt.

2 Kosten- und Erlösrechnung im Krankenhaus

	Materialkosten (v.a. Fertigungsmaterial)	MEK
+	Materialgemeinkosten	MGK
=	**Materialkosten**	**MK**
+	Fertigungseinzelkosten (v.a. Akkordlöhne)	FEK
+	Fertigungsgemeinkosten	FGK
=	**Fertigungskosten**	**FK**
+	Sonder-Einzelkosten der Fertigung (z.B. Spezialwerkzeug)	SEF
=	**Herstellungskosten**	**HK**
+	Forschungs- und Entwicklungsgemeinkosten	FuEGK
+	Verwaltungsgemeinkosten	VwGK
+	Vertriebsgemeinkosten	VtGK
+	Sondereinzelkosten des Vertriebs (z.B. Verpackung)	SEVt
=	**Selbstkosten**	**SK**

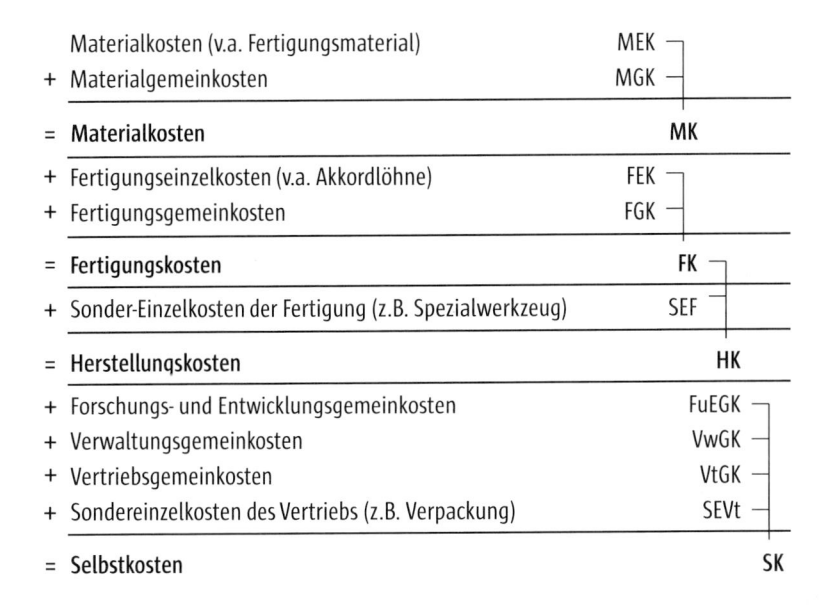

Abb. 41 Ablaufschema der differenzierten Zuschlagskalkulation

KOSTEN

Einzelkosten — Kostenträgerrechnung (Kalkulation)

Gemeinkosten — BAB

Materialeinzelkosten
+ Materialgemeinkosten (% Material-EK)
+ Fertigungseinzelkosten
+ Fertigungsgemeinkosten (% Fertigungs-EK)
+ Sondereinzelkosten der Fertigung

= **Herstellkosten**
+ Verwaltungsgemeinkosten (% Herstellkosten)
+ Vertriebsgemeinkosten (% Herstellkosten)
+ Sondereinzelkosten des Vertriebs

= **Selbstkosten**

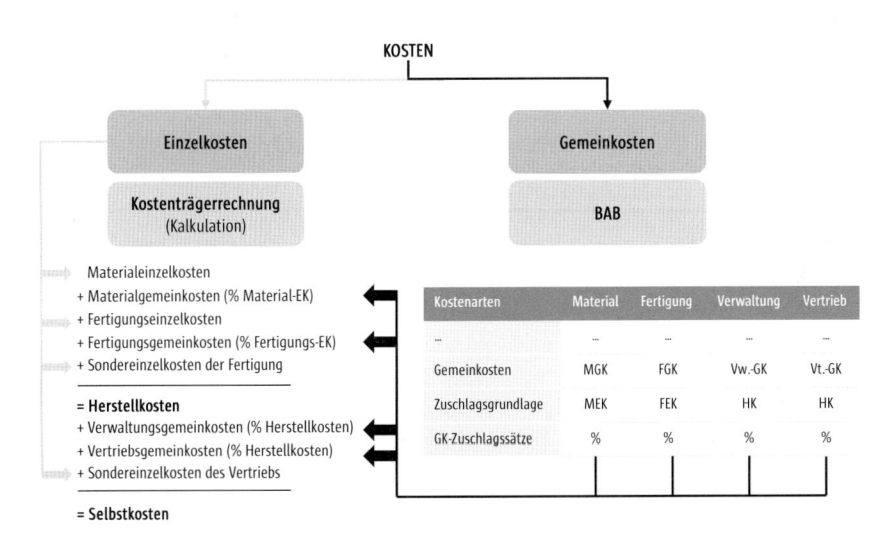

Kostenarten	Material	Fertigung	Verwaltung	Vertrieb
...	...	...	...	...
Gemeinkosten	MGK	FGK	Vw.-GK	Vt.-GK
Zuschlagsgrundlage	MEK	FEK	HK	HK
GK-Zuschlagssätze	%	%	%	%

Abb. 42 Zusammenhang zwischen Kostenstellen- und Kostenträgerstückrechnung

Beispiel für eine mehrstufige Zuschlagskalkulation:

Bei einem Unternehmen betrugen in einer Abrechnungsperiode die Kosten für Fertigungsmaterial 210.000 € und für die Fertigungslöhne 55.000 €. Die Gemeinkosten der vier Hauptkostenstellen waren wie folgt:

- Materialstelle: 75.000 €
- Fertigungsstelle: 111.000 €

- Verwaltung: 25.000 €
- Vertrieb: 35.000 €

Wie hoch waren die Selbstkosten und die Zuschlagssätze auf die Kostenträger und die Selbstkosten pro Stück, wenn die Materialeinzelkosten 4 € und die Fertigungseinzelkosten 7 € je Stück betrugen?

Bezeichnung	Kosten (€/Per)	Zuschlagssatz (%)
1 Materialkosten (MEK)	210.000	
2 Materialkosten (MGK)	75.000	35,71
3 Fertigungskosten (FEK)	55.000	
4 Fertigungsgemeinkosten (FGK)	111.000	201,82
5 Herstellkosten (HK)	451.000	
6 Verwaltungsgemeinkosten (VwGK)	25.000	5,54
7 Vertriebsgemeinkosten (VtGK)	35.000	7,76
8 Selbstkosten (SK)	511.000	

Dabei berechnet sich der Zuschlagssatz für die MGK anhand der Division der MGK durch MEK, der Zuschlagssatz für die FGK anhand der Division der FGK durch die FEK, der Zuschlagssatz für die VwGK anhand der Division der VwGK durch die HK und der Zuschlagssatz für die VtGK anhand der Division der VtGK durch die HK. Die Kalkulation je Produkt ist demnach:

Materialeinzelkosten		4,00 €
Materialgemeinkosten	4 € x 0,3571	1,43 €
Fertigungseinzelkosten		7,00 €
Fertigungsgemeinkosten	7 € x 2,0182	14,13 €
Herstellungskosten		**25,56 €**
Verwaltungsgemeinkosten	25,56 € x 0,0554	1,47 €
Vertriebsgemeinkosten	25,56 € x 0,0776	2,06 €
Selbstkosten		**30,09 €**

Die Zuschlagskalkulation ist sehr weit verbreitet. Auch im Krankenhaus kann sie Anwendung finden, wenn auch in modifizierter Form als Bezugsgrößenkalkulation (siehe die Ausführungen weiter unten). Es gibt allerdings auch **Kritikpunkte**. So ist in den letzten Jahrzehnten die Entwicklung vor allem im Fertigungsbereich zu sehen, dass immer weniger Einzel- und immer mehr Gemeinkosten anfallen. Dies geht vor allem auf den Wechsel von Akkord- zu Zeitlöhnen sowie die steigende Automatisierung in Industriebetrieben zurück. Die Basis für die Zuschläge wird also immer geringer, was eine sinnvolle Verteilung der Gemeinkosten zunehmend erschwert. Dies ist im Krankenhaus grundsätzlich der Fall, da sich nur sehr wenige Einzelkosten wie z.B. (teure) Medikamente, Blutprodukte oder Implantate finden lassen. Als Ausweichmöglichkeit wird in automatisierten Fertigungsbetrieben die **Maschinenstundensatzrechnung** verwendet. Hier werden die Gemeinkosten auf die einzelnen Maschinen umgerechnet und dann auf Basis der von den jeweiligen Produkten benötigten Minuten oder Stunden auf das einzelne Produkt umgelegt. Dies ist im Krankenhaus aufgrund des geringen Automatisierungsgrades nur in Einzelfällen möglich, z.B. bei der Verteilung der Kosten von sehr teuren Geräten wie MRTs.

Grundsätzlich ist ein weiterer Nachteil der Zuschlagskalkulation im Verwaltungs- und Vertriebsbereich zu sehen; ein proportionaler Zusammenhang zwischen den Gemeinkosten in diesen Bereichen und den Herstellkosten als Zuschlagsbasis kann oft nicht gefunden werden. So sind z.B. die Kosten der Buchhaltung von der Anzahl der zu buchenden Positionen und nicht von deren Beträgen abhängig.

Für diese Kosten müssen andere Zuschlagsgrößen verwendet werden, was im Rahmen der Zuschlagskalkulation durchaus möglich ist und in der Prozesskostenrechnung (s. Kap. III.3.3.1) noch detailliert wird. Auch im Krankenhaus wird dieser Weg im Rahmen der InEK-Kalkulation gegangen (s. Kap. III.2.3.3). Dort werden die Gemeinkosten der Kostenstellen nicht auf Einzelkostenbasis auf die Kostenträger verteilt, sondern anhand von anderen Schlüsselgrößen. Diese Methode der adaptierten Zuschlagskalkulation wird auch **Bezugsgrößenkalkulation** genannt. Hierbei findet eine Vermischung der Kostenstellenrechnung (v.a. im Rahmen der innerbetrieblichen Leistungsverrechnung) und der Kostenträgerrechnung statt, da oftmals dieselben Schlüssel- bzw. Bezugsgrößen in beiden Rechnungen verwendet werden.

> Im Krankenhaus findet häufig eine Kalkulation auf der Basis von Bezugsgrößen statt. Dabei ist die Wahl der jeweiligen Bezugsgröße entscheidend für die Güte der Berechnung.

In Tabelle 52 werden mögliche **Bezugsgrößen im medizinischen Bereich** wie z.B. im OP oder auf den Normalstationen dargestellt. So können z.B. für die Verteilung der Personalkosten des ärztlichen Dienstes auf Normalstation die Pflegetage oder für die Zuordnung der Sachkosten des übrigen medizinisches Bedarfes im OP die Schnitt-Naht-Zeit mit Rüstzeit herangezogen werden.

2.3.2. Möglichkeiten und Grenzen der Kalkulation im Krankenhaus

Bei der Kostenträgerstückrechnung, also der Kalkulation der einzelnen Leistungen eines Krankenhauses, ergeben sich mehrere **Herausforderungen**.

Kostenerfassung

In einem Krankenhaus müssen die DRG-relevanten Kosten von den nicht DRG-relevanten Kosten getrennt werden. Letztere stellen z.B. Kosten für ambulante oder psychiatrische Leistungen dar, die gesondert und nach anderen Maßstäben abgerechnet werden. Dies bedeutet, dass diese sogenannten „nicht pflegesatzfähigen" Kosten in der Kostenarten- bzw. spätestens in der Kostenstellenrechnung ausgegliedert werden müssen. Auch müssen üblicherweise integrierte Kostenarten wie Abschreibungen (auf geförderte Sachanlagen) neutralisiert werden. Zudem müssen bei Universitätsklinika die Kosten für Forschung und Lehre ausgegliedert werden, die sich aus anderen Quellen finanzieren. Die verbleibenden Kosten sind jene, die über DRGs vergütet und auf die stationären Fälle verteilt werden; dies nennt man Nettoprinzip. Diese Vorgehensweise stellt einen erheblichen Aufwand dar und erfordert eine genaue Aufzeichnung der Kosten und Leistungen.

Verhältnis Einzel-/Gemeinkosten

In der Industrie ist, wie oben dargestellt, seit Jahren das Phänomen zu beobachten, dass die Einzelkosten im Vergleich zu den Gemeinkosten sinken und ein Zuschlagssatz auf Basis der Einzelkosten v.a. im Fertigungsbereich immer weniger plausibel ist. Das gleiche gilt auch für das Krankenhaus: Die Einzelkosten (Implantate, Blutprodukte, Medikamente etc.) spielen im Vergleich zu den Gemeinkosten (v.a. Personalkosten) wertmäßig eine viel kleinere Rolle. Die in der Industrie häufig verwendete Ausweichmöglichkeit der Verrechnung über Maschinenstundensätze fällt bei den größtenteils nicht automatisierbaren Gesundheitsleistungen weg.

Bezugsgrößenermittlung

Um das genannte Problem im Krankenhaus zu lösen, wird pro Kostenstelle ein geeigneter Verrechnungssatz identifiziert, mit dem die (pflegesatzfähigen bzw. DRG-relevanten) Kosten auf die Kostenträger geschlüsselt werden. Diese Methode nennt man Bezugsgrößenkalkulation. Diese wird bei der InEK-Kalkulation verwendet. Schwierig ist es aber, die Leistungen einer Kostenstelle mit nur einem Parameter darzustellen und weiter zu verrechnen.

Dokumentation

Es ist unerlässlich, eine genaue Dokumentation der Kosten sowie Leistungen bzw. Bezugsgrößen pro Kostenstelle und Kostenart vorzunehmen. Die Güte der Kalkulation hängt sehr stark von der Qualität der Eingangsdaten ab. Es ist also notwendig, dass die jeweiligen Mitarbeiter der Kostenstellen regelmäßig und vollständig dokumentieren. Dazu müssen sie laufend geschult werden, um z.B. bei der Kodierung von DRGs auf dem neuesten Stand zu bleiben. Dies stellt einen enormen zeitlichen Aufwand dar, der oftmals von speziell ausgebildeten Fachkräften (z.B. Kodierassistenten) übernommen wird.

Dienstleistungscharakter

Die Leistungen eines Krankenhauses haben Dienstleistungscharakter, d.h.
- der Output ist immateriell;
- eine Lagerung der Leistung ist nicht möglich;

2 Kosten- und Erlösrechnung im Krankenhaus

- Leistungserstellung und Konsum finden gleichzeitig statt;
- der Patient wird als „externer Faktor" in den Leistungserstellungsprozess integriert.

Daraus ergibt sich die Einmaligkeit einer Leistung, d.h. keine Behandlung gleicht zu 100% einer anderen, da Patienten andere Nebenerkrankungen haben, anders auf Medikamente oder Therapien ansprechen, der Operateur ein anderer ist etc. Dies bedeutet, dass medizinische Leistungen nur in engen Grenzen standardisierbar sind und damit eigentlich die Kosten für jede einzelne Leistung neu berechnet werden müssten. Die im Rahmen der Kostenträgerrechnung ermittelten (Durchschnitts-)Kosten je DRG stellen also nur näherungsweise die tatsächlichen Kosten einer Leistung dar.

Schlüsselungsungenauigkeit

Für die Kalkulation einer medizinischen Leistung ist eine Vielzahl von Schlüsselungen notwendig, die von der Güte der Dokumentation der Input-Daten sowie der Schlüsselgrößen abhängig sind. Trotz größter Sorgfalt lässt sich eine Ungenauigkeit nicht vermeiden, da der Anteil der direkt zurechenbaren Einzelkosten im Gegensatz zu einem materiellen Gut wie z.B. einem PKW oder einem Fernseher bei medizinischen Leistungen zum größten Teil eine untergeordnete Rolle spielt. Die Zuordnung von Gemeinkosten ist immer mit Unsicherheiten verbunden, da diese ja definitionsgemäß dem einzelnen Produkt bzw. der einzelnen Leistung nicht direkt zurechenbar sind. Als besonders plakative Beispiele ließen sich hier die Verteilung der Kosten für Marketing oder die Personalkosten in Leerzeiten wie Urlaub oder Krankheit nennen.

Prozesscharakter

Die Kostenträgerrechnung, wie sie in industriellen Betrieben entwickelt wurde, basiert in hohem Maße auf Kostenstellen und versucht, anhand von geeigneten Bezugsgrößen die Kosten von den Kostenstellen auf die Kostenträger zu verteilen. Im Krankenhaus findet sich zwar auch eine Kostenstellenstruktur, die zudem gesetzlich vorgegeben ist (s. Kap. III.2.2). Die Leistungserstellung hat im Krankenhaus jedoch einen starken Prozesscharakter, wobei viele Kostenstellen teilweise gleichzeitig bei den einzelnen Prozessschritten aktiv werden (z.B. bei einer OP: Personal aus den Kostenstellen Anästhesie, Chirurgie und OP, dazu Leistungen des Labors, der Zentralsterilisation, der Reinigung etc.). Es wäre also naheliegend, eine medizinische Leistung in Form einer DRG als Prozess zu betrachten und die Prozesskosten zu berechnen. Dies wird in Form der Prozesskostenrechnung zumindest in Teilbereichen seit längerem versucht (s. Kap. III.3.3.1).

Vielzahl an Kostenträgern

Im Krankenhaus wird eine Vielzahl an Leistungen erstellt, die kalkuliert werden müssen (zumindest die umsatzmäßig bedeutensten). So finden sich neben den derzeit ca. 1.200 verschiedenen DRGs viele Zusatzentgelte, Neue Untersuchungs-

und Behandlungsmethoden („NUBs") und ambulante Leistungen. Die Vielzahl der Kostenträger führt zu einer sehr komplexen Kostenzuordnung, die nur mithilfe von geeigneten Software-Programmen und hohem manuellen Aufwand darstellbar ist.

Nichtsdestotrotz ist es aufgrund gesetzlicher Vorschriften und wirtschaftlicher Überlegungen zwingend notwendig, eine aussagefähige Kostenträgerrechnung durchzuführen (s. Kap. III.1.2). Im folgenden Kapitel wird eine mögliche Ausprägung der Kostenträgerstückrechnung, die sogenannte InEK-Kalkulation, kurz beschrieben.

2.3.3. Die InEk-Kalkulation

Das **Institut für das Entgeltsystem im Krankenhaus (InEK)** ist von den Selbstverwaltungspartnern im Gesundheitswesen – der Deutschen Krankenhausgesellschaft, den Spitzenverbänden der Krankenkassen und dem Verband der privaten Krankenversicherung – dazu beauftragt, die Aufgaben im Zusammenhang mit der Einführung, Weiterentwicklung und Pflege des Vergütungssystems auf Basis der Fallpauschalen durchzuführen. Das Institut unterstützt die Vertragspartner der Selbstverwaltung und die von ihnen gebildeten Gremien bei der gesetzlich vorgeschriebenen Einführung und kontinuierlichen Weiterentwicklung des DRG-Systems auf der Grundlage des § 17b KHG. Wesentliche Arbeitsfelder des Instituts sind die Fallgruppenpflege (Definition und Pflege der DRGs und des Schweregrad-Systems) inklusive Erstellung und Pflege der Kodierrichtlinien sowie die Kalkulation der Relativgewichte (CM-Punkte) und deren Zu- und Abschläge. Für die Kalkulation der Relativgewichte werden von derzeit ca. 320 Krankenhäusern freiwillig Daten übermittelt. Diese werden vom InEK aufbereitet, analysiert und für die Ermittlung von Durchschnittskosten sowie Relativgewichten herangezogen. Da Krankenhäuser gesetzlich verpflichtet sind, eine Vollkostenrechnung durchzuführen, werden alle Kosten je Kostenträger kalkuliert.

Die Erlöse aus einer DRG entsprechen den Durchschnittskosten der teilnehmenden Krankenhäuser („Kalkulationshäuser"). Dies bedeutet, dass im Vergütungssystem ein Gewinn aus den stationären Leistungen nicht vorgesehen ist. Da kostenintensive Häuser wie z.B. Universitätsklinika derzeit nicht repräsentativ abgebildet werden, kann dies bei diesen Krankenhäusern zu wirtschaftlichen Problemen führen. Der Gesetzgeber hat die Selbstverwaltungspartner auf Bundesebene mit § 17b Abs. 10 Krankenhausfinanzierungsgesetz (KHG) beauftragt, das InEK mit der systematischen Ermittlung und Analyse von Kostenausreißern zu betrauen. Für 2015 war damit erstmals ein sogenannter Extremkostenbericht vorzulegen, in dem die Ermittlung und Analyse von Kostenausreißern aufgearbeitet wird. Dieser Bericht stellt transparent die Vorgehensweise zur Ermittlung und Analyse von Kostenausreißerfällen sowie die Analyseergebnisse vor (InEK 2015, S. 1).

2 Kosten- und Erlösrechnung im Krankenhaus

Schließlich werden alle Häuser versuchen, die Leistungen mit weniger als den Durchschnittskosten zu erstellen, um einen Gewinn pro DRG zu erzielen und zumindest notwendige Investitionen zu finanzieren, nachdem sich der Staat aus dieser Aufgabe immer mehr zurückgezogen hat (s. Kap. I.1.2). Dies kann aber zu einer Abwärtsspirale der DRG-Kosten bzw. -Erlöse führen mit der Folge, dass einige Krankenhäuser nicht mehr mithalten können bzw. sich die Qualität der Leistungen (z.B. durch Personalreduktion oder Outsourcing) verschlechtert.

Die Kalkulation erfolgt nach Maßgabe der **Richtlinien des Kalkulationshandbuches** (InEK 2007). Die einzelnen Schritte umfassen die Kostenarten-, -stellen- und -trägerrechnung (siehe Ablaufschema in Tabelle 48). In der InEK-Terminologie werden die mit den DRG-relevanten Leistungen in Verbindung stehenden DRG-relevanten Kosten eines Behandlungsfalls auch als **„Rohfallkosten"** bezeichnet.

Tab. 48 Ablaufschema der Kalkulation der Rohfallkosten nach InEK-Kalkulationshandbuch (modifiziert nach Graumann u. Schmidt-Graumann 2011, S. 377)

	Ablaufschema der Kalkulation der Rohfallkosten
1.	Abgleich der Aufwendungen der Finanzbuchhaltung mit den Aufwendungen der GuV (KHBV, Anlagen 4 und 5)
2.	Ausgliederung des neutralen Aufwands
3.	Abgleich der Kostenartenrechnung mit der Kostenstellenrechnung
4.	Ausgliederung nicht DRG-relevanter Aufwendungen (Bereinigung und Ausgliederung von Kostenstellen)
5.	Festlegung der einzubeziehenden Patienten
6.	Zuordnung der Einzelkosten zu den Behandlungsfällen
7.	Zusammenfassen der Kostenstellen zu Kostenstellengruppen
8.	Kostenstellenverrechnung (innerbetriebliche Leistungsverrechnung) mit den gemeinsamen Ebenen Personalkostenverrechnung, Entlastung indirekter Kostenstellen und Zusammenfassung abzugrenzender Kostenstellen
9.	Zusammenfassen von Kostenarten zu Kostenartengruppen
10.	Auswahl geeigneter Bezugsgrößen und Kalkulationsverfahren
11.	Ermittlung von Kalkulationssätzen für fallbezogene Leistungen und fallbezogene Zuordnung der (Gemein-)Kosten
12.	Ermittlung der Rohfallkosten (Kostenmodulmatrix)

Diese Schritte lassen sich graphisch wie folgt veranschaulichen (s. Abb. 43).

III Internes Rechnungswesen

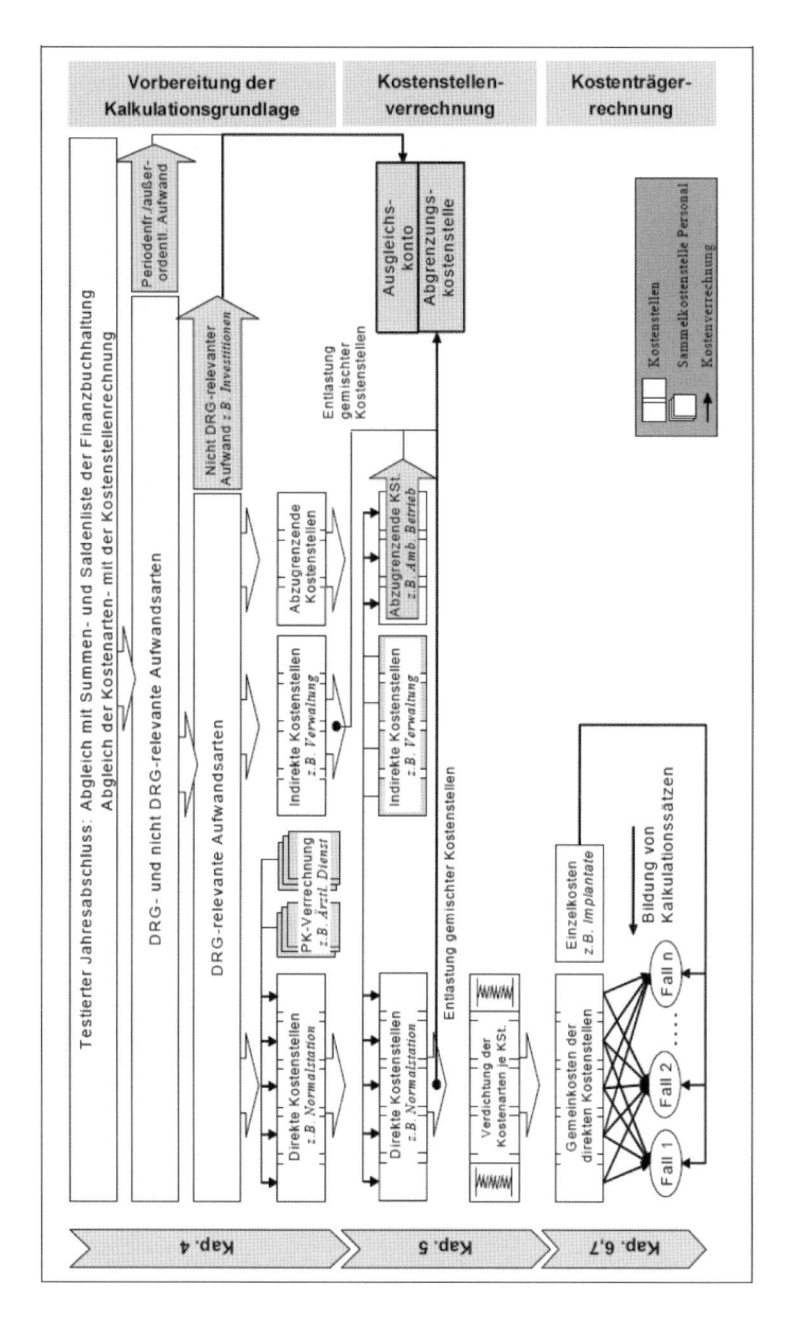

Abb. 43 Ablaufschema der Kalkulation der Rohfallkosten nach InEK-Kalkulationshandbuch (InEK 2007, S. 221)

Das **Institut für das Entgeltsystem im Krankenhaus (InEK)** hat als eine wesentliche Aufgabe die Kalkulation der Relativgewichte auf Basis von Kostendaten teilnehmender Krankenhäuser. Für diese existieren Richtlinien in Form eines Kalkulationshandbuches.

2 Kosten- und Erlösrechnung im Krankenhaus

Der **Abgleich der Aufwendungen der Finanzbuchhaltung mit den Aufwendungen der GuV** (Anlagen 4 und 5 der KHBV) ist zur Überprüfung und Standardisierung der Daten notwendig, da der Ausgangspunkt des Kalkulationsprozesses der testierte Jahresabschluss des Vorjahres ist, der allerdings bei der Erstellung der Kostenartenrechnung oft noch nicht vorliegt. Die Kalkulation wird deshalb unter Verwendung der aktuellen Summen- und Saldenlisten der Aufwendungen in den Kontenklassen 6 und 7 der KHBV durchgeführt, die dann eben mit den Aufwendungen des testierten Jahresabschlusses übereinstimmen müssen. Bei einer fehlerfreien Buchführung dürften hier keine Differenzen auftauchen.

Anschließend müssen, wie immer, wenn Daten von der Finanzbuchführung an die Kostenrechnung übermittelt werden, die Beträge für den periodenfremden und außerordentlichen Aufwand („neutraler Aufwand", s. Kap. III.2.1.2) abgezogen und auf Ausgleichskonten verbucht werden.

Im dritten Schritt werden die Daten der **Kostenarten- mit der Kostenstellenrechnung abgeglichen**; auch hier gilt, dass bei einer fehlerfreien Buchführung bzw. Kostenrechnung keine Differenzen auftauchen sollten.

Der folgende Schritt ist ein sehr wichtiger: Die **nicht DRG-relevanten Aufwandsarten** müssen von den DRG-relevanten getrennt werden. In die Kalkulation der DRG-Relativgewichte und damit -Entgelte dürfen nur die für eine DRG notwendigen Aufwendungen einfließen. Aufwendungen z.B. für ambulante oder psychiatrische Leistungen dürfen hingegen nicht berücksichtigt werden (s. Tab. 49).

Tab. 49 Abgrenzung DRG-relevanter von nicht DRG-relevanten Leistungen (InEK 2007, S. 15)

Krankenhausleistung	DRG-relevant	nicht-DRG-relevant
vollstationäre Leistung	X	
teilstationäre Leistung	X	
vor- und nachstationäre Leistung, soweit nicht gesondert berechenbar	X	
stationäre Behandlungsleistungen für Studienpatienten	X	
Patientenbehandlungen in Kliniken der Berufsgenossenschaft und Bundeswehrkrankenhäusern, deren Kosten die GKV trägt	X	
rein vorstationäre Leistungen nach § 115a SGB V		X
Wahlleistungen		X
Begleitpersonen mit medizinisch begründeter Aufnahme		X
Leistungen für Fälle in besonderen Einrichtungen gem. § 17b Abs. 1 S. 15 KHG		X
Gabe von Faktorpräparaten für Bluterpatienten		X

Leistungen für Ausbildungsstätten	X
Leistungen, die in Einrichtungen für Psychiatrie, Psychosomatik oder Psychotherapeutische Medizin erbracht werden	X
Ambulante Leistungen (auch ambulantes Operieren nach § 115b SGB V)	X
Leistungen im Rahmen der Integrierten Versorgung nach § 140a ff. SGB V	X
zusätzliche Leistungen im Rahmen strukturierter Behandlungsprogramme gem. § 137f SGB V	X
Aufgaben von Zentren und Schwerpunkten nach § 2 Abs. 2 S. 2 Nr. 4 KHEntgG	X
Leistungen für Rehabilitationseinrichtungen gem. § 111 SGB V	X
Begleitpersonen, Aufnahme nicht medizinisch begründet	X
Leistungen für ausländische Patienten. Alle drei nachfolgenden Kriterien müssen zutreffen: ■ Der Wohnort des Patienten liegt außerhalb Deutschlands. ■ Der Patient ist nicht deutscher Staatsbürger. ■ Der Patient ist kein Notfallpatient.	X

Damit die Abgrenzung vorgenommen werden kann, werden zunächst alle Kosten den entsprechenden Kostenstellen verursachungsgerecht zugerechnet. Dabei wird zwischen direkten und indirekten sowie abzugrenzenden und gemischten Kostenstellen unterschieden.

Direkte Kostenstellen erbringen medizinische oder pflegerische Leistungen direkt am Patienten, wohingegen bei **indirekten Kostenstellen** kein unmittelbarer Leistungsbezug zum Patienten existiert (zum Zusammenhang mit den üblicherweise unterschiedenen Begriffe Vor- und Endkostenstellen, s. Kap. III.2.2.2). Bei **abzugrenzenden Kostenstellen** werden ausschließlich nicht DRG-relevante Leistungen, bei **gemischten Kostenstellen** sowohl DRG-relevante als auch nicht DRG-relevante Leistungen erbracht.

> Im **InEK-Kalkulationshandbuch** werden vier Arten von Kostenstellen genannt: Direkte (entsprechen den Endkostenstellen), indirekte (entsprechen den Vorkostenstellen), abzugrenzende und gemischte Kostenstellen.
>
> Eine der wesentlichen Aufgaben ist die Abgrenzung von nicht DRG-relevanten Kosten.

Ein besonderes Augenmerk liegt bei der Verrechnung auf den **Personalkosten**. So können z.B. Ärzte, deren Personalkosten gesamthaft auf der Kostenstelle der jeweiligen Fachabteilung liegen, sowohl für stationäre, ambulante Leistungen als auch Wahlleistungen und Forschung tätig sein. Auch erbringen Mitarbeiter des ärztlichen Dienstes oder des Funktionsdienstes ggf. Leistungen für mehrere Kostenstellen, welche von einer Sammelkostenstelle auf die Hauptkostenstellen verteilt werden müssen. Anhand einer tätigkeitsbezogenen Zeiterfassung oder nach pauschalen Richtwerten werden die Zeitanteile hierfür ermittelt.

Nun müssen die nicht DRG-relevanten Kosten auf abzugrenzende Kostenstellen bzw. Ausgleichskonten verbucht werden. Hierunter zählen nach Kostenarten z.B. Investitionskosten, d.h. die Verbuchungen in der GuV, welche mit der Errichtung von öffentlich geförderten Neu-, Um- oder Erweiterungsbauten sowie von Wirtschafts und Anlagegütern in Verbindung stehen (beinhaltet in den Kontengruppen 75–77). Dass der Gesetzgeber hier von „Investitionskosten" z.B. in der Abgrenzungsverordnung (AbgrV) spricht, in welcher pflegesatzfähige von nicht pflegesatzfähigen Kosten abgegrenzt werden, ist im Sinne der betriebswirtschaftlichen Terminologie im Übrigen nicht korrekt. Des Weiteren zählen zu den abzugrenzenden Kostenarten auch die kalkulatorische Kosten oder Zinsaufwendungen (sofern diese keine Betriebsmittelkredite darstellen). Nach Kostenstellen abzugrenzen sind z.B. die Kosten für Leistungen der Psychiatrie, für ambulante Leistungen oder Ausbildungsstätten. Bei den gemischten Kostenstellen (z.B. Speisenversorgung, Radiologie) müssen die Aufwendungen, die nicht DRG-relevant sind, durch Leistungsaufschreibung oder verursachungsgerechte Schlüsselungen herausgefiltert werden (meist pauschal über alle Kostenarten).

Als nächster Schritt erfolgt die **Festlegung der einzubeziehenden Patienten** und damit der zugehörigen Kostendaten. So dürfen z.B. Patienten mit Leistungen aus einer psychiatrischen Klinik nicht einbezogen werden. Ebenso sind unvollständige oder unverständliche Falldatensätze ggf. zu bereinigen, d.h. zu vervollständigen bzw. zu verbessern (z.B. bei Diagnose- oder Kostendaten) oder auszusortieren.

Anschließend erfolgt die Trennung bei den verbleibenden DRG-relevanten Kosten in Einzel- und Gemeinkosten. Die **Einzelkosten** können anhand einer patientenbezogenen Erfassung direkt dem Fall und damit der DRG zugeordnet werden, z.B. teure Medikamente, Blutprodukte, Implantate oder Transplantate.

Die Kostenstellen werden zu **Kostenstellengruppen** zusammengefasst, um eine übersichtlichere Rechnung zu haben. Danach werden die indirekten und abzugrenzenden Kostenstellen im Rahmen einer **innerbetrieblichen Leistungsverrechnung** auf die direkten Kostenstellen (bzw. teilweise auch auf abzugrenzende Kostenstellen) verrechnet. Für die Verrechnung empfiehlt das Kalkulationshandbuch die Verwendung von Schlüsseln. Die für die medizinische Infrastruktur empfohlenen **Schlüssel** sind in Tabelle 50 dargestellt. So werden z.B. die Gehaltskosten der Pflegedienstleitung, die zunächst auf die Kostenstelle 901 „Leitung und Verwaltung des Krankenhauses" gebucht wurden, auf die anderen Kostenstellen anhand der dort tätigen Vollzeitkräfte im Pflegedienst verrechnet. Wenn nun also auf Station 1 doppelt so viele Vollzeitkräfte im Pflegedienst als auf Station 2 arbeiten, würde Station 1 auch einen doppelt so hohen Anteil an den Personalkosten des Pflegedienstleiters verrechnet bekommen. Falls es nicht möglich ist, nach diesem priorisierten Verrechnungsschlüssel vorzugehen, hält das InEK-Kalkulationshandbuch als Priorität 2 den Verrechnungsschlüssel „primäre Personalkosten im Pflegedienst" auf den jeweiligen Kostenstellen parat. Aber auch für die nicht medizinische Infrastruktur werden in Anlage 9 des Kalkulationshandbuches Vorschläge gemacht.

Tab. 50 Verrechnungsschlüssel der medizinischen Infrastruktur (InEK 2007, S. 248)

KST-Nr.	Bezeichnung der Kostenstelle	Priorität 1	Priorität 2	Priorität 3
901	Ärztlicher Direktor	Vollzeitkräfte ÄD	primäre Personalkosten ÄD	
	Pflegedienstleitung	Vollzeitkräfte PD	primäre Personalkosten PD	
	Medizinischer Schreibdienst	Arbeitsstunden	Vollzeitkräfte ÄD, PD, FD	
	Archiv Patientenakten	Anzahl bearbeitete Dokumente	Fallzahl	
	Medizin. Dokumentation	Anzahl bearbeitete Dokumente	Pflegetage	
	Fotolabor	Anzahl bearbeitete Dokumente	Pflegetage	
	Medizincontrolling	Vollzeitkräfte	Primäre Gemeinkosten	Fallzahl
	Qualitätsmanagement	Vollzeitkräfte (KoAGrp 1–3)	primäre Personalkosten (KoAGrp 1–3)	
	Strahlenschutz	Vollzeitkräfte (KoAGrp 1–3)	primäre Personalkosten (KoAGrp 1–3)	
902	Werkstatt (medizinisch)	Arbeitsstunden	Primäre Sachkosten	
904	Zimmer Bereitschaftsdienst	Vollzeitkräfte ÄD		
905	Medizinische Bibliothek	Vollzeitkräfte ÄD		
906	Sozialdienst/Patientenbetreuung	betreute Patienten	Pflegetage	
	Krankenhausseelsorge	Pflegetage		
	Patientenbücherei	Pflegetage		
910	Milchküche (Neugeborene)	Pflegetage		
911	Bettenaufbereitung	Anzahl aufbereitete Betten	Fallzahl	
	Desinfektion	Arbeitsstunden	Pflegetage	

2 Kosten- und Erlösrechnung im Krankenhaus

912	Krankenhaushygiene	Arbeitsstunden	Pflegetage	
913	Versorgung Druckluft/Sauerstoff	Verbrauchsmenge	Anzahl Anschlüsse	Fallzahl
	Versorgung medizinische Gase	Verbrauchsmenge	Anzahl Anschlüsse	Fallzahl
	Medizintechnik	Arbeitsstunden	Ausstattung Geräte	
914	Krankentransporte	Anzahl Transporte	Vollzeitkräfte	
917	Apotheke	Anzahl Bestellungen	primäre Sachkosten (KoAGrp 4)	
918	Zentralsterilisation	Anzahl Sterilguteinheiten		
919	Medizinisches Zentrallager	Anzahl Lagereinheiten	primäre Sachkosten (KoAGrp 4,5,6)	

Zur innerbetrieblichen Leistungsverrechnung dürfen sowohl das Anbau-, Stufenleiter- als auch Gleichungsverfahren verwendet werden (s. Kap. III.2.2.4). Die DRG-relevanten Gemeinkosten, die auf den direkten Kostenstellen liegen, werden zu zehn **Kostenartengruppen** zusammengefasst (s. Tab. 51). Dabei ist es bei den Arzneimitteln bzw. dem sonstigen medizinischen Bedarf wie z.B. Desinfektionsmitteln, Kanülen, Elektroden etc. wichtig, ob sie laut Anlage 10 des Kalkulationshandbuches als Einzelkosten ausgewiesen werden müssen oder nicht. Einzelkosten werden in Kostenartengruppe 4b bzw. 6b eingeordnet. Falls sie nicht direkt einem Fall zugeordnet werden (können), stellen sie Gemeinkosten dar und gehen in die Kostenartengruppen 4a bzw. 6a ein.

Nun liegen die Einzelkosten auf den jeweiligen Fällen und alle DRG-relevanten Gemeinkosten in zehn Kostenartengruppen auf den direkten Kostenstellen. Im letzten Kalkulationsschritt werden diese Gemeinkosten den Patienten zugeordnet. Die Kalkulation wird aufgrund der in Kapitel III.2.3.1 und III.2.3.2 dargestellten Problematiken der Zuschlagskalkulation anhand einer differenzierten Bezugsgrößenkalkulation durchgeführt. Das Kalkulationshandbuch hält hierfür verbindliche Vorgaben für die Verrechnungsgrößen bereit (s. Tab. 52). Nach der **Auswahl der geeigneten bzw. vorgeschriebenen Bezugsgrößen und Kalkulationsverfahren** werden zur Gemeinkostenverrechnung auf die Fälle die **Kalkulationssätze** für fallbezogene Leistungen ermittelt und eine fallbezogene Zuordnung der Gemeinkosten vorgenommen.

> Im Rahmen der InEK-Kalkulation spielen die Verrechnungsgrößen für die innerbetriebliche Leistungsverrechnung zwischen den Kostenstellen und von den Kostenstellen auf die Fälle eine entscheidende Rolle, weswegen hier Vorgaben bzw. Vorschläge gemacht werden.

III Internes Rechnungswesen

Tab. 51 Definition der Kostenartengruppen (InEK 2007, S. 84)

Definition der Kostenartengruppen	
Kostenartengruppe 1	Personalkosten ärztlicher Dienst
Kostenartengruppe 2	Personalkosten Pflegedienst
Kostenartengruppe 3	Personalkosten des Funktionsdienstes und des medizinisch-technischen Dienstes
Kostenartengruppe 4a	Sachkosten für Arzneimittel
Kostenartengruppe 4b	Sachkosten für Arzneimittel (Einzelkosten/Istverbrauch)
Kostenartengruppe 5	Sachkosten für Implantate und Transplantate
Kostenartengruppe 6a	Sachkosten des medizinischen Bedarfs (ohne Arzneimittel, Implantate und Transplantate)
Kostenartengruppe 6b	Sachkosten des medizinischen Bedarfs (Einzelkosten/Istverbrauch; ohne Arzneimittel, Implantate und Transplantate)
Kostenartengruppe 7	Personal- und Sachkosten der medizinischen Infrastruktur
Kostenartengruppe 8	Personal- und Sachkosten der nicht medizinischen Infrastruktur

Tab. 52 Bezugsgrößen zur Durchführung der Kalkulation (InEK 2007, S. 239)

Anlage 5		Personalkosten ärztlicher Dienst	Personalkosten Pflegedienst	Personalkosten med. techn. Dienst/ Funktionsdienst	Sachkosten Arzneimittel		Sachkosten Implantate/ Transplantate	Sachkosten übriger medizinischer Bedarf		Personal- und Sachkosten med. Infrastruktur	Personal- und Sachkosten nicht med. Infrastruktur
		1	2	3	4a	4b	5	6a	6b	7	8
Normalstation	1	Pflegetage	PPR-Minuten	Pflegetage	PPR-Minuten	Ist-Verbrauch Einzelkostenzuordnung	nicht relevant	PPR-Minuten	Ist-Verbrauch Einzelkostenzuordnung	Pflegetage	Pflegetage
Intensivstation	2	Gewichtete Intensivstunden	Gewichtete Intensivstunden	Gewichtete Intensivstunden	Gewichtete Intensivstunden	Ist-Verbrauch Einzelkostenzuordnung	Ist-Verbrauch Einzelkostenzuordnung	Gewichtete Intensivstunden	Ist-Verbrauch Einzelkostenzuordnung	Intensivstunden	Intensivstunden
Dialyseabteilung	3	Gewichtete Dialysen	Gewichtete Dialysen	Gewichtete Dialysen	Gewichtete Dialysen	Ist-Verbrauch Einzelkostenzuordnung	nicht relevant	Gewichtete Dialysen	Ist-Verbrauch Einzelkostenzuordnung	Gewichtete Dialysen	Gewichtete Dialysen
OP-Bereich	4	Schnitt-Naht-Zeit mit GZF und Rüstzeit	nicht relevant	Schnitt-Naht-Zeit/HLM-Zeit mit GZF und Rüstzeit	Schnitt-Naht-Zeit mit Rüstzeit	Ist-Verbrauch Einzelkostenzuordnung	Ist-Verbrauch Einzelkostenzuordnung	Schnitt-Naht-Zeit mit Rüstzeit	Ist-Verbrauch Einzelkostenzuordnung	Schnitt-Naht-Zeit mit Rüstzeit	Schnitt-Naht-Zeit mit Rüstzeit
Anästhesie	5	Anästhesiologiezeit und GZF	nicht relevant	Anästhesiologiezeit	Anästhesiologiezeit	Ist-Verbrauch Einzelkostenzuordnung	nicht relevant	Anästhesiologiezeit	Ist-Verbrauch Einzelkostenzuordnung	Anästhesiologiezeit	Anästhesiologiezeit
Kreißsaal	6	Aufenthaltszeit Patientin im Kreißsaal	nicht relevant	Aufenthaltszeit Patientin im Kreißsaal	Aufenthaltszeit Patientin im Kreißsaal	Ist-Verbrauch Einzelkostenzuordnung	nicht relevant	Aufenthaltszeit Patientin im Kreißsaal	Ist-Verbrauch Einzelkostenzuordnung	Aufenthaltszeit Patientin im Kreißsaal	Aufenthaltszeit Patientin im Kreißsaal
Kardiologische Diagnostik/ Therapie	7	1. Eingriffszeit 2. Punkte lt. Leistungskatalog	nicht relevant	1. Eingriffszeit 2. Punkte lt. Leistungskatalog	1. Eingriffszeit 2. Punkte lt. Leistungskatalog	Ist-Verbrauch Einzelkostenzuordnung	Ist-Verbrauch Einzelkostenzuordnung	1. Eingriffszeit 2. Punkte lt. Leistungskatalog	Ist-Verbrauch Einzelkostenzuordnung	1. Eingriffszeit 2. Punkte lt. Leistungskatalog	1. Eingriffszeit 2. Punkte lt. Leistungskatalog
Endoskopische Diagnostik/ Therapie	8	1. Eingriffszeit 2. Punkte lt. Leistungskatalog	nicht relevant	1. Eingriffszeit 2. Punkte lt. Leistungskatalog	1. Eingriffszeit 2. Punkte lt. Leistungskatalog	Ist-Verbrauch Einzelkostenzuordnung	Ist-Verbrauch Einzelkostenzuordnung	1. Eingriffszeit 2. Punkte lt. Leistungskatalog	Ist-Verbrauch Einzelkostenzuordnung	1. Eingriffszeit 2. Punkte lt. Leistungskatalog	1. Eingriffszeit 2. Punkte lt. Leistungskatalog
Radiologie	9	Punkte lt. Leistungskatalog	nicht relevant	Punkte lt. Leistungskatalog	Punkte lt. Leistungskatalog	Ist-Verbrauch Einzelkostenzuordnung	Ist-Verbrauch Einzelkostenzuordnung	Punkte lt. Leistungskatalog	Ist-Verbrauch Einzelkostenzuordnung	Punkte lt. Leistungskatalog	Punkte lt. Leistungskatalog
Laboratorien	10	Punkte lt. Leistungskatalog	nicht relevant	Punkte lt. Leistungskatalog	Punkte lt. Leistungskatalog	Ist-Verbrauch Einzelkostenzuordnung	Ist-Verbrauch Einzelkostenzuordnung	Punkte lt. Leistungskatalog	Ist-Verbrauch Einzelkostenzuordnung	Punkte lt. Leistungskatalog	Punkte lt. Leistungskatalog
Übrige diagnost. und therapeut. Bereiche	11	1. Eingriffszeit 2. Punkte lt. Leistungskatalog	1. Eingriffszeit 2. Punkte lt. Leistungskatalog	1. Eingriffszeit 2. Punkte lt. Leistungskatalog	1. Eingriffszeit 2. Punkte lt. Leistungskatalog	Ist-Verbrauch Einzelkostenzuordnung	Ist-Verbrauch Einzelkostenzuordnung	1. Eingriffszeit 2. Punkte lt. Leistungskatalog	Ist-Verbrauch Einzelkostenzuordnung	1. Eingriffszeit 2. Punkte lt. Leistungskatalog	1. Eingriffszeit 2. Punkte lt. Leistungskatalog

2 Kosten- und Erlösrechnung im Krankenhaus

> Endergebnis der InEK-Kalkulation ist eine **Kostenmodulmatrix** mit den Kostenstellengruppen in den Zeilen und den Kostenartengruppen in den Spalten.

Tab. 53 Kostenmodule für den fallbezogenen Datensatz (InEK 2007, S. 189)

Kostenstellengruppen (KoStGrp)		Personalkosten			Sachkosten					Infrastrukturkosten	
		KoAGrp 1: Personalkosten ärztlicher Dienst	KoAGrp 2: Personalkosten Pflegedienst	KoAGrp 3: Personalkosten med.-techn. Dienst/Funktionsdienst	KoAGrp 4a: Sachkosten Arzneimittel	KoAGrp 4b: Sachkosten Arzneimittel	KoAGrp 5: Sachkosten Implantate und Transplantate	KoAGrp 6a: Sachkosten übriger med. Bedarf	KoAGrp 6b: Sachkosten übriger med. Bedarf (Einzelkosten/Ist-Verbrauch)	KoAGrp 7: Personal- und Sachkosten medizinische Infrastruktur	KoAGrp 8: Personal- und Sachkosten nicht medizinischer Infrastruktur
KoStGrp 1: Normalstation	Bettenführende Bereiche	1.1	1.2	1.3	1.4a	1.4b	–	1.6a	1.6b	1.7	1.8
KoStGrp 2: Intensivstation		2.1	2.2	2.3	2.4a	2.4b	2.5	2.6a	2.6b	2.7	2.8
KoStGrp 3: Dialyseabteilung		3.1	3.2	3.3	3.4a	3.4b	–	3.6a	3.6b	3.7	3.8
KoStGrp 4: OP-Bereich	Untersuchungs- und Behandlungsbereiche	4.1	–	4.3	4.4a	4.4b	4.5	4.6a	4.6b	4.7	4.8
KoStGrp 5: Anästhesie		5.1	–	5.3	5.4a	5.4b	–	5.6a	5.6b	5.7	5.8
KoStGrp 6: Kreißsaal		6.1	–	6.3	6.4a	6.4b	–	6.6a	6.6b	6.7	6.8
KoStGrp 7: Kardiologische Diagnostik/Therapie		7.1	–	7.3	7.4a	7.4b	7.5	7.6a	7.6b	7.7	7.8
KoStGrp 8: Endoskopische Diagnostik/Therapie		8.1	–	8.3	8.4a	8.4b	8.5	8.6a	8.6b	8.7	8.8
KoStGrp 9: Radiologie		9.1	–	9.3	9.4a	9.4b	9.5	9.6a	9.6b	9.7	9.8
KoStGrp 10: Laboratorien		10.1	–	10.3	10.4a	10.4b	10.5*	10.6a	10.6b	10.7	10.8
KoStGrp 11: Übrige diagnostische u. therapeutische Bereiche		11.1	11.2	11.3	11.4a	11.4b	11.5	11.6a	11.6b	11.7	11.8

Hinweis: Die mit einem Strich (-) gekennzeichneten Kostenmodule sind für die Datenlieferung nicht relevant.
(*) Modul 10.5 nur für Ausweis der Transplantatkosten bei Knochenmarktransplantation/Stammzelltransfusion.

Als Ergebnis der InEK-Kalkulation entsteht somit eine Matrix („**Kostenmodulmatrix**") mit den elf Kostenstellengruppen in den Zeilen und den insgesamt zehn verschiedenen Kostenartengruppen in den Spalten. Wie bereits erwähnt, sind bei den Kostenstellengruppen auch die Kostenstellen der medizinischen Institutionen explizit aufgeführt, welche zwar rechentechnisch Vorkostenstellen darstellen, entgegen der üblichen betriebswirtschaftlichen Vorgehensweise bei der InEK-Kalkulation aber nicht auf die Endkostenstellen verteilt werden. Die Zellenwerte beinhalten im Sinne einer Kostenträgerstückrechnung alle Einzel- und Gemeinkosten, welche für einen einzelnen Patienten/Fall zugerechnet werden können. Die Inhalte in den einzelnen Zellen werden bei der InEK als Kostenmodule bezeichnet und erhalten eine Nummerierung. So werden die Personalkosten des ärztlichen Dienstes in der Endoskopie mit Kostenmodul 8.1 oder die Sachkosten des übrigen medizinischen Bedarfs auf der Intensivstation mit Kostenmodul 2.6a bezeichnet.

Um Optimierungspotenziale herauszufinden, kann anhand dieser Matrix auch ein Benchmarking, also ein Vergleich der eigenen Kostendaten mit den Durchschnitts-Kostendaten der InEK, durchgeführt werden. In Tabelle 53 wird ein Beispiel einer InEK-Kostenmodulmatrix, welches die Kostenverteilung einer bestimmten DRG anhand des InEK-Browsers vornimmt, dargestellt.

2.4. Erlösrechnung

Nachdem Dr. Zipse sich die Kalkulationsdaten der bedeutendsten Leistungen seiner Klinik angesehen hat, weiß er endlich, dass bei einigen DRGs trotz Fallzahlsteigerung ein negatives Ergebnis je Fall entsteht. Bevor er versuchen wird, Gegenmaßnahmen einzuleiten, möchte er zunächst wissen, ob die Erlösseite der Klinik für Allgemein-, Viszeral- und Gefäßchirurgie stimmig ist. Insbesondere macht ihm Sorgen, dass seine Klinik zwar viele Patienten aufnimmt und zunächst versorgt, diese jedoch des Öfteren intern weiterverlegt, z.B. in die Klinik für Innere Medizin oder auf die Intensivstation. Die Erlöse aus der Fallpauschale erhält dann die Abteilung zugerechnet, aus welcher der Patient schließlich entlassen wurde. Die Klinik für Allgemein-, Viszeral- und Gefäßchirurgie bleibt bei internen Verlegungen also auf den Kosten sitzen. Dr. Zipse möchte deshalb folgende Fragen klären:

- Welche Erlöse weist ein Krankenaus überhaupt auf und wie kommen diese zustande?
- Wie können die Erlöse bei internen Verlegungen auf die einzelnen Fachabteilungen/Kliniken verrechnet werden?

Die Erlöse aus den Leistungen eines Krankenhauses speisen sich aus mehreren Quellen und sind bezüglich der Höhe weitgehend geregelt. Eine freie Preisgestaltung findet nur an den wenigsten Stellen statt, z.B. bei nichtärztlichen Wahlleistungen wie CD-Player, Minibar oder Zeitschriften im Krankenzimmer. Der Preis hierfür darf allerdings nicht in einem unangemessenen Verhältnis zur Leistung stehen und auch für diese Preise gibt es Empfehlungen. Eine Darstellung der Finanzierung der verschiedenen Leistungen findet sich in Kapitel I.1.3. Die meisten Leistungen müssen im Vorfeld zwischen den verschiedenen Partnern (z.B. Landeskrankenhausgesellschaft, Landesverbände der Krankenkassen, Verbände der Ersatzkassen, Verband der PKV, Verbände der Krankenhausträger, Kassenärztliche Vereinigung etc.) vereinbart werden.

Tabelle 54 gibt einen Überblick über die Einnahmen des Krankenhauses in Bezug auf Vertragspartner und Entgelt des Krankenhauses. So sind nicht nur die Patienten bzw. private Krankenversicherungen sowie die Sozialleistungsträger Vertragspartner des Krankenhauses, sondern bei belegärztlichen Behandlungen auch der Belegarzt und bei wahlärztlichen Leistungen sowie ambulanten Behandlungen der liquidationsberechtige Krankenhausarzt. Die behandelnden Ärzte werden für ihre Leistungen nach den geltenden Bestimmungen vergütet und führen für die Nutzung der Infrastruktur und ggf. Personal sowie Sachmittel des Krankenhauses ein Nutzungsentgelt an dieses ab (**Kostenerstattung der Ärzte** nach § 19 KHEntG).

2 Kosten- und Erlösrechnung im Krankenhaus

Tab. 54 Einnahmen des Krankenhauses für Krankenhausleistungen (modifiziert nach Graumann u. Schmidt-Graumann 2011, S. 149ff.)

Behandlungsform	Vertragspartner des Krankenhauses	Entgelt des Krankenhauses
allgemeine Krankenhausleistungen	sozialversicherter Patient bzw. gesetzliche Krankenversicherung	KHEntgG: Fallpauschale, Zusatzentgelte
	Privatpatient bzw. private Krankenversicherung, falls Kostenübernahmevereinbarung besteht	BPflV: Abteilungspflegesätze, Basispflegesätze, teilstationäre Pflegesätze
		KHEntgG und BPflV: DRG-Systemzuschlag, der an die Vertragsparteien weitergeleitet wird Zuschlag für Ausbildungsstätten
Gesamtheit der allgemeinen Krankenhausleistungen bezogen auf einen Pflegesatzzeitraum	Sozialleistungsträger gem. § 18 Abs. 2 KHG	KHEntgG: Erlösbudget mit stufenweiser Anpassung an den landesweit geltenden Basisfallwert Erlössumme BPflV: Budget in Form von Abschlagszahlungen als Abteilungspflegesätze, Basispflegesätze, teilstationäre Pflegesätze
stationäre Versorgung im Rahmen belegärztlicher Behandlung	sozialversicherter Patient bzw. gesetzliche Krankenversicherung	KHEntgG: Fallpauschale bei Versorgung durch Belegabteilung
	Privatpatient (ggf. private Krankenversicherung)	BPflV: Belegärztliche Pflegesätze
belegärztliche Behandlung	Belegarzt, der einen Behandlungsvertrag mit dem Belegpatienten hat und bei sozial versicherten Patienten die vertragsärztliche Vergütung von der KV erhält, bei Privatpatienten nach GOÄ	Kostenerstattung der nicht pflegesatzfähigen Kosten, ausgenommen Honorarvereinbarung mit Belegarzt
nichtärztliche Wahlleistung	Patient (ggf. private Krankenversicherung)	vom Krankenhaus bestimmter Preis, der in angemessenem Verhältnis zur Leistung stehen muss
wahlärztliche Leistung	Patient, der auch einen Arztzusatzvertrag mit dem liquidationsberechtigten Arzt abschließt (ggf. private Krankenversicherung)	Honorar nach GOÄ wird aufgrund einer Vereinbarung mit dem liquidationsberechtigten Arzt allenfalls für ihn eingezogen
	liquidationsberechtigter Arzt	Kostenerstattung nach § 19 KHEntgG, § 24 Abs. 4 BPflV

vor- und nachstationäre Behandlung	sozialversicherter Patient bzw. gesetzliche Krankenversicherung	nur abrechenbar, wenn die Vergütung nicht über andere Entgeltformen erfolgt
	Privatpatient (ggf. private Krankenversicherung, falls Kostenübernahmevereinbarung besteht)	nach der Empfehlung der DKG und PKV für alle Benutzer einheitlich
ambulante Operation/ stationsersetzender Eingriff	sozialversicherter Patient bzw. gesetzliche Krankenversicherung	Vergütung nach vertragsärztlichen Grundsätzen
	Privatpatient, der ggf. einen Arztzusatzvertrag mit dem liquidationsberechtigten Arzt abschließt (ggf. private Krankenversicherung, falls Kostenübernahmevereinbarung besteht)	**Als Institutsleistung:** Vom Krankenhausträger zu vereinbarendes angemessenes Entgelt
	liquidationsberechtigter Arzt	**Als Nebentätigkeit des liquidationsberechtigten Arztes:** Honorar nach GOÄ steht dem Arzt zu, das Krankenhaus erhält Kostenerstattung vom liquidationsberechtigten Arzt
ambulante Krankenhausleistung	sozialversicherter Patient bzw. gesetzliche Krankenversicherung	**Institutsleistung des Krankenhauses:** Vergütung nach vertragsärztlichen Grundsätzen
	liquidationsberechtigter Arzt	**Nebentätigkeit des liquidationsberechtigten Arztes:** Kostenerstattung
ambulante Krankenhausleistung	Privatpatient (ggf. private Krankenversicherung) liquidationsberechtigter Arzt	Kostenerstattung

Um die Wirtschaftlichkeit einer einzelnen Leistung ermitteln zu können, müssen nun die Ergebnisse der Kostenträgerstückrechnung mit den Erlösen je Leistung zusammengeführt werden.

Problematischer wird es, wenn eine Gegenüberstellung von Kosten und Erlösen nicht auf Kostenträger-, sondern auf **Kostenstellenebene** vorgenommen werden soll. Trotzdem ist dies für die Steuerung eines Krankenhauses unerlässlich, noch dazu, da in den letzten Jahren häufig Profit Center als aufbauorganisatorische Form etabliert wurden (s. Kap. III.3.2.2). Nachdem eine differenzierte Kostenstellenrechnung gesetzlich vorgeschrieben und auch für die Zwecke der Kostenträgerrechnung notwendig ist, liegen die (Voll-)Kosten je Kostenstelle im Krankenhaus vor.

Schwieriger ist die Zuordnung der Erlöse zu den einzelnen Kostenstellen. Findet die Leistung ausschließlich in einer Kostenstelle statt (z.B. eine ambulante OP ausschließlich in der Chirurgischen Abteilung oder eine stationäre Behandlung nur in der Inneren Abteilung), ist die Erlöszuordnung einfach. Wird der Patient jedoch während seines Aufenthaltes innerhalb des Krankenhauses verlegt, z.B. Aufnahme in der Inneren Abteilung wegen unklarer Bauchschmerzen, Verlegung in die Chirurgische Abteilung zur Operation eines Blinddarmes, Verlegung in die Intensivabteilung aufgrund von Komplikationen nach der OP, schließlich Entlassung aus der chirurgischen Abteilung, muss der von diesem Fall erhaltene DRG-Erlös zwischen den beteiligten Hauptkostenstellen aufgeteilt werden. Dies ist notwendig, da sonst nur die Kosten für die Behandlung auf der Kostenstelle verbleiben, diesen jedoch keine Erlöse gegenüberstehen und damit keine kostenstellen- bzw. abteilungsbezogene Wirtschaftlichkeitsrechnung durchgeführt werden kann.

> Analog zu den Kosten müssen auch die Erlöse auf die Kostenstellen aufgeteilt werden, um eine wirtschaftliche Betrachtung zu ermöglichen. Dies ist bei internen Verlegungen problematisch.

Für eine **Erlösaufteilung** existieren mehrere Möglichkeiten. Prinzipiell ist eine Aufteilung nach Maßgabe der Behandlungstage in den betroffenen Abteilungen möglich. Diese Methode ist aber nicht verursachungsgerecht, da z.B. ein beatmeter Patient auf der Intensivstation pro Tag höhere Kosten und auch höhere Erlöse verursacht als ein Patient kurz vor der Entlassung auf der Normalstation. In der Literatur werden mehrere alternative Methoden diskutiert:

Aufwandskorrigierte Verweildauer-Methode (AKVD-Methode)

Zunächst wird pro Fachabteilung ein Abteilungs-CMI ermittelt, welcher den durchschnittlichen Schweregrad der dortigen (nicht intern verlegten) Patienten darstellen soll. Er errechnet sich, indem die Effektivgewichte der nicht intern verlegten Patienten addiert und durch die Anzahl der Behandlungsfälle dividiert wird (Rapp u. Wahl 2007, S. 757). Anschließend wird für jeden Fall, der intern verlegt wurde, eine sogenannte Äquivalenzverweildauer je Fachabteilung berechnet. Dabei wird die Anzahl der in einer Fachabteilung angefallenen Belegungstage je Patient mit dem Abteilungs-CMI multipliziert. Auf dieser Basis wird nun eine prozentuale Verteilung der Äquivalenzverweildauern aller beteiligten Fachabteilungen eines Falles ermittelt, die auf den DRG-Erlös angewendet werden kann. Diese Methode erscheint relativ einfach, weist jedoch auch Nachteile auf wie z.B. eine hohe Fehleranfälligkeit bei Abteilungen mit wenigen nicht internen Verlegungen (z.B. Intensivstation) oder die Ausblendung der Verweildauern bei der Berechnung des Abteilungs-CMIs. Anhand eines Fallbeispiels soll diese Methode verdeutlicht werden (modifiziert nach Rapp u. Wahl 2007, S. 756).

Beispiel zu den Methoden der Erlösverteilung:

Ein 56-jähriger Mann wird von der Kardiologie wegen einer chronisch ischämischen Drei-Gefäß-Herzkrankheit (I25.13) zur bereits geplanten späteren Durchführung einer Bypass-OP stationär aufgenommen. In der Kardiologie erfolgen verschiedene Voruntersuchungen, u.a. die Durchführung von Ruhe- und Belastungs-EKG sowie einer Linksherzkatheteruntersuchung (1–275.2). Für den nächsten Morgen 8:00 Uhr ist die Bypass-Operation (5–361.03) vorgesehen, die komplikationslos verläuft. Nach einer

46-stündigen postoperativen intensivtherapeutischen Überwachung kann der Patient schließlich von der Intensivstation auf die Chirurgie verlegt werden. Aufgrund zahlreich vorliegender Nebendiagnosen (I10.90 Essentielle Hypertonie, F17.1 Psychische und Verhaltensstörungen durch Tabak: schädlicher Gebrauch, E66.0 Adipositas durch übermäßige Kalorienzufuhr, E11.90 Nicht primär insulinabhängiger Diabetes mellitus) gestaltet sich die Genesung schwierig, sodass der Patient erst am 33. Tag nach der Aufnahme nach Hause entlassen werden kann.

Anhand der dokumentierten Prozeduren und Diagnosen wird der Patient in die DRG F06E Koronare Bypass-Operation ohne mehrzeitige komplexe OR-Prozeduren, ohne komplizierende Konstellation, ohne Karotiseingriff, mit invasiver kardiologischer Diagnostik oder mit intraoperativer Ablation, außer bei Infarkt, ohne Reoperation eingruppiert. Sowohl die Linksherzkatheteruntersuchung als auch die Bypass-Operation wurden von dem Grouper als gruppierungsrelevant eingestuft.

- DRG F06E; 5,034 CM-Punkte (G-DRG-Version 2015)
- 1. Tag mit Aufschlag: 26 (Aufschlag nach der oberen Grenzverweildauer 0,118)
- Verweildauer: 32 Tage entsprechen 5,86 CM-Punkte (5,034 + 7 x 0,118)
- Hauptdiagnose: I25.13 Chronisch Ischämische Herzkrankheit Drei-Gefäßkrankheit
- Gruppierungsrelevante Prozeduren (OPS):
- 1-275.2 Linksherzkatheteruntersuchung (Kardiologie)
- 5-361.03 Bypass-Operation (Chirurgie)

Abteilungs-CMIs			
(gegeben)	Kardiologie		0,741
	Intensiv Chirurgie		9,084
	Intensiv Kardiologie		2,294
	Chirurgie		1,458
Berechnung der Äquivalenzverweildauer			
	Kardiologie	1 Tag x 0,741	0,741
	Intensiv Chirurgie	2 Tage x 9,084	18,168
	Intensiv Kardiologie	–	–
	Chirurgie	29 Tage x 1,458	42,282
SUMME			**61,191**
Aufteilung der DRG			
	Kardiologie	0,741 / 61,191 x 5,86	0,071
	Intensiv Chirurgie	18,168 / 61,919 x 5,86	1,740
	Intensiv Kardiologie	–	–
	Chirurgie	42,282 / 61,919 x 5,86	4,049

Erlösorientierte Budgetierung oder DMI-Methode

Diese Methode ist angelehnt an die aufwandskorrigierte Verweildauer-Methode. Hier wird ebenfalls je Fachabteilung ein durchschnittliches Relativgewicht der nicht intern verlegten Fälle errechnet. Bei der Berechnung des CMI wird allerdings die Summe der CM-Punkte der komplett intern behandelten Patienten nicht durch die Anzahl der Fälle, sondern durch die Belegungstage geteilt (Thiex-Kreye et al. 2004, S. 866). Als Ergebnis erhält man ein durchschnittliches Relativgewicht pro Tag (auch „Day-Mix-Index" oder DMI genannt). Anschließend wird für jeden Fall, der intern verlegt wurde, ein Relativgewicht gebildet, indem die einzelnen abteilungsgewichteten Verweildauertage fallbezogen addiert werden. Analog der AKVD-Methode wird im letzten Schritt eine prozentuale Verteilung der internen Relativgewichte aller beteiligten Fachabteilungen eines Falles ermittelt und diese auf den DRG-Erlös angewendet.

Vorteil dieser Methode ist, dass den Fachabteilungen ein Anreiz gesetzt wird, die Verweildauer nicht unnötig auszudehnen, da hier im Unterschied zur AKVD-Methode die Liegezeiten der Patienten in die Berechnung mit einfließen. Zudem lässt sich die Methode einfach anwenden und benötigt keine Kostenträgerrechnung. Nachteil ist jedoch auch hier die hohe Fehleranfälligkeit bei Abteilungen mit wenigen nicht internen Verlegungen.

Aufwandsorientiertes DRG-Erlössplitting

Bei dieser Methode wird der fallgruppenbezogene Behandlungsaufwand berücksichtigt, um die Genauigkeit der Erlösverteilung zu erhöhen. Grundsätzlich wird hierbei der komplette DRG-Erlös zunächst einer Fachabteilung zugesprochen. Diese verteilt anschließend Teile davon an die anderen beteiligten Fachabteilungen. Die Höhe dieser Abschläge soll den Behandlungsaufwand für den Patienten widerspiegeln und entspricht dem Zuschlag bei Langliegern über der oberen Grenzverweildauer. Der Abschlag ergibt sich also als Produkt der in anderen Fachabteilungen angefallenen Behandlungstage für den jeweiligen Fall multipliziert mit dem CM-Aufschlag, welcher ab der oberen Grenzverweildauer pro Tag gewährt wird (Hansen u. Syben 2005, S. 3). Ein Belegungstag zählt also bei jeder Fachabteilung gleich und wird nicht differenziert; eine Ausnahme stellt der Aufenthalt in der Intensivstation dar, für den ein tagesbezogener Zuschlag sowie ein Mindestverrechnungssatz vorgesehen sind. In folgendem Beispiel wird diese Methode auf die Daten des vorangegangenen Beispiels angewendet.

Beispiel: Berechnung mit dem aufwandsorientierten DRG-Erlössplitting (modifiziert nach Rapp u. Wahl 2007, S. 258)

- CM-Aufschlag ab der oberen Grenzverweildauer pro Tag: 0,118
- Aufschlag Intensiv: 0,09; Mindestverrechnungssatz: 0,228
- Zuordnungsvariante: entlassende Fachabteilung

Abteilung	Kardiologie	Intensivstation	Herzchirurgie
Verweildauer in Tagen	1	2	29
Berechnung der Erlösanteile	1 x 0,118	2 x 0,228 da (0,118 + 0,09) < 0,228	5,86 – 0,118 – 0,456
Erlösanteile	0,118	0,456	5,286

Problematisch an dieser Methode ist, dass in Extremfällen bei der primären Fachabteilung nach Abzug der Abschläge ein negatives Ergebnis übrig bleiben kann. Ebenfalls werden keine fachabteilungsspezifischen Kenngrößen bei der Verteilung eingesetzt.

Dual-Day-Mix-Index-Methode (DDMI-Methode)

Bei der Dual-Day-Mix-Index- oder DDMI-Methode werden die kostenintensiven OP-Erlösbestandteile einer DRG separat berücksichtigt (Focke et al. 2006). Hierfür wurde ein verweildauerunabhängiger Verteilungsalgorithmus anhand der OPS entwickelt; für nicht-OP-Erlöse wird auf die Methode der erlösorientierten Budgetierung zurückgegriffen. Die prozentuale Aufteilung der OP- und Nicht-OP-Kosten erfolgt dabei mithilfe der InEK-Referenzkosten (s. Kap. III.2.3.3), wobei die Summe der OP-Kostenstellen (definiert als OP-Bereich, Anästhesie, Kreißsaal, Kardiologische Diagnostik und Therapie) ins Verhältnis zu den Gesamtkosten der DRG gesetzt wird. In Tabelle 55 wird der Ablauf der DDMI-Methode kurz skizziert.

Tab. 55 Schematischer Ablauf der DDMI-Methode (Rapp u. Wahl 2007, S. 760)

	1. Stufe: Bestimmung der Day-Mix-Indizes
1	Bestimmung des prozentualen OP-Anteils anhand der InEK-Durchschnittskosten
2	Berechnung des OP-Relativgewichts durch Multiplikation des prozentualen OP-Anteils mit dem nominalen Relativgewicht
3	Berechnung des Nicht-OP-Relativgewichts durch Subtraktion des OP-Relativgewichtes vom aus der jeweiligen DRG resultierenden CM-Punkten inkl. Zu- oder Abschlägen („Effektivgewicht")
4	Berechnung der zwei Day-Mix-Indizes je Fachabteilung, indem die OP- und Nicht-OP-Relativgewichte in den einzelnen Fachbereichen separat aufsummiert und durch die erbrachten Behandlungstage dividiert werden. Analog zur DMI-Methode werden für diesen Berechnungsschritt nur die nicht intern verlegten Fälle berücksichtigt
	2. Stufe: Aufteilung der Fallerlöse
5	Berechnung der fachabteilungsspezifischen Leistungsindizes der Nicht-OP-Anteile durch Multiplikation der Verweildauertage in einer Abteilung mit dem entsprechenden Day-Mix-Index des Nicht-OP-Anteils
6	Berechnung der fachabteilungsspezifischen Leistungsindizes der OP-Anteile anhand der Anzahl der gruppierungsrelevanten OPS-Prozeduren. Sind keine DRG-relevanten Prozeduren dokumentiert, erfolgt die Berechnung analog zum Nicht-OP-Anteil, d.h. über den Day-Mix-Index des OP-Anteils

2 Kosten- und Erlösrechnung im Krankenhaus

7	Bestimmung des Gesamtleistungsindexes, indem alle Leistungsindizes eines Falles über alle Fachabteilungen hinweg addiert werden
8	Aufteilung des Fallerlöses auf die einzelnen Fachbereiche entsprechend dem Anteil der Leistungsindizes einer Fachabteilung am Gesamtleistungsindex

Das Fallbeispiel lässt sich damit wie folgt lösen (s. Tab. 56):

Tab. 56 Fallbeispiel-Berechnung anhand der DDMI-Methode (modifiziert nach Rapp u. Wahl 2007, S. 760)

1	**Bestimmung des prozentualen OP-Anteils**			
	(anhang der InEK-Durchschnittskosten)	OP-Bereich	3.788,22 €	
		Anästhesie	1.144,41 €	
		Kardiologie	860,88 €	
		Diagnostik		
		Summe OP-Kosten	5.793,51 €	
		Kosten insgesamt	12.352,56 €	
		OP-Kosten-Anteil =	x 100 = 46,90%	
2	**OP-Relativgewicht**			
	46,90% x 5,034 (CM-Punkte ohne Aufschlag = 2,361)			
3	**Nicht-OP-Relativgewicht**			
	5,86 (CM-Punkte bei 32 Tagen) − 2,361 = 3,499			
4	**Dual-Day-Mix-Indizes**			
	(gegeben)		Nicht-OP	OP
		Chirurgie	0,164	0,197
		Intensiv Chirurgie	0,561	0,251
		Intensiv Kardiologie	0,339	0,082
		Kardiologie	0,141	0,083
5	**Nicht-OP-Leistungsindizes**			
		Kardiologie	1 Tag x 0,141 =	0,141
		Intensiv Chirurgie	2 Tage x 0,561 =	1,122
		Intensiv Kardiologie	−	−
		Chirurgie	29 Tage x 0,164 =	4,756
		Summe		**6,019**

6 OP-Leistungsindizes			
	Kardiologie	OPS 1-275.2	2,361/2 = 1,1805
	Intensiv Chirurgie	–	–
	Intensiv Kardiologie	–	–
	Chirurgie	OPS 5-361.03	2,361/2 = 1,1805
	Summe		**2,361**
7 Gesamtleistungsindex			
	6,019 + 2,361 = 8,38		
8 Aufteilung der DRG			
	Kardiologie	(0,141 + 1,1805)/ 8,38 x 5,86 = 0,924	
	Intensiv Chriurgie	1,122/ 8,38 x 5,86 = 0,785	
	Intensiv Kardiologie	–	
	Chirurgie	(4,756 + 1,1805)/ 8,38 x 5,86 = 4,151	

Die DDMI-Methode stellt zwar durch die separate Beachtung des kostenintensiven OP-Anteils eine methodisch genaue, in der Anwendung jedoch sehr komplexe und aufwändige Methode dar. Zudem ist zu hinterfragen, welche Kosten aus welchen Kostenstellen tatsächlich den OP-Kosten zugerechnet werden müssen.

Ergebnisorientierte Erlösrechnung (EER)

Bei diesem ebenfalls recht komplexen Modell werden die DRG-Erlöse im Verhältnis der jeweiligen Kostenbereiche verteilt; die Daten hierzu werden aus der InEK-Referenzkalkulation gewonnen. Hierfür wurde ein eigenes Modulsystem entwickelt: Jedem Kostenbereich wird anhand eines Algorithmus gemäß der InEK-Kalkulation ein Modul zugeordnet. Die Methodik ist verhältnismäßig genau, aber leider auch sehr komplex, weshalb auf die Darstellung anhand eines Beispiels an dieser Stelle verzichtet wird.

Fazit

Zusammenfassend ist zu sagen, dass für eine Kontrolle der Wirtschaftlichkeit von Fachabteilungen neben einer verursachungsgerechten Verteilung der Kosten im Rahmen der Kostenstellenrechnung auch eine möglichst genaue Zuordnung der Erlöse notwendig ist. Hierzu gibt es keine gesetzlichen Regelungen oder sonstige Vorgaben. Die in der Literatur genannten Verfahren haben alle ihre Schwächen und sind teils sehr komplex; ein Standard hat sich in der Praxis noch nicht herausgebildet. Die Mehrheit der Krankenhäuser verteilt die Erlöse pauschal, d.h. die

2 Kosten- und Erlösrechnung im Krankenhaus

Entlassabteilung (teilweise auch die am meisten beanspruchte Hauptabteilung) erhält die kompletten DRG-Erlöse. Nur 42% der Krankenhäuser differenzieren die Erlöszuordnung, wobei individuelle Verteilungssätze die größte Rolle spielen. Einen Überblick über die Verwendungshäufigkeit der Methoden in der Praxis gibt Abbildung 44.

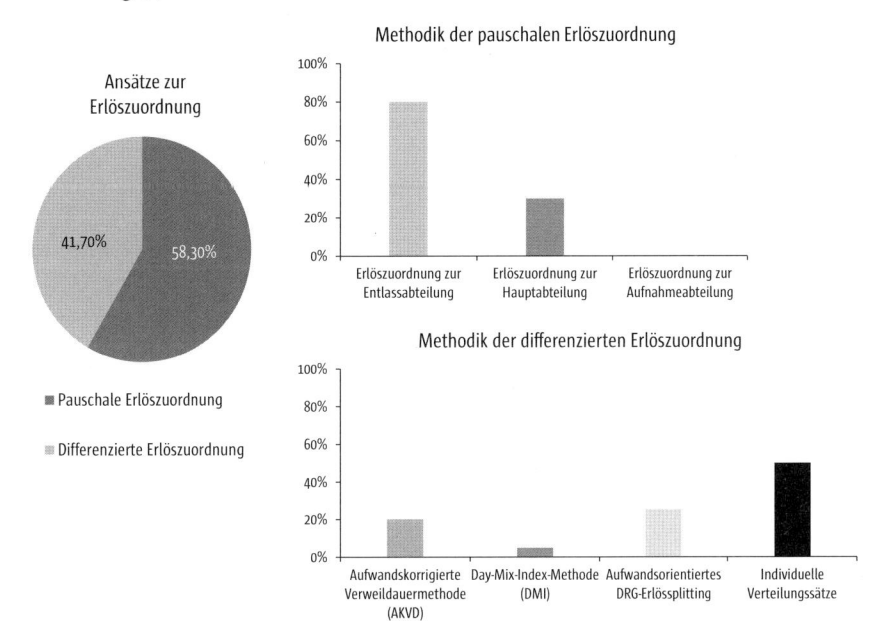

Abb. 44 Verwendung der Erlösverteilungsmethoden in der Praxis (Crasselt et al. 2011, S. 17)

2.5. Kurzfristige Erfolgsrechnung

Der leitende Oberarzt Dr. Zipse möchte nun seinem Chefarzt Prof. Wittig die bisherigen Ergebnisse seiner Analyse der Wirtschaftlichkeit der Klinik für Allgemein-, Viszeral- und Gefäßchirugie mitteilen und sich mit ihm über die weitere Vorgehensweise abstimmen. Allerdings will er bis zu diesem Gesprächstermin auch analysieren, wie das Controlling die Ergebnisrechnung für die Klinik aufgebaut hat. Insbesondere interessiert ihn, wie der dort ausgewiesene Deckungsbeitrag errechnet wird. Und was hat es damit auf sich, dass der Controller in ihrem letzten Gespräch angedeutet hat, dass nicht alle Kosten einbezogen werden, wenn bestimmte Entscheidungen vorbereitet werden? Herr Dr. Zipse möchte folgende Fragen klären:

- Welche Aufgaben hat die kurzfristige Erfolgsrechnung?
- Was unterscheidet Stück- und Periodenerfolg?
- Was ist der Unterschied zwischen dem Gesamt- und dem Umsatzkostenverfahren?
- Warum unterscheiden sich die Gewinne, wenn sie entweder auf Basis von Voll- oder Teilkosten ermittelt werden?
- Was ist ein Deckungsbeitrag?
- Welche Vorteile bietet die Deckungsbeitragsrechnung gegenüber einer Erfolgsrechnung auf Vollkostenbasis?
- Wodurch unterscheiden sich ein- und mehrstufige Deckungsbeitragsrechnungen?

2.5.1. Kostenträgerzeitrechnung

Bisher wurde ausführlich auf die Kostenträgerstückrechnung eingegangen, die dem Kalkulationsobjekt, also dem Kostenträger, die Kosten verursachungsgerecht zuordnen soll. Es existiert aber auch eine zweite Ausprägung der Kostenträgerrechnung: die sogenannte **Kostenträgerzeitrechnung**. Hier werden die Kosten für eine Periode (z.B. Woche, Monat, Quartal) den Erlösen gegenübergestellt, um eine Aussage zur Wirtschaftlichkeit des Gesamt-Unternehmens bzw. einzelner Teilbereiche treffen zu können. Abweichungen gegenüber den geplanten Größen führen häufig zu tiefer gehenden Analysen und Korrekturmaßnahmen. Prinzipiell ist die Periodengewinnermittlung eine der Kernaufgaben der externen Rechnungslegung, welche mithilfe der GuV durchgeführt wird (s. Kap. II.2.9). Allerdings ist eine einmalige oder quartalsweise Kontrolle der Wirtschaftlichkeit für eine sinnvolle Steuerung eines Unternehmens zu wenig, sodass unterjährig zumindest monatlich eine Ermittlung und Kontrolle des Betriebsergebnisses vorgenommen werden sollte. In den meisten Fällen wird dies nicht durch die Erstellung von Monatsabschlüssen in der Buchhaltung erfolgen, sondern durch eine Gegenüberstellung der Kosten und Erlöse in der Kostenrechnung.

Seit einigen Jahren wird die zumindest teilweise Zusammenführung bzw. **Harmonisierung von internem und externem Rechnungswesen** diskutiert und in einigen Unternehmen auch schon durchgeführt (s. Kap. I.2.3). Bei Krankenhäusern ist dies jedoch meist nicht der Fall, sodass die unterjährige Steuerung in der Regel auf Basis der Kostenrechnungsdaten durchgeführt wird.

Um die Kosten und Erlöse einer Periode gegenüberzustellen, gibt es prinzipiell zwei Möglichkeiten: das Gesamtkosten- und Umsatzkostenverfahren (s. Kap. II.2.9.1). Während sich das **Umsatzkostenverfahren** nur auf die Anzahl der in einer Periode abgesetzten Produkte bezieht, basiert das **Gesamtkostenverfahren** auf der Anzahl aller in einer Periode hergestellten Produkte. Krankenhäuser sind nach § 4 Abs. 1 KHBV und Anlage 2 zur Aufstellung der GuV nach dem Gesamtkostenverfahren unter Berücksichtigung einiger krankenhausspezifischer Posten aufzustellen. In einem Industriebetrieb kann die abgesetzte von der hergestellten Menge erheblich abweichen, falls Lagerbestände auf- oder abgebaut wurden. Im Krankenhaus kommen als „Lagerbestände" nur die Überlieger infrage, welche über das Kalenderjahr hinaus im Krankenhaus liegen und unter der Position „Unfertige Erzeugnisse" bilanziert werden. Dementsprechend ist, falls die Erlöse und Kosten sinnvoll ermittelt, dokumentiert und geschlüsselt wurden, die Kostenträgerzeitrechnung im Krankenhaus recht unproblematisch. Sie läuft nach der im Rahmen der Grundlagen der Kosten- und Erlösrechnung dargestellten Vorgehensweise für das gesamte Krankenhaus bzw. auf Abteilungsebene ab.

> Die **Kostenträgerzeitrechnung** kann laut HGB anhand des Umsatzkostenverfahrens oder des Gesamtkostenverfahrens erstellt werden. Im Krankenhaus ist nach KHBV die Systematik des Gesamtkostenverfahrens zu verwenden.

2.5.2. Voll- versus Teilkostenrechnung

In den bisherigen Betrachtungen wurden den Kalkulationsobjekten immer alle Kosten zugerechnet und den Erlösen gegenübergestellt. Diese Form der Kostenrechnung nennt man **Vollkostenrechnung**. Es wird mit vollen, d.h. mit allen Kosten gerechnet. Dazu gehören im Krankenhaus die Personalkosten (für Ärztlichen Dienst, Pflegedienst, medizinisch-technischen Dienst etc.), die Sachkosten für den medizinischen Sachbedarf, Instandhaltung der Medizintechnik sowie übergreifende Gemeinkosten.

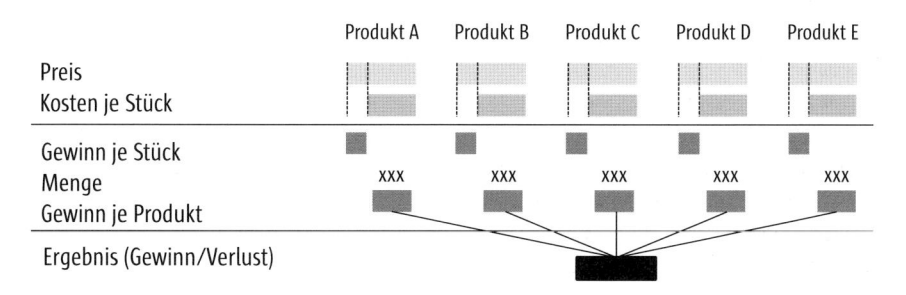

Mit der Systematik der Vollkostenrechnung wird pro Produkt/Leistung ein **Stückgewinn** (Erlöse abzüglich der gesamten Kosten) ermittelt, mit der jeweiligen Menge multipliziert und zum Unternehmensgewinn addiert (s. Abb. 45). Wirtschaftlich sinnvoll ist die Erstellung eines Produktes bzw. einer Leistung im Rahmen der Vollkostenrechnung dann, wenn der Stückgewinn größer Null ist.

Abb. 45 Systematik der Vollkostenrechnung

Ob die Vollkostenrechnung geeignet ist, sinnvolle Informationen für alle Entscheidungen eines Unternehmens zur Verfügung zu stellen, ist fraglich. Sie unterscheidet nämlich nicht zwischen fixen und variablen Kosten (s. Kap. III.2.1.1). Als entscheidungsrelevante Kosten werden dabei diejenigen Kosten bezeichnet, welche von einer bestimmten Entscheidung abhängig sind. Falls längerfristige Entscheidungen wie z.B. über die Einführung von neuen Produkten und Dienstleistungen oder der Durchführung von Investition in neue Kapazitäten getroffen werden sollen, werden viele Kosten damit zusammenhängen und somit entscheidungsrelevant sein. Anders verhält es sich bei kurzfristigen Entscheidungen wie z.B. über die Durchführung einer Rabattaktion oder die verbesserte Auslastung von bestehenden Kapazitäten durch Aufnahme weiterer Patienten. Hier sind die fixen Kosten nicht entscheidungsrelevant, da sie über einen bestimmten Zeitraum bzw. für ein bestimmtes Kapazitätsfenster konstant und kurzfristig nicht abbaubar sind. Die Vollkostenrechnung kann in diesem Kontext zu Fehlentscheidungen führen. Dies soll anhand des folgenden Beispiels kurz verdeutlicht werden:

Beispiel zur Sinnhaftigkeit der Teilkostenrechnung:

Ein Krankenhaus erbrachte im vergangenen Monat von einer DRG 1.000 Fälle zu Gesamtkosten von 1.100.000 € (Divisionskalkulation: 1.100 €/Fall); der Erlös betrug pro DRG 1.000 €. Die Fixkosten betrugen 300.000 € (umgerechnet 300 €/DRG). Der Verlust belief sich also auf 100 €/DRG oder 100.000 € im Monat. Im nächsten Monat rechnet man ebenfalls eine mit 1.000 Fällen dieser DRG unter den gleichen Bedingungen.

Nun schlägt ein niedergelassener Arzt der Geschäftsführung vor, im nächsten Monat zusätzlich 100 Fälle zu überweisen, da er mit der Behandlungsqualität in dem Krankenhaus, zu dem er bisher überwiesen hat, nicht mehr zufrieden ist. Freie Kapazitäten sind im betrachteten Krankenhaus noch vorhanden. Nach der Vollkostenrechnung wird die Geschäftsführung dieses Angebot ausschlagen, da das Krankenhaus bei jedem Fall einen Verlust von 100 € erzielt. Berücksichtigt man jedoch die fixen Kosten nicht, die sowieso vorhanden und kurzfristig nicht abbaubar sind, und beachtet nur die variablen Kosten, also 800 €/DRG (1.100 €/DRG volle Kosten abzüglich 300 €/DRG Fixkostenanteil), so erzielt das Krankenhaus mit jedem Fall einen Deckungsbeitrag von **1.000 € − 800 € = 200 €**.

Jeder zusätzliche Fall bei dieser DRG gibt nun also einen Beitrag zur Deckung der kurzfristig nicht veränderbaren Fixkosten („Deckungsbeitrag"), weshalb laut der Teilkostenrechnung das Angebot des niedergelassenen Arztes angenommen werden sollte.

Die geplanten Erlöse betragen bei dann 1.100 Fällen und einem gleichbleibenden Erlös von 1.000 €/DRG insgesamt **1.100.000 €**, die geplanten variablen Kosten **1.100 Fälle x 800 €/DRG** und die geplanten Fixkosten unverändert **300.000 €**, sodass ein geplanter Verlust von **80.000 €** resultiert (im Vergleich zum geplanten Verlust von **100.000 €** bei 1.000 Fällen).

Die Vollkostenrechnung hätte also durch die Ablehnung des Angebots einen zusätzlichen Gewinn von **20.000 €** nicht realisiert.

Für kurzfristige Entscheidungen bietet sich demnach die **Teilkostenrechnung** an. Sie eliminiert die fixen Kostenbestandteile und berücksichtigt nur die variablen Kosten. Die Systematik der Kostenrechnung bleibt dabei gleich (Kostenarten-, -stellen- und -trägerrechnung), auch die in den einzelnen Teilgebieten vorgestellten Verfahren (z.B. Ermittlung von Materialkosten, innerbetriebliche Leistungsverrechnung oder Kalkulation) werden nach den gleichen Prinzipien durchgeführt. So werden die fixen von den variablen Kosten separiert und die Kostenträgerrechnung nur noch mit den variablen Kosten durchgeführt. Die fixen Kosten werden nicht mehr auf das einzelne Produkt bzw. die einzelne Leistung verrechnet, sondern sie gehen in einer Summe in die Betriebsergebnisrechnung ein.

Die Systematik der Teilkostenrechnung ist also, dass pro Produkt/Leistung ein **Deckungsbeitrag** ermittelt wird. Der „Stück-Deckungsbeitrag" ergibt sich aus der Differenz zwischen dem Erlös und den variablen Stückkosten. Er wird mit der jeweiligen Menge multipliziert und schließlich zu einem Gesamt-Deckungsbeitrag addiert:

Deckungsbeitrag = Erlös − variable Stückkosten

Um den Unternehmensgewinn ausweisen zu können, muss hierzu noch die Summe der fixen Kosten abgezogen werden (s. Abb. 46). Wirtschaftlich sinnvoll

2 Kosten- und Erlösrechnung im Krankenhaus

ist die Erstellung eines Produktes bzw. einer Leistung nach der Teilkostenrechnung dann, wenn der Deckungsbeitrag größer Null ist. Dies gilt natürlich nur für kurzfristige Betrachtungen, langfristig sollten immer alle Kosten gedeckt sein.

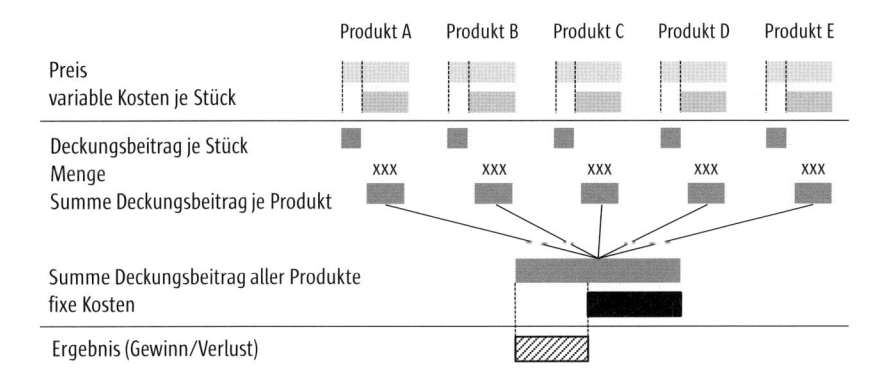

Abb. 46 Systematik der Teilkostenrechnung

In vielen Unternehmen wird parallel zur Vollkostenrechnung eine Deckungsbeitrags- bzw. Teilkostenrechnung durchgeführt (s. Kap. III.2.5.3). Einerseits stellt die Vollkostenrechnung wichtige Informationen bereit, z.B. zur Ermittlung des Gewinns je Leistung oder von internen Verrechnungspreisen oder der Bewertung von Vorratsvermögen zu Herstellungskosten. Zudem ist sie Entscheidungshilfe für die Preisgestaltung (im Krankenhaus z.B. bei bestimmten Zusatzentgelten). Andererseits weist sie aber auch die genannten Schwachstellen auf (mangelhafte Informationsbasis für kurzfristige Entscheidungen, Schwierigkeiten bei der verursachungsgerechten Schlüsselung der Fixkosten), welche die Teilkostenrechnung ausgleichen kann.

> Die **Vollkostenrechnung** verteilt alle Kosten auf die Kostenträger und kann dabei zu Fehlentscheidungen z.B. bei der Bewertung von Auslastungen führen.

> Die **Teilkostenrechnung** verrechnet nur die variablen Kosten auf die Kostenträger und ist für kurzfristige Entscheidungen besser geeignet.

Durch den parallelen Einsatz von Voll- und Teilkostenrechnung kann auch der Nachteil der Teilkostenrechnung, nämlich die Behandlung der Fixkosten als „Black Box", überwunden werden. Aber auch durch eine sogenannte **mehrstufige Deckungsbeitragsrechnung**, die eine Weiterentwicklung der einfachen Teilkostenrechnung darstellt, ist dies möglich (zur näheren Erläuterung, s. Kap. III.2.5.3).

2.5.3. Möglichkeiten für die Deckungsbeitragsrechnung im Krankenhaus

Im Krankenhaus ist die Durchführung einer Vollkostenrechnung zur Erfüllung der in § 8 KHBV genannten Pflichten trotz der bereits erläuterten Probleme vorgeschrieben. Zudem basieren die DRG-Erlöse sowie die zugrunde liegende InEK-Kalkulation auf den Prinzipien der Vollkostenrechnung. Neben den prinzipiellen Schwierigkeiten bei der Verteilung der Fixkosten, die nicht verursachungsgerecht sein kann, suggeriert die Vollkostenrechnung eine Variabilität der Fixkosten, die in der Realität nicht gegeben ist. So sind die Fixkosten zwar schnell aufgebaut (z.B. werden Mitarbeiter eingestellt, neue Gebäude oder Apparate gemietet etc.), jedoch aufgrund von technischen, wirtschaftlichen oder vertraglichen Gründen nicht mehr so schnell abbaubar. Dieses Phänomen der sogenannten „**Fixkostenremanenz**" wurde in Kapitel III.2.1.1.1 behandelt. Zum anderen hängen die Stückkosten von der produzierten Menge ab, da die fixen Kosten auf mehr oder weniger Stück verteilt werden. In diesem Zusammenhang sei die **Fixkostendegression** erwähnt, d.h. die abnehmenden Stückkosten bei steigender Menge aufgrund der Verteilung der Fixkosten auf eine höhere Stückzahl (s. Kap. III.2.1.1). Folgendes Beispiel soll die Wirkung der Fixkostendegression veranschaulichen:

Beispiel zur Fixkostendegression:

Ein Krankenhaus weist Fixkosten in Höhe von 1.000.000 € pro Monat auf, welche sich aus den Gehältern der Mitarbeiter, Miet- und Leasingkosten sowie Abschreibungen zusammensetzen. Jeder Fall einer bestimmten DRG weist variable Sachkosten in Höhe von 100 € auf.

Bei 1.000 Fällen fallen also folgende Kosten an:

1.000.000 € + 1.000 Fälle x 100 €/Fall = 1.100.000 €

Für die Kalkulation der Kosten eines einzelnen Falls kann eine einfache Divisionskalkulation durchgeführt werden, da es sich in diesem einfachen Beispiel um einen abgegrenzten Bereich mit einer einzigen Dienstleistung handelt. Pro Fall fallen demnach also Kosten an in Höhe von:

1.100.000 € / 1.000 Fälle = 1.100 €/Fall

Bei 2.000 Fällen ergeben sich Gesamtkosten in Höhe von:

1.000.000 € + 2.000 Fälle x 100 €/Fall = 1.200.000 €

Umgerechnet auf einen einzelnen Fall sinken die Kosten nun also auf:

1.200.000 € / 2.000 Fälle = 600 €/Fall

Um keine falschen Entscheidungen zu treffen, sollten die Fixkosten also aus der Kalkulation der Kosten für eine hergestellte Leistung eliminiert werden, da diese korrekt nur in einem Fixkostenblock dargestellt werden sollten. Wie oben beschreiben, ist der Deckungsbeitrag die Differenz aus Erlösen und variablen Kosten je Stück, also der Betrag, der einen Beitrag zur Deckung der ohnehin vorhandenen fixen Kosten des Unternehmens leistet. Wurden genügend Deckungsbeiträge zur Deckung der fixen Kosten erwirtschaftet, kommt das Unternehmen in die Gewinnzone. Die Menge, bei der gerade ein Gewinn von Null erreicht wird, nennt man **Break-Even-Point oder Gewinnschwelle**. Nachfolgendes Beispiel erläutert die Berechnung:

Beispiel zur Gewinnschwellenermittlung:

Ein Labor, welches aus Vereinfachungsgründen nur eine bestimmte Laborleistung anbietet, hat monatliche fixe Kosten für Miete, Zinsen und eine Hilfskraft in Höhe von 24.000 €. Der Preis für eine dieser Laborleistungen beträgt 0,60 €. Die Kosten für Einmalprodukte und chemische Substanzen betragen dabei 0,20 €.

Bei wie vielen Leistungen erwirtschaftet das Labor einen Gewinn? Wie hoch ist der maximale Gewinn, wenn höchstens 150.000 Leistungen pro Monat hergestellt werden können?

Zur Ermittlung der Gewinnschwelle werden die Erlöse (0,60 € x Anzahl Leistungen) den Kosten (24.000 € + 0,20 € x Anzahl Leistungen) gegenübergestellt und gleichgesetzt. Wenn man diese Gleichung nach der Anzahl der Leistungen auflöst, ergibt sich ein Wert von **24.000 €/0,4 € = 60.000 Leistungen**. Ab dieser Anzahl an Leistungen wird also ein Gewinn erzielt, darunter ein Verlust. Bei der Kapazitätsgrenze kann ein Gewinn erzielt werden von:

0,6 €/Leistung x 150.000 Leistungen − 24.000 € − 0,2 €/Leistung x 150.000 Leistungen = 36.000 €

Dies kann auch noch anders gerechnet werden: Es ergibt sich pro Leistung ein Deckungsbeitrag von

0,6 €/Leistung − 0,2 €/Leistung = 0,4 €/Leistung

Der Gewinn ergibt sich nun aus dem Gesamt-Deckungsbeitrag

150.000 Leistungen x 0,4 €/Leistung = 60.000 €

abzüglich der Fixkosten von 24.000 €, also insgesamt **36.000 €**.

> Die **Gewinnschwelle oder Break-Even-Point** gibt an, ab welcher Stückzahl ein Gewinn im Unternehmen erzielt wird. Voraussetzung hierfür ist ein positiver Deckungsbeitrag pro Stück.

Die Gewinnschwelle kann auch graphisch hergeleitet werden (s. Abb. 47). Hierbei wird unterstellt, dass die variablen Kosten und die Erlöse linear verlaufen (d.h. gleiche variable Stückkosten bzw. gleicher Preis, unabhängig davon, welche Menge produziert bzw. verkauft wird). Die Gewinnschwelle ergibt sich also dort, wo die Erlöse gleich den Kosten sind.

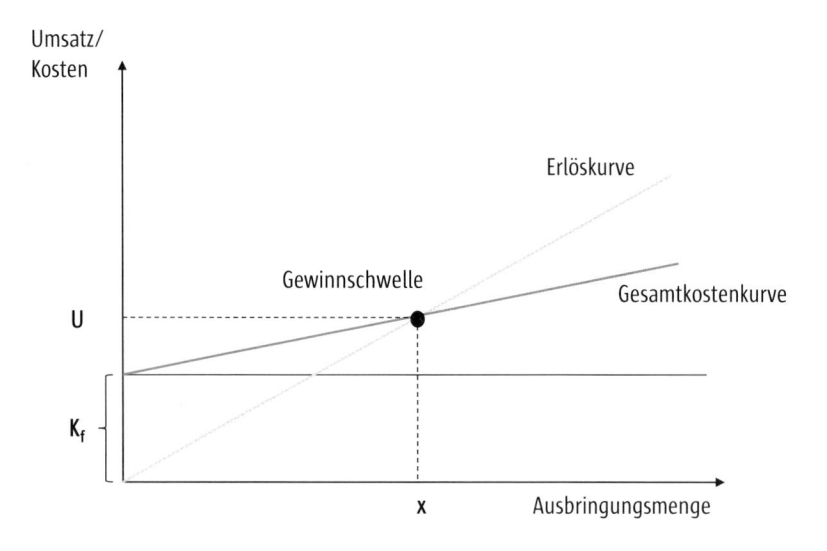

Abb. 47 Graphische Ermittlung der Gewinnschwelle

Eine weitere Einsatzmöglichkeit der Deckungsbeitragsrechnung ist die Ermittlung von **Preisuntergrenzen**. Kurzfristig macht es Sinn, einen Preis für ein Produkt oder eine Leistung zu akzeptieren, wenn dieser zumindest die variablen Kosten deckt, d.h. ein positiver Deckungsbeitrag erzielt werden kann. Kurzfristig sind nämlich die fixen Kosten nicht zu reduzieren und jeder noch so kleine Deckungsbeitrag trägt zur Deckung der Fixkosten bei. Die **variablen Kosten stellen also die kurzfristige Preisuntergrenze** dar. Dies mag aus ökonomischer Sicht ein Parameter dafür sein, ob z.B. Labor-, Kantinen- oder Röntgenleistungen des Krankenhauses auch für Externe (z.B. Patienten anderer Krankenhäuser oder niedergelassener Ärzte) angeboten werden sollen. Langfristig gesehen müssen natürlich alle Kosten für ein Produkt bzw. eine Leistung gedeckt werden, d.h. **die langfristige Preisuntergrenze sind die vollen Stückkosten**. Deshalb ist es wichtig, parallel eine Voll- und eine Teilkostenrechnung zu etablieren, um solche Entscheidungen untermauern zu können.

> **Langfristig** müssen alle Kosten eines Produktes bzw. einer Dienstleistung durch den Erlös gedeckt sein („langfristige Preisuntergrenze").
>
> **Kurzfristig** müssen nur die variablen Kosten eines Produktes bzw. einer Dienstleistung durch den Erlös gedeckt sein („kurzfristige Preisuntergrenze").

Schließlich können mit Hilfe eines **relativen Deckungsbeitrages** Produkte aus wirtschaftlicher Sicht priorisiert werden. Dies ist dann notwendig, wenn mehrere Leistungen eines Unternehmens positive Deckungsbeiträge aufweisen und somit bis zur Absatzhöchstgrenze hergestellt werden sollten, dies jedoch aufgrund von Kapazitätsbeschränkungen nicht möglich ist. Hier sind Engpässe bei Maschinen oder im Personalbereich denkbar. Im Rahmen einer internen Budge-

2 Kosten- und Erlösrechnung im Krankenhaus

tierung sollte dann das Produkt ausgewählt werden, welches in Relation zum jeweiligen Engpassfaktor den höchsten Deckungsbeitrag aufweist (s. Kap. III. 3.2.1).

Die Frage stellt sich nun, wie im Krankenhaus eine **Kostenauflösung** zwischen fixen und variablen Kosten vorgenommen werden kann. In der Praxis haben sich bei Industrieunternehmen mehrere Verfahren herausgeschält. So wird zwischen analytischen und statistischen Methoden unterschieden. Bei den **analytischen Methoden** (z.B. einstufige oder mehrstufige analytische Kostenauflösung) wird durch eine genaue Analyse der einzelnen Kostenarten versucht herauszufinden, ob und ggf. zu welchem Ausmaß sich eine Kostenart bei Beschäftigungsschwankungen ändert. Bei den **statistischen Methoden** (z.B. buchtechnisch-statistische Kostenauflösung, Streupunktdiagramme, Methode der kleinsten Quadrate) wird versucht, den Aufwand etwas geringer zu halten und anhand der vorliegenden Daten der Kostenarten der letzten Periode das Verhalten bei Beschäftigungsschwankungen zu berechnen. Im Krankenhaus ist eine Aufteilung zwischen Einzel- und Gemeinkosten vorgeschrieben, zwischen fixen und variablen Kosten jedoch nicht. Auf Basis der Kostenartenuntergruppen im Rahmen der InEK-Kalkulation (s. Tab. 53) sollte krankenhausindividuell eine Aufspaltung im Rahmen einer der oben genannten Methoden erfolgen (auf diese wird hier nicht näher eingegangen, siehe hierzu z.B. Coenenberg et al. 2012a, S. 78–82). Somit könnte ein Ergebnis der Fallkalkulation folgendermaßen aussehen (s. Tab. 57).

Im Beispiel der Tabelle 57 beträgt das Relativgewicht 1,953 für die Fallpauschale H08A (Laparoskopische Cholezystektomie mit sehr komplexer oder komplizierender Diagnose) laut Fallpauschalenkatalog 2014. Bei einem angenommenen Basisfallwert für ein Krankenhaus von 3.100 € ergibt sich also ein Erlös in Höhe von 6.054,30 €. Die durchschnittlichen Gesamtkosten betragen laut InEK-Kalkulation 5.397,99 €. Die im Beispiel angenommenen variablen Kosten wurden in der betriebsinternen Teilkostenrechnung mit 1.400 € errechnet (hier sollte je Kostenart ein prozentualer Wert ermittelt werden, in diesem Beispiel Personalkosten Ärztlicher Dienst zu 10%, Arzneimittel zu 80% oder medizinische Infrastruktur zu 5% variabel). Somit ergibt sich ein Fall-Ergebnis von 656,31 € und ein Fall-Deckungsbeitrag von 4.654,30 €. Die anteiligen Fixkosten betragen demnach 3.998 €. Falls die Bewertungsrelation oder der Basisfallwert sinken würden, macht es kurzfristig betriebswirtschaftlich Sinn, diese Leistung anzubieten, solange die Erlöse höher als die variablen Kosten in Höhe von 1.400 € liegen. Langfristig müssen jedoch alle Kosten in Höhe von 5.397,99 € durch die Erlöse gedeckt sein.

Die Entscheidung, welche Leistungen angeboten werden, ist natürlich nicht nur betriebswirtschaftlich zu fällen. Sie hängen auch vom Versorgungsauftrag des Krankenhauses, der Konkurrenzsituation und den Fähigkeiten sowie Kapazitäten der Mitarbeiterinnen und Mitarbeiter des Krankenhauses ab. Die Gewinnschwelle für eine DRG kann, wenn die gesamten Fixkosten bei der derzeit hergestellten Anzahl an Fällen bekannt ist, analog dem obigen Beispiel bzw. graphisch wie in Abbildung 47 bestimmt werden.

III Internes Rechnungswesen

Tab. 57 Kostenverteilung für die Fallpauschale H08A (adaptiert von Medinfoweb.de 2015) (aufgrund von Rundungen ergeben sich leichte Abweichungen bei den Nachkommastellen in der Summenspalten bzw. -zeile)

Kostenbereich	Personalkosten			Sachkosten				Personal- und Sachkosten		SUMME
	1. Ärztlicher Dienst	2. Pflegedienst	3. Medizinisch/ technischer Dienst	4. Arzneimittel	5. Implantate/ Transplantate	6. Übriger medizinischer Bedarf	7. Medizinische Infrastruktur	8. Übrige Infrastruktur	
1 Normalstation	463,85	706,36	35,59	80,73	0,00	73,73	221,40	695,80	2.277,46
2 Intensivstation	89,71	186,31	0,86	20,16	0,00	27,11	34,82	91,33	450,29
3 Dialyseabteilung	0,00	0,00	0,00	0,00	0,00	0,00	0,00	0,00	-
4 OP-Bereich	279,09	0,00	221,05	9,33	3,12	265,87	124,09	167,26	1.069,81
5 Anaesthesie	211,59	0,00	141,88	12,93	0,00	41,16	27,37	56,23	491,15
6 Kreißsaal	0,00	0,00	0,00	0,00	0,00	0,00	0,00	0,00	-
7 Kard. Diagn./Therapie	0,89	0,00	0,52	0,00	0,00	0,05	0,11	0,50	2,07
8 Endosk. Diagn./Therapie	88,73	0,00	90,16	4,00	13,34	132,93	44,19	60,00	433,34
9 Radiologie	37,83	0,00	46,16	1,35	2,07	64,38	18,97	29,21	199,97
10 Labor	13,77	0,00	84,79	15,97	0,00	100,21	10,55	33,28	258,57
11 Übrige diagnostische/therapeutische Bereiche	65,87	4,58	76,35	2,64	0,00	11,19	13,26	41,44	215,33
SUMME	1.251,32	897,25	697,35	147,10	18,53	716,63	494,75	1.175,06	5.397,99
Angenommener Anteil variabler Kosten:	10%	20%	20%	80%	100%	80%	5%	19%	
Angenommene variable Kosten je Fall:	125,13	179,45	139,47	117,68	18,53	573,30	24,74	221,70	1.400,00
Angenommener Anteil fixer Kosten:	90%	80%	80%	20%	0%	20%	95%	81%	
Angenommene fixer Kosten je Fall:	1.126,19	717,80	557,88	29,42	-	143,33	470,02	953,36	3.998,00

2 Kosten- und Erlösrechnung im Krankenhaus

Mit Informationen über Deckungsbeiträge, Preisuntergrenzen und Gewinnschwellen können nun das Leistungsangebot einer Fachabteilung analysiert und ggf. Handlungsmaßnahmen eingeleitet werden, z.B. Fallzahlsteigerung über die Gewinnschwelle hinaus, Kostenreduktion im variablen oder fixen Bereich sowie „Vermarktung" besonders gewinnträchtiger DRGs (soweit der medizinische Bedarf hierfür gegeben ist).

Die bisher aufgezeigten Möglichkeiten für die Verwendung der Informationen aus der Deckungsbeitragsrechnung basieren auf der sogenannten **einstufigen Deckungsbeitragsrechnung, auch „direct costing"** genannt. Hierbei werden die Fixkosten in einem Block separiert und nicht mehr auf die einzelnen Leistungen, sondern nur im Rahmen des Gesamt-Betriebsergebnisses zugerechnet. Nachdem die Fixkosten im Krankenhaus jedoch den überwiegenden Teil der Kosten ausmachen, ist diese Vorgehensweise unbefriedigend, da eine große „black box" entsteht. Die **mehrstufige Deckungsbeitragsrechnung** versucht nun, diesen Fixkostenblock aufzulösen und, wenn auch nicht den einzelnen Kostenträgern wie in der Vollkostenrechnung, stufenweise zumindest den einzelnen Produktarten, Abteilungen oder Bereichen zuzuordnen. Mit diesem stufenweisen Vorgehen wird erreicht, dass die Fixkosten genauer analysiert, so verursachungsgerecht wie möglich den einzelnen betrieblichen Bereichen zugeordnet werden und so eine bessere Steuerung des Unternehmens erreicht werden kann. Die Zuordnung der fixen Kosten kann dabei anhand von Mitarbeiter- oder Betriebsstunden, Flächenbedarf oder sonstigen Schlüsselgrößen erfolgen. Tabelle 58 zeigt ein Beispiel einer solchen mehrstufigen Deckungsbeitragsrechnung:

Tab. 58 Beispiel einer mehrstufigen Deckungsbeitragsrechnung (Fleßa 2014, S. 141)

	Abteilung Chirurgie		Abteilung Innere Medizin		
	Bypass	Appendektomien	Diabetes	Rheuma	Herzinfarkte
Nettoerlöse	2.000.000	4.000.000	1.000.000	1.500.000	3.000.000
– variable Kosten	400.000	250.000	100.000	300.000	100.000
= DB I	1.600.000	3.750.000	900.000	1.200.000	2.900.000
– Diagnosefixkosten	200.000	100.000	0	0	200.000
= DB II	1.400.000	3.650.000	900.000	1.200.000	2.700.000
– Abteilungsfixkosten	2.500.000		2.800.000		
= DB III	2.550.000		2.000.000		
– Unternehmensfixkosten	4.500.000				
= Betriebsergebnis	50.000				

Problematisch bei der einstufigen Deckungsbeitragsrechnung ist die Behandlung der Fixkosten als „black box".

> Die **mehrstufige Deckungsbeitragsrechnung** versucht, die Fixkosten auf verschiedene Hierarchieebenen wie einzelne Unternehmensbereiche oder Produktgruppen aufzuteilen.

Die Deckungsbeitragsrechnung stellt im Krankenhaus eine sinnvolle Ergänzung zur gesetzlich geforderten Vollkostenrechnung dar. Hiermit können Aussagen zur wirtschaftlichen Erbringung von Leistungen getroffen werden sowie Gewinnschwellen, Preisuntergrenzen und wirtschaftliche Favoritenlisten einzelner Leistungen ermittelt werden. Voraussetzung hierfür ist allerdings eine klare Trennung der variablen von den fixen Kosten sowie in der mehrstufigen Deckungsbeitragsrechnung eine möglichst verursachungsgerechte Zuordnung der Fixkosten auf die einzelnen Unternehmensbereiche oder Produktgruppen des Krankenhauses. Diesem erhöhten Aufwand in der Kostenrechnung steht aber ein hoher Nutzen gegenüber, sodass dieser Schritt mit Unterstützung durch eine geeignete Software sinnvoll ist.

3. Instrumente zur Steuerung der Kosten und Erlöse

3.1. Von der Kosten- und Erlösrechnung zur Kosten- und Erlössteuerung

In den vorangegangenen Kapiteln wurde die Systematik der Kosten- und Erlösrechnung allgemein sowie spezifisch für Krankenhäuser erläutert und dabei insbesondere auf die Instrumente und Methoden in den einzelnen Teilsystemen Kostenarten-, -stellen- und -trägerrechnung eingegangen. Dabei wurde deutlich, dass die Kostenrechnung Informationen generiert, welche vor allem für kurzfristige Entscheidungen verwendet werden (darüber hinaus können auch bereits strategische Entscheidungen wie z.B. die Festlegung des Leistungsportfolios mit wirtschaftlichen Informationen vorbereitet werden). In Kapitel III.2.5.3. wurden darüber hinaus einige Beispiele gegeben, für welche Entscheidungen diese Informationen sinnvoll gebraucht werden können.

Controlling begnügt sich jedoch nicht mit der Analyse der Entstehung und der Darstellung von Kosten und Erlösen, sondern es existieren darauf aufbauend zahlreiche Instrumente für die Steuerung. Controller gestalten und begleiten damit den gesamten Management-Prozess der **Zielfindung, Planung und Steuerung**; sie sind die betriebswirtschaftlichen Berater des Managements eines Unternehmens (siehe zum Controlling im Krankenhaus auch Straub u. Sperling 2011). In dieser Funktion benötigen sie viele Informationen aus dem Rechnungswesen und geben diese in aufbereiteter Form weiter (Berichtswesen). Der Controlling-Prozess lässt sich in folgendem **Regelkreis** darstellen (s. Abb. 48):

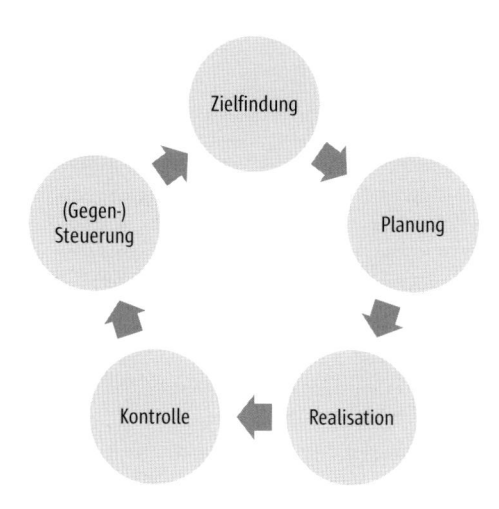

Abb. 48 Regelkreis des Controllings

> **Controlling** ist die Gestaltung und Begleitung des Management-Prozesses der Zielfindung, Planung und Steuerung.

Wichtigste Aufgabe des Controllings ist hierbei die Unterstützung des Managements bei der Planung und der Kontrolle. So sind die **Ziele** des Unternehmens zu quantifizieren, um sie als Zielvorgaben verwenden und später kontrollieren zu können (s. Kap. III.3.2.3 zu Kennzahlen). Dazu muss eine zielgerichtete **Planung** des Unternehmens erfolgen, um letztendlich ein Erlös- und Kostenbudget aufstellen zu können (s. Kap. III.3.2.1 zur operativen Planung). Schließlich muss die Struktur bzw. Aufbauorganisation des Unternehmens so gestaltet werden, dass die Ziele bzw. Planzahlen auch erreicht werden können (s. Kap. III.3.2.2 zu Center-Strukturen). Falls bei der **Kontrolle** auffällt, dass die Ziele nicht eingehalten werden können, muss gegengesteuert werden. Dies kann in Form von Erlös- und/oder Kostenoptimierungen geschehen. Maßnahmen im Rahmen der Kostensteuerung sind in der Regel längerfristig angelegt und werden damit von der eher kurzfristig ausgelegten Kostenrechnung oftmals nicht ausreichend mit Informationen versorgt. Hier kommt z.B. eine bessere Ermittlung und Zuordnung der Kosten in Form der **Prozesskostenrechnung** (s. Kap. III.3.3.1) oder der **Zielkostenrechnung** (s. Kap. III.3.3.2) infrage. Zur mittel- bis langfristigen Senkung der Kosten (insbesondere der Fixkosten) existieren Instrumente wie die **Gemeinkostenwertanalyse** oder die **Erfahrungskurve** (s. Kap. III.3.3.3).

Die Kosten- und Erlösrechnung stellt also Informationen zu Kosten und Erlösen auf verschiedenen Ebenen (Produkt/Leistung, Kostenstelle, Gesamtunternehmen) bereit, mit denen dann im Controlling bzw. im Management die Steuerung des Unternehmens bewerkstelligt wird. Einige ausgewählte Instrumente hierzu werden nun in den folgenden Kapiteln vorgestellt.

3 Instrumente zur Steuerung der Kosten und Erlöse

3.2. Instrumente zur operativen Steuerung

Dr. Zipse und sein Chefarzt Prof. Wittig sitzen nun zusammen und brüten über den Daten der Kostenarten-, -stellen- und -trägerrechnung sowie der damit zusammenhängenden Erfolgsrechnung. Es stellt sich ihnen nun die Frage, welche Maßnahmen zur Gegensteuerung der bestehenden Probleme eingeleitet werden können. Da die meisten Kosten der Klinik für Allgemein-, Viszeral- und Gefäßchirurgie kurzfristig nicht veränderbar sind, müssen spezifische Steuerungsinstrumente implementiert bzw. die bestehenden modifiziert werden, um zumindest im nächsten Jahr die „schwarze Null" zu erreichen. Die beiden Ärzte wollen der Geschäftsführung einen Vorschlag bzgl. der erforderlichen Instrumente unterbreiten. Deshalb sind folgende Fragen zu klären:

- Wie kommt das Budget überhaupt zustande?
- Wie werden Kosten geplant und die Abweichungen zu den realisierten Kosten gemessen?
- Welche aufbauorganisatorischen Möglichkeiten bietet die Center Struktur, um Planungen besser zu gestalten und die Motivation für dessen Einhaltung zu steigern?
- Welche Vor- und Nachteile haben die verschiedenen Methoden zur Bestimmung von internen Verrechnungspreisen innerhalb einer Center Struktur?
- Inwieweit kann ein aussagefähiges Kennzahlensystem, z.B. in Form der Balanced Scorecard, die Führungskräfte eines Krankenhauses bei der operativen Steuerung unterstützen?

3.2.1. Interne Budgetierung

Im folgenden Abschnitt werden die Notwendigkeit, die grundsätzlichen Inhalte und detailliert einige Teilbereiche der internen Budgetierung beschrieben. Zunächst wird kurz dargelegt, was die wesentlichen Inhalte eines Budgets sind sowie auf deren Zwecke und Methoden eingegangen. Anschließend wird die Leistungsplanung aus wirtschaftlichen Gesichtspunkten dargelegt und an Beispielen zur Berechnung eines relativen Deckungsbeitrags sowie der Verweildauersteuerung veranschaulicht. Auf der Kostenseite wird die wichtigste Position, die Personalkosten, herausgegriffen und näher auf die Personalbedarfsplanung eingegangen, ehe nur kurz die Sachkostenplanung beschrieben wird.

Grundlagen der Internen Budgetierung

Eine entscheidende Aufgabe im Unternehmen ist es, die festgelegten strategischen Ziele in operative Ziele zu verwandeln (s. Kap. III.3.2.3 zur Balanced Scorecard) und diese schließlich umzusetzen. Um Ziele erreichen zu können, sollten diese **SMART** sein – **S**pezifisch, **M**essbar, **A**kzeptiert, **R**ealistisch und **T**erminiert. Es ist notwendig, diese zu quantifizieren, auf einzelne Unternehmensbereiche herunterzubrechen und mit diesen zu vereinbaren. Dies sind die Aufgaben der Planung, einem der Hauptbereiche des Controllings.

Geplant werden können zunächst einmal **Sachziele**, z.B. welche Leistungen bzw. Produkte können zu welchem Preis verkauft werden, welche Infrastruktur (Gebäude, Maschinen, Fahrzeuge etc.) wird hierfür benötigt oder welcher Personal- und Materialeinsatz ist damit verbunden. Aus diesen Sachzielen werden dann sogenannte **Formalziele** gebildet, d.h. in Euro ausgedrückte Größen wie z.B.

Umsatz, Personal- und Materialkosten oder Investitionen. Diese Planung wird in Form eines Budgets (französisch „bougette" für kleine Geldbörse) festgehalten.

Ein **Budget** ist ein in Geldbeträgen formulierter Plan von zukünftigen, erwarteten Einnahmen bzw. Erlösen und Ausgaben bzw. Kosten. Es beinhaltet die Erstellung und Kontrolle formalzielorientierter Pläne mit dem Ziel der korrekten Prognose der Unternehmensentwicklung für höchstens ein Jahr und gibt damit den Rahmen für eigenverantwortliches Wirtschaften der Unternehmensbereiche vor. Dabei sollen auch die Teilbereiche bzw. -pläne des Unternehmens miteinander koordiniert und die Motivation der handelnden Personen im operativen Bereich sichergestellt werden. Letzteres soll durch größere Autonomie und damit Verantwortungsspielräume sowie klare Zielvorgaben erreicht werden.

> Ein **Budget** ist ein in Geldbeträgen formulierter Plan von erwarteten Erlösen und Kosten und wird höchstens für ein Jahr aufgestellt.

Es werden für den Absatz-, Produktions-, Lager-, Verwaltungs-, Vertriebs- und Finanzbereich eigene **Teilpläne** erstellt. Hier wird üblicherweise auf die Rechengrößen der Kostenrechnung zurückgegriffen, folglich auf Kosten und Erlöse auf Kostenstellenebene. In den letzten Kapiteln wurde dargestellt, wie die Kosten- und Erlösrechnung ex post, d.h. als Kontrollrechnung im Nachhinein auf Ist-Kostenbasis, durchgeführt wird. Die gleiche Systematik kann nun ex ante als **Plan-Kostenrechnung** angewandt werden. Durch den Abgleich der Ist- mit den Plankosten können **Abweichungen** erkannt und rechtzeitig Maßnahmen zur **Gegensteuerung** eingeleitet werden. Den Entscheidungsträgern eines Unternehmens wird diese Information im Rahmen eines Berichtswesens durch das Controlling in der Regel monatlich bereitgestellt. Zudem muss die grundsätzliche **Vorgehensweise der Planung** geklärt sein: Gibt es hauptsächlich Vorgaben von der Geschäftsführung („**top-down**"), können die operativen Stellen überwiegend für sich selbst planen („**bottom-up**") oder ergibt sich ein Mix von beiden Formen („**Gegenstromverfahren**"). Ebenfalls ist festzulegen, welche Stelle in welcher Form wann und an wen Informationen liefert. Schließlich müssen Kontrollmechanismen eingeführt werden, um die geplanten Budgetzahlen zu kontrollieren und ggf. bei Nicht-Erreichung der gesetzten Ziele Maßnahmen zur Gegensteuerung einzuleiten.

Im Krankenhaus existieren zwei verschiedene Budgetarten: das externe und das interne Budget. Neben dem eben kurz skizzierten internen Budget, welches zielorientiert die Kosten und Erlöse für ein Jahr plant, gibt es ein **externes Budget**. Hiermit ist die Leistungsvereinbarung zwischen dem Krankenhaus und den Krankenkassen gemeint. Es werden für das jeweils folgende Jahr Art und Menge der zu erbringenden Fallpauschalen, Zusatzentgelte, NUBs etc. vereinbart. Durch die anschließende monetäre Bewertung (z.B. anhand des Basisfallwerts bei den Fallpauschalen) ergibt sich ein **Erlösbudget**. Falls von diesem Budget abgewichen wird, werden im Fall einer Mengensteigerung nachträglich Mittel („**Mehrerlöse**") gewährt um die zusätzlichen variablen Kosten zu decken. Im Fall einer Mengenuntererfüllung werden Mittel abgezogen („**Mindererlöse**"), um zu gewährleisten,

3 Instrumente zur Steuerung der Kosten und Erlöse

dass zumindest die fixen Kosten gedeckt sind, die nicht entstandenen variablen Kosten jedoch nicht erstattet werden. Das externe Budget ist damit im Grunde ein Finanzierungsinstrument und wird in Kapitel I.1.3 näher behandelt.

> Im Krankenhaus werden zwei Budgets erstellt: Das **externe Budget**, welches die Leistungsvereinbarung zwischen dem Krankenhaus und den Krankenkassen widergibt, und das **interne Budget**, welches die Verteilung der Kosten und Erlöse auf die Unternehmensbereiche festlegt.

Im Rahmen der **internen Budgetierung**, welche im Bereich der Leistungsplanung auf dem externen Budget aufsetzen sollte, müssen nun die Erlöse und Kosten des nächsten Jahres auf Kostenstellenebene geplant werden. Um Unwirtschaftlichkeiten nicht weiterzutragen, sollte eine reine **Fortschreibungsbudgetierung** auf Basis von Vergangenheitswerten vermieden werden. Methodisch besser ist es, zunächst durch eine Marktanalyse eine möglichst genaue Leistungsplanung zu erstellen (welche in das externe Budget einfließt) und dann auf dieser Basis die notwendigen Investitionen und Betriebskosten zu ermitteln. Im Krankenhaus mit einem sehr hohen Anteil an Fixkosten sind große Schwankungen in der Beschäftigung von einem auf das andere Jahr aufgrund von Kündigungsfristen bzw. anderen längerfristig laufenden Verträgen nur sehr bedingt darstellbar. Darum wird trotz aller Nachteile in der Regel das Leistungsprogramm ausgehend von der vorhandenen Kapazität mit Anpassungen an das nächste Jahr geplant, z.B. hinsichtlich Wettbewerbssituation, eventuell räumliche und personelle Veränderungen oder Bevölkerungsentwicklung. Es kann dabei ohnehin nur ein Teil der Leistungen einigermaßen sicher geplant werden, nämlich die elektiven Fälle. Notfälle lassen sich zwar anhand von Erfahrungswerten schätzen, können jedoch von Jahr zu Jahr deutlich in Art und Menge abweichen.

Leistungsplanung nach wirtschaftlichen Gesichtspunkten

Zudem ist die Frage, nach welchen Gesichtspunkten die Planung der Leistungen erfolgen soll. Ein Krankenhaus hat einen Versorgungsauftrag zu erfüllen. Es ist also nicht vollkommen frei in seiner Leistungserstellung. Innerhalb dieser Grenzen können jedoch v.a. im elektiven Bereich Schwerpunkte gesetzt werden, z.B. durch entsprechende bauliche, apparative und personelle Investitionen, durch Leistungsausweitung (z.B. Zentrumsbildung) oder Marketingmaßnahmen. Neben fachlichen und qualitativen Überlegungen sind bei der Leistungsplanung bzw. Schwerpunktbildung auch wirtschaftliche Aspekte einzubeziehen, um die Verteilung der knappen Ressourcen sinnvoll zu gestalten. Wie bereits dargestellt, kann pro DRG oder zumindest pro Fallgruppe ein Gewinn (Erlöse abzüglich voller Kosten) oder ein Deckungsbeitrag (Erlöse abzüglich variabler Kosten abzüglich eventuell anteiliger Fixkosten für die Fallgruppe) gerechnet werden.

Allerdings darf nicht allein aufgrund eines höheren Fallgewinns darauf geschlossen werden, dass dieser wirtschaftlich besser wäre als ein anderer Fall. Der Entscheidungsparameter bei kurzfristigen Maßnahmen und noch freien Kapazitäten muss immer der Deckungsbeitrag sein. Darüber hinaus muss, falls Engpässe z.B. beim Personal oder einer Apparatur (CT, MRT etc.) bestehen, der **relative**

Deckungsbeitrag als Entscheidungskriterium verwendet werden (s. Kap. III.2.5.3). Dieser errechnet sich, indem man den Deckungsbeitrag einer Leistung in Relation zu der Anzahl der benötigten Engpasseinheiten setzt. Die Leistung bzw. das Produkt, welches pro Engpasseinheit (z.B. CT-Minute) den höchsten Deckungsbeitrag erwirtschaftet, sollte vorrangig hergestellt werden. Dies soll anhand eines Beispiels verdeutlicht werden:

Beispiel zur Leistungsplanung anhand wirtschaftlicher Aspekte:

Eine Abteilung erbringt ausschließlich drei Fallpauschalen A, B und C. Dort arbeiten 18 Vollzeitkräfte mit monatlichen Personalkosten in Höhe von 90.000 €. Die Abteilung weist aufgrund der Personaldecke eine monatliche Kapazität von 2.350 Stunden auf. Des Weiteren sind folgende Daten bekannt (adaptiert nach Schlüchtermann 2013, S. 374):

	Fallgruppe A	Fallgruppe B	Fallgruppe C
Preis (Fallpauschale)	2.600 €	2.500 €	1.600 €
variable Kosten (Einzelkosten)	300 €	800 €	350 €
Stunden Personaleinsatz pro Fall	55 h	65 h	20 h
Anzahl pro Monat	20	10	30
Anteile fixe Kosten (Gemeinkosten)	2.000 €	2.000 €	1.000 €
Gesamtkosten je Fall (Einzelkosten + Gemeinkosten)	2.300 €	2.800 €	1.350 €
Gewinn pro Fall (Preis – Gesamtkosten)	300 €	– 300 €	250 €
Deckungsbeitrag (Preis – variable Kosten)	2.300 €	1.700 €	1.250 €
relativer Deckungsbeitrag (DB pro Personalstunde)	42 €/h	26 €/h	63 €/h

Fallpauschale A und C erwirtschaften damit einen Gewinn, B einen Verlust. Daraus könnte man den Schluss ziehen, die Fallpauschale B nicht mehr anzubieten sowie die Fallpauschale A der Fallpauschale C aufgrund des höheren Fall-Gewinns vorzuziehen. Allerdings sind beide Schlüsse falsch: Derzeit wird ein Gesamtgewinn der Abteilung erzielt in Höhe von:

300 €/Fall A x 20 Fälle A + (–300 €/Fall B x 10 Fälle B) + 250 €/Fall C x 30 Fälle C = 36.000 €

Würde man die Fallpauschale B nicht mehr anbieten, wären die anteiligen fixen Kosten in Höhe von **2.000 €/Fall x 10 Fälle = 20.000 €** immer noch vorhanden, da diese so schnell nicht abbaubar sind. Die Abteilung würde nun also einen Verlust in Höhe von 300 € x 20 + 250 € x 30 – 20.000 € = – 6.500 € aufweisen, da die Deckungsbeiträge der Fallpauschale B zur Deckung der Fixkosten nicht mehr vorhanden wären. Für kurzfristige Entscheidungen muss also der Deckungsbeitrag als Entscheidungsparameter verwendet werden. Da alle drei Fallpauschalen einen positiven Deckungsbeitrag aufweisen, sollten kurzfristig alle drei angeboten werden. Langfristig ist natürlich über eine Anpassung der Kostenstruktur nachzudenken, um nicht dauerhaft mit einer Fallpauschale Verluste zu machen.

Auch der zweite Schluss, nämlich dass Fallpauschale A der Fallpauschale C aufgrund des höheren Gewinns wirtschaftlich „überlegen" wäre, ist so nicht richtig. Zwar weist A gegenüber C auch einen höheren Deckungsbeitrag auf. Wenn es jedoch darum geht, knappe Ressourcen (z.B. OP-Kapazität) allein

3 Instrumente zur Steuerung der Kosten und Erlöse

> aufgrund wirtschaftlicher Abwägungen auf A und C aufzuteilen, so wäre in diesem Beispiel die Fallpauschale C vorteilhafter. Der Engpass besteht hier nämlich im Personaleinsatz; da A 55 Stunden Personaleinsatz pro Fall benötigt, C jedoch nur 20 Stunden, weist C einen besseren Deckungsbeitrag pro Engpassfaktor, hier also Personalstunde auf (63 € zu 42 €). Die Personalstunde wird durch Fallpauschale C also wirtschaftlicher genutzt als durch Fallpauschale A und ist dadurch finanziell vorzuziehen.

Unter wirtschaftlichen Gesichtspunkten sollte bei der Leistungsplanung also kurzfristig auf Basis von Deckungsbeiträgen bzw. bei einer Engpasssituation anhand von relativen Deckungsbeiträgen geplant werden. Des Weiteren sollte man beachten, ab welcher Leistungsmenge eine DRG in die Gewinnzone kommt (s. Sek. III, Kap. 2.5.3 zur Ermittlung der Gewinnschwelle).

Schließlich kann zur besseren Planung der Leistungen und der dafür benötigten Ressourcen bereits eine Einschätzung anhand der **Verweildauern der DRGs** erfolgen. Die InEK-Kalkulation errechnet aus den Daten der Kalkulationshäuser die durchschnittlichen Fallkosten, welche bei der mittleren Verweildauer anfallen. Zudem stellt sie Daten für die Höhe der Abschläge bei Unterschreitung einer unteren Grenzverweildauer sowie für die Höhe der Zuschläge bei Überschreitung einer oberen Grenzverweildauer bereit (siehe zur InEK-Kalkulation Kap. III.2.3.3). Dies bedeutet, dass ein Krankenhaus die durchschnittlichen Kosten erstattet bekommt und somit im Grunde keinen Gewinn aus den stationären Erlösen generieren soll. Dies ist in der Logik der dualen Finanzierung, nach der die Krankenhäuser die Mittel für ihre Investitionen vom Land erhalten, auch so gewollt. Nachdem die Investitionsmittel in den letzten Jahren jedoch kontinuierlich gesunken sind und sich ein erheblicher Investitionsstau abzeichnet, sind die meisten Krankenhäuser gezwungen, sich anderweitig Kapital für notwendige Ersatz-, Neu- oder Rationalisierungsinvestitionen zu besorgen. Da die (kommunalen) Träger oftmals keine Mittel zuschießen können und Banken aufgrund Basel II/Basel III-Regelungen mit der Kreditvergabe eher zurückhaltend sind bzw. diese nur mit erhöhten Zinssätzen möglich ist, versuchen viele Krankenhäuser, Investitionen durch einbehaltene Gewinne zu finanzieren. Dies gelingt nur, wenn sie ihre Fallpauschalen wirtschaftlich erbringen können.

Hierzu hat man in der Logik des DRG-Systems zwei Möglichkeiten: Bei der ersten Alternative bleibt man **unter der mittleren Grenzverweildauer** und versucht, so nah wie möglich an den gewinnoptimalen Punkt der unteren Grenzverweildauer zu kommen (s. Abb. 49). Dies kann aber kontraproduktiv sein: Der Medizinische Dienst der Krankenkassen (MDK) streicht nach der Prüfung oftmals einen Tag aus der Vergütung, sodass man dann in die Zone eines Abschlags gelangen würde. Viele Krankenhäuser versuchen deshalb, auf die „untere Grenzverweildauer +1 Tag" zu steuern. Die zweite Möglichkeit zur Gewinnerzielung ist die **Absenkung der Kosten gegenüber den Durchschnittskosten der InEK**, sodass auch bei einer mittleren Grenzverweildauer ein positives Ergebnis erzielt werden kann. Allerdings ist dabei zu beachten, dass es sich bei den DRGs um ein lernendes System handelt: Wenn viele Kalkulationshäuser ihre Verweildauer senken und/oder ihre Kosten minimieren, wird dies bei der nächsten InEK-Kalkulation in die Ermittlung der mittleren Verweildauer sowie der Durchschnittskosten mit einfließen.

III Internes Rechnungswesen

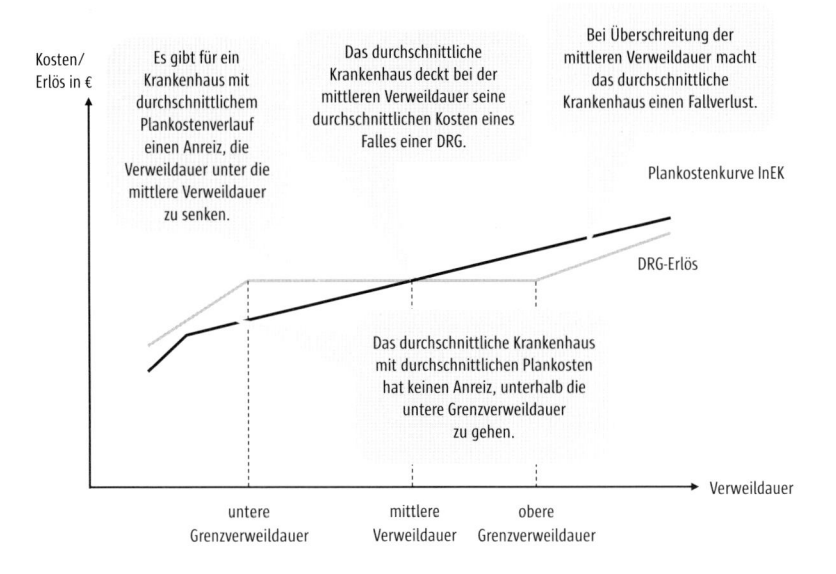

Abb. 49 Wirtschaftlichkeit einer DRG anhand der Verweildauersteuerung

Neben diesen rein wirtschaftlichen Betrachtungen müssen natürlich weiterhin der Versorgungsauftrag sowie medizinische und qualitative Betrachtungen, personelle, apparative und räumliche Möglichkeiten sowie ethische Aspekte mit einbezogen werden.

> Anhand einer **Verweildauersteuerung** können wirtschaftliche Potenziale gehoben werden. So befindet sich ein Krankenhaus mit durchschnittlichen Kostenstrukturen zwischen der unteren Grenzverweildauer und der mittleren Verweildauer in der Gewinnzone.

Personalkostenplanung

Nachdem die Erlöskomponenten eines Krankenhauses geplant sind, muss darauf aufbauend eine Planung der Personal- und Sachkosten erfolgen. Die **Personalkostenplanung** beinhaltet zwei Komponenten: die **Personaleinsatzplanung** mittels der Personalbedarfsplanung und anschließend die Planung der Kosten anhand der tariflichen Bestimmungen. Die **Personalbedarfsplanung** nimmt im Krankenhaus aufgrund des Dienstleistungscharakters sowie der Dominanz der Personalkosten einen hohen Stellenwert ein. Die Grundfragen der Personalbedarfsplanung sind: wie viele Mitarbeiter werden mit welchen Qualifikationen an welchen Orten wann und wie lange voraussichtlich benötigt? Es müssen also simultan der **quantitative Personalbedarf**, also die Zahl der Personen, die für die Erfüllung der Aufgaben zu einem bestimmten Zeitpunkt und für eine bestimmte Dauer benötigt werden, sowie der **qualitative Personalbedarf**, also die Definition der Anforderungen der Arbeitsplätze und daraus Ableitung der Qualifikationen der benötigten Personen, festgelegt werden. Der Soll-Personalbestand setzt sich

3 Instrumente zur Steuerung der Kosten und Erlöse

zusammen aus dem Einsatzbedarf und dem Reservebedarf. Der **Einsatzbedarf** entspricht dem Soll-Personalbedarf unter Berücksichtigung personeller Leerzeiten (z.B. Urlaub). Der **Reservebedarf** kalkuliert mögliche personelle Ausfälle und wird in der Regel in Form einer durchschnittlichen Fehlquote vom Einsatzbedarf errechnet, der sogenannten Personalausfallquote (PAQ).

Diese Personalausfallquote kann wie im folgenden Beispiel in Tabelle 59 berechnet werden:

Tab. 59 Beispiel zur Berechnung der Personalausfallquote

Nettoanwesenheitszeit	
Personalausfallsqote	
Arbeitszeit pro Jahr je MA (in Stunden)	2.080,0
Urlaub (in Stunden)	200,0
Krankenstände (in Stunden)	65,0
Aus-, Fort- und Weiterbildung (in Stunden)	60,0
Sonstige Abwesenheiten (z.B. Betriebsversammlung) (in Stunden)	10,0
Feiertage (in Stunden)	80,0
Nettoanwesenheit pro MA/Jahr (in Stunden)	1.665,0
Personalausfallquote (PAQ)	20,0%

Zur Berechnung des Personalbedarfs können verschiedene Methoden angewendet werden, unter anderem:
- Arbeitsplatzberechnung
- Leistungseinheitsrechnung
- Minutenwertformel, teilweise in Form von Vorgabewerten (z.B. bei der stationären Psychiatrie über die PsychPV oder bei der Pflege über die PPR)
- Vergleichszahlen bzw. Benchmarks
- Kostengesichtspunkte (z.B. anhand der InEK-Kalkulationsergebnisse)
- Fortschreibung

Bei der sogenannten **Arbeitsplatzberechnung** wird eine Mindestpersonalpräsenz berechnet („**Personalgrundbedarf**"), die dann um den **Personalersatzbedarf** auf Basis der Personalausfallquote ergänzt wird. Der Personalgrundbedarf, ausgedrückt in Vollzeit-Äquivalenten VZÄ oder auch Vollzeit-Kräften VK, berechnet sich bei dieser Methode, indem man zunächst die für die Erledigung der Aufgaben erforderliche Stundenzahl einer bestimmten Periode (meist Woche oder Monat) plant. Hierfür werden für jeden benötigten Mitarbeiter je Arbeitsplatz die (meist tariflich vorgegebenen) Präsenzstunden je Tag mit den in diesem Bereich notwendigen Arbeitstagen je Woche multipliziert.

Beispiel zur Personalbedarfsermittlung nach der Arbeitsplatzmethode:

Eine Station ist in drei Schichten (Frühdienst 7,5 Stunden, Spätdienst 7,5 Stunden, Nachtdienst 10 Stunden) besetzt. Im Früh- und Spätdienst sind jeweils drei und im Nachtdienst eine Pflegekraft anwesend. Zur Vereinfachung wird keine Unterscheidung zwischen Wochentagen, Wochenenden und Feiertagen vorgenommen.

Der Personalbedarf errechnet sich wie folgt:

- Frühdienst:

    3 Mitarbeiter x 7,5 h/Tag x 7 Tage/Woche = 157,5 Mitarbeiter-h/Woche

- Spätdienst:

    3 Mitarbeiter x 7,5 h/Tag x 7 Tage/Woche = 157,5 Mitarbeiter-h/Woche

- Nachtdienst:

    1 Mitarbeiter x 10 h/Tag x 7 Tage/Woche = 70 Mitarbeiter-h/Woche

Insgesamt ergibt sich also ein Stundenbedarf pro Woche von 385 Mitarbeiter-Stunden.

Der Personalgrundbedarf berechnet sich nun, indem der benötigte Stundenbedarf pro Woche durch die tariflich vorgegebene Wochenarbeitszeit eines Mitarbeiters geteilt wird.

Falls im obigen Beispiel die Wochenarbeitszeit 38,5 Stunden beträgt, ergibt sich daraus ein **Personalgrundbedarf** von:

   385 Mitarbeiter-Stunden / 38,5 Stunden = 10 Mitarbeiter

Der Personalersatzbedarf kann nun pauschal zugeschlagen werden. Bei einer **Personalausfallquote von 20%** kommen zu den 10 Mitarbeitern im Personalgrundbedarf noch **10 x 0,2 = 2 Mitarbeiter Personalersatzbedarf** hinzu.

Auf dieser Station werden also **12 Mitarbeiter in Vollzeit** benötigt. Eventuell kommen in der Praxis für verschiedene Funktionen wie z.B. die **Stationsleitung** noch Mitarbeiter hinzu.

Bei der sogenannten **Leistungseinheitsrechnung**, oder auch **analytisches Verfahren** genannt, wird der Personalbedarf auf Basis von Daten ermittelt, die mittels quantitativer Erhebungstechniken (z.B. Selbstaufschreibung, Laufzettelverfahren, Multimomentaufnahme oder Zeitaufnahme) erhoben worden sind (Bundesministerium des Inneren, Bundesverwaltungsamt 2013, S. 141). Diese Erhebungstechniken eignen sich für die Feststellung des Personalbedarfs bei bestehenden, wiederkehrenden Aufgaben, die quantifizierbar und daher messbar sind. Erforderlich sind Datenerhebungen zur Ermittlung von Arbeitsmengen und Bearbeitungszeiten in einem repräsentativen Zeitraum (möglich sind auch Teilerhebungen mittels Stichproben). Die durchschnittliche oder **mittlere Bearbeitungszeit** setzt sich hierbei zusammen aus der **Grundzeit je Aufgabe** und

3 Instrumente zur Steuerung der Kosten und Erlöse

einem Anteil an den sogenannten Verteilzeiten. **Verteilzeiten** sind alle während der Arbeitszeit aufgewendeten Zeiten, die nicht unmittelbar zur Erfüllung der konkret übertragenen Aufgaben gehören, z.B. Personalversammlungen. Durch die Multiplikation der erhobenen **Arbeitsmenge** (z.B. Fallzahlen) mit der mittleren Bearbeitungszeit ergibt sich der gesamte **Arbeitszeitbedarf**. Der Personalbedarf nach der analytischen Methode wird berechnet, indem dieser gesamte Arbeitszeitbedarf durch die Arbeitszeit einer Normalarbeitskraft geteilt wird (s. Abb. 50).

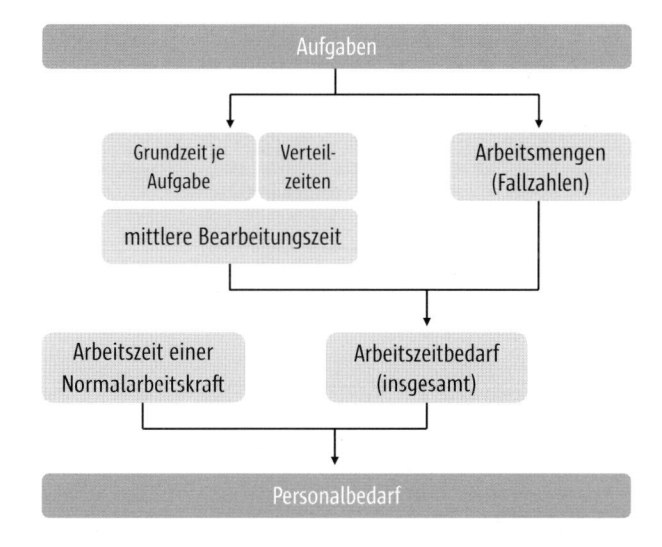

Abb. 50 Basisdaten der Personalbedarfsermittlung (Bundesministerium des Inneren, Bundesverwaltungsamt 2013, S. 153)

Eine Unterart der analytischen Methode ist die sogenannte **Minutenwertformel**. Hier wird der Personalbedarf z.B. in der Pflege auf Basis von durchschnittlichen Minutenwerten pro Patient errechnet. Diese Pflegeminuten je Patient werden mit den belegten Betten pro Jahr multipliziert und durch die Arbeitsminuten pro Jahr x 60 dividiert.

> **Beispiel zur Personalbedarfsermittlung nach der Minutenwertformel:**
>
> Pro Patientenkategorie werden 133 Minuten an Betreuung und Pflege während des Krankenhausaufenthaltes aufgewendet. Insgesamt waren 1.100 Patienten im Jahr in dieser Patientenkategorie in Behandlung. Es ergibt sich folgender **Personalbedarf für diese Patientenkategorie:**
>
> 133 min/Patient x 1.100 Patienten/Jahr / (1.665 Arbeitsstunden/Jahr x 60) = 1,46 Mitarbeiter

Es ist bei dieser Methode entscheidend, dass die Pflegeminuten pro Patient (ggf. unterteilt in verschiedene Kategorien) so exakt wie möglich bestimmt werden. Ein Versuch hierzu wurde mit der **Pflege-Personalregelung (PPR)** unternommen. Sie wurde 1992 im Rahmen des Gesundheitsstrukturgesetzes eingeführt, um die Leistungen der Pflege transparenter zu machen und eine Berechnungsgrundlage für den Personalbedarf bereitzustellen, wurde aber schon wieder 1997 außer Kraft gesetzt. Seit 2006 fließen die in der PPR enthaltenen Minutenwerte in die InEK-Kalkulation als Verrechnungsschlüssel mit ein.

In der Praxis kommen auch einige nicht-analytische Methoden zum Einsatz. So kann der Personalbedarf anhand von **Vergleichszahlen** bzw. Benchmarks ermittelt werden. Hierzu werden meistens Relationen in Bezug auf die Beschäftigung errechnet und auf das eigene Krankenhaus angewendet. Zum Beispiel kann ein Durchschnittswert „Anzahl Mitarbeiter im Ärztlichen Dienst pro CM-Punkt" oder „Anzahl Mitarbeiter im Verwaltungsdienst pro Fallzahl" gebildet werden, um sich mit Vergleichsgruppen (z.B. über Unternehmensberatungen oder Zusammenschlüsse von Krankenhäusern) zu messen. Zu beachten sind aber die zum Teil beträchtlichen Unterschiede eines einzelnen Krankenhauses zu der Vergleichsgruppe z.B. im Hinblick auf Wettbewerbssituation, geographische Lage, Patientenklientel oder Leistungsspektrum.

Für Krankenhäuser und insbesondere die Kalkulationshäuser bietet es sich an, die **InEK-Kalkulationsergebnisse** zu nutzen, um auf Kostenbasis Vergleiche anstellen und Personalbedarfe ermitteln zu können (Rechenbeispiele finden sich bei Schmola u. Rapp 2014; Rapp u. Wahl 2007, S. 95–98 oder Henry u. Schäfer 2014). In der InEK-Kalkulationsmatrix sind die durchschnittlichen Kosten für die verschiedenen Berufsgruppen im Krankenhaus je DRG aufgeschlüsselt. Mit dieser Vergleichsbasis können die Personalkosten und letztendlich (und unter der Annahme von gleichen Tarifstrukturen) auch die Mitarbeiterzahl miteinander verglichen werden. Auch hier sind aber die genannten Unterschiede mit der Vergleichsgruppe zu beachten.

Schließlich ist eine Methode der Personalbedarfsermittlung die **Fortschreibung**. Hier wird der Personalbestand aus dem Vorjahr um Anpassungen z.B. im Leistungsprogramm ergänzt. Diese Methode ist zwar einfach und aufgrund der hohen Fixkosten im Personalbereich verständlich; allerdings werden so auch Unwirtschaftlichkeiten fortgeschrieben und ist deshalb höchstens als Ausgangsbasis weiterführender Überlegungen zu empfehlen.

> Zur **Ermittlung des Personalbedarfs** existieren mehrere Möglichkeiten, darunter die Minutenwertformel und die Arbeitsplatzberechnung. Auch eine Berechnung anhand von Anhaltszahlen oder der InEK-Kalkulationsergebnisse ist möglich.

Sachkostenplanung

Neben den Personalkosten sind auch die **Sachkosten** wie z.B. Lebensmittel, Arzneimittel oder sonstiger medizinischer Sachbedarf fundiert zu planen. Ausgangsbasis sind die im Rahmen der Erlösplanung festgelegten Leistungsdaten, die anhand von Schlüsselgrößen in die Planung der Sachkosten einfließen (z.B. €/Verköstigungstag x geplante Verköstigungstage). Die Planung sollte hierbei kostenstellenweise differenziert nach Kostenarten erfolgen. Den genauen Ablauf der Sachkostenplanung muss jedes Krankenhaus individuell entscheiden; analog zu den Methoden der Personalbedarfsplanung existieren auch hier verschiedene Möglichkeiten. Am einfachsten ist eine um z.B. Tarif- oder Preissteigerungen angepasste **Fortschreibung von Vergangenheitswerten**, gewichtet mit den veränderten Leistungszahlen. Eine zweite Alternative ist die Planung der Sachkosten auf Basis der **InEK-Kalkulationsergebnisse**, hochgerechnet mit den geplanten Leistungszahlen. Methodisch am saubersten ist eine detaillierte Planung anhand von **Prozess- und Verbrauchsanalysen** analog den Verfahren der Personalkostenermittlung.

3.2.2. Center-Strukturen und interne Verrechnungspreise

Eine krankenhausökonomische Budgetsteuerung und -kontrolle und insbesondere eine Verhaltenssteuerung der Krankenhausmitarbeiter sind ohne eine entsprechend organisierte Kostenstellenrechnung nicht möglich. Dabei weisen in letzter Zeit viele Krankenhäuser den Fachabteilungen und damit den Kostenstellen bzw. deren Kostenstellenleitern immer mehr Kompetenzen zu. Solche dezentralen Führungs- und Entscheidungsstrukturen können aus unterschiedlichen Gründen vorteilhaft sein. Hierzu zählen Motivationsaspekte, Effizienzsteigerungspotenziale in einer spezialisierten Arbeitsteilung und die höhere Informationsfülle in dezentralen Bereichen. Allerdings ist es nicht in jedem Unternehmen problemlos möglich, abgrenzbare Bereiche mit eigenständigen Verantwortlichkeiten zu bilden. Prinzipiell kann eine Organisation auf zwei Arten gegliedert sein: nach Funktionen und nach Sparten. Bei einer **funktionalen Organisation** werden die betrieblichen Einheiten nach dem Verrichtungsprinzip, d.h. nach gleichen zu erfüllenden Tätigkeiten zusammengefasst. Die Folge ist eine Unterteilung nach speziellen Funktionen, zum Beispiel nach Beschaffung, Produktion und Absatz. Der funktionalen Organisation gegenüber steht die **divisionale Organisation**. Sie ist nach dem Objektprinzip konzipiert und auf der ersten Hierarchieebene nach Divisionen, Geschäftsbereichen bzw. Sparten gegliedert. Derartige Sparten können nach Produkten bzw. Produktgruppen, Kunden- und Zielgruppen oder Subregionen gebildet werden.

Die **Strukturen im Krankenhaus weisen sowohl funktionale als auch divisionale Züge** auf. Die funktionale Einteilung wird an der grundsätzlichen Trennung zwischen ärztlichem Dienst, Pflege und Verwaltung sowie weitergehender Differenzierung innerhalb dieser drei Gruppen deutlich. Das Prinzip der Funktionsorientierung steht einer Einteilung der Organisation nach zum Beispiel DRG-Patienten aber erschwerend entgegen. Dafür lassen sich mehrere Gründe finden: Einmal schafft die dominierende aufgabenteilige Gliederung in Fachabteilungen und bettenführende Stationen bei einer zunehmenden Spezialisierung der Diagnostik und Therapie Schnittstellenprobleme. Obwohl z.B. ein Patient parallel Leistungen von ärztlicher (z.B. Innere Abteilung), pflegerischer (z.B. Station X), diagnostischer (z.B. Labor) und administrativer Seite (z.B. Patientenabrechnung) empfängt, sind diese eng zusammenarbeitenden Bereiche hierarchisch und damit organisatorisch meist strikt getrennt. Bei multimorbiden Patienten, also solchen, die eine multidisziplinäre Behandlung durchlaufen, krankenhausintern verlegt und somit zum Beispiel von chirurgischen und internistischen Einheiten gemeinsam behandelt werden, kann die funktionale Gliederung ein großes Hindernis darstellen. Eine ungenügende interprofessionelle Abstimmung hat wiederum ein mangelndes Zeitmanagement zur Folge, d.h. knappe Ressourcen sind unzureichend ausgelastet. Auf der anderen Seite entstehen **Synergie- und Lerneffekte** vor allem dann, wenn Aufgabeneinheiten über Fachkenntnisse verfügen. Dieses Spezialistenwissen wird eher bei funktionaler Spezialisierung gewonnen und dauerhaft erhalten. Auch Wirtschaftlichkeitsaspekte sprechen dafür, das funktional geprägte Unternehmensmodell anzuwenden.

Im Krankenhaus führen die vorherrschende **3-Säulen-Organisation** (Pflegedienst, Ärztlicher Dienst, Verwaltungs- und Funktionsdienst) und die Vertragsgestaltung für die Chefärzte zu einer sehr hohen Entscheidungsautonomie zumindest der jeweiligen medizinischen Fachabteilungen (= divisionale Organisation). Infolgedessen sind die Einflussmöglichkeiten der Krankenhausleitung auf die Gestaltung der Leistungsprozesse in den einzelnen medizinischen Fachabteilungen eher eingeschränkt. Zudem erfolgt aufgrund der weitgehenden aufbauorganisatorischen Eigenständigkeit der dezentralen Einheiten im Krankenhaus eine dezentrale Planung und Ausgestaltung des Leistungsgeschehens. Es ist also bereits eine Vermischung von Merkmalen der funktionalen und divisionalen Organisation zu beobachten.

Lange Zeit hat es in deutschen Krankenhäusern ein vorrangiges Interesse an Fragen der Aufbauorganisation gegeben. Mit der Umstellung auf das DRG-System verschob sich die Diskussion in Richtung **patientenorientierter Organisationsformen**. Interessanterweise beleben praktische Überlegungen wie die der Einführung einer Profit-Center-Rechnung, also der Bestimmung von Gewinn und Verlust nicht nur auf der Steuerungsstufe des Gesamtkrankenhauses, sondern unmittelbar auf der operativen Ebene der betrieblichen Einheiten, die Auseinandersetzung um die „richtigen" aufbauorganisatorischen Strukturen wieder. In diesem Kontext stellt sich die Frage, welche Kompetenzzentren mit welchen Entscheidungsbefugnissen und -kompetenzen ausgestattet werden sollen.

Aus Informations- und Steuerungsgründen bietet es sich an, den dezentralen Einheiten möglichst viele Freiheiten bei der Erfüllung der zugeteilten krankenhausbetrieblichen Aufgaben zu geben, die Erreichung von zentralen monetären Zielsetzungen (meistens die Gewinnerzielung bis hin zur Gewinnmaximierung) aber als notwendige Priorität einzurichten. Dafür sind seit längerem die sogenannten **Responsibility Center** eine geeignete organisatorische Möglichkeit (hierzu und zum Folgenden s. Multerer et al. 2011 und Multerer 2008). Center-Strukturen weisen eine Reihe von Vorzügen auf. Sie ermöglichen ein besseres Ertrags- und Kostenbewusstsein auf allen Mitarbeiter-Ebenen, eine bessere Einbindung der operativen Ebene in die Unternehmensstrategie, eine flexiblere Reaktion auf veränderte Rahmenbedingungen, die Implementierung des Prozessgedankens mit einem flexiblen Patientenmanagement und interdisziplinärer Behandlung, den Einbezug aller Beteiligten sowie eine eigenverantwortliche und kostenorientierte Steuerung der Bereiche.

3 Instrumente zur Steuerung der Kosten und Erlöse

Tab. 60 Ausprägungen von Center-Formen

	Kennzeichen	Ziele	Beurteilungsgrundlage	Beispiel
Expense-Center	schwer festzulegende Leistungen	Ausgabenbegrenzung	Einhaltung Ausgabenbudget	Forschungsabteilung
Cost-Center	Leistung ist vorgegeben, kein direkter Zugang zum Absatzmarkt	Minimierung von Kosten	Kostenabweichung zu Plankosten	Küche, Wäscherei, Röntgen (ohne externe Leistungen)
Revenue-Center	kein Einfluss auf Produktionskosten; direkter Zugang zum Absatzmarkt	Umsatzerhöhung	Umsatz	Vertriebsregion Deutschland
Profit-Center	Einfluss auf Kosten und Erlöse	Gewinnmaximierung; internes Unternehmertum	Gewinn	Bettenführende Fachabteilung wie z.B. Innere, Chirurgie; Labor (mit externen Leistungen)
Investment-Center	Einfluss auf Kosten, Erlöse und Kapitaleinsatz	Gewinnmaximierung; internes Unternehmertum	Return on Investment (ROI)	Sparte eines Industrieunternehmens

Center unterscheiden sich nach dem Ziel- und Erfolgsmaßstab, der zur Messung und Bewertung von deren Leistungen herangezogen werden kann. Sie können als Cost-, Revenue-, Profit- oder Investment-Center geführt werden (s. Tab. 60). Beim **Cost Center** erfolgt die Steuerung nur über die Kosten. Es besteht kein unmittelbarer Zugang zum Markt, die Leistungen sind vorgegeben und müssen bestimmte Kostenvorgaben erfüllen. Das **Profit-Center** dagegen ist als organisatorischer Teil des Unternehmens eigenverantwortlich sowohl für Kosten als auch für Erlöse des operativen Geschäfts, sodass das Ziel in der Maximierung des Gewinns liegt. Dieser wird zur Beurteilung und Steuerung der Center-Leistungen herangezogen. Die Messgrößen für die Zielerreichung der Center, Kostenabweichungen beim Cost-Center und Gewinnabweichungen beim Profit Center, sind anhand der gesetzlich vorgeschriebenen Kostenrechnungssysteme im Krankenhaus bestimmbar und können als Bemessungsgrundlage für Vergütungssysteme dienen. Allerdings muss beachtet werden, dass die kurzfristige Erfolgsoptimierung unter Umständen strategische Aspekte vernachlässigt. Hier muss durch ein geeignetes Instrumentarium, z.B. durch den Einsatz einer Balanced Scorecard, sichergestellt werden, dass auch langfristige und nicht quantifizierbare Ziele durch die dezentralen Krankenhausbereiche verfolgt werden.

Eine Alternative zu Cost- und Profit-Centern ist das **Revenue-Center**. Dort erfolgt eine Steuerung über die Umsätze. Kosten werden dagegen nicht betrachtet. Eine derartige Organisationsform dürfte für Krankenhäuser keine Rolle spielen, weil in allen Teileinheiten auch die Kosten eine hohe Bedeutung haben. Bei Krankenhäusern spielt auch die Einrichtung von **Investment-Centern** kaum eine Rolle, da quantitative und qualitative Kapazitätsentscheidungen überwiegend nicht im Krankenhaus, geschweige denn in den dezentralen Einheiten der Einrichtung getroffen werden. Die Verantwortung für eine angemessene Versorgung mit Krankenhausbetten und -leistungen, die sogenannte Bedarfsplanung, liegt bei den Ländern. Ein **Expense-Center**, das schwer festzulegende Leistungen aufweist und somit anhand eines Ausgabenbudgets gesteuert wird, kann vor allem in Forschungsabteilungen (z.B. an Universitätskliniken) seinen Einsatz finden.

Bei der Ausgestaltung als **Cost Center** müssen sich die bei der Leistungserstellung anfallenden Kosten erfassen und genau zuordnen lassen. Zudem muss im Center ein hohes Maß an operativer Entscheidungsautonomie bezüglich der für die Leistungserstellung notwendigen Ressourcen vorhanden sein. Dies resultiert aus dem sogenannten Prinzip der **Controllability**, welches für die Gestaltung von Steuerungsgrößen beachtet werden sollte. Dem organisatorischen Grundsatz der Einheit von Verantwortung und Entscheidungskompetenz folgend, besagt es, dass die Einheiten nur nach Faktoren beurteilt werden sollen, die sie selbst steuern und kontrollieren können. Im Krankenhaus bedeutet dies z.B., dass bei Ausgestaltung der Endoskopie als Cost Center diese zwar nicht über die Anzahl und die jeweilige Art der Untersuchungen bestimmen kann, sehr wohl aber über den Einsatz von Personal, Räumlichkeiten, Gerätschaften, Medikamenten etc.

> Im Krankenhaus bieten sich **dezentrale Organisationseinheiten** mit weitreichenden operativen Kompetenzen an („Center Struktur").
>
> Es finden sich vor allem **Cost Center**, welche anhand von Kostenzielen, und **Profit Center**, welche anhand von Gewinnzielen gesteuert werden.

Bei Führung als **Profit Center** muss sich nicht nur der Input in Form von Kosten, sondern auch der Output in Form von Erlösen bewerten lassen. Nur so kann ein Gewinn ermittelt werden, nach dem der Erfolg eines Profit Centers beurteilt wird. Auch hierbei muss das Controllability-Prinzip gelten. Ein Autonomiebereich kann demnach nur dann in der Delegationsform eines Profit-Centers geführt werden, wenn sich sein Handlungsspielraum zusätzlich zu den Leistungstatbeständen eines Cost-Centers auf alle erlösrelevanten Entscheidungen erstreckt. Daneben soll die betrachtete Krankenhauseinheit auch über einen möglichst **direkten Markt- bzw. Patientenzugang** verfügen. „Zugang" bedeutet in diesem Zusammenhang, dass die Patientensteuerung bzw. die notwendigen diagnostischen und therapeutischen Maßnahmen von den Mitarbeitern des Centers vorgenommen werden. Diese Erfordernis ist deshalb bedeutend, weil nur der direkte Patientenzugang Einflussmöglichkeiten auf die DRG und damit die Preis- bzw. Erlösseite erlaubt. Schließlich spielt bei der Entscheidung, ob ein Fachbereich als Cost- oder Profit-Center ausgestaltet werden soll bzw. kann, auch eine bedeutende Rolle, welcher Abteilung die Erlöse aus einer DRG gutgeschrieben werden (s. Kap. III.2.4).

Im **Primärbereich, also im medizinisch-pflegerischen Umfeld**, herrscht ein direkter Patientenzugang, weshalb hier die Einrichtung von Profit Centern naheliegt. Kern- bzw. Primäreinheiten wie z.B. die Fachabteilung für Innere Medizin oder Chirurgie sind für die Wahl und Gestaltung der Diagnose- und Therapiemethoden sowohl in fachlicher als auch weitgehend in organisatorischer Hinsicht verantwortlich. Dabei sollten der medizinische Bereich (ärztliches Personal, apparative Ausstattung) und der pflegerische Bereich (bettenführende Abteilung) über die organisatorisch vorhandenen Grenzen hinweg als ein Center aufgefasst werden. In der Praxis ist dies manchmal bereits der Fall, jedoch können im Alltag Probleme erwachsen: So ist der Leiter des Centers bei der vorherrschenden funktionalen Trennung von z.B. Pflegekräften und Ärzten oft nicht der direkte hierarchische Vorgesetzte aller Berufsgruppen, auch wenn er in der Regel alle Mitarbeiter in seinem dezentralen Bereich einsetzt.

Auch für die **nicht bettenführenden Einheiten aus dem Sekundärbereich** weist das Profit-Center-Konzept deutliche Vorzüge auf. Hier ist zu unterscheiden zwischen ärztlichen Einheiten, die ihre Sekundärleistungen direkt am Patienten erbringen und medizinisch-technischen Institutionen, die ohne ständigen Patientenkontakt tätig sind. Multerer stellt fest, dass die Abteilungen im Sekundärbereich Einflussmöglichkeiten sowohl auf die Kosten als auch weitgehend auf die Erlöse besitzen. Eine Ausgestaltung als Profit Center ist auf dieser Ebene also noch zu empfehlen, obwohl bei manchen Einheiten nur ein eingeschränkter Patientenzugang festzustellen ist. Dies ist z.B. bei Radiologie oder Labor der Fall, welche entweder Leistungen außerhalb des Krankenhauses verkaufen und/oder einen Einfluss auf die Erlöse des Krankenhaus haben (z.B. über erlösverändernde Nebendiagnosen). Auch hier spielen die Erlösaufteilung und die Wahl der richtigen Verrechnungspreise eine entscheidende Rolle.

Die einzelnen Abteilungen in der **Verwaltung** leisten im Gegensatz zu den medizinisch-pflegerischen Serviceeinheiten keinen unabdingbaren Beitrag zur Lösung der primären Behandlungsaufgabe. Deshalb macht es Sinn, diese Abteilungen als Cost Center auszugestalten. Andere **Funktionsbereiche** wie z.B. Wäscherei, Reinigung und Küche sollten ebenfalls als Cost Center ausgestaltet werden. Auch Ausgründungen auf eine eigene Service-GmbH oder ein reines Outsourcing kommen hier infrage.

Ein Beispiel einer möglichen Center-Struktur im Krankenhaus, basierend auf den Kostenstellen der KHBV, findet sich in Abbildung 51. Hier sind die Innere Medizin, die Allgemeine Chirurgie sowie die Urologie als Profit Center ausgewiesen, die sich wiederum aus mehreren Kostenstellen zusammensetzen. Da sich in den meisten Häusern Zentral-OPs befinden, werden die im Beispiel gezeigten Spezial-OPs zu allgemeiner Chirurgie und Urologie in der Praxis nicht mehr häufig vorkommen.

Notwendig bei der Implementierung einer solchen Struktur ist zum einen eine übergreifende Koordination aller Center, um sicherzustellen, dass die jeweiligen Aktivitäten in den Centern zueinander passen. Dies kann im Rahmen einer Budgetierung erfolgen. Zum Zweiten **müssen innerbetriebliche Leistungsströme über Verrechnungspreise abgebildet** werden und in die Ergebnisermittlung der jeweiligen Profit-Center einfließen, um bei den vielen Leistungsverflechtungen innerhalb des Krankenhauses einen aussagekräftigen Erfolg für jedes Center

Profit-Center-Struktur

Innere Medizin	allg. Chirurgie	Urologie
9310 – Innere Medizin	9410 – allg. Chirurgie	9500 – Urologie
9311 – Station Innere Medizin	9411 – Station allg. Chirurgie	9501 – Station Urologie
922 – Labor	9412 – OP allg. Chirurgie	9502 – OP Urologie
929 – Ambulanz	926 – physikalische Therapie	

Cost-Center-Struktur

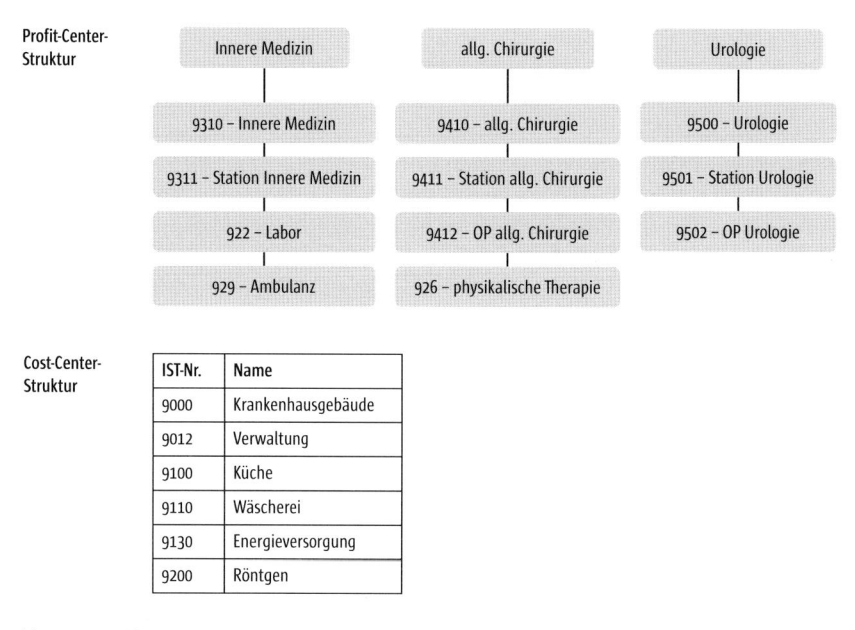

IST-Nr.	Name
9000	Krankenhausgebäude
9012	Verwaltung
9100	Küche
9110	Wäscherei
9130	Energieversorgung
9200	Röntgen

Abb. 51 Beispiel für eine mögliche Center-Struktur im Krankenhaus

der jeweiligen Profit-Center einfließen, um bei den vielen Leistungsverflechtungen innerhalb des Krankenhauses einen aussagekräftigen Erfolg für jedes Center bestimmen zu können. Solche internen Verrechnungspreise (auch Transferpreise genannt) können mehrere Funktionen im Unternehmen innehaben.

Die für das Controlling wichtigen Funktionen stellen die **internen Funktionen**, d.h. Koordination, Anreizgestaltung und Erfolgsermittlung, dar. Mit **Koordination** ist eine Abstimmung der organisatorisch weitgehend selbständigen dezentralen Einheiten innerhalb der Center-Struktur gemeint, sodass das Gesamtziel des Unternehmens bestmöglich erreicht wird, auch wenn die Entscheidungen jeder Bereich für sich selbst trifft. Unter **Anreizgestaltung** wird die Zielsetzung (z.B. Gewinn für das Profit Center, Kostenbudget für das Cost Center) verstanden, welche einen Anreiz für die handelnden Personen des jeweiligen Bereichs darstellt, das (gesamt-)unternehmerische Ziel und die dahinterliegende Planung zu erreichen. Die **Erfolgsermittlung** schließlich ist wichtig, um festzustellen, ob das jeweilige im Rahmen der Budgetierung festgelegte Ziel des Bereichs auch erreicht wurde.

Für die Ermittlung der internen Verrechnungspreise bieten sich mehrere Möglichkeiten an (s. Abb. 52).

Die **Herleitung anhand von Marktpreisen** (z.B. bei Laborleistungen nach GOÄ) erscheint objektiv und fair. Zudem spiegelt dies am besten den Gedanken des Marktes wider, der ja durch die Center-Struktur innerhalb des Unternehmens abgebildet werden soll. Ideal wäre es, wenn das Produkt bzw. die Leistung auf einem externen Markt gehandelt wird und die dezentralen Bereiche einen **freien**

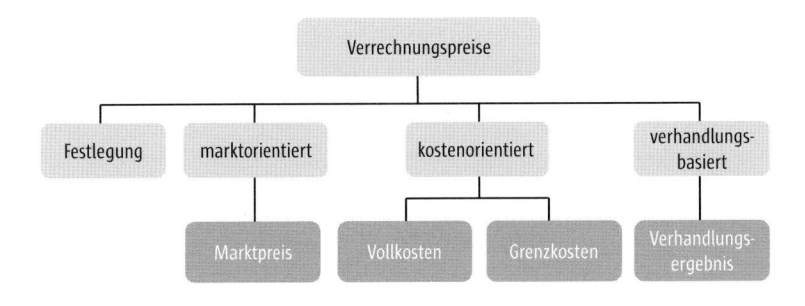

3 Instrumente zur Steuerung der Kosten und Erlöse

Abb. 52 Ermittlungsmöglichkeiten von internen Verrechnungspreisen

Marktzugang besitzen würden. Dies bedeutet, dass ein Bereich (z.B. die Innere Abteilung) auch Leistungen von einem externen Anbieter beziehen darf, wenn der interne Lieferant zu teuer erscheint (z.B. Labor). Dies ist in den meisten Unternehmen jedoch durch einen Kontrahierungszwang mit internen Anbietern verboten. Zudem ist zu beachten, dass die Koordinationsfunktion des Verrechnungspreises auf Basis von Marktpreisen bei einem unvollkommenen Markt schwierig zu erfüllen ist, da die Preisbildung hier nicht optimal ablaufen kann. Dies ist dann der Fall, wenn Bezugs- bzw. Absatzbeschränkungen herrschen, es unterschiedliche bzw. schwer zu bestimmende Marktpreise gibt und Synergieeffekte im Unternehmen ausgenutzt werden können.

Die Bestimmung von internen Verrechnungspreisen anhand von **Vollkosten des liefernden Bereichs** erfreut sich in der Praxis großer Beliebtheit (zu den Verfahren Anbau-, Stufenleiter- und mathematisches Verfahren, s. Kap. III.2.2.4). Dabei ist auch die Möglichkeit gegeben, einen Gewinnaufschlag einzuführen („**cost-plus-Methode**"). Problematisch an dieser Methode ist, dass sämtliche Kosten erstattet werden und somit immer zumindest eine schwarze Null beim liefernden Bereich verbleibt; d.h. dass kein Anreiz zum Eliminieren von Unwirtschaftlichkeiten besteht. Zudem ist die Wahl der Kosten (Ist-, Normal- oder Plankosten) zu diskutieren, ebenso die Verteilungsmethodik der Gemeinkosten zwischen den Kostenstellen. Eine mögliche Methodik besteht darin, nur die **variablen (bei einem linearen Verlauf auch Grenzkosten genannt) des liefernden Bereichs** zu verrechnen. Ein Vorteil dieser Verfahrensweise ist, dass der Fokus nur auf die kurzfristig entscheidungsrelevanten Kosten gelegt wird und somit eine bessere Koordination sowie Anreizgestaltung gegeben sein kann. Nachteilig ist, dass die Fixkosten beim liefernden Bereich verbleiben.

Ein **von der Unternehmensleitung festgelegter interner Verrechnungspreis** mag bei einer sinnvollen Höhe koordinierend wirken, für die Feststellung des Erfolgs einer dezentralen Einheit sagt dieser jedoch in den meisten Fällen nicht viel aus. Zudem ist tendenziell die Anreizwirkung eines solchen top-down-Preises nicht hoch.

Schließlich besteht die Möglichkeit eines **verhandlungsbasierten Verrechnungspreises** zwischen den liefernden und empfangenden Bereichen eines Unternehmens. Der Vorteil hierbei ist, dass die jeweiligen Bereichsleiter die besten

Informationen über die Kosten- und Erlösstruktur ihres Bereiches haben, zudem wird die Idee eines internen Marktes durch die Preisverhandlung gut im Unternehmen implementiert. Nachteile bestehen in möglicherweise zeitintensiven Verhandlungen sowie der Abhängigkeit des Ergebnisses von der Verhandlungsmacht und des Verhandlungsgeschicks der Bereichsleiter. Zudem sind innerbetriebliche Konflikte nicht auszuschließen und es ist ein Modus zu finden, wenn sich die Bereichsleiter nicht einigen können.

> Entscheidend für die **Center-Struktur** ist die Ermittlung von innerbetrieblichen Verrechnungspreisen. Neben kostenorientierten Preisen existieren auch die Möglichkeit von Markt-, Verhandlungs- oder festgelegten internen Preisen.

Zusammenfassend kann die Erfüllung der Funktionen durch die einzelnen Ermittlungsarten für interne Verrechnungspreise in Tabelle 61 wiedergegeben werden.

Tab. 61 Erfüllung der Funktionen durch verschiedene Verrechnungspreisarten

Funktion / Ermittlungsart	Koordination	Anreizgestaltung	Erfolgsermittlung
Festlegung	erfüllt	gering	gering
Marktpreis	evtl. eingeschränkt	evtl. eingeschränkt	evtl. eingeschränkt
Vollkosten	gering	keine	keine
Grenzkosten	evtl. erfüllt	evtl. erfüllt	keine
Verhandlung	evtl. erfüllt	evtl. erfüllt	evtl. erfüllt

3.2.3. Kennzahlen und Kennzahlensysteme des internen Rechnungswesens/Controllings

Die sinnvolle operative Steuerung eines Unternehmens basiert vor allem auf **Kennzahlen und darauf aufbauenden Kennzahlensystemen**. Dabei versteht man unter Kennzahlen Messgrößen, welche „quantitativ erfassbare Sachverhalte in konzentrierter Form erfassen" (Reichmann 2006, S. 19). Reichmann kennzeichnet als die wichtigsten **Elemente einer Kennzahl** den Informationscharakter, die Quantifizierbarkeit sowie die spezifische Form der Information. Kennzahlen werden folgende **Funktionen** zugeschrieben (Weber u. Schäffer 2014, S. 174f.):

- **Anregungsfunktion:** Anhand von Kennzahlen sollen Auffälligkeiten und Veränderungen erkannt werden können
- **Operationalisierungsfunktion:** Ziele oder Sachverhalte sollen konkret fassbar gemacht werden. Dies wird auch häufig unter dem Stichwort verstanden, dass Ziele „SMART" sein sollen, also spezifisch, messbar, anspruchsvoll, realistisch und relevant sowie terminiert.

3 Instrumente zur Steuerung der Kosten und Erlöse

- **Vorgabefunktion:** Auf der Basis von Messgrößen bzw. Kennzahlen können und sollten konkrete Vorgaben von Zielwerten für betriebliche Teilbereiche festgelegt werden.
- **Kontrollfunktion:** Durch Vergleich der Ist- und Plan-Ausprägung der Kennzahlen können Abweichungsanalysen durchgeführt werden.
- **Steuerungsfunktion:** Komplexe Prozesse in einem Unternehmen können durch den Einsatz einiger weniger Kennzahlen gesteuert werden, in dem das Ziel messbar und als Planzahl vorgegeben sowie ständig kontrolliert wird.

Zudem können Kennzahlen nach ihrem **Inhalt** unterschieden werden, also z.B. Finanz-, Mitarbeiter- oder Innovationskennzahlen.

Kennzahlen können relativer oder absoluter Art sein (hierzu und zum Folgenden Weber u. Schäffer 2014, S. 174). Bei **absoluten Kennzahlen** lassen sich Einzelwerte (z.B. geleistete Stunden des Pflegedienstes auf Station 10 im Mai), Summen (z.B. Personalkosten im Mai), Differenzen (z.B. Deckungsbeitrag) oder Mittelwerte (z.B. durchschnittliche Verweildauer) unterscheiden. Bei den üblicherweise als aussagefähiger betrachteten **relativen Kennzahlen** lassen sich Gliederungszahlen (z.B. Personalkosten/Gesamtkosten), Beziehungszahlen (z.B. Deckungsbeitrag/Umsatz) oder Indexzahlen (z.B. Kosten Mai/Kosten April) differenzieren.

Im Krankenhaus spielt die Verwendung von Kennzahlen eine große Rolle. So werden vor allem Finanz- und Qualitätskennzahlen regelmäßig erhoben, berichtet und als Steuerungsgrundlage verwendet. Als empirisch belegte Beispiele ließen sich hier Fallzahlen, Belegungstage, Verweildauern, CM-Punkte und CMI, Auslastung, Personal- und Sachkosten, Wiederaufnahmefälle, Komplikations- und Mortalitätsraten nennen (s. Abb. 53 und 54).

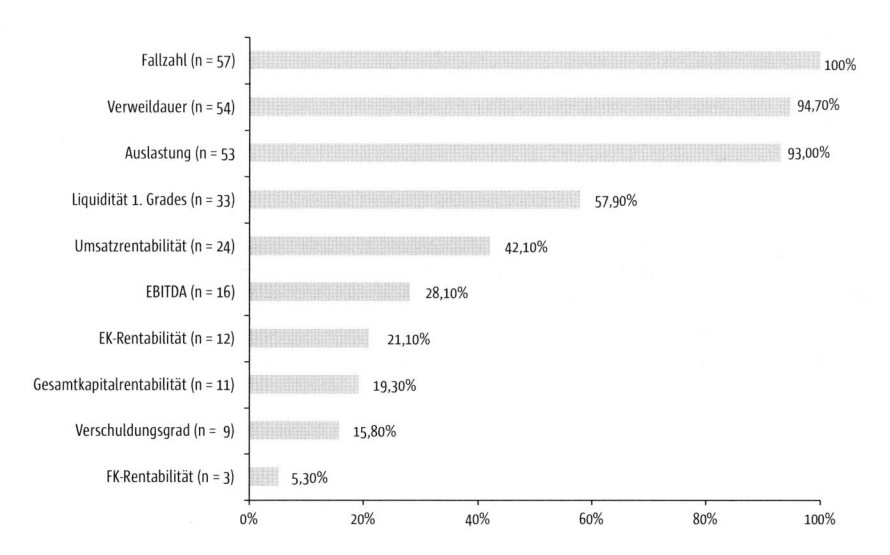

Abb. 53 Ergebnis aus einer Befragung niedersächsischer Krankenhäuser zu regelmäßig berichteten Finanzkennzahlen (Zapp et al. 2010, S. 37)

III Internes Rechnungswesen

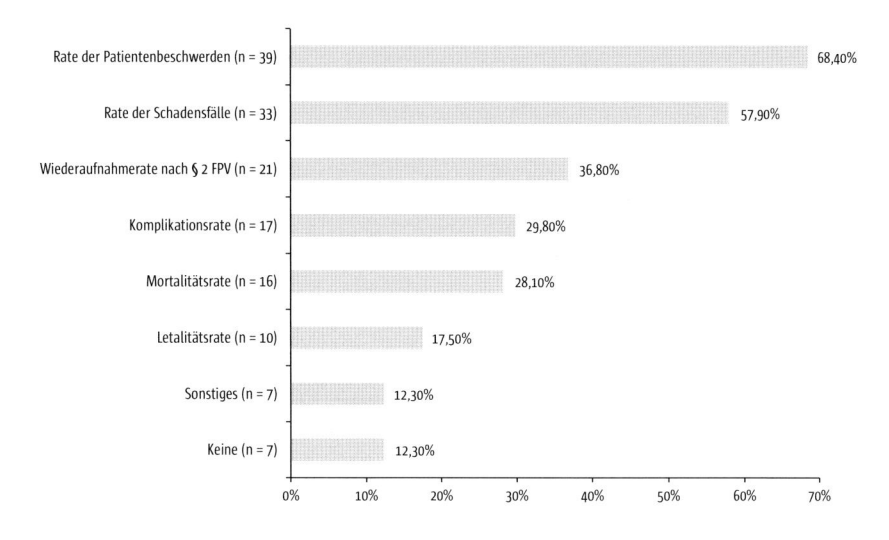

Abb. 54 Ergebnis aus einer Befragung niedersächsischer Krankenhäuser zu regelmäßig berichteten Qualitätskennzahlen (Zapp et al. 2010, S. 43)

Balkendiagramm:
- Rate der Patientenbeschwerden (n = 39): 68,40%
- Rate der Schadensfälle (n = 33): 57,90%
- Wiederaufnahmerate nach § 2 FPV (n = 21): 36,80%
- Komplikationsrate (n = 17): 29,80%
- Mortalitätsrate (n = 16): 28,10%
- Letalitätsrate (n = 10): 17,50%
- Sonstiges (n = 7): 12,30%
- Keine (n = 7): 12,30%

> **Kennzahlen** spielen eine zentrale Rolle bei der Steuerung von Unternehmen und erfüllen eine Vielzahl von Funktionen. Sie können als relative oder absolute Größen erhoben werden.

In letzter Zeit wird auch in Deutschland für Kennzahlen der englische Begriff „**Key Performance Indicators**" oder kurz KPI verwendet. Damit werden „Kennzahlen bezeichnet, die sich auf den Erfolg, die Leistung oder Auslastung des Betriebs, seiner einzelnen organisatorischen Einheiten oder einer Maschine beziehen" (Springer Gabler Verlag 2015). Ein Beispiel für KPIs im Krankenhaus, sortiert nach Ziel-Kategorien, findet sich in Tabelle 62.

Tab. 62 Zusammenstellung möglicher KPIs im Krankenhaus (Kirstein 2010, S. 299)

Zieldimension	Unternehmensziele	KPI
Finanzielle Perspektive	Wachstum	Stationäre Fälle, CMI, Case Mix gegenüber Vorjahr
	Wirtschaftliche Produktivität	Case Mix/Belegungstag
		Case Mix/Sachkosten
	Rentabilität	Deckungsbeitrag, EBITDA-Marge
	Netto Umlaufvermögen	Kurzfristige Verbindlichkeiten/Umlaufvermögen
	Liquidität	Forderungsreichweite
Kundenperspektive	Patientenzufriedenheit	Patientenzufriedenheitsquote
		Anzahl Beschwerden

3 Instrumente zur Steuerung der Kosten und Erlöse

		Anzahl Haftpflichtfälle
		Komplikationsraten (BQS-Daten)
	Marktposition	Regionaler Marktanteil Patienten
		Regionaler Marktanteil Zuweiser
	Preisrealisierung	Anteil Privatpatienten
	Zuweiserzufriedenheit	Zuweiserzufriedenheitsquote
Prozessperspektive	Durchlaufzeiten	Stationäre Verweildauer
		Wartezeiten Ambulanz/Notaufnahme
	Prozessqualität	% Entlassung vor 10:00 Uhr
		% Arztbrief bei Entlassung
		OP-Wechselzeiten
		OP-Planstabilität
	Kapazitätsmanagement	Bettenauslastung, OP-Auslastung
Lern- und Entwicklungsperspektive	Mitarbeiter-Produktivität	Case Mix/VK ÄD oder PD
	Mitarbeiter-Zufriedenheit	Mitarbeiterzufriedenheitsindex
		Fluktuationsrate, Krankenstand
	Qualifizierung	Anzahl Schulung/Trainingsaktivitäten
	Innovation	Anzahl Meldungen (CIRS, Vorschlagswesen)

In **Kennzahlensystemen** werden Kennzahlen miteinander in Beziehung gesetzt. Die darin enthaltenen Kennzahlen können dabei in einer logischen, empirischen oder hierarchischen Beziehung zueinander stehen (hierzu und zum Folgenden s. Küpper 2008, S. 391). Dabei können **logische Beziehungen** definitorischer (z.B. Gewinn = Erlöse – Kosten) oder mathematischer Art (z.B. Gesamtkapitalrentabilität Gewinn/Kapital = Gewinn/Umsatz x Umsatz/Kapital, also Umsatzrentabilität mal Kapitalumschlag) sein. Empirische Beziehungen leiten sich aus der Realität ab, z.B. dass Kosten von der Beschäftigung, den Preisen und der Qualität der Einsatzgüter, der Betriebsgröße sowie dem Fertigungsprogramm abhängen. **Hierarchische Beziehungen** bringen Kennzahlen in eine Rangordnung. Kennzahlensysteme können nun einerseits mathematisch miteinander verknüpft werden und weisen dann eine hierarchische Struktur in Form einer Pyramide auf (z.B. das DuPont-Kennzahlensystem). Andererseits ist ein Ordnungssystem denkbar, bei dem keine mathematischen, sondern eine sachlogische Beziehung untereinander herrscht. Dabei ist auch eine Vermischung dieser beiden Arten möglich.

Eines der bekanntesten **sachlogischen Kennzahlensysteme stellt die Balanced Scorecard** dar (s. Abb. 55). Vor dem Hintergrund der Kritik an der fast ausschließlichen Berücksichtigung finanzieller Kennzahlen bzw. Kennzahlensystemen in Unternehmen etablierte sich Anfang der 1990er Jahre zunächst in den USA und später auch in Deutschland das Konzept der Balanced Scorecard (BSC), das von

Kaplan und Norton entwickelt wurde. Hierbei werden die finanziellen Kennzahlen durch eine Kunden-, Prozess- und Potenzialperspektive ergänzt. Zum einen ist wichtig, dass die definierte Vision und Strategie eines Unternehmens in den strategischen Zielen der BSC transparent ausgedrückt sind, da in Unternehmen oftmals ein Defizit bei der Umsetzung von strategischen Themen in die operative Alltagsarbeit zu beobachten ist. Zum anderen müssen alle Ziele mit Mess- und Zielgrößen beschrieben sowie mit Maßnahmen hinterlegt sein. Die BSC wird nun top-down auf alle Unternehmensbereiche ausgerollt, sodass die jeweiligen Ziele/Kennzahlen in den verantwortlichen Bereichen bekannt und verfolgt werden. Auch hier gilt der Grundsatz der Controllability bzw. Beeinflussbarkeit.

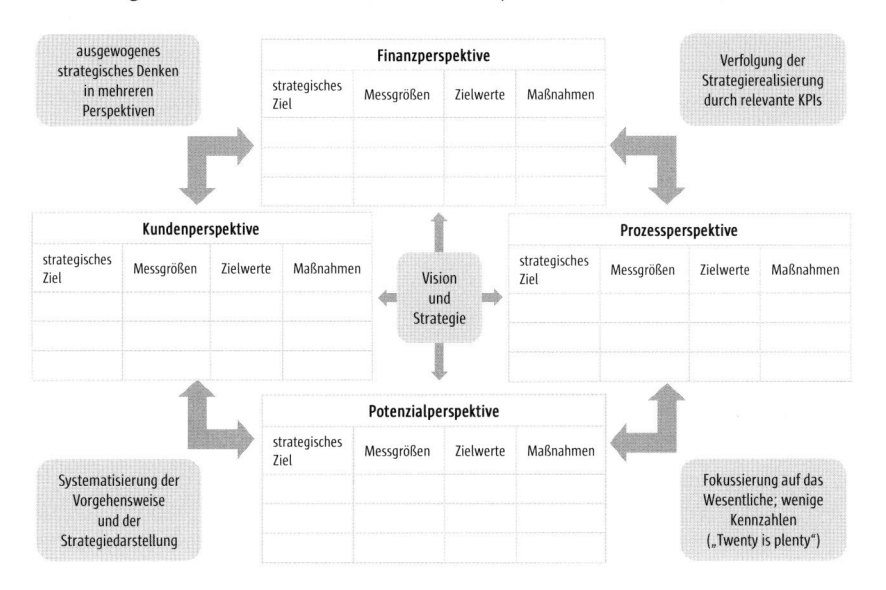

Abb. 55 Grundstruktur der Balanced Scorecard

> Die **Balanced Scorecard (BSC)** ist ein sachlogisches Kennzahlensystem und verbindet die strategische mit der operativen Planung eines Unternehmens. Zudem werden neben den finanziellen Zielen auch andere Perspektiven in die Steuerung mit aufgenommen.

Die BSC stellt also mehr als ein reines Kennzahlensystem dar und wird zu den **Management- bzw. Performance Measurement Systemen** gezählt. Die BSC wird recht häufig von Krankenhäusern eingesetzt, wenn oft auch nicht mit der notwendigen Konsequenz. Die postulierte Ausgewogenheit zwischen finanziellen und nicht-finanziellen Zielen trifft die Bedürfnisse eines Krankenhauses, da Ziele wie die Sicherstellung der Versorgung oder die Patienten- und Mitarbeiterzufriedenheit hier traditionell einen hohen Stellenwert einnehmen. Auch kann der in den meisten Krankenhäusern noch unterentwickelte strategische Planungsprozess wertvolle Impulse erfahren (Schlüchtermann 2013, S. 393). Ein Beispiel für eine BSC im Krankenhaus findet sich in Tabelle 63.

3 Instrumente zur Steuerung der Kosten und Erlöse

Tab. 63 Beispiel für eine BSC im Krankenhaus (Zapp et al. 2010, S. 17)

Perspektive – Ziele	Ausgewählte Kennzahlen und Indikatoren
Finanzen	
Leistungsfähigkeit	Fallzahl
	Kapazitätsauslastung
	Case-Mix-Index
Kostensenkung	Ø Kosten pro DRG/PPR-Minute
	Sachkosten/Personalkosten pro DRG/Kostenstelle/Periode
	Investitionskosten pro Periode
Erlössteigerung	Umsatzentwicklung insgesamt
	Zahlungsausstände
	Mehr- und Mindererlöse
Ergebnissicherung	Betriebsergebnis
	Cash Flow
	Deckungsbeitrag pro DRG/Kostenstelle
Patient und Kunden	
Patientengerechte Versorgung	Komplikationsrate
	Wiederaufnahmerate
Patientenzufriedenheit	Wartezeit bis zur stationären Aufnahme
	Rate von Patientenbeschwerden zu bestimmten Aspekten und/oder differenziert nach Abteilungen
Förderung institutionsübergreifender Kooperationen	Anzahl gemeinsamer Projekte
	Zufriedenheitsindex
Verbesserung der Zusammenarbeit mit Zuweisern	Einweiserstruktur (geografische Kennzahlen, Ärzte)
	Anzahl gemeinsamer Projekte
	Zustelldauer der Arztbriefe
Prozesse	
Definition und Umsetzung der Patientenprozesse	Anzahl der Clinical-Pathways
	Definierte Indikatoren zur Messung des Prozesserfolgs
Optimierung der Prozessdauer	Kennzahlen zur Verweildauer
	Kennzahlen zur OP-Leistung (z.B. Schnitt-Naht-Zeit, Wechselzeit)
Abstimmung der Prozesse untereinander	Anzahl verschobener Untersuchungen/Operationen
	Wartezeiten/Leerzeiten

Lernen und Entwicklung	
Erhöhung der Mitarbeiterqualifikation	Anzahl der angebotenen/besuchten Schulungen
	Teilnehmerzahlen
Steigerung der Mitarbeitermotivation	Krankheitsquote
	Fluktuationsrate
	Anzahl der Überstunden
Gewährleistung eines fachübergreifenden Wissensaustauschs	Anzahl fachübergreifender Projektgruppen
	Ergebnisse von Mitarbeiterbefragungen
Verbesserung der Forschungsaktivitäten	Anzahl von Publikationen in Journals mit hohem Impact-Factor
	(klinische Forschung, Grundlagenforschung)

3.3. Instrumente des Kostenmanagements

Die Geschäftsführung ist auf den Vorschlag von Dr. Zipse und Prof. Wittig eingegangen und wird im nächsten Jahr Profit und Cost Center samt einer abgestimmten internen Verrechnungsmethodik einführen. Zudem wird eine mit allen Kliniken und Abteilungen des Krankenhauses vereinbarte Balanced Scorecard zum Einsatz kommen. Die Geschäftsführung ist sich sicher, aufgrund dieser Steuerungsinstrumente und angesichts des Engagements von Mitarbeitern wie Dr. Zipse Gewinne zu erzielen und die Zukunft des Krankenhauses zu sichern. Die Klinik für Allgemein-, Viszeral- und Gefäßchirurgie muss nun aufgrund dieser Vereinbarungen versuchen, die Kostenstruktur zu optimieren. Dr. Zipse weiß, dass die Kosten- und Erlösrechnung nur für kurzfristige Zwecke aufgebaut ist und sucht deshalb nach Möglichkeiten, die Kosten auch mittel- und langfristig besser steuern zu können. Deshalb möchte er folgende Fragen klären:

- Welche grundsätzlichen Instrumente zum mittel- und langfristigen Kostenmanagement gibt es?
- Was sind die Unterschiede der Prozesskostenrechnung zu traditionellen Kosten- und Erlösrechnungssystemen?
- Wie kann das Target Costing helfen, Kosteneinsparpotenziale im Krankenhaus zu ermitteln?
- Wie wirkt das Konzept der Erfahrungskurve und können hieraus Maßnahmen bzgl. der Kostenoptimierung abgeleitet werden?

3.3.1. Prozesskostenrechnung

Wie bereits erwähnt, kann die Prozesskostenrechnung als Ergänzung bzw. Weiterentwicklung des traditionellen Kosten- und Erlösrechnungssystems wertvolle Informationen im Krankenhaus generieren. Die Prozesskostenrechnung hat seit den 1990er-Jahren in Deutschland vor allem deshalb an Bedeutung gewonnen, weil herkömmliche Kostenrechnungssysteme aufgrund stark steigender Gemeinkosten und damit hoher Zuschlagssätze oft nicht mehr aussagekräftig sind. Mithilfe der Bestimmung von Tätigkeiten bzw. Arbeitsschritten wird die ausschließliche Kostenstellen-Sichtweise umgangen, um die Gemeinkosten auf kostenstellenübergreifende Prozesse zu verteilen und über diese auf die Kosten-

3 Instrumente zur Steuerung der Kosten und Erlöse

träger zu verrechnen (hierzu und zum Folgenden s. Güssow et al. 2008). Der Ablauf einer Prozesskostenrechnung gliedert sich in die folgenden Prozessschritte:

- Bestimmung von Prozessen
- Wahl von Maßgrößen und
- Festlegung von Prozesskostensätzen.

Im Rahmen einer Tätigkeitsanalyse erfolgt die Aufzeichnung der in den zu betrachtenden Bereichen anfallenden Aktivitäten. Diese werden stellenbezogen erfasst und zu Teilprozessen aggregiert, die wiederum zu übergeordneten **Hauptprozessen** zusammengefasst werden. Außerdem sind sie daraufhin zu untersuchen, ob sie sich in Abhängigkeit von dem in der Kostenstelle zu erbringenden Leistungsvolumen mengenvariabel verhalten (**leistungsmengeninduziert**) oder davon unabhängig mengenfix und generell anfallen (**leistungsmengenneutral**).

Im zweiten Schritt müssen aus den möglichen Kosteneinflussgrößen Maßgrößen als Bezugsgrößen („**cost drivers**") ausgesucht werden, die in direktem Bezug zu dem jeweiligen leistungsmengeninduzierten Teilprozess stehen und eine hohe Proportionalität, leichte Ableitbarkeit und einfache Verständlichkeit aufweisen sollten. Für die Kostenzuordnung kommen grundsätzlich zwei Verfahren in Betracht: Entweder wird jeder Teilprozess bottom-up geplant oder man schlüsselt die Gesamtkosten einer Kostenstelle den jeweiligen Prozessen zu.

Schließlich werden in einem dritten Schritt die **Prozesskostensätze** festgelegt. Dies erfolgt in zwei Stufen: Zunächst werden für die leistungsmengeninduzierten Prozesse die Ausprägungen der jeweiligen Maßgrößen festgelegt; diese werden als Prozessmengen bezeichnet. Durch die Division der gesamten Prozesskosten mit dieser Prozessmenge ergibt sich ein leistungsmengeninduzierter Prozesskostensatz.

> Die **Prozesskostenrechnung** basiert nicht auf Kostenstellen und scheint für einen Dienstleistungsbetrieb wie das Krankenhaus ein sinnvolles Kostenrechnungssystem zu sein.
>
> Es verwendet **Kostentreiber** statt Zuschlagsätze und basiert auf einer genauen Dokumentation der Aktivitäten eines Unternehmens.

Als weitere, im Zusammenhang mit der DRG-Kalkulation erwähnenswerte Ausprägung der Prozesskostenrechnung ist die Möglichkeit der **Variantenkalkulation** zu nennen: Werden von einer Produktart mehrere Varianten gefertigt und beanspruchen diese die Teilprozesse in unterschiedlicher Weise, so kann der Prozesskostensatz in einen für alle Varianten gleich hohen Volumen-Prozesskostensatz und in einen für alle Varianten unterschiedlichen Varianten-Prozesskostensatz unterteilt werden. Dies bringt eine größere Genauigkeit und Flexibilität des Kostenrechnungssystems mit sich.

Aufgrund des Dienstleistungscharakters der Leistungserstellung im Krankenhaus sollte die bisher vorherrschende Kostenstellensichtweise im Krankenhaus durch eine Prozesssichtweise ergänzt werden. Eine Behandlung kann in einzelne Prozesse aufgeteilt werden, die wiederum Leistungen aus verschiedenen Kostenstellen zusammenfassen. Wichtig erscheint deshalb, dass die Prozesskostenrechnung die Prozessorientierung in den Vordergrund stellt, um „den Gemeinkostenbereich von Dienstleistungsunternehmen genauer zu durchdringen, zu planen und zu kontrollieren. ... [Dies wird] durch die Prozesskostenrechnung mehr als durch andere Systeme vorangetrieben" (Küpper 1991, S. 388).

Eine **Nachkalkulation der Gesamtkosten von Behandlungsfällen** verlangt, dass sämtliche (DRG-relevanten) Kosten für Pflege, Diagnose, Therapie und Versorgung, die für einen Patienten stationär angefallen sind, erfasst werden. Damit soll eine Kontrolle der Wirtschaftlichkeit im Vergleich zu den Erlösen einer DRG erreicht werden. Deshalb muss das Kosten- und Erlösrechnungssystem die vollen Ist-Kosten eines Behandlungsfalles erfassen, aber auch als Planrechnung für Planungszwecke ausgestaltet werden können. Da ein Patient im Laufe seines Krankenhausaufenthaltes in der Regel von mehreren Kostenstellen Leistungen erhält, die sich teilweise überschneiden und verzahnen, scheint die Prozesskostenrechnung zum Zwecke einer Nachkalkulation recht gut geeignet, da sie versucht, die Kosten anhand von Maßgrößen, die in direktem Bezug zu den jeweiligen Teilprozessen stehen, auf diese zu verteilen. Des Weiteren müssen bei den DRGs sowohl Kostenträgereinzel- als auch -gemeinkosten aller Bereiche auf die Prozesse verrechnet werden, was eine Erweiterung der klassischen Prozesskostenrechnung darstellt.

Zusätzlich wird eine erhöhte **Transparenz** hinsichtlich der am Patienten erbrachten Leistungen erreicht, überflüssige oder ineffiziente Leistungen können damit reduziert bzw. verhindert werden. Durch die Standardisierung wird zudem eine **Vergleichbarkeit** mit anderen Krankenhäusern hergestellt, wodurch ein Benchmarking mit anschließender weiterer Kostenreduktion möglich ist. Durch ein auf die Prozesskostenrechnung aufbauendes Prozessmanagement sind eine Reduzierung ineffizienter bzw. zu teurer Aktivitäten und eine Sicherstellung von Qualitätsstandards durch die Mitarbeiter möglich.

Mithilfe der **Tätigkeitsanalyse** werden die homogenen und repetitiven Aktivitäten innerhalb der Kostenstellen ermittelt und zu konsistenten Teilprozessen aggregiert. Um schlüssige Aussagen über die Ressourceninanspruchnahme der ablaufenden Teilprozesse treffen zu können, müssen alle in die Prozesskostenrechnung integrierten Kostenstellen hinsichtlich ihres Tätigkeitsspektrums analysiert werden. Dies gilt auch für Aktivitäten, die nicht direkt mit dem zu erklärenden Hauptprozess in Verbindung stehen. Zum Aufbau einer Prozesshierarchie werden die identifizierten Teilprozesse verschiedener Kostenstellen dem Hauptprozess der Patientenbehandlung zugeordnet. Dieser bildet als Summe der kostenstellenübergreifenden Prozesse „Patientenaufnahme", „Anamnese", „Diagnostik", „Therapie" und „Entlassung" sowie der „prä- und post-operativen Versorgung" auf der Station die zu betrachtende Krankenhausdienstleistung. Somit werden die vollen Kosten des Kostenträgers ermittelt, wie es der Logik der DRG-Vergütung entspricht. Abbildung 56 zeigt eine solche Prozesshierarchie am Beispiel einer Angioplastie. Für jede DRG kann ein eigener Hauptprozess definiert und kalkuliert werden. Aufgrund der modularen Vorgehensweise können

3 Instrumente zur Steuerung der Kosten und Erlöse

einzelne Teilprozesse Eingang in verschiedene Hauptprozesse finden und nach verschiedenen Kriterien differenziert werden.

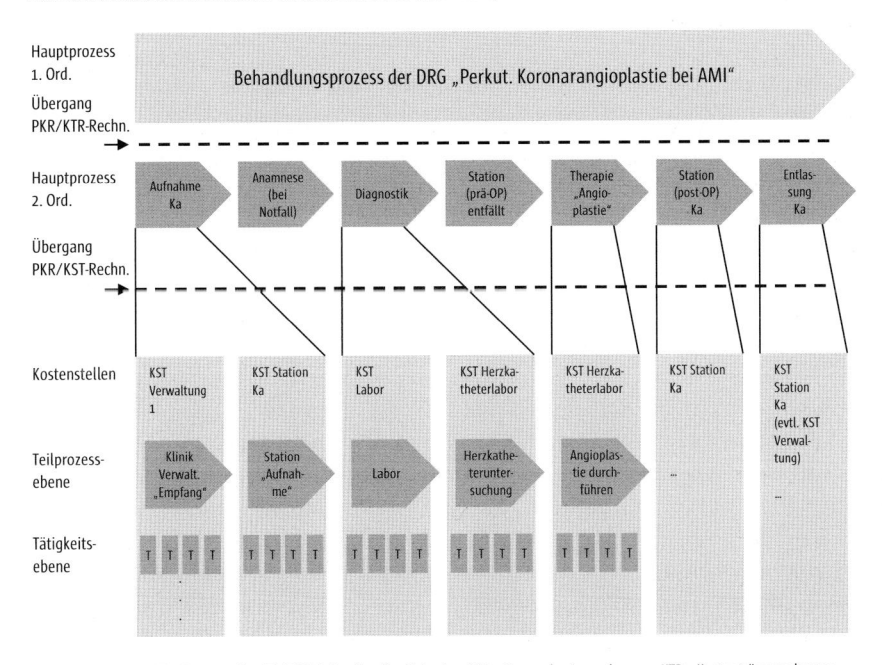

Abb. 56 Prozesshierarchie im Krankenhaus am Beispiel einer Angioplastie (Güssow et al. 2008, S. 21)

Die Qualität der Kostenbestimmung hängt entscheidend von den gewählten **Prozessbezugsgrößen** ab. In ihnen konkretisieren sich die identifizierten Kosteneinflussgrößen, die als Merkmale der Kostenträger für den Einsatzgüterverbrauch maßgebend sind. Neben der Beschäftigung (z.B. ausgedrückt durch die Fallzahl) stellen vor allem auch die Verweildauer und die Patientenstruktur wichtige Kosteneinflussgrößen im Krankenhaus dar. Da die Prozesskosten jeweils nur über eine einzige Kalkulationsbezugsgröße verrechnet werden, ist schon bei der Prozesserhebung darauf zu achten, dass nur solche Tätigkeiten zu einem Prozess zusammengefasst werden, bei denen mit ausreichender Gewissheit feststeht, dass ihre Kosten von der gleichen Kosteneinflussgröße abhängen.

Nachdem das Kalkulationsobjekt „DRG-Patient" im Mittelpunkt der Betrachtung steht und eine Vielzahl von Prozessen im Krankenhaus am Patienten erfolgt, bietet es sich in den direkten Leistungsbereichen häufig an, den „DRG-Patienten" als Maßgröße zu verwenden. Eventuell kann es nach kostenrechnerischen Gesichtspunkten sinnvoll sein, den DRG-Patienten nach weiteren Kriterien zu differenzieren (z.B. Alter oder Schwergrad). Andererseits ist es möglich, dass der Differenzierungsgrad „Patient" für einzelne Prozesse ausreichend ist (z.B. Aufnahme von Patienten).

Allerdings gibt es in den **direkten Leistungsbereichen**, also den Bereichen, welche Leistungen direkt am Patienten erbringen (s. Kap. III.2.3.3), ebenfalls Prozesse, die nicht von der Patientenzahl abhängig sind. Dies zeigt sich insbesondere in den diagnostischen Bereichen, in denen als Maßgröße der Kostenverursachung z.B. die „Anzahl der Röntgenbilder" für die Radiologie bzw. die „Anzahl der angeforderten Laboruntersuchungen" für das Labor Verwendung finden können. Auch auf den Bettenstationen ist z.B. der Prozess „Betten machen" nicht von der Patientenzahl, sondern den geleisteten Pflegetagen abhängig. In den **indirekten Leistungsbereichen** bietet sich die Verwendung von Maßgrößen an, wie sie auch in der Industrie zum Tragen kommen. So wäre z.B. die Anzahl der Bestellungen eine geeignete Maßgröße für den Prozess „Bestellungen tätigen". Über die Analyse verschiedener Bestellvorgänge kann gewährleistet werden, dass Kostenträger, die spezielle Prozesse benötigen, mit entsprechend höheren Kosten belastet werden (z.B. Implantate).

Auch im Krankenhaus lassen sich nicht für alle Prozesse geeignete Maßgrößen finden. Innovative und planende Tätigkeiten differieren mitunter so stark, dass sie sich einer quantitativen Analyse entziehen. Im Gegensatz zu den leistungsmengeninduzierten (lmi) Kosten, die über Maßgrößen operationalisierbar sind, werden die leistungsmengenneutralen (lmn) Prozesskosten nach Ablauf der Kostenartenrechnung auch im Krankenhaus als nicht prozessbezogen messbar über Zuschläge verrechnet.

Mit der Kenntnis der Maßgrößen lässt sich das für die Ermittlung der Prozesskostensätze wichtige Mengen- und Wertgerüst der Haupt- und Teilprozesse bestimmen. Nachdem die Krankenhauskosten durch einen dominierenden Personalkostenanteil gekennzeichnet sind, bietet es sich z.B. für die Bettenstationen an, über eine Top-Down-Analyse die Mitarbeiterkapazitäten mit ihren entsprechenden Kosten je Prozess zu bestimmen. Die Sachkosten werden anhand der Mitarbeiterkapazitäten proportionalisiert und somit die gesamten Kostenstellenkosten über Prozesse verrechnet (s. Tab. 64). Die leistungsmengenneutralen Kosten werden über eine Umlage den Teilprozessen zugeschlagen. Im Beispiel der Tabelle 64 werden die 350.000 € der drei lmn-Aktivitäten (Nummer 11–13) auf Grundlage der pro Teilprozess angefallenen direkten lmi-Kosten verrechnet (insgesamt 1.600.000 € für alle Teilprozesse in den Nummer 1–10). So ergibt sich z.B. für den Teilprozess Verpflegung ein Anteil von (350.000 €/1.600.000 €) x 400.000 € = 87.500 € (in der Tabelle ergaben sich Rundungsdifferenzen). Der lmi-Prozesskostensatz beträgt dann 400.000 €/10.000 PT = 40 €/PT und der gesamte Prozesskostensatz (400.000 € + 87.520 €)/10.000 PT = 48,75 €/PT.

In der Praxis orientiert man sich bei der Kostenplanung zumeist an den Vorjahres- oder Budgetzahlen, denen aber eine bereits durchgeführte analytische Planung der Kosten zugrunde liegen sollte. Zu beachten ist, dass in den ermittelten Prozesskosten die **Leerkosten** bereits enthalten sind, welche im Krankenhaus zum Teil als Bereitschaftskosten der vereinbarten Vorhaltung anfallen. In Abhängigkeit vom Auslastungsgrad sind die lmi-Kostensätze bei einer top-down-Berechnung daher überbewertet, d.h. dass hier nicht nur die reinen Kosten für die Teilprozesse, sondern auch für die anteiligen Leerzeiten eingerechnet sind.

3 Instrumente zur Steuerung der Kosten und Erlöse

Tab. 64 Prozesskostenblatt „Bettenstation Kardiologie" (Güssow et al. 2008, S. 22)

Teilprozess	Maßgröße		MJ	Kosten		PKS	
	Art	Menge		direkt	Umlage	lmi	gesamt
1. Verpflegung	PT	10.000	4	400.000,-	87.520,-	40,-	49,-
2. Hygiene	PT	10.000	4	400.000,-	87.520,-	40,-	49,-
3. Mobilisieren	PT (Kat2)	1.000	0,5	50.000,-	10.940,-	50,-	61,-
4. Visite	PT	10.000	1	200.000,-	43.760,-	20,-	24,-
5. Aufnahme	P	5.000	0,5	50.000,-	10.940,-	10,-	12,-
6. Entlassung	P	5.000	0,5	50.000,-	10.940,-	10,-	12,-
7. Betten herrichten	P	5.000	1,5	150.000,-	32.820,-	30,-	37,-
8. Patient zum KL bringen	P (KL)	4.500	1	100.000,-	12.880,-	22,-	25,-
9. Patient vom KL abholen	P (KL)	4.500	1	100.000,-	12.880,-	22,-	25,-
10. Nachtwache	PT	10.000	1	100.000,-	12.880,-	10,-	11,-
11. Rufbereitschaft Arzt	lmn	-	1	200.000,-			
12. Personalplanung	lmn	-	0,5	50.000,-			
13. Abteilung leiten	lmn	-	0,5	100.000,-			
...							

KL = Katheterlabor; Kat2 = immobile Patienten; MJ = Mannjahre; P = Patient; PT = Pflegetag; PKS = Prozesskostensatz

Wenn man ausschließlich Teilprozesskostensätze haben möchte, ohne Leerkosten zu berücksichtigen, müssen diese vorher separiert werden.

Der **Prozesskostensatz** für die lmi-Kosten wird durch Division der Prozesskosten durch die Prozessmenge ermittelt. Die lmn-Kosten werden entweder im Verhältnis zur Höhe der lmi-Kosten umgelegt oder zunächst in einer Sammelposition geparkt und auf die Summe der Prozesskosten verrechnet. Durch die Unterscheidung von lmi- und lmn-Kosten lassen sich drei Prozesskostensätze ermitteln: Ein Prozesskostensatz, der nur die lmi-Kosten berücksichtigt, ein Umlagesatz für die lmn-Kosten, der im Beispiel nicht gesondert ausgewiesen wurde, und ein Gesamtprozesskostensatz als Summe aus lmi-Teilprozesskostensatz und Umlagesatz.

Für die diagnostischen und therapeutischen Prozesse ist im Krankenhaus eine **bottom-up-Verdichtung** vorzuziehen. Zum einen können so die Leerkosten identifiziert und einer entsprechenden Analyse unterzogen werden, zum anderen ist es möglich, Materialkosten einzelnen Prozessen individuell zuzurechnen. Die große Anzahl von Prozessen und die Unterschiedlichkeit der zum Teil erheblichen Materialverbräuche würden bei einer Verteilung der Kostenstellenkosten über Mannjahre zu großen Verzerrungen führen.

Die Ressourcenverbräuche der einzelnen Teilprozesse an bewerteten Personalkapazitäten werden daher über die Multiplikation der differenzierten Personalkostensätze mit analysierten Zeitstandards für die einmalige Durchführung des Prozesses bestimmt. Die Materialgemeinkosten werden dem Teilprozess in toto zugerechnet. Tabelle 65 zeigt ein mögliches Prozesskostenblatt „Herzkatheterlabor" mit den darin enthaltenen Teilprozessen, deren Prozesskostensätze nach dem obigen Schema berechnet wurden. In dem Beispiel wurde vereinfachend nur zwischen den Personalkostenarten „Assistenzarzt", „Oberarzt" und „Pflegedienst" unterschieden. Aus Gründen der Übersichtlichkeit wurde die Ermittlung des lmn-Prozesskostensatzes weggelassen. Es ist aber davon auszugehen, dass auch im Herzkatheterlabor nicht operationalisierbare Kosten (z.B. Tagesplanung) anfallen. Des Weiteren wurde zur Vereinfachung für jeden Teilprozess die gleiche Personalkapazitätsbeanspruchung je Personalkostenart zugrunde gelegt. Dies ist nicht zwingend. Die Minutenwerte stellen angenommene Standards dar, die im Einzelfall abweichen können.

Tab. 65 Auszug aus dem Prozesskostenblatt „Herzkatheterlabor" (Güssow et al. 2008, S. 24)

Teilprozesse	Maßgrößen		Personalkosten			Material-kosten	Gesamt-kosten	PKS lmi
	Art	Menge	Standard		Summe			
...								
Vorbereitung steriler Tisch	Patienten (Kat. labor)	3.000	1 x 5 M in x 1,20 Euro/M in (AA) 1 x 5 M in x 0,80 Euro/M in (PD)		30.000	(-)	30.000	10
Blutentnahme Notfallpatient	Notfall-patienten	500	1 x 5 M in x 0,8 Euro/M in (PD)		2.000	2.000	4.000	8
...								
Sterilisieren	Patienten (Kat. labor)	3.000	1 x 5 M in x 1,20 Euro/M in (AA)		18.000	3.000	21.000	7
Zugang Leisten legen	Herzkathe-terpatienten	2.000	3 x 10 M in x 0,80 Euro/M in (PD) 1 x 10 M in x 1,20 Euro/M in (AA) 1 x 10 M in x 1,50 Euro/M in (OA)		102.000	213.000	315.000	157,50
LV-Angiographie	Linksherz-katheter-patienten	1.800	3 x 25 M in x 0,80 Euro/M in (PD) 1 x 25 M in x 1,20 Euro/M in (AA) 1 x 25 M in x 1,50 Euro/M in (OA)		229.500	280.000	509.500	283
...								

3 Instrumente zur Steuerung der Kosten und Erlöse

Drücke/Ströme messen o.K.	Rechtsherzkatheterpat. o.K.	1.000	3 x 25 M in x 0,80 Euro/M in (PD) 1 x 25 M in x 1,20 Euro/M in (AA) 1 x 25 M in x 1,50 Euro/M in (OA)	127.500	94.000	221.500	221,50
...							
Myokardbiopsie	Myokardbiopsien	100	3 x 10 M in x 0,80 Euro/M in (PD) 1 x 10 M in x 1,20 Euro/M in (AA) 1 x 10 M in x 1,50 Euro/M in (OA)	5.100	39.000	44.100	441
Mat. Biopsie verschicken	Myokardbiopsien	100	1 x 5 M in x 0,80 Euro/M in (PD)	120	(-)	120	1,20
...							

o.K. = ohne Komplikationen, AA = Assistenzarzt, OA = Oberarzt, PD = Pflegedienst

Als Beispiel für die Berechnung der Personalkosten kann Teilprozess 22 „Drücke/Ströme messen o.K." dienen. Hierbei sind drei mal 25 Minuten im Pflegedienst nötig zu einem Minutensatz von 0,8 €, was somit 3 x 25 x 0,8 € = 60 € pro Teilprozess ergibt. Der Assistenzarzt verwendet 25 Minuten bei einem Minutensatz von 1,2 €, was pro Teilprozess 1 x 25 x 1,2 = 30 € ergibt. Der Oberarzt verwendet ebenfalls 25 Minuten, allerdings bei einem Minutensatz von 1,5 €, was pro Teilprozess 1 x 25 x 1,5 = 37,5 € ergibt. Als Gesamt-Personalkosten pro Teilprozess ergeben sich also 60 € + 30 € + 37,5 € = 127,5 €. Da laut Angabe der Teilprozess 1.000-mal durchgeführt wurde, ergaben sich hier insgesamt also Personalkosten in Höhe von 1.000 x 127,5 € = 127.500 €.

Multipliziert man die prozentualen Zeitanteile des jeweiligen Prozesses an der verfügbaren Gesamtpersonalkapazität der Kostenstelle mit den jeweiligen Personalgesamtkosten der Kostenstellen, so ergeben sich die Prozesskosten für die Personalressourcen ohne den Leerkostenanteil. Abschließend erfolgt über eine Summenprüfung ein Abgleich von Gesamtkosten und den aufaddierten Fallkosten. Für die Ermittlung der Zeitstandards kann besonders bei den kostenmäßig bedeutenden invasiven Fällen häufig auf bereits durchgeführte OP-Dokumentationen zurückgegriffen werden. Eine **Personalkostenverteilung** auf die einzelnen Leistungsbereiche kann auf Basis bestehender Personalbedarfsrechnungen, Erhebungen auf Basis von Interviews oder plausibilisierter Expertenschätzungen erfolgen.

Eine DRG umfasst alle Behandlungskomponenten für den Behandlungsprozess einer klassifizierten Krankheitsart. Jede dieser Behandlungskomponenten kann als Prozess definiert werden, dem ein Prozesskostensatz zugeordnet wird. Um die

Kosten einer DRG zu erhalten, werden die Kosten jeder einzelnen Behandlungskomponente eines Patienten entlang des gesamten Behandlungspfades aufaddiert. Hierzu ist es wichtig, dass bereits in der Prozesserhebung eine ausreichend genaue Differenzierung nach DRG-Kostenträgern vorgenommen wurde. Für eine Vollkostenrechnung muss gewährleistet sein, dass letztlich alle Kostenstellenkosten auf den Patienten umgelegt werden. Einzelkosten gibt es im Krankenhaus nur wenige (z.B. Herzschrittmacher, Stents), da es aus Wirtschaftlichkeitsüberlegungen heraus nur sinnvoll ist, besonders teure Materialien als Einzelkosten zu verrechnen. Die meisten Materialkosten im Krankenhaus stellen unechte Gemeinkosten dar (s. Kap. III.2.1.1). Die lmi-Gemeinkosten, die dem Prozess zugerechnet werden, sind vor allem Personal- und Materialkosten. Es erscheint sinnvoll, auch Abschreibungen auf nicht geförderte Anlagegüter, die direkt auf die Nutzung der Geräte zurückzuführen sind, sowie allgemeine Betriebskosten, die sich proportional zur Prozessnutzung verhalten, den Prozessen z.B. über eine Bezugsgröße „Raumbelegung" zuzurechnen.

Neben den als Prozessen erfassbaren, aber nicht über geeignete Maßgrößen quantifizierbaren lmn-Prozessen gibt es schließlich auch im Krankenhaus Gemeinkosten, die schon aufgrund der Nicht-Erfassbarkeit in Prozessform (Steuern) ebenfalls pauschal zugeschlagen werden müssen. Diese Kosten sind als Gesamtkostenblock zu erfassen. Die Kalkulation erlaubt eine Komplettkalkulation aller im Krankenhaus anfallenden Kosten, wie es im DRG-System vorgesehen ist. Nachdem die Kosten krankenhausindividuell auf Ist-Kostenbasis erhoben und anhand geeignet erscheinender Bezugsgrößen zugerechnet wurden, ist gleichzeitig ein aussagefähiger Vergleich krankenhausindividueller Relativgewichte zu bestehenden Preisen möglich. Auch die Repräsentativität des Case-Mix-Index kann mittels einer Analyse der Patientenstruktur im eigenen Haus kritisch beleuchtet werden. Aufgrund der differenzierten Darstellung der Kostenarten werden zudem unterschiedliche Analysen hinsichtlich des Ressourcenverbrauchs möglich, die dem Krankenhaus besonders bei schwankender Auslastung unverzichtbare Informationen zur Verfügung stellen.

Allerdings ist sowohl bei kostenstellen- als auch bei prozessbezogenen Abweichungsanalysen der **Vollkostencharakter der Prozesskostenrechnung** zu beachten. Die Prozesskosten bestehen zu einem großen Teil aus beschäftigungsfixen Kosten und nehmen bei einer Verringerung der Prozessmenge nicht automatisch ab. Gerade im Krankenhaus stehen aufgrund des sehr hohen Personalkostenanteils vertragliche Bindungen einer schnellen Kapazitätsanpassung entgegen, sodass es zu erheblichen **Kostenremanenzen** kommen kann. Ein Plan-Ist-Vergleich weist daher lediglich auf Beschäftigungsabweichungen hin und gibt mit dem Ausweis der Leerkosten an, in welchem Umfang die Potenzialgüter nicht genutzt und damit die geplanten fixen Gemeinkosten kalkulatorisch noch nicht verrechnet wurden. Aussagen über die Wirtschaftlichkeit der Erbringung einer Leistung sind nicht unmittelbar abzuleiten. Über die Bestimmung der Auslastungsgradabweichungen und der damit verbundenen Leerkosten lässt sich jedoch das langfristige Kostensenkungspotenzial bestimmen.

3 Instrumente zur Steuerung der Kosten und Erlöse

Neben der Verwendung zur Kalkulation und Durchführung von Wirtschaftlichkeitskontrollen dient die Prozesskostenrechnung als Grundlage zur Evaluierung von organisatorischen Verbesserungen im Sinne des **Prozessmanagements**. Maßnahmen des Prozessmanagements dienen dabei vor allem der Ausrichtung der Krankenhausprozesse am Kundennutzen. Im Rahmen der Ablaufoptimierung sollen „…. Doppeluntersuchungen und Abstimmungsschwierigkeiten festgestellt werden, die bei einer grundsätzlichen Überarbeitung der Organisationsschwachpunkte abgestellt werden können" (Greulich 1997, S. 147). Hier zeigt sich deutlich die Verbindung von Prozessorientierung und Qualitätsverbesserung. Diese kann im Krankenhaus sowohl den Behandlungsablauf am Patienten betreffen als auch die Dienstleistungen der Funktionsbereiche oder der Logistik beinhalten. Die Prozessorientierung bietet die Möglichkeit, sowohl eine Gesamtbetrachtung des Behandlungsablaufs als auch eine differenziertere Betrachtung der Teilprozesse vorzunehmen. Mittels geeigneter Kennzahlen können die Prozesse mit anderen Krankenhäusern (falls diese bekannt sind) verglichen werden. Die Ermittlung der Prozesskostensätze zur Bewertung von Abläufen ist daher Voraussetzung für die Bewertung von Prozessoptimierungsmaßnahmen.

3.3.2. Target Costing

Das **Target Costing oder die Zielkostenrechnung** ist ein streng marktorientiertes Instrument des Kostenmanagements. Grundfrage dabei ist nicht, wie viel ein Produkt kostet bzw. kosten wird, sondern wie viel ein Produkt kosten darf. Die traditionelle Kostenrechnung geht von einer Berechnung der Herstell- bzw. Selbstkosten anhand der Kostenarten-, -stellen- und -trägerrechnung aus. Bei der sogenannten **Cost-plus-Methode** werden die Selbstkosten eines Produktes noch mit dem gewünschten Gewinnaufschlag aufgestockt, um zum Angebotspreis zu gelangen. In der Marktwirtschaft ergibt sich der Preis jedoch durch Angebot und Nachfrage, sodass den meisten Unternehmen oft nur der Vergleich der Selbstkosten mit dem erzielbaren Preis bleibt, um Stückgewinne bzw. Deckungsbeiträge zu errechnen und somit die Wirtschaftlichkeit eines Produktes einschätzen zu können. Diese Methode liefert zwar den Hinweis, ob Kosten reduziert werden müssen da der erzielbare Marktpreis nicht (genügend) zu deren Deckung ausreicht. Es ist dabei jedoch nicht ersichtlich, wo Kosten eingespart werden sollten.

Das Target Costing setzt nun direkt am erzielbaren Marktpreis an. Im Krankenhaus existieren zwar keine Markt-, sondern festgelegte Preise pro Leistung. Für die grundsätzliche Systematik des Target Costing ist dies jedoch nicht von Bedeutung, da eben davon ausgegangen wird, dass der erzielbare Preis von einem Unternehmen nicht geändert und somit als gegeben hingenommen werden muss. Ausgehend von dem Preis werden nach Abzug der gewünschten Gewinnmarge die erlaubten Kosten, die sogenannten **„allowable costs"**, ermittelt. Sind diese niedriger als die in der Kostenträgerrechnung ermittelten (geplanten) Selbstkosten, müssen Kostensenkungspotenziale gehoben werden (s. Abb. 57). Um eine sinnvolle und zielgerichtete Steuerung der Kosten zu ermöglichen müssen die

Zielkosten näher aufgesplittet werden. Dies kann auch für das Krankenhaus eine sehr sinnvolle Methode sein, um die verfügbaren Ressourcen optimal auf die einzelnen Aktivitäten aufteilen zu können.

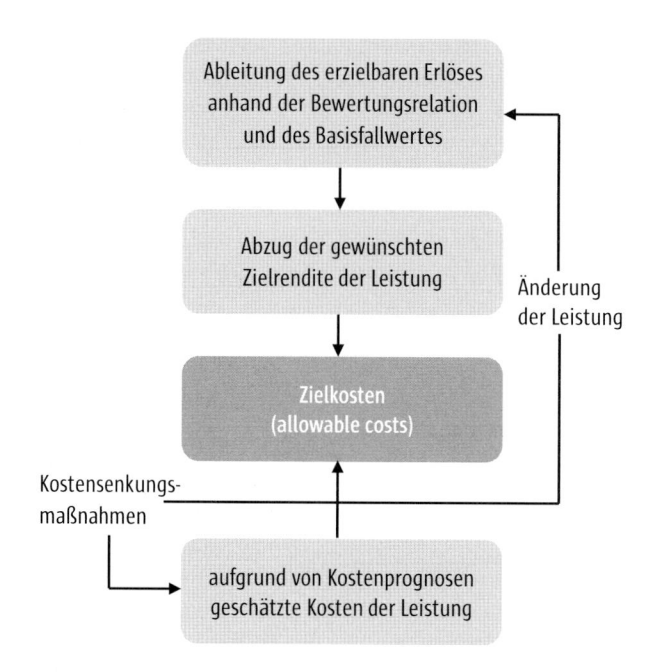

Abb. 57 Grundsätzliches Vorgehen des Target Costing (adaptiert aus Weber u. Schäffer 2014, S. 361)

Dabei wird zunächst das Produkt in seine **verschiedenen Funktionen** zerlegt und die jeweilige **Bedeutung von den Kunden** in Prozent eingeschätzt (die Summe der Wichtigkeit aller Komponenten muss dabei 100% ergeben). Diese Kundenbefragung sollte im Produktlebenszyklus so früh wie möglich erfolgen, da bereits in der Konstruktionsphase des Produktes die später anfallenden Selbstkosten zu einem großen Teil festgelegt und nur mehr schwer geändert werden können.

Ein Beispiel wird anhand der Behandlung „I034 Hüftgelenkersatz mit Komplikationen" beschrieben (Naegler 2014, S. 127f.): Eine Befragung der Patienten hat ergeben, dass die nachstehend genannten Eigenschaften (E1 bis E3) der Behandlung und des dazugehörigen Services jene Produkteigenschaften sind, die die Patientenzufriedenheit ausmachen. Den Patienten ist die Mängelfreiheit (E1) mit 50% der Nennungen am wichtigsten, gefolgt von dem Eingehen auf individuelle Bedürfnisse (E3) mit 30% und dem Vermeiden von Wartezeiten (E2) mit 20%, abzulesen auch in der Spalte „Gewichtungsfaktor" der Tabelle 66.

Als zweiten Schritt müssen die jeweils Verantwortlichen im Unternehmen schätzen, wie viel eine **Komponente des Produktes zur Zielerreichung der einzelnen Funktionen beiträgt**. Bei dem Beispiel im Krankenhaus werden als Komponen-

3 Instrumente zur Steuerung der Kosten und Erlöse

ten die vier beteiligten Bereiche angesehen: Dies sind diverse diagnostische Einrichtungen wie z.B. Röntgendiagnostik, Laboratoriumsmedizin, Funktionsdiagnostik und Pathologie (B1), Zentral-OP sowie Anästhesie und Intensivmedizin (B2), Normal-Pflegebereich (B3) und diverse andere Kostenstellen (B4). Experten aus den an der Behandlung beteiligten Krankenhausbereichen haben festgestellt, welchen Einfluss die Arbeitsergebnisse der Krankenhausbereiche auf die Produkteigenschaften und damit auf die Befriedigung der Patientenbedürfnisse insgesamt haben; die Ergebnisse sind in Tabelle 66 in den Spalten „B1 bis B4" festgehalten. Dabei ist der Inhalt wie folgt (beispielhaft) zu interpretieren:

- Der Zentral-OP sowie der Fachbereich Anästhesie und Intensivmedizin (B2) sind mit einem großen Anteil (mit 50% und 55%) bestimmend für die Mängelfreiheit der erbrachten Leistung (E1) und für das Vermeiden von Wartezeiten (E2).
- Vor allem der Normal-Pflegebereich (B3) hat mit 50% wesentlichen Einfluss auf das Eingehen auf die individuellen Bedürfnisse der Patienten (E3).

Tab. 66 Zielkostenspaltung und -zuordnung am Beispiel eines Hüftgelenkersatzes (Naegler 2014, S. 127f.)

Produkt-eigenschaft	Gewich-tungsfaktor	Einfluss der Krankenhausbereiche auf die Produkteigenschaft				Gewichtungsfaktoren nach Krankenhaus-bereichen			
		B1	B2	B3	B4	B1	B2	B3	B4
E1	50%	20%	50%	25%	5%	0,100	0,250	0,125	0,025
E2	20%	40%	55%	5%	0%	0,080	0,110	0,010	0,000
E3	30%	20%	10%	50%	20%	0,060	0,030	0,150	0,060
Summe	100%					0,240	0,390	0,285	0,085

In einem dritten Schritt wird durch Multiplikation der Bedeutung der Funktion mit dem Beitrag der jeweiligen Komponente zur Funktion der **Soll-Zielkostenanteil** jeder Komponente errechnet. In obigem Beispiel bedeutet das z.B. für die diagnostischen Einrichtungen B1, dass bei der Mängelfreiheit E1 ein Anteil von 0,5 x 02 = 0,1, bei der Vermeidung von Wartezeiten E2 von 0,2 x 0,4=0,08 und bei dem Eingehen auf individuelle Bedürfnisse E3 von 0,3 x 0,2=0,06 berechnet wird, insgesamt also 0,1 + 0,08 + 0,06 = 0,24 oder 24% der gesamten Zielkosten der Behandlung. Diese Rechnung wird nun bei allen Bereichen durchgeführt.

Im vierten und letzten Schritt wird nun festgestellt, bei welchen Komponenten bzw. Bereichen **Kostensenkungspotenziale in Bezug auf die Wertigkeit aus Sicht des Kunden** bestehen. Hierzu werden die im dritten Schritt berechneten Zielkostenanteile mit jenen verglichen, welche die traditionelle Kostenträgerstückrechnung ermittelt hat (beim Target Costing auch als **„drifting costs"** bezeichnet). Diese Aussage kann graphisch in Form eines Kostenkontrolldiagramms dargestellt werden. Hier wird pro Komponente ein **Zielkostenindex (ZI)** dargestellt, der sich als Quotient des jeweiligen Kosten- durch den Nutzenanteil ergibt.

Dieser Zielkostenindex sagt aus, inwieweit bei der jeweiligen Komponente der Ressourceneinsatz der Wertschätzung durch die Kunden entspricht. Bei einem Wert unter eins übersteigt der Nutzen die Kosten und die Komponente ist tendenziell zu „billig" geplant; bei einem Wert über eins übersteigen die Kosten den Nutzen der Komponente und diese ist zu „teuer" geplant (s. Abb. 58).

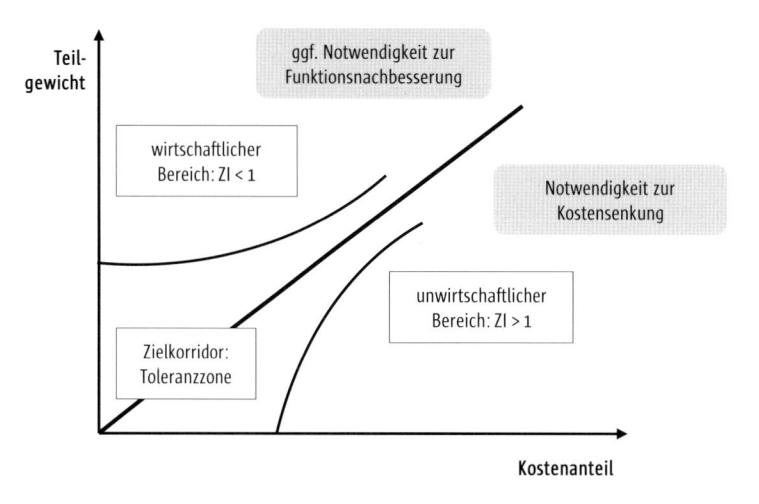

Abb. 58 Schema eines Kostenkontrolldiagramms

> Das **Target Costing** geht von gegebenen Preisen aus und versucht, die Kostenstrukturen anhand von Einschätzungen von Kunden zu steuern.

Im Krankenhaus werden durch die DRGs im stationären Bereich die Preise zwar nicht vom Markt, aber doch extern vorgegeben und können nicht geändert werden. Deshalb liegt es nahe, eine eventuell bestehende Notwendigkeit zu Kostensenkungen nicht pauschal („Rasenmähermethode"), sondern zielgerichtet zu realisieren. Eine oft verwendete Methode ist der Vergleich mit den durchschnittlichen Kosten der InEK; aufgrund von Schlüsselungsproblematiken, sonstigen Ungenauigkeiten in der Berechnung oder anderen Gründen wie z.B. fehlender oder nicht passender Vergleichsbasis ist diese Methode jedoch nicht immer zielführend. Sinnvoll könnte es sein, die Patienten eines Krankenhauses, die niedergelassenen Ärzte oder die Mitarbeiter des Krankenhauses selbst zu der Bedeutung der einzelnen Funktionen der Behandlung zu fragen.

Allerdings ist beim Target Costing im Krankenhaus zu bedenken, dass die Beurteilung der Wichtigkeit der Funktionen sowie der Anteil der einzelnen Behandlungskomponenten an der Erfüllung der Funktionen nur schwer ermittelbar sind. Zudem sind Einspareffekte z.B. im medizinischen Bereich eventuell nur schwierig durchführbar. Trotzdem kann dieses Instrument eine sinnvolle Ergänzung zu den traditionellen Kostenrechnungssystemen darstellen.

3.3.3. Erfahrungskurve

Ein weiteres Kostenmanagement-Instrument ist die **Erfahrungskurve**, welche eine Erweiterung des schon lange bekannten **Lernkurveneffektes** ist. Das Erfahrungskurven-Konzept besagt, dass mit jeder Verdoppelung der kumulierten Produktionsmenge die inflationsbereinigten Stückkosten um einen bestimmten Prozentsatz sinken (Coenenberg et al. 2012a, S. 423). Dabei sind eben nicht nur die Fertigungskosten, sondern auch die Beschaffungs-, Verwaltungs- oder Vertriebskosten einbezogen. Die Boston Consulting Group, welche in den 1970er Jahren diesen Zusammenhang empirisch ermittelte, stellte dabei für unterschiedliche Branchen jeweils einen anderen Prozentsatz fest, der sich jedoch im Mittel um 20 bis 30% bewegte (Weber u. Schäffer 2014, S. 401). Diese **Kostendegression** stellt sich jedoch nicht automatisch ein, sondern muss durch gezielte Maßnahmen gefördert werden. Als Gründe für diesen Effekt lassen sich **statische und dynamische Skaleneffekte** unterscheiden:

- Statische Skaleneffekte
  - **Fixkostendegression:** Die verrechneten Fixkosten je Stück sinken bei steigender Produktionsmenge, da sich die zumindest kurzfristig gleichbleibenden Fixkosten auf mehr Stück verteilen.
  - **Betriebsgrößeneffekt (Economies of scale):** Durch Vorteile im Einkauf, größeres Know-How, einen besseren Mitarbeiter-Pool etc. ergeben sich gegenüber kleineren Unternehmen Kostenvorteile.
  - **Verbundeffekt (Economies of scope):** Wenn mehrere verschiedene Produkte von einem Unternehmen angeboten werden, resultieren häufig positive Effekte durch die gemeinsame Nutzung von Ressourcen („Synergieeffekte"). Als Beispiele sind hier die Forschung und Entwicklung oder bestimmte Verwaltungs- und Vertriebsleistungen zu nennen.
- Dynamische Skaleneffekte
  - **Sinkende Prozesszeiten durch wiederholte Arbeitsverrichtung (Lernkurve):** Dieser Zusammenhang wurde durch viele Studien in der Psychologie wiederholt bestätigt.
  - **Technischer Fortschritt:** Produkte können durch den Einsatz von automatisierten Produktionsanlagen schneller hergestellt werden.
  - **Rationalisierung:** Dies ist eng an die bisher vorgestellten Effekte verknüpft. Durch Wertstromanalysen etc. können diese KostensenkungsPotenziale freigesetzt werden.

Eine Erfahrungskurve, welche die Stückkosten pro Verdoppelung der kumulierten Ausbringungsmenge auf 70 bzw. 80% des vorausgegangenen Niveaus reduziert, findet sich graphisch in Abbildung 59 dargestellt.

Falls auf einem Markt ein **hohes Wachstum** herrscht, werden die Erfahrungskurveneffekte rasch bemerkbar. Den Zusammenhang zwischen der jährlichen Mengenwachstumsrate und der erforderlichen Zeit für eine Verdoppelung der kumulierten Produktionsmenge zeigt Tabelle 67.

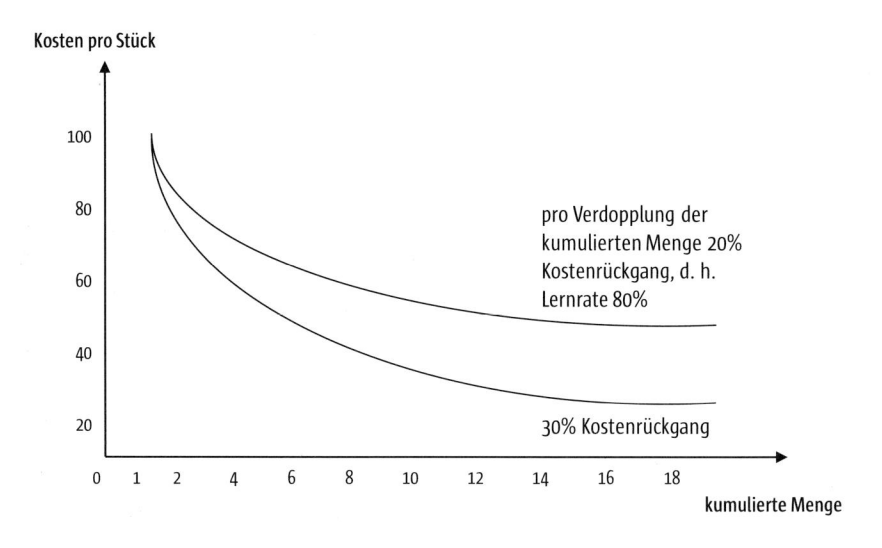

Abb. 59 Verlauf einer 70%- und 80%-Erfahrungskurve (Baum et al. 2007, S. 92).

Tab. 67 Mengenwachstum und Verdoppelungszeit der kumulierten Produktionsmenge (Coenenberg et al. 2012a, S. 431)

Mengenwachstumsrate	Verdoppelungszeit t (ca.) in Jahren für kumulierte Produktionsmenge
3%	23,4 Jahre
4%	17,7 Jahre
5%	14,2 Jahre
6%	11,9 Jahre
7%	10,2 Jahre
8%	9,0 Jahre
9%	8,0 Jahre
10%	7,3 Jahre
15%	5,0 Jahre
30%	2,6 Jahre

Bei einem Wachstum von 30% kann eine Senkung der Stückkosten je nach Branche zwischen 20 und 30% bereits nach gut zweieinhalb Jahren erreicht werden. Dies ist der Grund, warum viele Unternehmen mit Massenprodukten versuchen, in möglichst kurzer Zeit die Marktführerschaft zu erreichen, um die Kosten- und somit Preisführerschaft zu übernehmen.

3 Instrumente zur Steuerung der Kosten und Erlöse

> Das **Erfahrungskurvenkonzept** beinhaltet, dass bei einer Verdoppelung der kumulierten Produktionsmenge die Stückkosten um einen bestimmten Prozentsatz sinken. Dies geschieht jedoch nicht automatisch sondern muss aktiv gesteuert werden.

Das Erfahrungskurvenkonzept weist mehrere **Anwendungsgrenzen** auf (Weber u. Schäffer 2014, S. 402). So tritt das unterstellte statische Produktkonzept in der Praxis häufig nicht auf, da die Produkte aufgrund von technischen Fortschritten oder geänderten Kundenwünschen regelmäßig angepasst werden müssen und dies die skizzierten Erfahrungskurvenkonzepte überlagern könnte. Zudem bleibt der relative Kostenvorteil bei einem Unternehmen gleich, wenn alle Unternehmen diese Kostendegressionseffekte ausnutzen. Das Konzept stellt auf homogene Güter ab, welche den Preis als wichtigsten Wettbewerbsfaktor haben. Falls andere Marktbedingungen herrschen (z.B. im Gesundheitswesen), ist die strategische Aussagefähigkeit des Konzeptes zumindest eingeschränkt. Schließlich kennt das Erfahrungskurvenkonzept keine Kapazitätsbeschränkung, die in der Realität allerdings sehr wohl auftreten wird.

Im Krankenhaus können die verschiedenen Effekte der Erfahrungskurve auch beobachtet werden. Allerdings finden diese Kostensenkungspotenziale nicht Eingang in eine Preisreduktion, sondern können als **Gewinnsteigerungsinstrument** verstanden werden. Dies bedeutet, dass Krankenhäuser aufgrund der durch die Erfahrungskurveneffekte eingesparten Kosten zwar nicht den Preis senken und damit mehr Patienten gewinnen können, da die Preise von extern vorgegeben sind. Allerdings können bei gleichbleibenden Erlösen und sinkenden Kosten eben mehr Gewinne erzielt werden.

Eine zweite Komponente der im Erfahrungskurvenkonzept integrierten Lernkurve ist im Krankenhaus allerdings auch noch zu beachten: Durch den Übungsgewinn aufgrund der wiederholten Arbeitsprozesse wird es auch zu Qualitätssteigerungen kommen. Wenn ein OP-Team nicht nur eine Hüft-TEP im Jahr, sondern 50 oder 100 einsetzt, so kann davon ausgegangen werden, dass hier eine geringere Komplikations- und Revisionsrate eintreten wird. Dies hat der GBA erkannt und jährliche **Mindestmengen** bei einigen hochspezialisierten Prozeduren eingeführt (s. Tab. 68).

Allerdings ist diese Mindestmengenregelung umstritten: Zum einen ist die Festlegung der genauen Menge recht willkürlich, zum anderen versuchen nun einige Häuser, diese Mindestmengen zu erreichen, da sie sonst auf die meist lukrativen DRG-Erlöse verzichten müssen (manchmal wurden hier auch gerichtliche Klärungen herbeigeführt, z.B. bei der Fallmenge der Frühgeborenen). Eine medizinisch zumindest teilweise fragwürdige Steigerung der Fallmengen ist dabei nicht auszuschließen.

Tab. 68 Definierte Mindestmengen (Gemeinsamer Bundesausschuss 2013)

Medizinische Aktion	Mindestmenge	Bemerkung
Lebetransplantation (inkl. Teilleber-Lebendspende)	20	
Nierentransplantation (ink. Lebendspende)	25	
komplexe Eingriffe am Organsystem Ösophagus	10	
komplexe Eingriffe am Organsystem Pankreas	10	
Stammzellentransplantation	25	
Kniegelenk Totalendoprothesen	50	ausgesetzt
Versorgung von Früh- und Neugeborenen mit einem Geburtsgewicht von < 1.250 g	30	bis auf Weiteres gilt die Menge von 14

Literaturverzeichnis

Adler, Hans/Düring, Walther/Schmaltz, Kurt (1995) Rechnungslegung und Prüfung der Unternehmen. Teilband 1, 6. Aufl., Schaeffer-Poeschel Verlag Stuttgart.
Aschfalk-Evertz, Agnes (2011) Internationale Rechnungslegung. UVK Verlagsgesellschaft, Konstanz und München.
Asklepios Kliniken GmbH, Geschäftsbericht 2014.
Baum, Heinz-Georg/Coenenberg, Adolf G./Günther, Thomas (2007) Strategisches Controlling. 4. Aufl.,. Schaeffer-Poeschel Verlag Stuttgart.
Beck'scher Bilanz-Kommentar (2014) Handels- und Steuerbilanz. Hrsg. von Gerhart Förschle u.a., C.H. Beck Verlag München.
BFH-Urteil vom 9. August 2011, BStBl. II 2011, S. 875–878.
Behrends, Behrend (2013) Praxishandbuch Krankenhausfinanzierung. Krankenhausfinanzierungsgesetz, Krankenhausentgeltgesetz, Psych-Entgeltgesetz, Bundespflegesatzverordnung. 2. Aufl., Medizinisch Wissenschaftliche Verlagsgesellschaft Berlin.
Bieg, Hartmut (2013) Buchführung. Eine systematische Anleitung mit umfangreichen Übungen und einer ausführlichen Erläuterung der GoB. 7. Aufl., NWB Verlag Herne.
Bundesministerium des Innern, Bundesverwaltungsamt (2013) Handbuch für Organisationsuntersuchungen und Personalbedarfsermittlung, abrufbar unter www.orghandbuch.de, letzter Abruf am 2.1.2015.
Burkhart, Michael/Friedl, Corinna/Schmidt, Harald (2010) Jahresabschlüsse der Krankenhäuser. Hrsg. von PricewaterhouseCoopers, 3. Aufl., Fachverlag Moderne Wirtschaft Frankfurt a.M.
Coenenberg, Adolf G./Fischer, Thomas/Günther, Thomas (2012a) Kostenrechnung und Kostenanalyse. 8. Aufl., Schaeffer-Poeschel Verlag Stuttgart.
Coenenberg, Adolf G./Haller, Axel/Mattner, Gerhard/Schultze, Wolfgang (2012b) Einführung in das Rechnungswesen. Grundzüge der Buchführung und Bilanzierung. 4. Aufl., Schaeffer-Poeschel Verlag Stuttgart.
Coenenberg Adolf G./Haller Axel/Schultze Wolfgang (2014) Jahresabschluss und Jahresabschlussanalyse. 22. Aufl., Schaeffer-Poeschel Verlag Stuttgart.
Crasselt, Nils/Heitmann, Christian/Maier, Björn (2011) Controlling im deutschen Krankenhaussektor. Zeb Münster.
Däumler, Klaus-Dieter/Grabe, Jürgen (2008) Kostenrechnung 1 Grundlagen. 10. Aufl., NWB Verlag Herne.
Deutsche Krankenhausgesellschaft (Hrsg.) (1992) Hinweise der DKG zum Rechnungswesen der Krankenhäuser unter besonderer Berücksichtigung der Anpassung des Rechnungswesens der Krankenhäuser in den neuen Bundesländern an die Erfordernisse des Krankenhausfinanzierungsrechts, Deutsche Krankenhaus Verlagsgesellschaft mbH Düsseldorf.
Deutsche Krankenhausgesellschaft (2014) Bestandsaufnahme zur Krankenhausplanung und Investitionsfinanzierung in den Bundesländern – Stand Januar 2014. Abrufbar unter http://www.dkgev.de/dkg.php/cat/159/title/Krankenhausplanung_und_-investition, letzter Abruf 12.05.2015.
Döring, Ulrich/Buchholz, Rainer (2013) Buchhaltung und Jahresabschluss.13. Aufl., Erich Schmidt Verlag Berlin.
Eisele, Wolfgang (2011) Technik des betrieblichen Rechnungswesens. 8. Aufl. Vahlen Verlag München.
Finanzgericht Nürnberg, Urteil vom 12.12.2013, Abruf unter: http://www.gesetze-bayern.de (letzter Abruf am 12.02.2015).
Fleßa, Steffen (2014) Grundzüge der Krankenhausbetriebslehre Band 2. 2. Aufl., Oldenbourg Verlag München.
Focke, Axel/Reinisch, Christoph/Wasem, Jürgen (2006) Abteilungs- und periodengerechte Verteilung von DRG-Erlösen mit Hilfe der DDMI-Methode. In: Das Krankenhaus 4/2006. S. 289–292.
Fresenius SE & Co KGaA, Konzernabschluss und Konzernlagebericht 2014 nach International Financial Reporting Standards, Abruf unter http://www.fresenius.de/documents/IFRS_2014_deutsch.pdf. Letzter Abruf am 10.05.2015.
Friedl, Gunther/Hofmann, Christian/Pedell, Burkhard (2013) Kostenrechnung. 2. Aufl., Vahlen Verlag München.
Gemeinsamer Bundesausschuss (2013) Mindestmengenregelungen, URL: https://www.g-ba.de/informationen/richtlinien/5/. Letzter Abruf am 2.1.2015.
Gesamtverband der deutschen Versicherungswirtschaft e.V. (GdV 2013) Grundsätze für die Vergabe von Unternehmenskrediten durch Versicherungsgesellschaften – Schuldscheindarlehen. 5. Aufl. 2013. Abruf unter:

Literaturverzeichnis

http://www.gdv.de/wp-content/uploads/2013/07/GDV_Kreditleitfaden_Juni_2013.pdf. Letzter Abruf am 12.05.2015.

Gräfer, Horst/Schneider, Georg/Gerenkamp, Thorsten (2012) Bilanzanalyse, 12. Aufl., NWB-Verlag Herne.

Graumann, Mathias/Schmidt-Graumann, Anke (2011) Rechnungslegung und Finanzierung der Krankenhäuser. 2. Aufl., NWB Verlag Herne.

Greulich, Andreas (1997) Prozessmodellierung als Instrument für organisatorische Verbesserungen. In: Greulich Andreas, Thiele, Günter, Thiex-Kreye, Monika (Hrsg.) Prozessmanagement im Krankenhaus. Decker Verlag Heidelberg, S. 147–175.

Güssow, Jan/Greulich, Andreas/Ott, Robert (2008) DRG-Kalkulation mit der Prozesskostenrechnung. In: Professional Process: Zeitschrift für modernes Prozessmanagement im Gesundheitswesen 1/2008. S. 20–24.

Hansen, Diethelm/Syben, Rolf (2005) Aufwandsorientiertes DRG-Erlössplitting. In: Krankenhaus Umschau Special Controlling 4/2005. S. 2–7.

Hentze, Joachim/Kehres, Erich (2008) Kosten- und Leistungsrechnung in Krankenhäusern. 5. Aufl. Kohlhammer Verlag, Stuttgart.

Hentze, Joachim/Kehres, Erich (2010) Krankenhaus-Controlling: Konzepte, Methoden und Erfahrungen aus der Krankenhauspraxis. 4. Aufl., Kohlhammer Verlag, Stuttgart.

Henry, Kerstin/Schäfer, Regina (2014) Erlösorientierte Personalbedarfsbestimmung am Beispiel des Deutschen Herzzentrums Berlin (DHRZ). In Naegler, Heinz (Hrsg.) Personalmanagement im Krankenhaus, 3. Auflage, Medizinisch Wissenschaftliche Verlagsgesellschaft Berlin, S. 111–127.

IDW-Stellungnahme zur Rechnungslegung (2011) Rechnungslegung von Krankenhäusern (IDW RS KHFA 1), FN S. 237–248.

Institut für das Entgeltsystem im Krankenhaus InEK (2007) Kalkulationshandbuch. Version 3.0. Deutsche Krankenhaus Verlagsgesellschaft Düsseldorf, abrufbar unter http://www.g-drg.de/cms/Kalkulation2/Ausbildungskosten_17a_KHG/Kalkulationshandbuch/Kalkulationshandbuch/%28language%29/ger-DE, letzter Abruf 22.04.2015.

Institut für das Entgeltsystem im Krankenhaus InEK (2014a), Fallpauschalen-Katalog 2014, abrufbar unter http://www.g-drg.de/cms/G-DRG-System_2014/Fallpauschalen-Katalog/Fallpauschalen-Katalog_2014), letzter Abruf 20.12.2014.

Institut für das Entgeltsystem im Krankenhaus InEK (2014b), PEPP Pauschalierendes Entgeltsystem Psychosomatik Psychiatrie, Definitionshandbuch 2015, abrufbar unter http://g-drg.de/cms/PEPP-Entgeltsystem_2015/Definitionshandbuch, letzter Abruf 20.12.2014.

Institut für das Entgeltsystem im Krankenhaus InEK (2015) Extremkostenbericht gem. § 17b Abs. 10 KHG für 2015, abrufbar unter http://www.g-drg.de/cms/G-DRG-System_2015/Extremkostenbericht_gem._17b_Abs._10_KHG, letzter Abruf 22.04.2015.

Keun, Friedrich/Prott, Roswitha (2008) Einführung in die Krankenhaus-Kostenrechnung. 7. Aufl., Gabler Verlag Wiesbaden.

Kirstein, Alexander (2010) Key Performance Indicators (KPI) im Krankenhaus. In: Debatin, Jörg, Ekkernkamp, Axel, Schulte, Barbara (Hrsg.) Krankenhausmanagement. Medizinisch Wissenschaftliche Verlagsgesellschaft Berlin, S. 293–303.

Kohler, Wolfgang/Siefert, Bernd (2009) Das Bilanzrechtsmodernisierungsgesetz und seine Auswirkungen auf den Jahresabschluss (II), das Krankenhaus, S. 646–652.

Küpper, Hans-Ulrich (1991) Prozeßkostenrechnung – ein strategisch neuer Ansatz? In: Die Betriebswirtschaft (51) 1991, S. 388–391.

Küpper, Hans-Ulrich (2008) Controlling. 5. Aufl. Schäffer-Poeschel Verlag Stuttgart.

Küting, Karlheinz/Weber, Claus-Peter (2015) Die Bilanzanalyse, 11. Aufl., Schäffer-Poeschel Verlag Stuttgart.

Medinfoweb.de (2015) G-DRG Excel Kostentool Version 2014-01, URL: http://medinfoweb.de/article.php?articleID=36860&cat01=2&cat04=2. Abgerufen am 25.1.2015.

Multerer, Christian (2008) Verrechnungspreise für Profit-Center im Krankenhaus. Möglichkeiten und Grenzen ihrer Gestaltung im Kontext deutscher DRGs. Dissertation 2008.

Multerer, Christian/Ott, Robert/Friedl, Gunther (2011) Notwendigkeit von Center-Strukturen im Krankenhaus sowie deren Ausgestaltungs- und Steuerungsmöglichkeiten. In: Betriebswirtschaftliche Forschung und Praxis 4/2011, S. 349–365.

Naegler, Heinz (2014) Personalmanagement im Krankenhaus. 3. Aufl. Medizinisch Wissenschaftliche Verlagsgesellschaft Berlin.

Paul-Gerhardt Diakonie, Geschäftsbericht 2013.

Literaturverzeichnis

Pellens, Bernhard/Fülbier, Uwe/Gassen, Joachim/Sellhorn, Thorsten (2014) Internationale Rechnungslegung, 9. Aufl., Schaeffer-Poeschel Verlag Stuttgart 2014.
Rapp, Boris/Wahl, Sandra (2007) Vorbereitung zum Profitcenter: Abteilungsgerechtes DRG-Erlössplitting. In: das Krankenhaus 8/2007. S. 756–762.
Quick, Reiner/Wolz, Matthias (2012) Bilanzierung in Fällen. 5. Aufl., Schaeffer-Poeschel Verlag Stuttgart.
Reichmann, Thomas (2006) Controlling mit Kennzahlen und Management-Tools. 7. Aufl. Vahlen Verlag München.
Penter, Volker/Siefert, Bernd (Hrsg.) (2010) Kompendium Krankenhaus-Rechnungswesen. Mediengruppe Oberfranken – Buch- und Fachverlage Kulmbach.
Penter, Volker/Krämer, Nicolas/Rödl, Andreas, (2013) Das Haftpflichtdilemma. Rückstellungen für Kunstfehler sowie Wege aus der Krise, KU Gesundheitsmanagement, 2013, S. 50–53.
Rhön-Kliniken AG, Geschäftsbericht 2014.
Schentler, Peter/Tyssen, Matthias (2012) Transferpreisgestaltung in länderübergreifenden Konzernen – Methoden, Einflussfaktoren und die Rolle der Tochtergesellschaften. In: Controller Magazin 1/2012. S. 10–15.
Schlüchtermann, Jörg (2013) Betriebswirtschaft und Management im Krankenhaus. Medizinisch Wissenschaftliche Verlagsgesellschaft Berlin.
Schmidt, Ludwig (2014) Einkommensteuergesetz – Kommentar. Hrsg. von Paul Kirchhof, 33. Aufl., C.H.Beck Verlag München.
Schmola, Gerald/Rapp, Boris (2014) Grundlagen des Krankenhausmanagements. Kohlhammer Verlag Stuttgart.
Schweitzer, Marcell/Küpper, Hans-Ulrich (2008) Systeme der Kosten- und Erlösrechnung. 9. Aufl. Vahlen Verlag München.
Simons, D./Weißenberger, B.E. (2010), Integration von externer und interner Rechnungslegung, DBW 70. Jg., S. 271–280.
Springer Gabler Verlag (2015) Gabler Wirtschaftslexikon. Stichwort: Key Performance Indicator (KPI). URL http://wirtschaftslexikon.gabler.de/Archiv/326735/key-performance-indicator-kpi-v1.html, letzter Abruf am 2.1.2015.
Statistisches Bundesamt (2014) Kostennachweis der Krankenhäuser 2013, Fachserie 12 Reihe 6.3. Wiesbaden.
Straub, Silvia/Sperling, Martin (2011) Controlling und Businessplan. Konkrete Entscheidungshilfen für Krankenhaus und Gesundheitsunternehmen. Medizinisch Wissenschaftliche Verlagsgesellschaft Berlin.
Thiex-Kreye, Monika/von Collas, Thomas/Blum, Matthias/Nicolai, Doris (2004) Ressourcen gerecht verteilen. In: Krankenhaus Umschau 10/2004. S. 863–868.
Thomas, Dominik/Reifferscheid, Antonius/Pomorin, Natalie/Focke, Axel/Schillo, Sonja (2013) Krankenhausversorgung, in Medizinmanagement. Grundlagen und Praxis, hrsg. von Wasem, J./Staudt, S./Matusiewicz, D., Medizinisch Wissenschaftliche Verlagsgesellschaft Berlin 2013.
Vivantes – Netzwerk für Gesundheit GmbH, Geschäftsbericht 2014.
Weber, Jürgen/Mahlendorf, Matthias/Kleinschmidt, Fabian/Holzhacker, Martin (2012) Unternehmenssteuerung in deutschen Krankenhäusern. In: Weber, Jürgen (Hrsg.) Advanced Controlling Band 81. Wiley-VCH-Verlag Weinheim
Weber, Jürgen/Schäffer, Utz (2014) Einführung in das Controlling. 14. Aufl., Schaeffer-Poeschel Verlag Stuttgart.
Weber, Jürgen/Weißenberger, Barbara.E. (2010) Einführung in das Rechnungswesen. 8. Aufl., Schaeffer-Poeschel Verlag Stuttgart 2010.
Wöhe, Günter/Döring, Ulrich (2013) Einführung in die Allgemeine Betriebswirtschaftslehre. 25. Aufl., Vahlen Verlag München.
Wöhe, Günter/Kußmaul, Heinz (2012) Grundzüge der Buchführung und Bilanztechnik, 8. Aufl., Vahlen Verlag München.
Wolke, Thomas (2010) Finanz- und Investitionsmanagement im Krankenhaus. Medizinisch Wissenschaftliche Verlagsgesellschaft Berlin.
Zapp, Winfried/Oswald, Julia/Karsten, Elena (2010) Kennzahlen und Kennzahlensysteme im Krankenhaus – Empirische Erkenntnisse zum Status Quo der Kennzahlenpraxis in Niedersächsischen Krankenhäusern. In: Zapp Winfried (Hrsg.) Kennzahlen im Krankenhaus. Josef Eul Verlag Köln. S. 1–66.

Stichwortverzeichnis

A

Abschreibungen 72, 127, 128, 217
- außerplanmäßige 88, 131
- geometrisch-degressive 86
- lineare 85
- nach Maßgabe der Inanspruchnahme 85
- planmäßige 83–84

Abschreibungsmethode 83
Abzugskapital 219
AKVD-Methode 269
ambulante Leistungen
- Erlöse aus 122

Anbauverfahren 235
andere aktivierte Eigenleistungen 123
Anderskosten 203
Anhang 130–32, 145, 155
Anlageintensität 178
Anlagennachweis 92
Anlagespiegel 92
Anschaffungskosten 66–68, 157
Anschaffungspreis 212
Anteile an verbundenen Unternehmen 91
Äquivalenzziffernmethode 245
Arbeitsplatzberechnung 295
assoziierte Unternehmen 147
Aufwand 36
Aufwendungen
- außerordentliche 202
- betriebsfremde 202
- neutrale 202
- periodenfremde 202

Ausgabe 18
Ausleihungen 91
Außerordentliches Ergebnis 129
Auszahlung 17

B

Balanced Scorecard 309
Bestandserhöhungen 122
Bestandsminderungen 123
Beteiligung 91
Beteiligungen
- Erträge aus 128

Betrieb 4
Betriebsabrechnungsbogen 227

Betriebsergebnisrechnung 16, 19
betriebsnotwendiges Kapital 218
betriebsnotwendiges Vermögen 219
Bewertungsrelation 11
Bezugsgrößen 263
Bezugsgrößenkalkulation 252
Bilanzgliederung 74, 158
Bilanzidentität 63
Bilanzierungsverbote 61
Bilanzierungswahlrechte 61
Buchführung, doppelte 26
Budgetierung 289

C

Case Mix 11
Case Mix Index 12
Cashflow
- aus Finanzierungstätigkeit 134
- aus Investitionstätigkeit 134
- aus laufender Geschäftstätigkeit 134
- operativer 175

Controlling 287
Cost Center 301
cost drivers 313

D

Darlehensförderung 106–9
- Ausgleichsposten aus 103

DDMI-Methode 272
Deckungsbeitrag 278
- relativer 282

Deckungsbeitragsrechnung
- einstufig 285
- mehrstufige 280

Diagnosis Related Groups (DRG) 11
Disagio 117
Divisionskalkulation 243
DMI-Methode 271
DRG-Erlössplitting 271
Durchschnittspreis 212
Durchschnittswertmethode 219

E

EBIT 170
EBITDA 170
Eigenkapital 100

Eigenkapitalquote 177
Eigenkapitalrentabilität 173
Eigenkapitalspiegel 101
Eigenmittelförderung 109
- Ausgleichsposten für 103
Eigentumsvorbehalt 59
Einnahme 18
Einzahlung 17
Einzelbewertungsgrundsatz 63
Einzelkosten 200
Eliminierung
- konzerninterne Aufwendungen und Erträge 151
Endkostenstelle 225
Entwicklungskosten 78, 162
Equity-Methode 147
Erfahrungskurve 325
Ergebnis je Aktie 161
Erhaltungsaufwand 70
Erlös 19
Erlösbudget 12
Erlösrechnung 266
Eröffnungsbilanz 35
Ertrag 36
Expense-Center 302

F

Fallpauschalen 121
Festbewertung 32
Festpreis 211
FIFO 214
Finanzanlagevermögen 90
Fixkostendegression 197
Forderungen 98
Forschungskosten 78, 162
Fortführungsprinzip 63

G

Gebrauchsgüter 77
Geldvermögen 18
Gemeinkosten 200
Gemeinschaftsunternehmen 147
Geringwertige Wirtschaftsgüter 90
Gesamtkapitalrentabilität 173
Gesamtkostenverfahren 118, 159
Geschäfts- oder Firmenwert 79–82, 162
Geschäftsvorfall 26
- erfolgsneutraler 37–41
- erfolgswirksamer 42–44
Gewinnrücklagen 101
Gewinnschwelle 281

Gewinnvortrag 101
Grundkosten 203
Grundsätze ordnungsmäßiger Buchführung 45–46
Gruppenbewertung 33
Gutschrift-Lastschrift-Verfahren 240

H

Hauptkostenstelle 225
Herstellungsaufwand 70
Herstellungskosten 68–71, 157
HIFO 214
Hilfskostenstelle 225

I

IFRS-Abschluss
- Bestandteile des 155
- Bilanz 156
- zur Aufstellung verpflichtete Unternehmen 154
Imparitätsprinzip 64
InEk-Kalkulation 256
Inventar 28–30
Inventur 30–33
- permanente 31
- Stichprobeninventur 32
- Stichtagsinventur 29
- vor- oder nachverlagerte 31
Inventurverfahren 209
Investitionsförderung 6, 165
- Einzelförderung 6
- Pauschalförderung 7
Investitionsquote 179
Investitionsrechnung 16
Investment-Center 301
iteratives Verfahren 240

J

Jahresabschluss
- Bestandteile 52–53
- Fristen zur Aufstellung 54
- Prüfung 55
- Veröffentlichung 56
Jahresfehlbetrag 130
Jahresüberschuss 130

K

Kalkulation 253
Kalkulationshandbuch 257
Kalkulationssätze 263
kalkulatorische Kosten 202

kalkulatorischer Unternehmerlohn 222
kalkulatorische Wagniskosten 222
kalkulatorische Zinsen 217
Kapitalflussrechnung 133–37, 155
Kapitalgesellschaften
- Größenklassen 54
Kapitalkonsolidierung 148
Kapitalrücklagen 101
Kaufmann 27
Kennzahl 306
Kennzahlensysteme 309
Key Performance Indicators 308
Konzern 144
Konzernabschluss
- Bestandteile 145
- nach IFRS 154
Kosten 19
- absolut fixe 197
- degressive 195
- fixe 197
- kalkulatorische 19
- lineare 195
- progressive 196
- sprungfixe 197
- variable 195
Kosten- und Erlösrechnung 16
Kosten- und Leistungsrechnung siehe Kosten- und Erlösrechnung
Kostenartenrechnung 16, 193
Kostenartenverfahren 240
Kostenauflösung 283
Kostenmodulmatrix 265
Kostenremanenz 198
Kostenstelle 223
Kostenstellen
- abzugrenzende 260
- direkte 260
- gemischte 260
- indirekte 260
Kostenstellenplan 224
Kostenstellenrechnung 16, 223
Kostenträgerrechnung 16, 241
Kostenträgerstückrechnung 241
Kostenträgerverfahren 241
Kostenträgerzeitrechnung 276
Krankenhaus-Buchführungsverordnung 15, 27, 185
Krankenhausfinanzierung 5–7
Krankenhausleistungen 7
- allgemeine 9
- ambulantes Operieren 7

- Erlöse aus 121
- stationäre Leistungen 9
- vor- und nachstationäre Behandlung 8
- Wahlleistungen 9

Krankenhausplanung 5
Kuppelproduktion 246
Kurs-Gewinn-Verhältnis 174
kurzfristige Erfolgsrechnung 19

L

Lagebericht 139–43
Landesbasisfallwert 11
latente Steuern 61
Leistungs- und Kalkulationsaufstellung 186
Leistungsverrechnung 232
Lernkurveneffekt 325
LIFO 214
Liquidität 174
Liquiditätsgrad 174
LOFO 214

M

Maßgeblichkeitsprinzip 51
Materialaufwand 124
mathematisches Verfahren 239
medizinischer Sachbedarf 208
Mindestmengen 327
Mindestmengenregelung 327
Minutenwertformel 297
Mutterunternehmen 145, 148

N

Nebenkostenstelle 225
Nettoinvestitionsdeckung 176
Niederstwertprinzip 73

O

Other comprehensive income 159

P

pauschalierendes Entgeltsystem Psychiatrie und Psychosomatik 10
Periodisierungsgrundsatz 65
Personalaufwand 124
Personalbedarfsplanung 294
Personalkosten 207
Pflege-Buchführungsverordnung 15, 27
Pflege-Personalregelung 297
pflegesatzfähige Kosten 186
Praxiswert 82

Preisuntergrenze 282
Profit-Center 301
Pro-Forma-Kennzahlen 172
Prozesskostenrechnung 312
Prozesskostensätze 313
Prozessmanagement 321

Q

Quotenkonsolidierung 147

R

Realisationsprinzip 64
Rechnungsabgrenzungsposten 116–17
Rechnungswesen
- externes 14
- internes 15

Rechnungszwecke 184
Responsibility Center 300
Restwertmethode 218
Restwertrechnung 246
retrograde Methode 211
Return on Capital Employed 173
Return on Net Assets 173
Revenue-Center 301
Rohfallkosten 257
Rückstellungen 112–15

S

Sachkosten 208
Schuld 60, 157
Schuldenkonsolidierung 149
Schuldentilgungsdauer 176
Segmentbericht 137–38
Sicherungsübereignung 60
Skontrationsmethode 211
Sonderposten
- aus Zuwendungen zur Finanzierung des Sachanlagevermögens 103
- für öffentliche Zuwendungen zur Finanzierung des Anlagevermögens 173

sonstige betriebliche Aufwendungen 127
sonstige betriebliche Erträge 123
Stetigkeitsprinzip 65
Steuerbilanz 15
Steuern 129
Stufenleiterverfahren 238

T

Target Costing 321

Teilkostenrechnung 201, 278
Teilprozesse
- leistungsmengeninduziert 313
- leistungsmengenneutral 313

T-Konto 38
Tochterunternehmen 146, 148

U

Überlieger 94–97, 163
Umlaufintensität 178
Umsatzkostenverfahren 118, 159
Umsatzrentabilität 173
Umsatzsteuer 67
Unternehmenszusammenschluss 79–82

V

Verbindlichkeit 110
Verbrauchsfolgeverfahren 94
Vermögensgegenstand 58, 156
Vermögenswert 156
- immaterielle 162

Verrechnungspreise 303
Verschuldungsgrad
- dynamischer 176

Verteilungsrechnung 247
Verweildauer 293
Vollkonsolidierung 146
Vollkostenrechnung 201, 277
Vorkostenstelle 225
Vorräte 93
Vorsichtsprinzip 64

W

Wachstumsrate 179
Wahlleistungen
- Erlöse aus 121

Wertpapiere 91
Wiederbeschaffungswert 218
Wirtschaftliches Eigentum 59
Wirtschaftsgut 58

Z

Zielkostenindex 323
Zinsen 128
Zusatzkosten 202
Zuschlagskalkulation 249
Zuschreibung 73, 89
Zuschüsse 104, 109, 123, 125, 165
Zweckaufwand 203
Zwischenergebniseliminierung 150

Die Autoren

Prof. Dr. Thomas Gruber

Seit 2007 Professor für Rechnungswesen/Controlling an der Hochschule für Wirtschaft und Recht, Berlin.

Studium der Betriebswirtschaftslehre und Promotion an der Universität des Saarlandes, Saarbrücken.

1989–2007 verschiedene Funktionen in den Bereichen Bilanzierung und Controlling im Daimler Konzern. Zuletzt Bereichsleiter Corporate Controlling und Accounting bei Daimler Financial Services.

Autor von Fachbeiträgen zur Bilanzierung und zum Controlling sowie Trainer in der beruflichen Weiterbildung.

Prof. Dr. Robert Ott

Seit 2008 Professor für Rechnungswesen, Controlling und Krankenhaus-Management an der Hochschule Rosenheim, zuletzt in der Funktion als Leiter des Instituts für Gesundheit sowie des Studiengangs Management in der Gesundheitswirtschaft.

Studium der Betriebswirtschaftslehre an der Universität Regensburg und der Murray State University (USA). Promotion über Kostenrechnung an Universitätskliniken an der Ludwig-Maximilians-Universität München mit Abschluss 2001.

2002–2004 Mitarbeiter im Konzerncontrolling der BMW AG. 2005–2008 Tätigkeiten für die Sana Kliniken AG als Referent des Vorstandsvorsitzenden und Geschäftsführer eines Krankenhauses.

Autor mehrerer wissenschaftlicher Publikationen und Durchführung von Weiterbildungsveranstaltungen sowie zahlreicher Vorträge und Beratungsprojekte im Krankenhaussektor.

Der Herausgeber der Schriftenreihe *Health Care Management*

Prof. Dr. Heinz Naegler

Studium der Betriebswirtschaftslehre in Frankfurt/M. und Berlin. Er war mehr als 25 Jahre im Krankenhausmanagement tätig, zuletzt als Generaldirektor des Wiener Krankenanstaltenverbundes (dieser betreibt im Auftrag der Gemeinde Wien mit etwa 32.000 Mitarbeitern eine Universitätsklinik sowie 25 Krankenhäuser und Pflegeheime), und ist seit 2001 Honorarprofessor an der Hochschule für Wirtschaft und Recht Berlin.

Er war dort für die Entwicklung und Einführung des MBA-Studiengangs Health Care Management verantwortlich. In diesem Studiengang unterrichtet er das Fach „Personalmanagement".

Er ist Autor zahlreicher Publikationen zu den Themen Personalmanagement, Strategisches Management und Controlling. Zu seinen Veröffentlichungen zählen unter anderem die in dieser Reihe erschienenen Bücher „Personalmanagement im Krankenhaus, 3. Auflage" und „Management der sozialen Verantwortung im Krankenhaus".

Kontakt:
Preußenallee 31
14052 Berlin
heinz.naegler@arcormail.de